博雅撷英

李剑鸣 著

"克罗齐命题"的当代回响

中美两国美国史研究的趋向

图书在版编目(CIP)数据

"克罗齐命题"的当代回响:中美两国美国史研究的趋向/李剑鸣著.—北京:北京大学出版社,2016.7
(博雅撷英)
ISBN 978-7-301-27116-2

Ⅰ.①克… Ⅱ.①李… Ⅲ.①美国—历史—研究 Ⅳ.①K712.007

中国版本图书馆 CIP 数据核字(2016)第 099623 号

书　　名	"克罗齐命题"的当代回响:中美两国美国史研究的趋向 "KELUOQI MINGTI" DE DANGDAI HUIXIANG: ZHONG-MEI LIANG GUO MEIGUOSHI YANJIU DE QUXIANG
著作责任者	李剑鸣　著
责任编辑	陈　甜
标准书号	ISBN 978-7-301-27116-2
出版发行	北京大学出版社
地　　址	北京市海淀区成府路 205 号　100871
网　　址	http://www.pup.cn　新浪微博:@北京大学出版社
电子信箱	pkuwsz@126.com
电　　话	邮购部 62752015　发行部 62750672　编辑部 62752025
印 刷 者	北京中科印刷有限公司
经 销 者	新华书店
	880 毫米 × 1230 毫米　A5　15.5 印张　332 千字 2016 年 7 月第 1 版　2016 年 7 月第 1 次印刷
定　　价	60.00 元

未经许可,不得以任何方式复制或抄袭本书之部分或全部内容。
版权所有,侵权必究
举报电话: 010-62752024　　电子信箱: fd@pup.pku.edu.cn
图书如有印装质量问题,请与出版部联系,电话: 010-62756370

目 次

引　言　　　　　　　　　　　　　　　　　　　　　　*1*

20 世纪美国史学的基本走向　　　　　　　　　　　　　1
美国政治史的衰落与复兴　　　　　　　　　　　　　　25
种族问题与美国史学　　　　　　　　　　　　　　　　84
意识形态与美国革命的历史叙事　　　　　　　　　　　96
美国革命史研究的新动向　　　　　　　　　　　　　　170
伯纳德·贝林的史学及其启示　　　　　　　　　　　　197
戈登·伍德与美国早期政治史研究　　　　　　　　　　226
埃里克·方纳笔下的美国自由　　　　　　　　　　　　294
在现实关怀与学术追求之间　　　　　　　　　　　　　320
改革开放以来中国的美国史研究　　　　　　　　　　　372
中国的美国早期史研究　　　　　　　　　　　　　　　426
探索中国美国史研究的路径　　　　　　　　　　　　　455

后　记　　　　　　　　　　　　　　　　　　　　　　477

引 言

　　人类发觉有必要保存集体的记忆,并且找到保存这种记忆的适当而有效的方式,以突破短促无常的生命和与之相连的个体记忆的限制,应当说是一场智性的革命。人之所以要保存关于过去的集体记忆,似乎不是想让过去照原样留传下来,而是着眼于过去对于当前和未来的意义。在很长一个时期,保存关于过去的集体记忆,既体现了人寻求类属身份认同的努力,也包含着某种追求不朽的愿望。从这个意义上说,人类对过去的认识和理解,以及由此产生的历史知识,从来就不是固化和僵死的东西,也是活在当前并指向未来的。

　　论及当前与过去、现实关怀与历史写作的关系,我们自然会想起克罗齐和柯林武德这两个名字。克罗齐说过,一切真历史都是当代史;柯林武德则说,一切历史都是思想史。两人的说法各有其语境,意思也不一样。克罗齐对那种一味地编排史料、记述史事的"假历史"颇为不屑,主张历史学家要借助对当前生活的关切来观察过去,基于当前的思想和兴趣来阐释史事。换句话说,过去只有用思想的光芒来照亮,才能显现出鲜活的生命力;历史只有进入当前的生活,才会具有真正的意义。① 柯林武德则反对那种"剪刀加浆糊"的史学,强调对"事件"的内在层面的理解,倡导史家以其智力活动来重演前人的想法和动机,从而突出"事件"作为人的"行动"的特性。然则史家无疑只能借助当前的经验来重演前人的思想,这样就无异于把历史变成了现在与过去互动的产物。② 细究起来,两人的说法倒也有共通之处。无论是"当代史",还是"思想史",都旨在强调历史不是简单的过去事实的再现,而与历史讲述者当前的思想、兴趣和经验有着密切的关联。从这个意义上说,无论是"克罗齐命题"还是"柯林武德命题",其旨趣都触及了当前与过去、现实关怀与历史写作的关系。

对历史学家来说,当前和过去之间的关系,绝不仅仅是一个时间维度上的问题。两者在历史思维和历史写作中往往交错在一起,相互嵌入,相互干预,相互塑造。历史是在现实关怀引导下复活于当前的过去,现实则是经由过去熏染而具有历史内涵的当前存在;关于过去的知识经由现实的介入而变得富于意义,而当前的视点又因建立在过去的基础上而具备更深邃的穿透力。但是,相对于不断延长的过去,相对于看不到尽头的未来,当前只是一个转瞬即逝的点,变幻不定,难于把握;它对历史认识的影响,必须通过它对历史学家的塑造以及历史学家对它的

---

① 克罗齐:《历史学的理论和实际》(傅任敢译),商务印书馆1982年版,第2—3页。

② 柯林武德:《历史的观念》(何兆武、张文杰译),商务印书馆1997年版,第300—303页。

理解来实现。因此,在当前和过去之间,历史学家是一个不可或缺的中介。① 现实对历史学家的塑造性影响,历史学家对当前的了解和关切,就是通常所说的"现实关怀"。根据后现代主义关于知识和权力的说法,并参照把权力作为核心概念的现代政治学理论,历史学家的"现实关怀"难免带有强烈的政治属性,甚至本来就是现实政治的一部分。于是,身处当前和过去之间的历史学家,就总是受到权力关系的制约,其历史写作难免带有强烈的政治意蕴。

在中外史学史上,对于现实关怀和历史写作的关系,历代史家有不同的处理方式。中国古代的史官和私家修史者,一方面注重历史对当前的政治和道德问题的意义,通常出于"致用"和"资治"的考虑来选取史事并加以诠释,另一方面又受到当前的政治、道德和信仰的规范以及禁忌的制约,对历史的理解和表述往往不会背离社会通行的准则和信条。他们倡导"求真",所针对的大抵是"向壁虚构"和"凭空捏造";高扬"直笔",也不过是要求依据通行的政治和道德标准来做取舍和褒贬,以避免"掩恶"或"虚美"等有违"史德"的行为。在欧美史学走向专业化的过程中,客观性和科学性一度成了史家追求的目标,他们力图借助逐渐成熟的专业规范和技艺,把"当前"和"过去"区分开来,把现实的幽灵从历史表述中驱逐出去。史家把自己想象成过去

---

① 此处所说的"中介",是着眼于史家联结当前和过去的作用,与赫伯特·巴特菲尔德所说的"中介人"不同;他强调的是史家作为知识传递者来"阐明过去与现在的不同"的职能。见赫伯特·巴特菲尔德:《历史的辉格解释》(张岳明、刘北成译),商务印书馆2012年版,第10页。

的代言人或传声筒,极力掩盖自我,甚或相信可以消灭自我,以求取"历史的真相"。但是,自19世纪末期以来,越来越多的学者觉得,这种对"客观性"的无节制的标榜,根本不能掩饰史家基于现实关怀而形成的各种偏见和偏向;历史写作非但不可能摆脱现实的影子,即使真能摆脱,也反而会使历史学家失去方向感。因而在这些人看来,历史研究在根本上乃是当前和过去的对话,历史学家不必讳言自己的现实关怀,而只需要警惕现实关怀过度介入历史研究,或单纯依据现行的标准或当前的需要来解释历史,以致沦为"现时主义"(presentism)。然则按照近期的后现代主义者的看法,以上各种说法或立场,或许都不过是欺人之谈。一方面,历史中的许多事物本身就是社会和文化的建构;另一方面,历史学家对于历史的解释通常只是出于现实的政治需要或利益诉求而形成的某种说法。既然历史本身就是权力和利益的战场,历史知识的生产就不可能脱离具体的"政治语境"。因此,现实关怀对历史研究的介入不仅难于避免,而且具有充分的"合法性"。

美国史学一直是在社会政治的"哺育"下成长起来的。美国史家向来关注现实政治,大多带有或明或隐的政治倾向,希望自己的著述能对现实政治产生影响。这方面的许多事例早已为学界所熟知。建国初期就有众多名流写作美国革命史,其意图大都是要用建国的历史来塑造国民的自豪感和认同感。及至19世纪末20世纪初,弗雷德里克·杰克逊·特纳精心构筑"边疆假说",这与当时美国人在渐趋强大后寻求文化自主性的心理,正好若合符节。于是,"边疆"就成了美国独特性的一个标志。在查尔斯·比尔德和卡尔·贝克尔等人看来,那种相信历史学家可以"公正无偏"的想法难免幼稚可笑;生活在不同时代和不同文化中的历史学家,对于历史的认识具有不可避免的相对性。从他们开始,政治立场和现实关怀不再是需要遮掩的史家之耻,而应在历史写作中堂而皇之地取得合法地位。而且,他们还自告奋勇地把自己写出的历史作为推进社会改革的工具。

进入20世纪之后,"客观性问题"由于与现实政治纠缠不清,在美国史学界变成了一个沉重的话题。① 特别是二战以来,随着美国社会更趋多元化,基于族裔、性别、宗教和阶级的身份认同、意识形态和利益诉求,也变得愈益多样化,并且直接作用于历史研究;于是,史学界基于思想倾向和研究路径的分歧与竞争,也就变得愈益激烈而难以调和。虽然政治史作为一个研究领域受到冷落甚至鄙弃,但政治作为一个观察过去的基本维度,作为一条联结过去和现在的纽带,可见于几乎所有的历史研究课题之中。诸如"族裔政治""身份政治""记忆政治""消费政治""身体政治"之类的术语,在当今美国史学论著中出现的频率很高。这些术语所表达的理念和逻辑,无一不是部分地源自美国的现实政治。美国史学的这种"泛政治化"趋向,使得过去与当前的关系变得更加紧张,有时不免使史学讨论轻易地转化为政治争端。

虽然每一代史家都深受现实政治的熏染,但他们又总在质疑和批判前代学者的政治取向,而这种质疑和批判的结果,又不

---

① 参见彼得·诺维克:《那个高贵的梦想:"客观性问题"与美国历史学科》(Peter Norvick, *That Noble Dream: The "Objectivity Question" and the American Historical Profession*),英国剑桥1988年版。

过是用新的政治取向来代替旧的。综观二战后六七十年来的美国史学,可以看出一条清晰的意识形态演化路径,这就是反复批判美国例外论,着力清算美国历史解释中的种族主义、男性中心主义和精英主义,以构筑一种更民主、更开放、更包容和更多样化的美国史体系。在这一过程中,"种族"("race",其着眼点在于少数种族和边缘族裔)、"性别"("gender",其着眼点在于女性)、"阶级"("class",其着眼点在于普通民众和下层群体)成了史学分析的主导性范畴。这就再清楚不过地体现了现实政治对历史写作的塑造性影响,再生动不过地反映了现实关怀与学术追求的复杂纠葛。

在20世纪美国史学思想的演变中,最受冲击的观念或许就是美国例外论。美国例外论曾经是美国人爱国观念的一个支撑点。对美国特性的界定,最初是基于美国与其他地区和国家的根本区别来进行的。美国在世界上不仅仅是独特的,而是例外的;在一个充满腐败和邪恶的世界,她是唯一纯洁无瑕的国家。这种观念形成于从殖民地到建国这一时期。革命一代普遍相信,世界各地的人民都深为奴役和压迫所苦,而美国人却幸运地享有自由和平等。在美国成长的阶段,例外论乃是美国人界定和维护自身特性、免受其他文化侵扰和败坏的屏障;到了美国成为大国和强国之后,例外论又变成了美国向外传播其价值和制度的助推器。美国史家在梳理和批判例外论的影响时,曾调动过包括马克思主义和后现代主义在内的各种理论资源,并一再扩大研究视野,力图把美国置于大西洋乃至全球的视野中考察,通过发现美国历史与世界其他国家和地区的相互联系及影响,来破除美国例外的神话。从"外部主义"的路径来说,美国史学界对例外论的批判,与美国作为大国介入世界事务的国际主义取向有密切的联系,也同解构美国自由和民主的神话的激进主义思潮交织在一起。但是,这一工作无疑是艰巨而繁难的,因为一方面美国在历史上确实有许多独特的地方,在阐释和表述这种独特性时,如果分寸失当或取向偏颇,就容易滑入例外论的窠臼;另一方面,无论是从联系还是比较的角度考察美国历史,其落脚点最终还是美国,这样难免在无意间走向美国中心主义,而把大西洋视野或全球视野变成装饰例外论的花边。

美国历史的另一个突出特点是,种族和族裔的多样性始终具有强烈的影响,而美国史家在解释美国的过去时,又始终难以摆脱种族主义幽灵的困扰。在20世纪中期以前,美国历史的主流解释方式,通常是忽略黑人、印第安人和非西北欧移民及其后裔的经历,甚至刻意贬斥和丑化这些种族和族裔的文化,不假思索地把美国历史看成是盎格鲁—撒克逊白人的经历,把它写成美国走向自由、民主和富强的故事。最近半个多世纪以来,越来越多的美国史家开始关注那些受到忽视的群体,把少数种族和族裔的经历写进美国史,不仅揭示他们的苦难遭遇,而且肯定他们的历史作用。但是,那些在专业上趋于成熟的少数种族和族裔的史家,并不满足于这种"受害者"取向的历史叙事,他们不仅致力于发掘自己族裔的往事,而且大张旗鼓地宣扬自己族裔反对种族压迫的抗争事迹,把他们的先辈描述成积极的历史力量。这种新的族裔史观的形成,与民权运动以来少数种族和族裔的政治行动相伴而行,桴鼓相应。在当今的美国史学界,不仅贬低和丑化少数种族和族裔将冒天下之大不韪,而且忽略或轻视少数种族和族裔的历史经验也几乎是一种不可饶恕的"学术原罪"。

美国妇女史作为一个领域的成长和壮大,与妇女运动的兴起关系至为密切;而不断变化的女性主义意识和相关理论,又直接影响到对妇女在美国历史中的角色的理解。虽然描述妇女经历的论著在19世纪即已出现,但把妇女作为一种能动的历史力量融入美国历史的解释之中,则是女性主义思潮在史学中的反映。二战以来,越来越多的女性史家获得成功,她们大多研究与妇女相关的课题,写出了不少出色的妇女史论著,其中自然蕴涵着女性主义的价值和诉求。温和的女性主义史家试图在复杂而广泛的社会文化语境中考察妇女的经历,揭示妇女自主意识和抗争精神的形成与发展,以及她们的自主性与抗争活动同整个社会的良性互动;而激进的女性主义史家则倾向于从性别对立着眼来理解妇女的经历,一心要写出男性霸权的罪恶史和女性受压迫的苦难史,以此作为动员女性进行社会抗争的资源。当今美国的史学论著,如果其中没有女性的形象和声音,就很容易招来"政治上不正确"之讥。

美国向来被看成是一个民主的国家,在历史写作中很注重突出"人民"的地位。"人民"一词不仅经常出现在历史叙事中,而且还直接用在史书的标题上,常见"美国人民生活史""人民的美国史""人民的美国革命史"一类的书籍。但是,二战以来美国史家愈益强烈地感到,美国历史写作的主流其实是忽视人民的,虽然写的是"人民"的历史,但"人民"没有面目,也没有声音,而只不过是修饰或点缀;有的史书即便把"人民"作为重要角色,但涉及的也只是他们如何在精英的领导下行动。这种顶着"人民"的名义的历史,大多是依据精英留下的材料、并从精英的角度加以阐释的历史。最近几十年来,在美国史研究的各个领域,这种精英主义史观都受到了抨击。新史学和新文化史的实践者,把构成"广大人民"的普通民众和边缘群体当作历史的主角,仔细而深入地探讨他们的劳动、生活、习俗、价值、诉求、抗争和记忆,诠释他们过去的外在和内在的经验,强调他们的经历的历史意义。这种反精英主义的平民主义史观,在近几十年的美国革命史研究中得到了至为鲜明的体现:"建国之父"遭到矮化和边缘化,普通民众和边缘群体的经历受到特别的关注和强调;革命者的形象趋于淡化,而反革命和不革命的人们开始受到重视。这种平民主义史观在题材上聚焦于普通人的经历,在视角上强调从下向上看历史,在政治取向上则突出民众和精英的对立。这样一种治史的路径,与二战以来美国社会现实的变化息息相关。虽然精英和民众在公共政治中的博弈沉浮不定,但社会福利、大众消费和高等教育的普及,却塑造了一种大众主导美国社会的假象;20世纪60年代民众抗议运动盛极一时,留下了影响深远的平民主义思想遗产;平民和少数族裔子弟纷纷进入史学界,他们对于自己祖先的经历往往抱有优先的兴趣;社会科学和其他相关学科对于普通人的价值、习俗和行为的研究形成了有效的理论,为史家处理普通人的经历提供了概念工具和分析手段。所有这些因素交织和汇聚在一起,使得探究普通人的过去经历成为美国史学的主导性潮流。

美国史学界肃清各种"思想遗毒"努力,同史学范式的不断革新紧密结合在一起;在这个过程中,美国历史的内容、解释框架和意义指向都发生了重大的变化。这种历史一反过去那种直线进步的观念,不再把美国的历程说成一部凯歌高奏的英雄史诗,而突出强调其复杂多样、明暗交织、主线不清、挫折伴随成功、失败掩盖胜利的特点。这种历史也许可以叫做"新美国史"①，主要流行于学院派史家的小圈子里。它淡化了美国过去的辉煌色调，无助于提升美国人的自豪感和爱国热情，因而不为美国的政治领导人所喜爱；它又过于琐碎和专门化，因而也不合普通读者的脾胃。体现这种史观的《全国历史教学标准》，曾在美国社会引起激烈的争论，一度成为颇受关注的公共政治议题。

在中国史学界，了解和研究美国史长期不是一种纯粹的学术行为，而与各个时期的现实政治紧密交织在一起。中国士人最初了解美国历史的冲动，也许来自于反思中国政治和探索中国出路的需要。在中美交恶后的30年里，美国史经常被用作揭露和批判"敌人"的工具。当进入全面追求现代化的时期后，美国的历史经验又成了"攻"中国发展之"玉"的"他山之石"。总之，中国人研究美国历史，选择什么样的课题，关注什么样的内容，提出什么样的结论，无不受到现实政治的影响，也无不反映了研究者个人对于现实需要的理解。这种过度"现实化"的倾向，往往混淆过去与现在、学术与政治的界线，因而是阻碍这个学科发展的重大障碍。最近十多年来，越来越多的研究者意识到现实政治的两面性，开始思考现实关怀与学术追求的关系，力图在两者之间寻求一种适度的平衡。

中外史学史上的许多事例表明，当前和过去、现实关怀和历史写作的关系，仍然是一个远未穷尽的话题。历史学家研究什

---

① 这里借用了埃里克·方纳所编《新美国史》（Eric Foner, ed., *The New American History*, Revised and Expanded Edition, 费城1997年版）一书中的提法，但含义有所不同。

么,如何研究,很难摆脱外在的现实政治的制约,也无不受到内在的现实关怀的诱导。但是,如果用过去来证明现在的合理性,或者用现在的观点来看待过去,都会有悖于史学的旨趣,也会有损于学术的品质,沦为巴特菲尔德所指斥的"辉格派历史解释"。现实的影响无从摆脱,但史家必须对现实的影响保持高度的防范意识;现实关怀可以合理地引领史家的研究兴趣,帮助他(她)从广漠幽暗的过去世界中发现有意义的问题,但只要进入到解读史料和解答问题的环节,现实关怀就必须接受学术准则的审查,受到历史主义的阻击。

归根结底,过去只有凭借它对于当前的意义才能复活,历史只有活在现实中才能保持生命力。从这个意义上说,在当前和过去之间,在现实和历史之间,确实难以划出截然分明的界线。两者之间这种复杂纠结的关系,既给历史学家造成巨大的困惑,也为史学赢得生存空间带来许多的机遇。但是,究竟应当如何面对这些困惑,如何把握这些机遇,似乎没有一用就灵的妙诀。回顾近期中美两国的美国史研究,或许能为我们思考这类问题提供一点参照。

20 世纪美国史学的基本走向

美国的历史并不悠久,但史学却十分发达。就职业史家的人数、历史教育的规模、史学出版物的数量、历史知识在公共生活中的运用等方面而言,美国在世界上可能都是罕有其匹的。① 在过去的一个世纪里,美国的史学著述远非"汗牛充栋"所能形容,历史研究所取得的进展和成绩,可谓举世瞩目。不过,这种史学繁荣的表象却掩盖着一个令人困惑的问题:具有世界性影响的史学著作很少出自美国学者的手笔,美国也未产生多少世界公认的史学大师。那么,究竟应当如何看待 20 世纪美国史学

---

① 据估计,1976 年美国各类历史协会约有 4500 个(迈克尔·坎曼编:《我们面前的过去:当代美国的历史著述》[Michael Kammen, ed., *The Past Before Us*: *Contemporary American Historical Writing*],伊萨卡 1980 年版,第 12 页);美国历史学家组织 1993 年 12 月底的会员人数为 9162 名(戴维·西伦:《美国史学的实践》[David Thelen, "The Practice of American History"],《美国历史杂志》第 81 卷第 3 期[1994 年 12 月],第 933 页注 1);美国各大学研究生院授予的历史学博士学位,在 1972—1975 年间每年达到 1100 个,到 80 年代降至每年 550 个(休·戴维斯·格雷厄姆:《政策史发育不良的经历》[Hugh Davis Graham, "The Stunted Career of Policy History: A Critique and an Agenda"],《公共历史学家》,第 15 卷第 2 期[1993 年春季],第 29 页);各类史学刊物数量很大,每期刊登的大量新书评介则反映了史学著作出版的庞大数目;各类有历史学家参与的博物馆、历史纪念地、历史主题公园以及由历史学家协助拍摄的历史题材影片,也是为数众多。

的基本趋势？20世纪美国史学留下了何种启示和教训？

一、时代递嬗与学术趋新

美国是在不断开拓新土地、不断发现和利用新事物的过程中发展起来的。美国人似乎对于"新"有着特殊的敏感和偏好，在历史研究中也是如此。20世纪美国史学有一个突出特点，就是在不断求变和趋新中获得发展。以"新"为旗帜的学派和思潮层出不穷，一种"新史学"很快就为新的"新史学"所取代；一种观点或一种解释，往往不出几年就成了"节后黄花"。从总体上看，20世纪美国史学经历了四次大的思潮兴替，这种兴替和社会变动、时代精神有着至为密切的关联。

19世纪末20世纪初，美国史学完成了专业化，并且开始由传统的描述性史学转变为现代的分析性史学。在这个时期，美国跨入工业时代，急剧的社会变动和严重的社会弊端，激发了人们的改革热情，一股称作"进步主义运动"的改革浪潮涤荡全国。弗雷德里克·杰克逊·特纳、查尔斯·比尔德、弗农·帕林顿等一代专业史学家适逢其会，不仅积极投身改革，而且借史学著述与时代精神桴鼓相应，因而获得了"进步主义史家"的称号。进步主义史学的理论基石是当时流行的社会进化论和社会冲突论，其"轴心观念乃是经济和政治冲突"。① 在进步主义史

---

① 理查德·霍夫斯塔特：《进步主义史家：特纳、比尔德和帕林顿》(Richard Hofstadter, *The Progressive Historians: Turner, Beard, Parrington*)，纽约1968年版，第473页。

家的笔下,美国历史成了一部美国文明、美国民主不断成长和壮大的历史,一部不同地域、不同经济利益集团、不同的政治主张之间激烈斗争的历史。他们还极力用史学为社会服务,使之成为争取民主、推动改革的工具。进步主义史家的著述,将上帝的旨意、白人的使命等抽象的观念摈弃在历史的决定因素之外,第一次为美国历史提供一种学理性的宏观的解释框架,从而引发了一场全面改写美国历史的学术运动。

进步主义史学的生命力,随第二次世界大战的结束而衰竭。战后美国经济进入一个新的黄金时代,半个世纪以来的危机、改革、战争和动荡,使美国人对变动和冲突感到厌惧,转而希望稳定。在国际上,美国率领资本主义世界和以苏联为首的社会主义阵营抗衡,反共的意识形态弥漫于社会。多数人倾向于肯定和维持现状,欣赏和赞美美国的价值观念和生活方式。于是,保守主义就成为50年代的主导思潮。在这种舆论气候和时代精神的熏染下,美国史学发生了重大的变化。① 新一代史家开始全面清算进步主义史学的遗产,从史料、方法、理论和思想取向上打碎了进步主义史学的基石。丹尼尔·布尔斯廷、路易斯·哈茨、克林顿·罗西特等一批学者认为,美国社会从一开始就和欧洲不同,是一个相对平等的中等阶级社会,不存在鲜明的阶级分野和激烈的利益冲突,历史上的各种斗争,都是在美国人共同的价值基础上、在美国宪法的框架内进行的,美国人向来保守,激进的变革同美国无缘。总之,一致性和连续性乃是美国历史

---

① 美国史学内部的多种因素也与史学思潮的转变相关。参见霍夫斯塔特:《进步主义史家》,第439页。

的根本特征。这股史学思潮因此被称作"一致论学派"或"新保守主义史学"。在"一致论"史家的笔下,美国历史中并不存在进步主义史家所描述的那种冲突和变革,而变成了一部和谐与连续的历史。这样一部美国史,同进步主义史家所撰写的美国史一样,是经过了思想和偏见改造的历史。

但是,这样一种历史的支柱在60年代很快就发生了动摇。从50年代末开始,美国经济面临新的问题,各种社会弊端逐渐严重,苏联在科技和尖端武器方面取得了重大的进展,美国在国际事务中的作为受到质疑。这一切使得许多美国人、特别是年轻一代对传统和现状都深感不满,民权运动、妇女运动、反主流文化运动和反战运动此起彼伏,各种社会批判思潮汹涌澎湃,激进主义理论在青年中间风行一时。这种激荡不安的社会形势和思想趋向,在史学界激起了强烈回响。一些具有激进倾向的学者,如威廉·阿普曼·威廉斯、诺曼·波拉克、加布里埃尔·柯尔科等人,重提为一致论学派所抛弃的社会冲突论,对美国历史上的各种集团、不同利益、各种主张的斗争,作了更加突出的强调,对于美国外交的帝国主义性质,进行了猛烈的抨击。这些学者被称作"新左派史家"。不过,他们由于曲解和附会史料,而且思想过于偏激,不能见容于主流社会,也受到其他同行的诟病。[①]

60年代的社会抗议和各种改革,特别是少数种族和女性成为重要的政治力量,促使美国思想气候在70年代以来出现了许

---

① 关于新左派史学的评论,参见杨生茂:《试论威·阿·威廉斯的美国外交史学》,《世界历史》1980年第1、2期。

多新的特点,多元文化主义和女性主义成为一种时代精神。新社会史的研究范式也不断成熟,并对其他领域产生强烈的辐射。在这种社会政治语境和学术语境中,越来越多的史家开始对美国历史进行反思和重新解释,逐渐形成了一种可以称作"新美国史"的史学潮流。① 多元文化主义和女性主义的共同特点,在于反对基于种族、性别和文化的歧视与控制,肯定多元性和多样性的意义,倡导平等对待各种文化和不同的群体,致力于颠覆正统思想关于中心与边缘的界定。在这种思潮的推动下,美国历史的框架、领域、方法和解释都发生了重大的变化。首先,史学研究的领域大为拓展,少数种族和族裔的历史、过去受到忽视的社会群体的历史,成为史学的重要内容;黑人史、亚裔史、土著美国人史、西班牙裔史、妇女史、同性恋史等领域逐渐呈现繁盛的景象。其次,少数种族和族裔在美国历史中的地位得到突出的强调,例如在早期史的研究中,欧洲文明、非洲文明和美洲文明一起都被看成美国历史的渊源。再次,"种族"(race)、"性别"(gender)和"阶级"(class)成为基本的史学分析范畴,在政治史、经济史、社会史、妇女史、劳工史等诸多领域,族裔、性别和文化成了关注的重点。最后,文化人类学、民俗学、民族学、社会学、人种志的理论和方法被大量引入历史研究,史学的分析手段变得愈益丰富多样。

美国史学思潮的演变和兴替表明,学术和社会变动之间有

---

① 埃里克·方纳为美国历史协会所编全面评述 20 世纪 60 年代以来美国史学趋势的文集,即以"新美国史"为题。见埃里克·方纳编:《新美国史》(Eric Foner, ed., *The New American History*, Revised and Expanded Edition),费城 1997 年版。

着十分复杂的关系。美国史家对时代精神反应敏锐,其治史的实践贴近时代,充满现实感;通过各种观念和路径的交锋,关于美国历史的复杂性的认识得以不断深化。这是美国史学的一个突出的长处。但另一方面,史学与现实纠缠不清,学者过深地介入现实政治,也带来了降低史学的学术品质的风险。在殖民地时期,当时的历史记述者往往将上帝对白人居民的眷顾作为历史的主题。19世纪的史家明确地阐述了使命感和美国利益的神圣性。进步主义史家则明确提出了史学干预现实的"现时主义"主张,鄙视那种"待在无人翻阅的书本里的历史",倡导史家应敏于回应现实提出的要求,不是一味"重复过去",而要"利用过去",尽力"迎合普通人的脾胃"[①],把"文明的历史"变成"文明的工具"。[②] 虽然进步主义史学在学术上的影响早已消失,但其治史的实用主义取向却已深深植入美国史学的传统之中。

　　进步主义史家对美国史的解释,固然深化了对许多问题的理解,但后来的学者发现,他们的观点存在着价值和伦理方面的欠缺,而且在史实的处理和运用上也纰漏甚多。查尔斯·比尔德将建国先辈描绘成单纯受经济利益驱使的凡夫俗子,对建国过程中各种因素互动的复杂情形,作出了过于简单的理解。后继的一致论学派刻意将美国历史改写成一部和谐与连续的历

---

① 语见卡尔·贝克尔:《人人都是自己的历史学家》(Carl Becker, "Everyman His Own Historian"),《美国历史评论》,第37卷第2期(1932年1月),第235页;中译文见田汝康、金重远编:《现代西方史学流派文选》,上海人民出版社1982年版,第275、276页。

② 语见查尔斯·比尔德、玛丽·比尔德:《美国文明的兴起》(Charles and Mary Beard, *The Rise of American Civilization*),纽约1947年版,序言第7页。

史,抹杀了一个多元社会中不同利益、主张、种族、性别和地域之间的激烈冲突,矫枉过正,过犹不及。新左派史学家为了揭露美国社会的弊端,不惜曲解史实,他们所写的美国史,可以说是一部高度政治化的历史。这种随时代风向而动的历史研究,容易产生偏执一端的史观,导致历史建构模式的不断翻新,也可能给历史知识的尊严和价值带来损害。

70年代以来,在多元文化主义的框架内对美国史的重构方兴未艾,这种史学的弊病也逐渐显露出来:文化多元的历史被说成是各种族平分秋色的历史,欧洲文化在美国社会文化形成中的重要性被刻意淡化和贬抑;对过去那些受忽视的人群的研究成为一种时髦,"种族""性别""阶级"分析范畴遭到滥用。女性主义引领妇女史的解释路径,性别压迫和男性霸权被明显放大,甚至有将历史由"他史"(history)变成"她史"(herstory)的倾向,由此形成的是一种十分偏颇的性别对立史观。在一些关于种族和族裔的历史研究中,盎格鲁—撒克逊白种人都成了种族主义者,对白人中的反种族偏见的思想却视而不见。以多元文化主义和女性主义为基础的所谓"政治正确性",已成为钳制学术自由的枷锁。可以说,新的意识形态之争正在肢解美国历史,使整体的和宏观的美国史架构难以形成。一旦片面强调多种文化的竞争和冲突,什么是美国文化自然就成了一个问题;如果美国历史仅只是众多种族和性别集团的历史,那么它的主线和主题就会变得难以把握。因此,对于新近形成的"新美国史"的利弊应当有清醒的认识。正如斯坦福大学教授乔治·弗雷德里克森所言,整部美国史并不都是族裔史,多元文化主义并非可以容纳所有美国历史问题的大箱子。①

史学不同于社会科学,它是以不可逆转的过去时空中的人及其活动为对象的人文学,它的成长需要以深厚的人文积累为滋养。历史研究的目的在于追求可靠的历史知识,提出令人信服的历史解释,这需要一种相对中性和平和的立场,需要和变幻莫测、难以界定的现实保持一定的距离,需要一种对于知识的庄严而恒定的信念。如果怀有过于强烈的现实关怀,对时代精神不加辨析和保持警惕,就难免有损于史学的特性。20世纪美国史学的最大问题就在于,历史解释紧跟时代而不断变化和求新,每一代史家都以"解构"既往学术为起点,热衷于追逐时尚,以"标新立异"为研究鹄的,过于迎合大众口味,片面注重史学的工具性。这一切容易导致思想的平庸和知识的实用化,难以建立一种追求纯正知识的"精神贵族"传统。于是,史学的高度繁荣只是一种表面的景象;由于缺乏深沉的历史感和深厚的人文底蕴,也就不具备有利于史学大师成长的土壤。

二、社会科学与历史研究

历史学的社会科学化,在20世纪可以说是一个世界性的现象,而且尤以美国为甚。19世纪特别是20世纪初以来,经济学、政治学、人类学、社会学、人口学、心理学等研究社会和人类

---

① 乔治·弗雷德里克森:《多元文化教学要求有一种更微妙的平衡》(George M. Fredrickson, "Multicultural Teaching Requires a More Subtle Balance"),《视角》,第32卷第7期(1994年10月),第13页。

的学科趋于成熟和专门化,社会科学的势头日益强劲。受社会科学发展的鼓舞和影响,美国史学也出现一系列新的变化。首先是研究领域不断扩大,从政治、外交到经济、社会,从英雄人物的活动到普通民众的生活,从事件到心态,都成为历史学的研究对象。其次是理论和研究方法的革新,引进社会科学的理论和方法,特别是采用计量方法,实现了描述性史学向解释性史学的转变。这两大变化实际上是相辅相成的,研究领域的扩大,要求理论和方法的发展,而理论和方法的革新,又有助于发掘新的研究课题和使用新的史料。伴随着这些变化,历史学逐渐变成社会科学的一个分支,史学完成了社会科学化。

美国史学界长期热衷于把历史学和社会科学结合起来。早在1912年,詹姆斯·哈维·鲁滨逊在《新史学》中就提出,史学在理论和方法上应当向人类学、经济学、心理学和社会学等学科学习。① 1925年,美国历史协会加入了两年前刚成立的社会科学研究理事会,并积极参与各项活动,推动了历史学与社会科学其他学科的合作。② 在二战后的二十多年里,社会科学研究理事会连续支持出版了数种著作,探讨历史学的理念、方法和前

---

① 詹姆斯·哈维·鲁滨逊:《新史学》(James Harvey Robinson, *The New History: Essays Illustrating the Modern Historical Outlook*),纽约1912年版;中译本见詹姆斯·哈威·鲁滨孙:《新史学》(齐思和等译),商务印书馆1964年版。另参见哈维·威什:《美国历史学家》(Harvey Wish, *The American Historian: A Social-Intellectual History of the Writing of the American Past*),纽约1960年版,第147页。

② 罗伊·尼科尔斯:《历史学与社会科学研究理事会》(Roy F. Nichols, "History and the Social Science Research Council"),《美国历史评论》,第50卷第3期(1945年4月),第491—499页。

景。其中,1963 年问世的《历史写作中的概括》一书,收入了当时一批知名历史学家的文章,讨论历史学如何在社会科学大发展的时代采用新的方法,从而使之成为"社会科学的女王"。①1971 年的《作为社会科学的历史学》一书,则以问卷调查为基础,汇集了当时美国历史学界对本学科的各种意见,倡导对研究生进行基本的社会科学理论和方法的训练。② 次年,新政治史主帅李·本森把自己以往的有关论文结集为《走向对历史的科学研究》一书,对美国史学的状况提出尖锐批评,倡导"科学、进步和有用的"历史学,主张更系统地收集和处理资料,更广泛地使用计量方法,形成更为完善的方法论,更加重视理论和分析模式的建构。③ 这些情况表明,"社会科学化"一度成为美国史学界的一种热切追求。在社会科学化的过程中,美国史学出现两

---

① 路易斯·戈特沙尔克编:《历史写作中的概括》(Louis Gottschalk, ed., *Generalization in the Writing of History: A Report of the Committee on Historical Analysis of the Social Science Research Council*),芝加哥 1963 年版。另见雅各布·库克对该书的评论(Jacob E. Cooke, "Review of *Generalization in the Writing of History: A Report of the Committee on Historical Analysis of the Social Science Research Council* by Louis Gottschalk"),《宾夕法尼亚史学》,第 31 卷第 2 期(1964 年 4 月),第 266—267 页。

② 戴维·兰德斯、查尔斯·蒂利编:《作为社会科学的历史学》(David S. Landes, and Charles Tilly, eds., *History as Social Science*),新泽西州恩格尔伍德克利夫斯 1971 年版。另见托马斯·科克伦对该书的评论(Thomas C. Cochran, "Review of *History as Social Science* by David S. Landes and Charles Tilly"),《美国历史评论》,第 76 卷第 5 期(1971 年 12 月),第 1515—1516 页。

③ 李·本森:《走向对历史的科学研究:李·本森论文选》(Lee Benson, *Toward the Scientific Study of History: Selected Essays of Lee Benson*),费城 1972 年版。另见理查德·柯肯德尔对该书的评论(Richard S. Kirkendall, "Review of *Toward the Scientific Study of History: Selected Essays of Lee Benson* by Lee Benson"),《印第安纳历史杂志》,第 68 卷第 4 期(1972 年 12 月),第 351—352 页。

种主要倾向:一是历史学者大量汲取社会科学的理论和方法,二是社会科学研究者广泛涉足历史领域。

美国历史学家吸收社会科学的知识、理论和方法,同那些熟悉理论和方法的社会科学家一道,在历史领域进行前所未有的尝试和创新,使史学的领域大为拓宽,方法得到丰富,解释更为多样化,理论色彩也更为浓厚。历史学和经济学的结合产生了新经济史,强调理论在研究中的作用,系统地运用统计分析方法,大量使用数理模型,并相信其事实证据和研究结论完全可能是科学的和可靠的。罗伯特·福格尔、斯坦利·恩格尔曼等人运用"反事实模式"对铁路问题和奴隶制所做的经济史研究,改变了经济史的面貌。[①] 将政治学和行为科学引入政治史的结果,是形成了新政治史。李·本森的《杰克逊民主的概念》是这方面的开创之作,为新政治史提供了一个概念和方法的框架。[②] 一些机构对美国历史上的选举数据和国会表决进行了整理,使之成为可以利用的计量化史料。注重历史研究的政治学家也加入这个营垒。种族文化分析模式和选举周期理论,乃是新政治史的重大成果。社会学等学科对史学的渗透和"自下而上"的史观的形成,促成了新社会史的繁荣。普通人的生活、风习的演

[①] 罗伯特·福格尔:《铁路与美国经济的增长》(Robert William Fogel, *Railroads and American Economic Growth*: *Essays in Econometric History*),巴尔的摩1970年版;罗伯特·福格尔、斯坦利·恩格尔曼:《磨难时期:关于美国黑人奴隶制的经济学研究》(Robert W. Fogel, and Stanley L. Engerman, *Time on the Cross*: *The Economics of American Negro Slavery*),波士顿1974年版。

[②] 李·本森:《杰克逊民主的概念:以纽约为例》(Lee Benson, *The Concept of Jacksonian Democracy*: *New York as a Test Case*),普林斯顿1961年版。

变、社会流动、价值和道德观念的变化、少数人群的生活、信仰和文化模式,都成为社会史的研究课题。尤金·吉诺维斯对奴隶制和奴隶生活与文化的研究、赫伯特·古特曼和戴维·蒙哥马利对工人阶级的研究,是具有代表性的成果。①

从方法和技术的角度来说,在史学的社会科学化过程中起重要作用的是计量方法,人称"计量革命"。计量方法和电脑的采用,使历史学在定性分析之外,增加了定量分析的手段,提高了结论的精确度。有人甚至相信,计量史学乃是唯一科学的史学,历史学家必须成为计算机的程序员。美国学者运用计量方法研究大众选举、移民史、经济史,并且使过去很少受到注意的教会登记、家庭账册、选举记录等资料产生极大的史料价值。有的美国学者曾不无得意地宣称,"美国历史学家在计算机技术的运用方面领先于他们的欧洲同行";"计量学派乃是美国的特色"。②

社会科学为史学这门古老的学科注入了活力,丰富了它的理论、方法和研究手段,拓展了研究领域,提出了不少新的课题,使之呈现新的面貌。无论从观念和理论,还是领域和方法来看,这种经过社会科学改造的历史研究,乃是名副其实的"新史学";而

---

① 尤金·吉诺维斯:《奴隶们创造的世界》(Eugene D. Genovese, *Roll, Jordan, Roll: The World the Slaves Made*),纽约1974年版;赫伯特·古特曼:《美国工业化过程中的工作、文化与社会:美国工人阶级历史论文集》(Herbert G. Gutman, *Work, Culture, and Society in Industrializing America: Essays in American Working-Class History*),纽约1977年版;戴维·蒙哥马利:《作为公民的工人:19世纪美国工人在民主与自由市场中的经历》(David Montgomery, *Citizen Worker: The Experience of Workers in the United States with Democracy and Free Market during the Nineteenth Century*),纽约1993年版。

② 转引自坎曼:《我们面前的过去》,第32、36页。

且,这种"新史学"和当年鲁滨逊所倡导的"新史学",也有天渊之别。今天的治史者实际上已经不是传统意义上的历史学家,如康奈尔大学教授迈克尔·坎曼所说,他们拥有从前的学者无从想象的计量方法和电脑等装备,他们使用的话语在几十年前也甚为罕见。① 而且,他们对自己的工作甚为自信和自负,认为自己的课题和方法代表了史学的潮流,优越于传统史学。这种态度招致坚持传统史学的学者的反感和责难。②

在社会科学开始悄然向历史研究渗透之时,声望如日中天的理查德·霍夫斯塔特不无得意地宣称,当其他研究社会的学科均专注于狭隘的实证探索时,史学可能仍是人文性最强的一个学科。③ 可是,如果他能多活十年,那他一定会深感失望:史学在经历了社会科学化后,竟然变成了"其他研究社会的学科"中的一种。社会科学之于史学,实在是一把双刃剑:它给史学带来生机,同时也损害了史学的特性和功能。

第一,社会科学化使史学的独立性和自主性面临挑战。新经济史实际上变成了经济学的一个分支,新政治史更接近政治学,新社会史类似历史社会学,妇女史实际上不过是女性学。在这些研究领域中,历史成了附属和次要的东西,研究的目的不是

---

① 迈克尔·坎曼:《一个美国研究者的重新起步:历史问题在20世纪60年代以来关于美国的史学著述中的广泛影响》(Michael Kammen, "An Americanist's Reprise: The Pervasive Role of *Histoire Probleme* in Historical Scholarship Concerning the United States Since the 1960s"),《美国史学评论》,第26卷第1期(1998年3月),第1页。

② 参见格特鲁德·希梅尔法布:《新史学和旧史学》(Gertrude Himmelfarb, *The New History and the Old*),剑桥1987年版,第22页。

③ 霍夫斯塔特:《进步主义史家》,第466页。

考辨史实、解释史实和形成历史叙事,而是建构模式和创立理论。史学和其他学科的边界开始变得模糊起来。

第二,成为社会科学分支的史学,出现各种非人文化的趋势。史家缺乏人文关怀,对知识没有某种超功利的追求,也不再将人的价值置于重要地位。在高度技术化的研究中,课题成为中心,手段乃是关键,人及其信仰、关怀、生活方式则被淹没在一大堆支离破碎的材料和抽象庞杂的模式当中。史家不过是一种制作历史知识产品的技术工人,著述的目的主要是为了学位、职位和晋升。① 这种倾向同样表现在史学研究者的培养中。美国大学的史学博士研究生课程,通常偏重专业方法和规范的训练,重视某一具体领域的知识,而忽略思想价值的熏陶和整体素质的培养;一个学生修满学分、写出一篇专业性很强的论文以后,就可以得到学位,然后走向就业市场。像60年代芝加哥大学社会思想委员会那种注重人文素质培养的方式,实在是凤毛麟角。缺乏人文底蕴的史学,只能生产合乎标准但不够精致的知识产品,不少论著只不过是如伯纳德·贝林所说的那种"社会科学研究报告"②,能够陶冶情操和启人心智的学术经典,也就甚为少见。

第三,对理论、量化和模式的迷信,引起许多严重的问题。史家未能恰当把握理论和史实的关系,不是用理论来分解或排列史实,就是使史实服从于理论。史家忽视历史研究的对象和

---

① 例如,美国高校的年轻教师中间流行一句话:"不出版即灭亡(publish or perish)。"

② 伯纳德·贝林:《论历史教学与写作》(Bernard Bailyn, *On the Teaching and Writing of History*),马萨诸塞州汉诺威1994年版,第37页。

资源的特殊性,导致牵强附会,如心理历史学分析往往缺乏可靠的心理资料,计量方法所得出的数据,只能对有限的问题有意义。人类的活动及其结果并不是简单的数量关系,更不是某种抽象的模式所能容纳,而是充满偶然性、随机性、复杂性、多样性和不确定性。理论只有用以观照史实时才有意义;量化和模式只能是历史研究的部分手段。①

第四,对社会科学化的追求,使历史著述沦为专业性很强的科学研究报告,内容枯燥,文字死板,了无生气,面目可憎,传统史学的叙事性和可读性荡然无存。有的美国学者谈到,作为艺术和文学的历史已经丧失,史学训练中对技术性和专业性因素的注重,遮蔽了优美写作、讲述故事、进行综合乃至教学的重要性;历史学家的写作变得十分糟糕,历史成了枯燥和不相干的东西,新闻记者取代历史学家成为受欢迎的历史作品的作者。②

这种状况引起了"新""旧"两派史家的不满。"旧"派史家坚持真正的史学应当以重大事件和著名人物为中心,非如此不能发现历史运动的主线,非如此不能产生宏大的历史叙事,因此他们虽然也承认新史学的成绩,但对史学社会科学化持抵制和

---

① 据格特鲁德·希梅尔法布说,"新史学"受到的责难包括:其分析方法未能把握能动的历史运动;计量方法只限于考察那些可以量化的课题和资料,从而使历史变得狭隘和细微;心理分析的解释更多地来自先入的理论而不是经验证据;社会学的模式过于抽象,不能阐释具体的历史现象;流行的意识形态偏见使历史学家倾向于认同于自己的课题,将自己的态度和价值放进课题之中;以大众为中心的史学模式不能容纳那些对塑造历史起过重要作用的杰出人物;等等。见希梅尔法布:《新史学和旧史学》,第14—15页。

② 西伦:《美国史学的实践》,第942—943页。

诋毁的态度。"新"派学者在强调史学和社会科学的联系的同时,开始意识到,对传统史学的长处不能完全抹杀,必须克服社会科学化带来的弊病,新史学才有光明的前途。像伯纳德·贝林这样较早运用社会科学的理论和方法的学者,甚至在自己的著述中刻意避免使用社会科学的术语,以免被误会为社会科学家。越来越多的学者主张在新的基点上回归叙事,力图以分析性叙事重新构建美国历史体系。

三、专题探索与宏观综合

在 20 世纪中期以前,美国历史学家十分关注重大的历史问题,热衷于从事宏观的和整体性的历史著述。特别是在 19 世纪,史家笔下描绘的通常是美国历史的宏观进程,力图展示上帝的旨意如何在北美得到体现,白人的使命如何使一个"蛮荒"的大陆变成世界文明的新希望。乔治·班克罗夫特的《美国史》、弗朗西斯·帕克曼的殖民发现和争夺史,都带有这类特点。在20 世纪上半叶,虽然专题的、微观的研究开始受到重视,但主导倾向仍然是建构综合和宏观的历史叙事。特纳的边疆和地域假说,比尔德的经济史观,涉及的都是对美国历史整体进程的理解。比尔德的《美国文明的兴起》,老阿瑟·施莱辛格主编的《美国生活史》,比米斯的《美国外交史》,都是构架宏大的综合性著述。一致论学派和新左派的代表人物,也大多是综合著述见长,布尔斯廷、霍夫斯塔特、哈茨、威廉斯等人,都提出了解释美国历史趋势的宏观框架。特别是霍夫斯塔特的政治文化史观和布尔斯廷的美国特殊性理论,是这个时期两种整合美国史的主要框架思想。

与此同时,专题化也成为一种日渐强劲的趋势。20世纪上半叶的史学著述,即开始从"宽泛散漫的叙事"向"脚注繁复的专著"转变①;当社会科学化趋势兴起和"新史学"走向成熟后,专题研究更成了美国史学的主流。英国历史学家杰弗里·巴勒克拉夫敏锐地看到,美国史学界的"研究重点几乎从一开始就没有放在大型理论化上,而是强调将某些概念和方法应用于范围有限的一些历史问题和具体的历史状态上"。② 社会科学化过程中出现的新方法和新史料,带来了深化研究的可能,必然使研究突破整体性叙事,而进入专题探讨的层面。另外,随着史学的专业化,专业研究人员越来越多,特别是博士生培养规模的扩大,训练出了众多专题研究人员。博士论文选题要求必须使用第一手资料,促使研究生不得不寻找专门而细小的题目来做文章,在每年大量出版的专题著述中,博士论文占有相当的比重。

60年代以来,专题研究取得了很大的进展。第一,领域划分越来越细微。例如,妇女史原本是美国史研究中的一个具体领域,现在已经分化为黑人妇女史、移民妇女史、少数族裔妇女史、边疆妇女史、早期妇女史、家庭婚姻史、妇女运动史等许多小的领域。第二,对重大的历史事件的细节研究日益深入。以美国革命的研究为例,传统的研究注重探讨革命的起源、革命的性

---

① 奥斯卡·汉德林:《历史中的真理》(Oscar Handlin, *Truth in History*),马萨诸塞州剑桥1979年版,第61页。

② 杰弗里·巴勒克拉夫:《当代史学主要趋势》(杨豫译),上海译文出版社1987年版,第73页。

质等整体性问题,而50—60年代以来的专题化趋势中,更多的研究集中在革命的思想意识、奴隶制、妇女、宗教、识字率、印第安人等问题,不同地域和社区在革命期间的变动也受到较多的关注。第三,地方史研究成果甚丰。对于各个历史时期的地方社区,如一个县、一个村镇、一个教区的研究,成果可谓不胜枚举。新政治史研究的一个基本特点,就是将研究视野从全国政治转向地方政治,这方面的论著数量也极为可观。第四,个案研究的出版物也为数众多,特别是近期的博士论文,已经细微到地方工会领导人传记、某一医院的历史、某一时期的儿童玩具之类的问题。

在专题研究获得丰收的同时,美国史学出现了"由于过度专门化而巴尔干化"的趋向①,也就是通常所说的"碎片化"问题。"碎片化"是指两种现象。第一,专题研究变得过度专门化,走上为专题而专题的小路,没有将专题在整个领域定位,未能将专题置于宏大的背景之中,无法看出专题和整体的美国历史的联系,因而变得日益狭窄和支离。一直对新社会史持批评态度的格特鲁德·希梅尔法布提及,她曾问一个专门研究早期村镇社会史的学者,他和他的同行的研究与美国的建立这样重大的历史变动有何关联,对方坦率地承认,从他们的主题和资料来看,似乎找不出什么关联来。她认为这个例子鲜明地反映了新史学的致命弱点。② 第二,难以借助宏观框架来对日益细致的专题研究成果进行综合,从而构建整体性的历史叙事,展现一般性的历史趋势,不仅在整个美国历史方面是如此,即便在某个

---

① 西伦:《美国史学的实践》,第937页。
② 希梅尔法布:《新史学和旧史学》,第13页。

具体的领域,也只有若干零散的专著,而综合性的著作不可多得。以对殖民地时代的研究为例,20世纪上半叶出现了查尔斯·安德鲁斯的《美国历史上的殖民地时期》、劳伦斯·吉普森的《美国革命以前的不列颠帝国》等鸿篇巨制;50年代以来对殖民地社会的各个方面、各个殖民地的地方社区的研究,达到极为细致深入的地步,但是,至今尚未有一种具有影响的综合性的殖民地史著作。虽然不排除有些专题著述具有宏观的意义,如查尔斯·格兰特对康涅狄格边疆村镇肯特的研究,对理解殖民地政治演进很有价值①;菲利普·格雷文对马萨诸塞村镇安多弗的研究,展示了殖民地时期新英格兰社会变迁的图景②;可是更多是一些零碎和无关宏旨的专深细微之作。所以,如何借助已有的研究而构筑一种关于殖民地时期的宏观历史叙事,乃是美国早期史研究中的一个紧迫问题。③

---

① 查尔斯·格兰特:《康涅狄格边疆村镇肯特的民主制》(Charles S. Grant, *Democracy in the Connecticut Frontier Town of Kent*),纽约1961年版。

② 菲利普·格雷文:《四代人:马萨诸塞安多弗殖民地时期的人口、土地和家庭》(Philip J. Greven, *Four Generations: Population, Land, and Family in Colonial Andover, Massachusetts*),伊萨卡1970年版。

③ 关于殖民地史的研究状况,参见杰克·格林等编《英属美洲殖民地:关于现代早期的新史学论文集》(Jack P. Greene and J. R. Pole, eds., *Colonial British America: Essays in the New History of the Early Modern Era*),巴尔的摩1984年版;约翰·默林:《大灾难的受益者:美洲英属殖民地》(John M. Murrin, "Beneficiaries of Catastrophe: The English Colonies in America"),载方纳编:《新美国史(修订扩充版)》,第3—30页;伊恩·斯蒂尔:《从美洲印第安人、大西洋和全球的视野来实现美国殖民地史的突破》(Ian K. Steele, "Exploding Colonial American History: Amerindian, Atlantic, and Global Perspectives"),《美国史学评论》,第26卷第1期(1998年3月),第70—95页。

"碎片化"的最大欠缺是,许多具体研究领域的专深论著过于繁杂,即便专业学者也不能完全了解整个研究状况,难以从中把握基本的趋势①;对于一般的读者,由于缺少"讲述故事"(story telling)式的综合性叙事之作,不免失去阅读历史的兴趣,从而使历史著述沦为"专家之间的对话"。这是一种"病态的繁荣"。另外,"碎片化"造就了一大批专家,但缺乏充当学术领袖的通人和大师。约翰·海厄姆在60年代初曾经感叹,当时那一代史家中没有特纳、比尔德那样的学术领袖②;在30余年后的今天,这种状况更加严重,因为海厄姆所说的那一代人中,毕竟还产生了如C.范·伍德沃德、理查德·霍夫斯塔特、埃德蒙·摩根这样一些公认的权威人物,但在目前的美国史学界,影响超出其本人研究领域的学者,可以说是寥若晨星。

1993年《美国历史杂志》在国内外历史学者中进行了一次问卷调查,人们反应最为强烈的问题,包括过度专门化、狭隘性和缺少宏观叙事等弊端。有一组数字令人十分震惊:问卷要求列举本人最推崇的3—4种专著,1047名被调查者竟然提出了1237种著作,其中882种仅一人提及,三人同时提到的著作仅118种,提及人数最多的是埃德蒙·摩根的《美利坚的奴役和美

---

① 美国革命史权威伯纳德·贝林曾说,关于美国革命的研究成果数量巨大,他怀疑有人已经或将来能够了解所有有用的著述。见伯纳德·贝林:《革命的面目:争取美国独立的斗争中的主题和人物》(Bernard Bailyn, *Faces of Revolution: Personalities and Themes in the Struggle for American Independence*),纽约1992年版,第225页。

② 约翰·海厄姆:《美国历史的建构》(John Higham, "The Construction of American History"),载约翰·海厄姆编:《美国历史的重建》(John Higham, ed., *The Reconstruction of American History*),纽约1962年版,第21页。

利坚的自由》一书,也不过得了47票;在被20以上的人同时提到的11种著作中,仅有一种是1980年以后的出版物。① 这说明:一、美国史家大多只读本领域的著作,而对其他领域的状况不太关心,在学术上有一定的封闭性;二、由于"碎片化",美国史学界没有公认的名著;三、近20年来美国史学所受"碎片化"的困扰愈益严重,以致未能产生影响很大的著作。

美国史学界较早意识到"碎片化"问题的人,是已故历史学家赫伯特·古特曼,他在1981年就开始呼吁新的综合性历史叙事。托马斯·本德随后也提出,虽然比尔德的史学观点已经过时,但他的《美国文明的兴起》仍然是宏观历史著述的一个基本标准,标明了史学发展的一个方向。② 美国历史学家组织主席劳伦斯·莱文1993年在主席演说中提出,美国历史学家"应当留意关于新的综合的呼吁"。③ 但是,新的综合并非易事,因为它不是对已有研究成果的量的聚集,而需要有一种宏观的历史解释框架将分散的材料整合成一种自足的历史叙事。比尔德的宏观美国史,就是以经济解释和社会冲突论为框架而构筑出来的;一致论学派的整体性著述,贯穿着他们对于美国历史的一致性和连续性的认识。最近几十年专题研究不断深化,打碎了以往的宏观综合著述所赖以建立的解释框架,但同时新的框架却

---

① 西伦:《美国史学的实践》,第953页。
② 参见托马斯·本德:《整体和部分:美国史学综合的必要性》(Thomas Bender, "Wholes and Parts: The Need for Synthesis in American History"),《美国历史杂志》,第73卷第1期(1986年6月),第131页。
③ 劳伦斯·莱文:《克列奥、准则和文化》(Lawrence W. Levine, "Clio, Canons, and Culture"),《美国历史杂志》,第80卷第3期(1993年12月),第867页。

没有出现。所以,对于当今美国史家来说,进行综合性历史叙事所缺少的,不是微观研究的基础,而是使众多微观研究成果产生意义并且和更大的历史趋势发生关联的理论框架。

有志于建构这类宏观理论框架的学者也不乏其人。战后颇受推崇的史家霍夫斯塔特在生前曾许下宏愿,要在综合近几十年关于美国政治文化的专题著述的基础上,撰写一部以政治史为中心的宏观美国史,拟分三卷,每卷涵盖75年;但天不假年,他仅仅留下了一部关于早期美国史的初稿。① 托马斯·本德多年来致力于倡导综合研究,提出要以"公共文化"作为新的综合性叙事的线索。他认为,通过"公共文化"的框架,可以弥合政治史和社会发展的分裂,形成一种整体性的叙事。② 但是,根据"公共文化"说而撰写的整体性美国史著作,迄今尚未问世;本德本人关于"公共文化"的著述,也没有产生预期的影响。另外,宏大的历史叙事和长篇小说一样,需要有中心情节。以往的宏观历史著述以政治史为中心,而政治事件则往往富于故事性,易于形成完整的叙事结构。新史学侧重社会运动,而社会运动则往往缺乏明显的故事性,这就极大地增加了宏观叙事的难度。更有进者,当今的史家大多希望建构一种分析性叙事的框架,但分析和叙事的结合诚非易事,因而备受期盼的综合性历史叙事不免姗姗来迟。伯纳德·贝林相信,社会发展同样也是一种结

---

① 理查德·霍夫斯塔特:《1750年的美利坚:一幅社会图景》(Richard Hofstadter, *America at 1750: A Social Portrait*),纽约1971年版,前言第7—9页。

② 本德:《整体和部分》;托马斯·本德:《"大胆与谨慎":20世纪90年代的美国史学》(Thomas Bender, "'Ventureseome and Cautious': American History in the 1990s"),《美国历史杂志》,第81卷第3期(1994年12月)。

构性的有序可循的故事,他雄心勃勃地试图建构一种关于社会发展的宏观历史叙事。① 不过,他的这部宏观美国史著作目前仍旧还停留在计划当中。

近几十年来,虽然贯通整个美国历史的宏观叙事仍付阙如,但某些领域的综合性著述已有若干成功的范例。埃里克·方纳的《重建:美国未完成的革命》,在重建这一领域是一部为人称道的综合性著述。他从杜波依斯的《黑人的重建》得到启发,将重建看成是美国现代化进程中的一个阶段,把黑人的经历置于中心地位,围绕内战后南部社会整体重塑的方式、南部种族态度与种族关系模式的变化、内战和重建后出现的"全国性国家"(national state)、北方经济和阶级结构变化对重建的影响等问题,梳理和综合了已有的研究成果,建构一种"叙事的"和"分析的"样式。② 可是这样的作品毕竟为数尚少,而且涉及的也仅只是某些具体的历史问题。

从各国史学的经验来看,古往今来的史学大师,多是记述或解释重大的历史运动的学者;具有广泛影响的史学经典,也通常是宏观的历史叙事之作。从司马迁的《史记》、希罗多德的《历史》到汤因比的《历史研究》、布罗代尔的《菲利普二世时代的地中海和地中海世界》,概莫能外。一国史学的理想状态应当是

---

① A. 罗杰·埃柯克:《有时是艺术,从未是科学,但总是技艺:与伯纳德·贝林谈话录》(A. Roger Ekirch, "Sometimes an Art, Never a Science, Always a Craft: A Conversation with Bernard Bailyn"),《威廉—玛丽季刊》,第 3 系列,第 51 卷第 4 期(1994 年 10 月),第 656 页。

② 埃里克·方纳:《重建:美国未完成的革命》(Eric Foner, *Reconstruction: America's Unfinished Revolution 1863-1873*),纽约 1988 年版,重点参见前言第 24—27 页。

在专题研究和宏观综合之间保持平衡:专题研究为宏观综合提供学术资源,而宏观综合反过来推进和深化专题研究,两者相辅相成,相得益彰,齐头并进,乃为史学的真正繁荣。而20世纪美国史学以专题研究见胜,宏观综合相对薄弱,未能产生影响世界的史学巨著,也就不足为怪了。

1998年写于天津

美国政治史的衰落与复兴

政治史长期是中国史学的主流,最近三十多年来,其内涵、方法和地位也悄然发生了许多变化。这些变化引起了不同的反应。持论乐观的学者觉得,虽然社会史的兴起给政治史带来了冲击,年轻学人对政治史的热情有所下降,但与此同时,政治维度对其他领域产生辐射,政治史的概念扩展,研究空间拓展,出现了社会政治史、政治文化研究等新的方向。① 另有学者则略显中立,谈及"侧重基层社会、尤其'吃喝玩乐'面相的史学,近些年已逐渐压缩政治、军事、经济等以前的史学'重镇'",语气中并不蕴涵大喜大悲之情。② 另有学者却忧心忡忡,感到中国政治史遭受了致命的冲击,陷入了衰落状态;由于社会史的"渗透"和"策反",政治史连身份也发生了动摇,不仅与社会史的边界模糊难辨,而且面临受其"同化"的危险。③ 因此,肯定和维护

---

① 邓小南:《宋代政治史研究的"再出发"》,《历史研究》,2009 年第 6 期,第 4—10 页。

② 罗志田:《近三十年中国近代史研究的变与不变——几点不系统的反思》,《社会科学研究》,2008 年第 6 期,第 142 页。

③ 和卫国:《中国政治史研究的反思》,《北方民族大学学报》,2009 年第 2 期,第 108—109 页。

政治史在整个史学中的基础地位,就成了当前中国史学的重要议题。① 然则中国政治史是否真正遭遇了危机,只是一个见仁见智的问题。② 在这个学术"全球化"迅猛推进的时代,我们在看待中国政治史的现状和前景时,很难仅只孤立地从中国史学着眼,而需要参考国际史学的经验。2012 年 11 月,在北京召开了一次美国史国际学术会议,政治史在美国史学中的地位以及它与相关研究领域的关系,在与会者中间引起了激烈的辩论。③ 其实,这样的争论在美国史学界已经持续了近半个世纪。如果对近百年美国政治史的兴衰略作评议,或许能为观察和思考中国政治史的状况及走向提供一种参照。当然,中国史学的历程与美国大不相同,即便在趋向上有某种一致,其步调也是相去甚远的,因之不能听到美国史学界有"政治史的危机"或"政治史

---

① 包伟民:《"地方政治史"研究杂想》,《国际社会科学杂志》,2009 年第 3 期,第 153 页。

② 上文所引各说,所论仅只涉及中国史家对中国政治史的研究,而不包括中国史家对外国政治史的研究。从国内最具影响力的史学刊物《历史研究》的发文比重来看,它在 1981 年刊发的 111 篇各类文章中,可以明确归入政治史范畴的有 67 篇,占总数的 60%;在 30 年后的 2011 年登载的 76 篇各类文章中,相对肯定地属于政治史领域的文章有 35 篇,占总数的 46%。同时,该刊 2011 年发表的社会史、文化史和经济史论文数量,三项相加,占总数的 30%。可见,虽然政治史论文的比重在 30 年间有明显的下降,但新兴领域还没有达到与政治史平分秋色的地步。另据 2013 年 5 月 17 日从"中国高校人文社会科学信息网"(http://www.sinoss.net)获取的材料计算,在"普通高校人文社会科学研究优秀成果奖"历届评出的 41 项一等奖成果中,政治史 12 项,历史地理 6 项,经济史 3 项,社会史 1 项,思想史 1 项,通史和文集等综合性著述 18 项。这些数据说明,政治史的领地确实有所收缩,经济史、社会史和文化史正在成长,但政治史作为中国史学领头羊的地位,并未发生根本的动摇。

③ 参见何芊、邵声翻译整理:《美国史研究的新题材、新方法和新取向》,《史学月刊》,2013 年第 4 期,第 7、8—9、10—11、15—17、23 页。

的复兴"之类的说法,就联想到中国也必有相似的问题或趋向。在切实了解美国政治史的演变及其语境时,中国学者须保持清醒的差别意识,不必做简单的比附。中国政治史所面临的挑战,只能由中国史家用自己的治史实践来应答。

一、学科地位的衰落

近半个多世纪里美国政治史的遭遇,可以用"内忧外患"四个字来概括。所谓"内忧",是指经典政治史的题材资源枯竭,内部创新冲动衰减,具有吸引力和冲击力的论著越来越少;所谓"外患",则是社会弥漫着对政治的失望和冷漠的情绪,新兴知识门类不断出现并壮大,历史学其他领域的影响迅速上升,对政治史构成巨大的压力。

从一定意义上说,政治史的沉浮不过是整个美国史学的缩影。多年以来,美国一直有学者在谈论史学的衰落。李·本森在 1969 年曾说,从 20 世纪初年开始,史学就开始走下坡路;在此后 50 年间,史学对社会思想没有做出什么有影响的贡献,变成了一个无足重轻的学科。[1] 将近 20 年后,西奥多·哈默罗宣称:"所有迹象表明,我们正在目睹历史作为一个学科的衰落,或许还不是消失,但无疑已是黯然失色。"[2] 历史学博士学位"产

---

[1] 塞缪尔·比尔、李·本森等:《历史学的新趋向》(Samuel H. Beer, Lee Benson, et al., "New Trends in History"),《代达罗斯》,第 98 卷第 4 期(1969 年秋季),第 891 页。

[2] 西奥多·哈默罗:《关于历史学和历史学家的思考》(Theodore Hamerow, *Reflections on History and Historians*),威斯康星州麦迪逊 1987 年版,第 32 页。

量"的变化,似乎也为"衰落"说提供了佐证。美国各大学研究生院授予的历史学博士学位,在1960年为364个,在1972—1975年间飙升至每年1100个,紧接着就出现了大幅度下降,到80年代每年仅有550个。① 美国史学的这种"衰落",当然不能单从史学自身来理解,而要把它放到众多学科的竞争和消长中看待。19世纪末以来,政治学、经济学、社会学、人类学、管理学、法学等学科均有扩张,获取了更多的学术资源和社会声望,历史学的地位相对下降,就不难理解了。

美国史学虽在整个"知识王国"中处境不利,但仍在不断走向精细和多样化。在19世纪后半期,欧洲史学率先完成了"经验转向"(empirical turn),不仅更加重视史料和证据,而且发展出了一整套考辨和表述事实的规范与技艺。② 美国史学受欧风熏染,也在19世纪末20世纪初实现了专业化。在此后的半个多世纪里,"新史学"从一种理念变成了广泛的学术实践。到50、60年代,又出现了所谓"社会转向"(social turn),新社会史异军突起,渐成史学主流。③ 进入70、80年代,美国史学发生

---

① 休·戴维斯·格雷厄姆:《政策史发育不良的经历》(Hugh Davis Graham, "The Stunted Career of Policy History: A Critique and an Agenda"),《公共历史学家》,第15卷第2期(1993年春季),第29页。

② 戴维·克里斯琴:《普遍史的回归》(David Christian, "The Return of Universal History"),《历史与理论》,第49期(2010年12月),第14页。

③ 彼得·斯特恩斯:《社会史与历史:进展报告》(Peter N. Stearns, "Social History and History: A Progress Report"),《社会史杂志》,第19卷第2期(1985年冬季)第319—334页;彼得·斯特恩斯:《社会史的现状和未来》(Peter N. Stearns, "Social History Present and Future"),《社会史杂志》,第37卷第1期(2003年秋季特刊),第9—19页。

"语言学转向"(linguistic turn)和"文化转向"(cultural turn),史家开始关注不同时期和不同文化中用语言所表述和塑造的世界,久已有之的文化史也具备了"新"的面目,人的"内在经验"受到特别的关注。而且,文化史不断向更广阔的史学领地"殖民",把越来越多的题材阑入自己的研究范围,在几乎所有历史研究领域都促成了某种"文化转向"。于是,文化史就不仅仅是一个研究领域,而更是一种可用于处理各种历史题材的路径和方法。①

美国史学这些既深且巨的变化,可以见之于历史研究的各个方面和各个环节。就研究的题材而论,21世纪初的美国史学同一百年前相比,有几个至为显著的变化:从政治经济转向社会文化,从各界精英转向底层民众,从中心转向边缘,从"硬"问题转向"软"问题。② 当然,这些变化只是某种趋向,并不意味着后者一定取代前者。当今美国史家感兴趣的题材呈高度的多样化,锐意发掘新题材固然是一种潮流,而专注于"老"题目者也

---

① 林恩·亨特编:《新文化史》(Lynn Hunt, ed., *The New Cultural History*),伯克利1989年版;维多利亚·邦内尔、林恩·亨特编:《超出文化转向之外:社会和文化研究的新方向》(Victoria E. Bonnell, and Lynn Hunt, eds., *Beyond the Cultural Turn: New Directions in the Study of Society and Culture*),伯克利1999年版;劳伦斯·格利克曼:《"文化转向"》(Lawrence B. Glickman, "The 'Cultural Turn'"),载埃里克·方纳、莉萨·麦基尔编:《美国史学现状》(Eric Foner, and Lisa McGirr, eds., *American History Now*),费城2011年版,第221—241页。

② 关于"硬"问题(如市场、人口、物价、工资等)和"软"问题(如权力的效果、道德、认知、价值、记忆、情绪等)的说法,来自弗洛伦希亚·马伦:《轮子上的时间:修正的周期与"新文化史"》(Florencia E. Mallon, "Time on the Wheel: Cycles of Revisionism and the 'New Cultural History'"),《西班牙语美国历史评论》,第79卷第2期(1999年5月),第334页。

不乏其人。与此相伴随的是，史料也变得愈益多样化。经典史学把档案文献奉若至宝，大力推动了公私档案的整理和开放；"新史学"极大地提升了地方史料的价值，把生死记录、家庭账册、财产清单、选举记录等材料纳入了史家的视野；"新文化史"则将从前根本不具备史料意义的事物，如绘画、雕塑、照片、日常用具、课本、广告、歌谣、票证、电视、电影等，全都变成了身价倍增的史料。当今美国史家无论研究什么题材，通常都怀有"泛史料"的意识，不肯错失任何发现、利用新材料的机会。许多史家仍然相信，史料的意义在于其中包含着关于过去事实的信息，史家的工作就是辨别、提取和解释这些信息；但是也有一些具有"后现代"意识的学者，尤其是新文化史家，开始关注史料形成的语境，甚至认为从史料中看到的并不是过去事实，而只是关于过去的各种解释。于是，史料就不再仅只是过去事实的载体，同时也是需要解读和阐释的文本。在解读过去的文本时，许多美国史家并不依赖分析方法，而更借重于阐释。他们也不再欣赏全景式写作，而偏爱碎片化的小题材。社会科学的理论化和模型化，以及基于统计学和计算机技术的计量方法，在60、70年代曾盛行一时，但到80年代后期也失去了风头；基于人类学的"深描"理念而形成的新叙事方法，已成为"文化转向"之后美国史学的重要方法。

美国的史学观念也发生了重大变化。现代史学理念遭遇"后现代主义"的冲击，历史的统一性愈益变得可疑，"宏大叙事"备受冷落，去中心化和碎片化成了一种潮流。现在，"历史"从单数变成了复数（histories），许多史家不再简单相信"大写的"或"唯一的"历史（the History），对"历史真理"也持更加谨慎的态度,悄悄接受了"不确定性"的理念。这种思想风气既强化了历史知识的相对性,增添了追求新知识的可能性,同时也激发了对历史话语权的更加激烈的争夺。尤其引人注目的是,历史的政治意蕴愈益彰显,基层社会和底层群体成为史学的主要对象,精英主义、种族主义、美国例外论和欧洲中心论全都遭到唾弃。在很多学者看来,欧洲或"西方",白人或精英,并不是历史的主导者,也不是价值、制度和风尚的引领者;不同的国家,不同的民族,不同的人群,都以各自的方式参与了历史的"创造"。而且,民族国家也不再是历史分析的中心,国际维度和跨国视野越来越受到重视。①

在这种复杂多变的史学语境中,美国政治史受到各种潮流的冲击、挤压和塑造,领地范围缩小,地位显著下降,在整体上呈衰落和边缘化之势。二战以前,政治史是美国史学的第一大领域,那些引领美国史学风气的人物,多为政治史家。政治史的强势一直延续到50、60年代。"一致论学派"和"新左派"的领军人物,大体上也是政治史家。不过,就在此时,政治史存在的隐患也已为人所察觉。塞缪尔·海斯注意到,在社会史的迅速发展中,社会史家越来越关注"更大的政治秩序",而政治史家则越来越醉心于"正式的政治制度",两者之间不仅缺乏沟通和理解,而且充满猜忌和敌意。② 到了60年代,美国处于一个政治激

---

① 参见乔伊斯·阿普尔比、林恩·亨特、玛格丽特·雅各布:《历史的真相》(刘北成、薛绚译),上海人民出版社2011年版,第172—201、209—233页。

② 塞缪尔·海斯:《社会与政治:政治与社会》(Samuel P. Hays, "Society and Politics: Politics and Society"),《跨学科历史杂志》,第15卷第3期(1985年冬季),第481—482页。

荡的时期,随着"新边疆"和"伟大社会"方案的推行,联邦国家也步入了一个大扩张的阶段。可是,史学界的风气却反其道而行之,历史上国家的角色越来越受到轻忽,许多史家不关注过去的政治和政策,把它们留给了政治学家。① 及至 70 年代初期,这种状况更加突出。在戈登·克雷格看来,当时美国大学的历史系出现了一个有趣的悖论:在大学变得非常政治化的同时,学生们却对政治史了无兴趣。许多年轻学者转向了经济史和社会史,而少数仍对以国家为中心的政治史抱有兴趣的学者,则变得越来越不自信。克雷格由此断言,政治史已然过时。② 80 年代的情况似乎变得更糟。从每年的博士论文数量来看,社会史在 70 年代末期就超过了政治史,成了美国史学的第一大领域。与此同时,新文化史也逐渐大行其道,同社会史一起,进一步分割和挤占政治史的领地,使它的声誉和影响更趋式微。越来越多的美国学者有了不祥的感觉:政治史已陷入被排斥、被边缘化的境地。③ 在 90 年代初,更有人直接对政治史宣判"死刑":

> 政治史走进了死胡同。……关于战争、外交和政治家所写及所说的东西的研究,……不再受到学生和年轻教授们的喜爱。以政治为中心的历史的组织性框架,比如查尔

---

① 格雷厄姆:《政策史发育不良的经历》,第 30 页。
② 戈登·克雷格:《政治史》(Gordon Craig, "Political History"),《代达罗斯》,第 100 卷第 2 期(1971 年春季),第 323 页。
③ 威廉·洛克滕堡:《政治史的相关性:关于国家在美国的重要性的思考》(William E. Leuchtenburg, "The Pertinence of Political History: Reflections on the Significance of the State in America"),《美国历史杂志》,第 73 卷第 3 期(1986 年 12 月),第 585 页。

斯·比尔德的阶级分析,弗雷德里克·杰克逊·特纳对地域分歧的强调,路易斯·哈茨的洛克式共识,李·本森的族裔文化论,还有沃尔特·迪安·伯纳姆的临界选举理论,都受到了有力的攻击。①

政治史的这种"危机",在一定程度上乃是政治史家自我感觉的危机。一方面,他们目睹专业地盘遭到社会史和文化史的蚕食和夺占,政治不再是史学关注的重点或中心,政治史在新史学专业圈中受到蔑视和冷落,不免感到沮丧和愤愤不平。另一方面,他们在自己的领域中也遇到了不少麻烦,难以从政治史本身获得创新的资源和动力,只得转而向社会史和文化史取法,结果导致政治史的特性受到冲击乃至重塑。后一点也许更让他们感到不安和忧虑。在引入社会史、文化史的理念和路径以后,政治史领域出现了社会政治史、政治文化等新的方向。② 但在有的学者看来,宽泛地界定政治,把政治理解为社会制度和生活中广泛存在的权力关系,并采用社会分析的方法,关注社会力量对政治的影响,或者用投票来测度社会舆论,这不啻使政治史陷入

---

① J. 摩根·库赛尔:《走向"总体政治史":一个理性选择的研究方案》(J. Morgan Kousser, "Toward 'Total Political History': A Rational-Choice Research Program"),《跨学科历史杂志》,第 20 卷第 4 期(1990 年春季),第 521 页。

② 美国学者罗纳德·佛米萨诺指出,当社会史势头正盛的时期,史家普遍看重"政治的社会基础";在新文化史蔚然成风以后,许多史家转而强调"政治文化"。社会史和文化史对政治的塑造性影响,于此可见一斑。见罗纳德·佛米萨诺:《政治文化的概念》(Ronald P. Formisano, "The Concept of Political Culture"),《跨学科历史杂志》,第 31 卷第 3 期(2001 年冬季),第 393—426 页,重点参见第 395 页。在近期的中国史学界也出现了类似苗头。参见赵世瑜:《社会史研究向何处去》,《河北学刊》,2005 年第 1 期,第 62—70 页。

变成社会史分支的险境。① 在"文化转向"发生以后,政治史和文化史的边界也逐渐变得模糊起来。像林恩·亨特这种政治史出身的学者,一旦采用文化研究的路径处理政治题材,其著作便兼具社会史、文化史和政治史的特点。② 然则在"纯正的"政治史家眼里,这正是政治史迷失自身特性的表现。

政治史家的不满和担忧是不足为怪的。长期以来,政治史无异于史学家族中受宠的长子,现在社会史和文化史这两个活泼可爱的弟妹加入进来,分享了它一直独享的关爱,难免在政治史家心里引发强烈的危机感和失落感。为了维护政治史的荣誉和尊严,有的史家不惜刻意贬低社会史和文化史,把史学领域出现的各种弊端都归之于学术新潮。③ 反过来,不少社会史和文化史学者对政治史也确实抱有偏见,只要说到政治,就很自然而然地联想到总统和国会,把政治史视为已死的政治精英的颂歌。在他们看来,这种政治史肤浅粗糙,充满偏见,理应遭到淘汰。④ 在一些新出的美国史教科书中,重大政治事件也不再是分期的标志;甚至有学者十分厌恶政治,宣称要"让政治出局"(let poli-

---

① J. 摩根·库赛尔:《把政治还给政治史》(J. Morgan Kousser, "Restoring Politics to Political History"),《跨学科历史杂志》,第 12 卷第 4 期(1982 年春季),第 569 页。

② 林恩·亨特:《法国革命中的政治、文化与阶级》(Lynn Hunt, *Politics, Culture, and Class in the French Revolution*),伯克利 2004 年版;林恩·亨特:《法国革命时期的家庭罗曼史》(郑明萱、陈瑛译),商务印书馆 2008 年版;林恩·亨特:《人权的发明:一部历史》(沈占春译),商务印书馆 2011 年版。

③ 戈登·伍德:《过去的目的:关于历史用途的思考》(Gordon Wood, *The Purpose of the Past: Reflections on the Use the History*),纽约 2008 年版,第 2—5、8—12 页。

④ 马克·莱夫:《修正美国政治史》(Mark H. Leff, "Revisioning U. S. Political History"),《美国历史评论》,第 100 卷第 3 期(1995 年 6 月),第 829 页。

tics go)。① 由此可见,政治史家的"危机"感受也不完全是杯弓蛇影。

政治史何以会遭到如此强烈的冷落和排斥,美国学者对此有各式各样的解释。克雷格曾谈到,政治史在欧洲大陆的失势,可能与国家未能满足人们的期待有关;而在英国和美国,对国家的崇拜从未达到欧陆那种程度,因而政治史的式微主要缘于它盛行了太长的时间,显得老套和乏味,较之经济史、社会史等新兴领域,其方法和理念也明显落伍。此外,政治史的题材大多涉及权力的获取和运用,充斥暴力和血腥,也难免引人生厌。② 威廉·洛克滕堡也提到,政治史的衰落同两个因素有关:一是对权势集团政治(Establishment politics)的厌恶;二是受到年鉴学派倡导长时段、贬斥事件史的影响。③

克雷格和洛克滕堡的说法侧重点不一样,但多少都触及了问题的要害。在关注基层社会和下层群体的"新史学"学者看来,政治史家眼里只有精英,忽视或抹杀大众在政治中的角色及影响,这种政治史无异于"以总统为中心的历史叙事";而且,它"集中关注的对象,如果以阶级、族裔、宗教和性别而论,只是人口的一小部分,何况(政治史家)还喜欢把某个群体的历史与整

---

① 美国历史学家迈克尔·朱克曼在谈到研究殖民地时期的优势时说,这时没有国家,也没有总统,因此可以不必管国家政治,也不必同总统打交道,甚至可以让政治出局。迈克尔·朱克曼:《美国早期史在中国:现实中的往昔》,《史学月刊》,2008年第2期,第18页。
② 克雷格:《政治史》,第323—324页。
③ 洛克滕堡:《政治史的相关性》,第586页。

个国家的历史相混淆"。① 对于这种浸透偏见、褊狭自足的史学,他们自然十分反感,进而痛加贬斥和蔑视。从另一个角度看,政治史的失势也是不同史学范式竞争的结果。这种范式竞争的确与年鉴学派所倡导的理念和路径相关联。年鉴学派第一代史家就旗帜鲜明地排斥政治史。他们把政治史视为转瞬即逝的事件的历史,是一种"唯历史的史学"。在1929—1945年间,《年鉴》杂志刊登的政治史论文仅占2.8%。此后,政治史论文的比重时起时落,在1946—1956年间占5.4%,1957—1969年间占4.1%,1969—1976年间下降到2.1%,在总体上一直是微不足道的。② 另据法国史家雅克·勒高夫观察,在20世纪的大部分时间里,年鉴学派乃是法国史学的霸主,"经济、社会和文化似乎独占了历史学家的注意力",而政治史则受到了"侮辱和伤害",甚至陷入了"认识论上的不确定状态"。他以布罗代尔的《菲利普二世时代的地中海和地中海世界》为例,称政治史在这本书里从原来的"脊骨"变成了"萎缩的阑尾"。③ 法国史学的流风及于美国,追慕年鉴学派的美国史家也对政治史大加贬抑。

不过,这并不是说政治史被逐出了史学的领地,也不意味着政治在历史中已变得毫无意义。美国政治史家面对危机和挑战,并没有"束手待毙",而是跟随史学风气而求新和求变,在研究范

---

① 莱夫:《修正美国政治史》,第834页。

② 弗朗索瓦·多斯:《碎片化的历史学:从〈年鉴〉到'新史学'》(马胜利译),北京大学出版社2008年版,第40、47页。

③ 雅克·勒高夫:《政治仍旧是历史的脊骨吗?》(Jacques Le Goff, "Is Politics Still the Backbone of History?"),《代达罗斯》,第100卷第1期(1971年冬季),第2、4页。

式和路径方面做了许多新的探索,从而使政治史的面目不断改变,在一定程度上保持了学术的生机。与此同时,在社会史、文化史和思想史等领域,政治的意义也受到了越来越突出的重视,政治成了一个看待多种历史题材的意义的透镜。这就是说,政治史作为一个领域确实是萎缩了,而政治作为一个理解历史现象的维度,却在向政治史以外的其他领域扩张。有鉴于此,有学者认为政治史与其说遭到了抛弃,不如说是"已被重新发现和界定";政治史并不是受到了攻击,而是渗透到了其他许多领域。① 当然,这时的政治和政治史都已不复停留于原来的意义上。

此外,美国政治学界对历史的兴趣也有增无减,一般读者仍然喜爱政治史读物,这也让充满挫败感的政治史家得到了些许的安慰。美国政治科学协会于1988年设立了一个"历史与政治分会",许多政治学家热衷于从历史角度比较政治发展,特别是讨论国家的形成;在他们看来,只有从历史着眼才能真正理解政治。② 普通读者依旧爱读历史上政治人物的传记,政治和军事事件一直是通俗历史读物的主要题材,这类书籍销路甚好,电视台的历史频道也保持着很高的收视率。③

---

① 苏珊·佩德森:《政治史的现状》(Susan Pedersen,"What Is Political History Now?"),载戴维·卡纳代恩编:《历史学的现状》(David Cannadine, ed., *What Is History Now?*),纽约2002年版,第37—38页。

② 格雷厄姆:《政策史发育不良的经历》,第32页;梅格·雅各布等编:《民主的实验:美国政治史的新方向》(Meg Jacob, et al., eds., *The Democratic Experiment: New Directions in American Political History*),普林斯顿2003年版,第5页。

③ 肖恩·威伦茨:《多种美国政治史》(Sean Wilentz,"American Political Histories"),《OAH历史杂志》,2007年4月号,第23页。

二、研究领域的重新界定

在20世纪末,鉴于政治史长期以国家和政治领袖为中心的状况,有美国学者呼吁,政治史家要拓展眼界,从其他相关领域吸取营养,重新界定政治史。① 刚刚进入21世纪,就有几个年轻的美国学者乐观地宣布:"历史学家会同其政治学、经济学和社会学的同仁一道,从根本上重新界定了美国政治史。"② 极而言之,对美国政治史的命运来说,重新界定研究领域乃是"起死回生"的关键一招。而且,对政治史研究领域的重新界定,是从重新界定政治开始的。史家如何看待政治史的内涵和范围,如何运用政治维度考察过去事件,如何看待政治史与其他领域的关系,都同对政治的理解息息相关。

什么是政治?对这个看似简单的问题,向来有着十分复杂的回答,学术性的界定与常识性的看法也有很大的差别。政治学理论通常把政治看成是一整套管理和协调人类事务的观念、制度和行为,并把它分解为政治制度、政治思想、政治行为、政治角色、公共政策以及国家间的关系等。美国政治史家对政治的理解,虽然同政治学理论有联系③,但通常不是采取概念化的方式,而只是蕴含于具体的研究实践中。不同时代和不同取向的

---

① 莱夫:《修正美国政治史》,第830页。
② 雅各布等编:《民主的实验》,第3页。
③ 有美国学者指出,在政治史整体上处于"不景气"状况的20世纪60—80年代,美国政治史家从政治学那里得益尤多。见雅各布等编:《民主的实验》,第351页。

政治史家,对构成政治的元素有不同的看法,对政治与相关范畴的关系也有不同的把握,因而其治史实践中所呈现的政治,在内涵和外延上有着诸多的差异。

亚里士多德把政治理解为城邦的公共事务及其管理方式①,美国史家长期受到这种定义的影响,把政治视作以国家为中心的、经由公共机构或私人机构的制度性权力的运作。这种看法的狭隘性和局限性慢慢凸现,在一定程度上造成了经典政治史的危机,也是社会史家蔑视和排斥政治的主要缘由。② 在这种情况下,重新界定政治就成为政治史求变的头等大事。即便是仍把"权力"作为政治内涵的核心,越来越多的政治史家也倾向于认为,应当对权力做出新的认识。在(政治)社会学和新社会史的影响下,权力的含义逐渐逸出了公共制度的边界,而泛化为社会生活中广泛存在的人类关系,从而形成了一种"扩展的政治概念"。③

塞缪尔·海斯可谓得风气之先。他在1965年的一篇文章中提出,如果要运用社会分析方法讨论政治史问题,就必须极大地扩展政治的定义,从"政治制度的正式层面"转向"各种类型

---

① 亚里士多德:《政治学》(吴寿彭译),商务印书馆1997年版。

② 一些澳大利亚学者倡导新型政治史,但遇到了一些阻碍,主要是人们不肯放弃对政治的狭隘理解,即把政治视为"掌握权力的男性精英通过国家权力的政治制度而行使权力"。见斯图尔特·麦金泰尔:《政治史的新生》(Stuart Macintyre, "The Rebirth of Political History"),《澳大利亚政治和历史杂志》,第56卷第1期(2010年),第3页。

③ 杰夫·埃利、基思·尼尔德:《社会史何以忽视政治》(Geoff Eley and Keith Nield, "Why Does Social History Ignore Politics?"),《社会史》,第5卷第2期(1980年5月),第268页。

的公共人类关系的结构和过程",也就是要关注社会中权力的分配。① 他多年后再度撰文,提醒政治史家拓展政治的边界,不能仅只关注法院、行政部门和立法机构,而应把"更宽广的社会秩序"纳入政治的范畴。他进一步指出,在构建政治的概念时,必须考虑"争端的内容"(什么人从公共资源中要求获得和实际获得了什么)、"制度网络"(现代生活的组织网络)和"政治权力的作用"(政治权力的不平等及其因时而异的表现)等问题。这就是说,不能孤立地看待政治,不能仅仅从制度的层面来界定政治,而要把政治同社会结合起来,以揭示权力在复杂的人际关系和社会生活中的作用。②

许多史家沿着这种思路进一步淡化权力与公共制度的关联,把它扩展到一切人类活动以及人际关系中去。③ 80年代中期,托马斯·本德针对美国历史写作的"碎片化"局面,提出要用"公共文化"替代政治,作为综合叙述美国历史的框架;然则在他这个"公共文化"的概念中,权力仍然占据着中心位置。他借助皮埃尔·布尔迪厄的理论重新界定权力,更突出地强调权力的社会属性,涵盖从国家的制度性权力到为各种文化现象分

---

① 塞缪尔·海斯:《美国政治史的社会分析》(Samuel P. Hays, "The Social Analysis of American Political History, 1880-1920"),《政治科学季刊》,第80卷第3期(1965年9月),第374页。

② 海斯:《社会与政治》,第486、487—489、498—499页。

③ 从权力着眼来界定政治,并不仅仅是美国史学界的趋向。法国学者雅克·勒高夫在1971年谈到,在年鉴学派一统天下的时代,法国政治史开始谋求复兴,借助社会学和人类学关于"权力"以及"与权力相关的事实"的概念,取代原来对"国家"和"民族"的关注,以此作为政治的主要内涵,从而使政治史变成了"权力史",得以突破表面,进入深层。见勒高夫:《政治仍旧是历史的脊骨吗?》,第4—5页。

配意义与重要性的权力。① 艾丽斯·凯斯勒-哈里斯在讨论新社会史的状况时说,社会史中某些重要的问题,比如文化的传递是如何进行的,由谁来承担,在什么情况下展开,以及遇到了哪些抵制,这些问题在根本上乃是政治问题,这样就要求把政治理解为"权力在社会所有层面上行使的方式";不能把"变化机制"仅仅看成是"立法机构和总统的功能"发挥作用的结果,而应视为"公共意志的表达"的产物。② 在这里,"权力"成了联结政治史和社会史的核心概念。因此,在有的学者看来,通过恰当地界定"权力",可以更好地实现政治史和社会史之间的沟通。③

不过,关于权力关系在过去社会生活中的具体表现,以及通过什么机制发生作用,美国史学界却一直存在不同的意见。有些学者强调阶级关系是最具决定意义的权力关系。伊丽莎白·福克斯-吉诺维斯和尤金·吉诺维斯明确指出,历史主要是"谁驾驭谁和如何驾驭的故事"。④ 另外一些学者更关注族裔与性

---

① 托马斯·本德:《整体与部分:美国史研究需要综合》(Thomas Bender, "Wholes and Parts: The Need for Synthesis in American History"),《美国历史杂志》,第73卷第1期(1986年6月),第126页。

② 艾丽斯·凯斯勒-哈里斯:《社会史》(Alice Kessler-Harris, "Social History"),载埃里克·方纳编:《新美国史》(Eric Foner, ed., *The New American History*),费城1997年版,第249页。

③ 约翰·加勒德:《社会史、政治史与政治学:对权力的研究》(John Garrard, "Social History, Political History and Political Science: The Study of Power"),《社会史杂志》,第16卷第3期(1983年春季),第105—121页。

④ 伊丽莎白·福克斯-吉诺维斯、尤金·吉诺维斯:《社会史的政治危机:马克思主义的视角》(Elizabeth Fox-Genovese and Eugene D. Genovese, "The Political Crisis of Social History: A Marxian Perspective"),《社会史杂志》,第10卷第2期(1976年冬季),第219页。

别关系,认为这两类关系和阶级关系一起,对于维持社会中不平等的权力关系具有重要意义。专门研究妇女史的学者,则更倾向于关注性别与权力的纠葛。①

在重新认识权力的性质及其运用范围的基础上,出现了"社会政治"(social politics)的概念。丹尼尔·罗杰斯运用这一概念来解释进步主义时代美国政治与大西洋世界的互动,得出了令人耳目一新的见解。据他的论述,"社会政治"涉及的是各种社会力量通过"自下而上的权力渗透",推动社会立法,以协调资本主义同社会发展的关系,推进社会公平。这也就是国家在社会力量的推动下实现社会改善的过程。② 在他看来,"社会政治"的内涵是由具体时代的历史实际所界定的,因为在 19 世纪末的大西洋两岸(主要是英美),社会和时代发生了巨大的变化,权力的集中地及其运作方式都不同于以往,原有的政治概念就显出了局限甚至无效。时人关注和谈论得更多的是"经济和社会问题",也就是工业资本主义时代出现的经济、福利和劳资关系等问题;这种以"社会"为中心的新的政治语言,并未取代旧的政治语言,而只是赋予政治以新的内涵。③ 由此可见,这种

---

① 凯斯勒-哈里斯:《社会史》,第 249 页。
② 丹尼尔·罗杰斯:《跨大西洋通道:进步主义时代的社会政治》(Daniel T. Rodgers, *Atlantic Crossings*: *Social Politics in a Progressive Age*),马萨诸塞州坎布里奇 1998 年版,第 2—3、20—32 页。中译文见丹尼尔·T. 罗杰斯:《大西洋的跨越:进步时代的社会政治》(吴万伟译),译林出版社 2011 年版,第 2—3、14—26 页。
③ 丹尼尔·罗杰斯:《社会政治的时代》(Daniel Rodgers, "The Age of Social Politics"),载托马斯·本德编:《在全球化时代重新思考美国历史》(Thomas Bender, ed., *Rethinking American History in a Global Age*),伯克利 2002 年版,第 252 页。

"社会政治"的核心不外是把权力运用于应对经济和社会问题。从政治史研究的角度说,"社会政治"的概念具有十分重要的意义。一方面,它进一步突破了从亚里士多德到阿伦特的"政治"定义,不再把政治与社会分割甚至对立起来,也就是以权力为桥梁打通了政治与社会之间的壁垒①;另一方面,它极大地拓展政治的边界,不再像经典政治史家那样,仅仅把政治理解为以选举、决策和执行为基本内容的公共权力的制度性运作,而重视制度外社会力量对权力运作的介入,关注社会抗争、利益博弈和专业知识在权力关系中的作用,从而更好地解释了现代权力运作的条件、机制、方式和效果,有助于理解社会抗争、权力运作与社会公平的关系。可以说,"社会政治"的概念不仅丰富了政治的内涵,而且扩大了政治的外延,为政治史开辟了求变和求新的广阔道路。②

不过,对政治的宽泛界定也引起了一些政治史家的警惕,担

---

① 阿伦特谈到,政治是自由唯一可以存活的领域,而社会则是受到必需性支配的世界,政治一旦逸出边界而进入社会领域,或者把政治问题转化为社会问题,必然使自由受到威胁乃至丧失。汉娜·阿伦特:《论革命》(陈周旺译),译林出版社2007年版。

② 法国史学界的情况可以作为佐证。雅克·勒高夫在总结法国"新政治史"的特点时说,它用"阳性政治"(le politique)的历史取代了"阴性政治"(la politique)的历史。法语中"政治"一词从阴性变成阳性,实际上是政治定义的扩展:"阴性政治"是狭义的政治,主要涉及与权力斗争直接相关的政治活动及政治制度,如选举、司法、战争、议会、政党等;"阳性政治"不仅包含上述内容,而且还扩展到同政治相关的一些制度、事务和行为,如货币、住房、环境保护、食品安全、社会保障、文化活动、新闻媒体以及网络世界等。这就是说,政治史的题材得到了极大扩充。见吕一民、乐启良:《政治的回归——当代法国政治史的复兴探析》,《浙江学刊》,2011年第4期,第125页。

心有可能导致政治史丧失其特性。约翰·加勒德一方面极力主张调和政治史和社会史的关系,另一方面又强烈反对宽泛地界定政治。他认为,政治主要与公认的政府或民间机构执行决定的活动相关。① 威廉·洛克滕堡对"社会史化"的政治史大行其道感到不满,力主回到以国家为中心的政治史,也就是重新关注被"新政治史"所忽视的国家层面的历史。他认为国家是现代生活中极为重要的力量,并借用政治学家希达·斯考切波的话说,要"把国家找回来"。② 稍后又有学者呼吁"回到某些基础性的政治史",也就是要把美国民主的演变作为政治史的基本内容。③ 当然,这些学者对政治的理解,并不是简单地回归经典政治史,而是力图平衡社会史意义上的政治概念,把以国家为中心的权力运作重新纳入政治史家的视野。

政治概念的拓展,自然而然地带来了政治角色的增多。经典政治史之所以备受质疑和抨击,并不是因为它关注政治,而是由于它险隘地理解政治,专讲少数政治精英的故事,而忽略普通民众的经历。随着政治概念的变化,众多新的政治行动者(political agents)成了政治史叙事的重要角色。从上文的讨论可知,对政治的重新界定,实际上是把权力从国家下行至基层社会,从制度和机构扩展到日常生活,这与新史学"从下而上的历史"的理念正好一致。根据这种新的政治概念,普通民众和边

---

① 加勒德:《社会史、政治史和政治学》,第107页。
② 洛克滕堡:《政治史的相关性》,第589—590、600页。
③ 《交流:历史学的实践》("Interchange: The Practice of History"),《美国历史杂志》,第90卷第2期(2003年9月),第609页。

缘群体不仅成了政治史的关注对象,而且大有取代政治精英而居政治舞台中心的趋势。在美国革命史研究中,传统的"建国者"遭到刻意的边缘化,而技工、海员、中小农场主、佃农、契约仆、移民、奴隶、妇女和印第安人等群体在革命中的经历和作用,则受到了突出强调。① 在关于建国后政治史的写作中,总统不再是主角,即便是那种采取制度主义路径来讨论政府政策和国家作用的论著,也主要关注公司、职业团体、利益集团、政策专家、政府职员、官僚机构和国会委员会的作用。② 另外,许多在传统意义上与政治无涉的人物,如作家、诗人、画家、演员和科学家等,也被纳入政治史叙事,或被视为民族国家的构建者,或被看成权力机制的操作人。

角色的增加也给政治史带来了新的困扰。如何把数目众多、差异纷繁的政治角色整合进政治史叙事,在方法论上并不是一个容易处理的问题。一方面,普通民众的经历复杂多样,而且往往同政治没有直接的关联,即使涉及政治,也仅仅限于投票或起事。至于蕴含在日常生活中的政治因素,则更难于把握。③ 这样一来,关于普通民众的政治史叙事,必然与社会史纠缠不清。另一方面,把劳工、妇女和少数族裔纳入政治史的范围,不

---

① 参见伍迪·霍尔顿:《美国革命与早期共和国》(Woody Holton, "American Revolution and Early Republic"),载方纳、麦基尔等编:《美国史学现状》,第24—51页;李剑鸣:《意识形态与美国革命的历史叙事》,《史学集刊》,2011年第6期,第8—23页。

② 雅各布等编:《民主的实验》,第4页。

③ 彼得·斯特恩斯:《社会和政治史》(Peter N. Stearns, "Social and Political History"),《社会史杂志》,第16卷第3期(1983年春季),第4页。

免使政治史与劳工史、妇女史和少数族裔史等领域发生交叉和重叠,如何跟这些不同的领域建立联系,同时又保持一定的区分,这对政治史家的学术智慧提出了考验。以妇女史为例,诸如妇女参政、妇女与福利国家、妇女与国家构建等课题,原本属于政治史的领域,可是现在通常被归入妇女史和性别研究的范畴之下,政治史家如果要涉猎这类课题,就不得不考虑与妇女史家的分工和合作。①

在政治角色激增的同时,政治世界的边界也得到了很大的拓展。经典政治史关注国家层面的政治,于今更多的政治史家把眼光投向了基层政治。他们仍在讨论政府决策,但看重的是政策与基层的互动以及对基层的影响,同时还考虑日常生活中的权力运作,包括基层社区的治理、社团的活动和家庭政治等。就题材而言,举凡制度、事件、仪式和话语,都能吸引政治史家的注意。另外,随着美国史学界对国际化和全球视野的倡导,政治史也逸出了民族国家的边界,开始涉及国际和跨国的政治联系和影响。丹尼尔·罗杰斯的《跨大西洋通道》,讨论从19世纪末到20世纪30年代美国与大西洋世界的政治联系;戴维·阿米蒂奇的《独立宣言的全球史》,则考察美国《独立宣言》对其他国家独立宣言的影响。②

---

① 简·德哈特:《妇女史、性别史和政治史》(Jane Sherron De Hart, "Women's History, Gender History, and Political History"),《公共历史学家》,第15卷第4期(1993年秋季),第77—78页。

② 罗杰斯:《跨大西洋通道》;戴维·阿米蒂奇:《独立宣言的全球史》(David Armitage, *The Declaration of Independence: A Global History*),马萨诸塞州剑桥2007年版。

总之,随着政治概念的变化,政治角色的增加,以及政治世界边界的扩大,政治史的领地也大为拓展,政治史题材的来源愈益丰富,政治史的内涵也就变得更为复杂多样了。它不仅仅是政治精英的传记,不仅仅是国家的投影,不仅仅是制度的演化,也不仅仅是经典文本中包含的政治思想。举凡从国家到基层的所有公共权力的形成、运作及其效果,从政治权力到知识等各种公共资源的分配方式及其后果,人类生活各个领域中权力关系的表现及其演变,各种社会群体在政治世界所扮演角色,全都阑入了政治史的研究范围。① 当今美国史家所理解的政治史,与特纳和比尔德时代已有显著的不同。

当然,这种政治史同整个美国史学一样,也带有碎片化和过于驳杂的特点。如何采用某种宏大而有效的组织性概念,清晰地描述较大范围和较长时段的政治变迁,写出综合性的政治史著作,多年来一直是困扰美国政治史家的大问题。有学者开始思考整体的政治史线索。J. 摩根·库赛尔依据社会科学的"理性选择"理论,借鉴年鉴学派的"总体史"概念,提出了"总体政治史"(total political history)的设想。他主张通过运用"理性选择"模式,把政治的过程和结果界定为理性的政治行动者所做的一系列有意识的选择,这样就能把政治史

---

① 1971年,勒高夫针对传统史学的缺陷,结合年鉴学派的史学实践,描绘了一个"新政治史"的"梦想":这种"新政治史"不同于"旧政治史"的地方,在于它关注结构、社会分析、符号学和权力研究。见勒高夫:《政治仍旧是历史的脊骨吗?》,第12页。不难看出,他说的这种"新政治史"是把当时年鉴学派在经济史、社会史和心态史中尝试过的理念和方法投射到政治领域的产物,在一定程度上确实预示了后来法国政治史的发展方向,也能反映美国政治史的某些特点。

的各个下属领域联系起来,克服"碎片化"的弊端,同时也能把历史研究与社会科学相关学科联系起来,克服历史学的孤立自足状况;此外还可重新思考政治史中的老问题,或提出在传统政治史和新政治史中受到忽视的新问题。① 不过,这种以社会科学理论来改变政治史面貌的雄心壮志,在一个社会科学理论模式在史学中日趋衰落的时代,似乎没有激起多大的反响。

三、研究范式的多样化

从较为长远的学术史视野来看,对政治史的重新界定,体现在具体的研究实践中,就是新的研究范式不断出现,使得政治史在题材、路径、方法和解释等各方面,都呈现愈益丰富多彩的局面。

1. 经典政治史

在许多人的印象中,数千年间的"传统史学",无分中外,实际上都是政治史。不过,就严格的学理而言,"传统史学"虽然在内容上以政治为中心,但它本身并不是现在所说的作为一个专门研究领域的政治史。把政治作为史学主题的做法,在史学史上可谓自古而然。德国史家德罗伊森说过,"历史之内容根

---

① 库赛尔:《走向"总体政治史"》,第526、560页。法国学者罗桑瓦龙也有构建以政治概念史为核心的"总体史"的雄心。见吕一民、乐启良:《政治的回归》,第129页。

本上是在处理国家问题"。① 美国史家赫伯特·亚当斯喜欢引用英国学者爱德华·弗里曼的话:"历史者,过去之政治也;政治者,当前之历史也。"②这些口号式的格言,在一定程度上揭示了18、19世纪欧美经典史学的基本特征。用美籍德裔学者费利克斯·吉尔伯特的话说,在这种历史中,"政治是一个决定因素,一切都可以环绕在它周围。政治为那个时代的历史提供了统一性"。③ 也就是说,20世纪以前的史家之强调政治在历史中的核心地位,体现的是他们对整个历史和整个史学的理解,而不是对政治史的界定。在这里不妨套用吕西安·费弗尔的话说,"根本没有什么政治史,有的只是历史"。④

对这种纯以政治为主题的历史写作,欧美学界长期有批评的声音,其源头可追溯到伏尔泰。在20世纪初年的美国,也不时有人提出替代或平衡这种历史的主张。美国历史协会主席爱德华·伊格尔斯顿就在1900年发出了"新史学"的倡议,强调要研究普通人及其生活,而不能过分关注政治、治国、外交和战争。⑤ 詹姆斯·哈维·鲁滨逊的《新史学》也呼吁打破政治独大

---

① 德罗伊森:《历史知识理论》(胡昌智译),北京大学出版社2006年版,第113页。
② 原文为"History is past Politics and Politics present History"。因亚当斯反复引用这句话,别人误以为是他自己说的。见莱夫:《修正美国政治史》,第830页。
③ 比尔、本森等:《历史学的新趋向》,第897页。
④ 费弗尔的原话是:"没有经济或社会史这样的东西,有的只是历史。"语见勒高夫:《政治仍旧是历史的脊骨吗?》,第13页。
⑤ 唐·费伦巴赫尔:《新政治史与内战的到来》(Don E. Fehrenbacher, "The New Political History and the Coming of the Civil War"),《太平洋历史评论》,第54卷第2期(1985年5月),第117页。

的局面,提倡扩大史学的领域。①

需要特别说明的是,这些主张针对的并不是现在所说的政治史。恰恰相反,正是由于他们所倡导的对经济、社会和文化的历史研究的兴起,政治史才逐渐变成了一个具有自主性的史学领域。从19世纪末开始,随着史学专业化的推进,史学内部的分工趋于明确,领域意识开始形成,政治史、文化史、经济史和社会史等概念相继出现。在20世纪前半期,"传统史学"所蓄积的政治史能量尚未耗竭,而多数史家又往往把政治视为历史的支柱,于是,政治史在整个史学格局中仍居于主导地位。借用德国学者奥托·布伦纳1936年的话说:"任何纯粹历史的问题意识都从属于政治史。……从这一观点出发,所有的历史就其严格的词义而言都是政治史。"②

在政治史变成一个具有学术自主性的研究领域的同时,经典政治史范式也告形成。这种范式的基本特征是以国家为中心,以政治精英为主要角色,关注政治事件、政治制度、政治组织、政治思想和政治人物,力图从社会和经济的维度来解释政治的变迁;在史料上倚重各种档案、政府公文和个人文集,其研究方法则以描述和叙述为主。这种政治史的旨趣,在于探讨政治教训,为国家服务,为理解当前政治提供参照和启发,甚至为政治团体和党派斗争摇旗呐喊。

---

① 詹姆斯·哈维·鲁滨逊:《新史学》(James Harvey Robinson, *The New History: Essays Illustrating the Modern Historical Outlook*),纽约1912年版;中译本见詹姆斯·哈威·鲁滨孙:《新史学》(齐思和等译),商务印书馆1964年版。

② 转引自费尔南·布罗代尔:《论历史》(刘北成、周立红译),北京大学出版社2008年版,第143页。

在经典政治史的成熟阶段,涌现了一大批杰出的史家,其中有弗雷德里克·杰克逊·特纳、查尔斯·比尔德、卡尔·贝克尔等人。他们把政治领域与经济、文化和社会结构结合起来考察,与19世纪以政治为主题的传统史学已有很大的区别。① 例如,特纳以地域为核心范畴,讨论美国政治制度及其意识形态的独特性是如何形成的②;比尔德则强调经济利益对于政治的作用,特别是揭示了在联邦制宪时,政治精英的经济利益关切起了关键的作用。③ 在此后一代人的时间里,美国政治史研究基本上在特纳和比尔德建立的框架内展开。到40年代,小阿瑟·施莱辛格写成了《杰克逊时代》一书,把经典政治史推到一个新的高度。④

2. 新政治史

20世纪前半期是经典政治史的黄金时代,但到了二战以后,这种范式遇到了质疑和挑战。1948年,纽约大学教授托马斯·科克伦发表文章,批评以总统为中心的美国史框架,提倡向社会科学取法,以改变历史研究落后于时代的状况。他呼吁以

---

① 威伦茨:《多种美国政治史》,第24页。
② 弗雷德里克·杰克逊·特纳:《美国历史上的边疆》(Frederick Jackson Turner, *The Frontier in American History*),纽约1920年版。
③ 查尔斯·比尔德:《美国宪法的经济解释》(Charles A. Beard, *An Economic Interpretation of the Constitution of the United States*),纽约1913年版;中译本见查尔斯·比尔德:《美国宪法的经济观》(何希齐译),商务印书馆1949年版。
④ 小阿瑟·施莱辛格:《杰克逊时代》(Arthur M. Schlesinger, Jr., *The Age of Jackson*),波士顿1945年版。

州为中心来重写19世纪和20世纪初期的美国政治史。① 到了50年代,理查德·霍夫斯塔特不仅倡导引入社会科学理论来重新思考历史问题,而且身体力行,与戴维·唐纳德等人一起,尝试借鉴社会科学(特别是马克斯·韦伯的社会学)理论来讨论政治现象,以"地位"而不是"阶级"来解释社会冲突。② 李·本森在1957年撰文,对政治史的现状提出了更尖锐的批评。他说,关于"美国政治发展"的解释缺乏统一的方法论,普遍依赖"印象主义的技巧和数据",以致出现了五花八门、众说纷纭的局面。他还嘲笑那些研究美国总统选举的政治史家,他们在回答"为什么"的问题时,却连"是什么"和"是谁"都没有弄清楚。③ 同年,理查德·麦考密克在拉格斯大学主持召开"建国初期美国的政治行为"学术研讨会,倡导开展政治行为研究,并相信这种研究可以"为美国文化的历史提供一种基础性的综论"。④ 所有这些言论和尝试,所针对的都是经典政治史的局限和困境,表明某种"新"政治史范式正在孕育当中。

---

① 托马斯·科克伦:《美国史中的"总统综论"》(Thomas C. Cochran, "The 'Presidential Synthesis' in American History"),《美国历史评论》,第53卷第4期(1948年7月),第748—759页。

② 雅各布等编:《民主的实验》,第381—382页;威伦茨:《多种美国政治史》,第25页。

③ 李·本森:《美国政治史研究中存在的问题》(Lee Benson, "Research Problems in American Political History"),载米拉·科马罗夫斯基编:《社会科学各学科的共同前沿》(Mirra Komarovsky, ed., *Common Frontiers of the Social Sciences*),伊利诺伊州格伦科1957年版,第113、114页。

④ 阿伦·博格:《对数量化的追求:美国政治史研究中的数据与方法》(Allan G. Bogue, "The Quest for Numeracy: Data and Methods in American Political History"),《跨学科历史杂志》,第21卷第1期(1990年夏季),第95页。

到了1961年,美国版的"新政治史"终于取得了自己的出生证。这一年,李·本森推出《杰克逊民主的概念》一书,不仅为自己此前的主张提供了一个范例,而且给新政治史搭建了一个概念和方法的框架。他倡导在研究选举时使用计量方法,认为区分"系统的方法"与"印象主义研究"所用方法的一个主要标准,就是看所提供的资料能否数量化。① 他不再用经典政治史的经济和阶级范畴来解释美国政治,也摈弃了叙事性解释,试图从族裔和文化着眼考察美国政治。书里大量使用了计量资料,把杰克逊时代的纽约州政治作为一个案例,用量化指标论证了种族和文化对选举行为的影响。② 与此同时,本森还同一群年轻的历史学者及政治学者一起,从福特基金会和美国国家科学基金获得经费支持,把选举记录转化为可用机器阅读的数据库。在计算机技术普及之前,他们就选举史料的计量化所做的卓有成效的工作,给新政治史的发展带来了很大的助益。③ 本森的成功吸引了一批研究生和年轻学者,他们群起效法。迈克尔·霍尔特、罗纳德·佛米萨诺、威廉·谢德、保罗·克莱普纳和理查德·詹森等人研究不同时期和不同地方的选举行为,形成了从族裔和宗教、而不是阶级或地域差异着眼来解释投票行为的路径。1968年,阿伦·博格把这种以计量方法研究选举行为的政治史,称作"新政治史"。④

---

① 本森:《美国政治史研究中存在的问题》,第117页。
② 本森:《杰克逊民主的概念》。
③ 博格:《对数量化的追求》,第97—98页。
④ 阿伦·伯格:《合众国:"新"政治史》(Allan G. Bogue, "United States: The 'New' Political History"),《当代史杂志》,第3卷第1期(1968年1月),第5—27页。

其实,在新政治史孕育和成长的阶段,关于什么是"新政治史",美国史学界曾有不同的看法。阿伦·博格的上述看法,只是其中一说。一些从事具体研究的学者提出,新政治史的基本特征是,通过对众多人群和单位的政治经历的研究来探讨政治行为模式的变化,把理论和经验研究结合起来,并系统地运用比较方法。① 还有学者归纳说,新政治史的典型路径是,关注政治行为诸模式中的系统的规则性,使用社会科学的方法和概念,聚焦于政党和选民,把它们视为大众政治行为和政策之间可测度的连接点(links)。②

从本森等人的研究实践来看,新政治史的"新"主要表现在,把关注的焦点从全国政治转向州和地方政治,把政治的中心从制度转向行为,把政治的角色从政治家变成普通民众。他们在研究中大量使用选举记录、选民登记和其他各种地方史料,在方法上则倚重政治学和行为科学的理论,广泛采用计量手段。其旨趣在于构建某种选举周期理论和种族文化模式,揭示大众政治行为的特点,阐释政治运行的逻辑。

新政治史并不是美国史学中独有的现象。法国学者勒高夫也提出了"新政治史"的理念,强调其"新"在于用社会学和符号学的方法来探讨权力。③ 不过,新政治史在美国的追随者并不

---

① 参见达雷特·拉特曼:《新政治史和伪新政治史》(Darrett B. Rutman, "Political History: The New and the Pseudo-New"),《跨学科历史杂志》,第 2 卷第 3 期(1972 年冬季),第 305—306 页。

② 葆拉·贝克:《新政治史的中年危机》(Paula Baker, "The Midlife Crisis of the New Political History"),《美国历史杂志》,第 86 卷第 1 期(1999 年 6 月),第 158 页。

③ 勒高夫:《政治仍旧是历史的脊骨吗?》,第 12 页。

多,按照这种范式来研究政治史的学者,始终只是一个小小的群体。而且,到了80年代,新政治史遇到严重的危机,它的两大支柱都受到了撼动:基于行为科学的社会科学理论假说,越来越难以解释历史上复杂的政治现象;适合于处理大量选举记录的计量方法应用于其他题材的有效性,也遭到越来越尖锐的质疑。①新政治史的另一个问题是,它没有培养足够的继承人,不足以同社会史和文化史抗衡,最终无力挽回政治史的颓势。②

新政治史把基层政治和政治行为提到了核心的位置,对政治史后来的走向起到了某种导航作用。而且,新政治史自身也在演化,并没有完全销声匿迹。新政治史的主将佛米萨诺在一篇书评中谈到,不能说新政治史已经消失,因为它仍在向前走,有些研究者已经迈入了政治文化研究的领域。③

3. 政治文化研究

不过,政治史中的政治文化研究范式,并不是从新政治史演化而来的。用"政治文化"的概念讨论过去的政治现象,最初发育于政治思想史的母体上,并受到政治学、人类学和心理学的滋养。政治学提供了"政治文化"的概念和研究范例,人类学促成了理解观念与行为关系的新思路,而心理学则引导史家关注人

---

① 威廉·谢德:《"新政治史":提出一些统计学上的问题》(William G. Shade, "'New Political History': Some Statistical Questions Raised"),《社会科学史学》,第5卷第2期(1981年春季),第171—196页。
② 贝克:《新政治史的中年危机》,第158页。
③ 罗纳德·佛米萨诺:《评〈民主的实验〉》(Ronald P. Formisano, Review of *The Democratic Experiment*),《美国历史杂志》,第91卷第4期(2005年3月),第1419页。

在政治领域的"内在经验"(涉及政治的情感、态度和价值)。在政治文化的视野中,政治不仅仅是权力运作的领域,权力也不仅仅体现为外在的控制方式;作为观念和符号的政治信念、政治话语和政治象征物,不仅包含复杂的权力关系,而且对政治制度和政治行动具有塑造和限制的作用。如果要把握政治制度的形成和运作,了解政治行动的由来和性质,理解权力关系的建构和运作,就必须考察通过语言、仪式和象征物而体现的政治态度、情感、信念和价值,进入到政治行动者的内心世界。按照这种路径来讨论过去的政治,就是政治史研究的政治文化范式。①

政治文化范式是由一批优秀的史家共同构建的。伯纳德·贝林的《美国革命的意识形态起源》,通过对反英运动兴起中的政治言论的解析,发现了革命者观察和理解政治世界的方式,揭示了他们的希望、担忧、焦虑和恐惧,以及这种心态对于革命者行为的影响,从而描绘了革命发生的思想文化语境。贝林的学生戈登·伍德顺着贝林开拓的路径,对革命时期的政治理念与制度建设的关系做了全面而透辟的探讨,把早期政治文化研究

---

① 关于"政治文化"的概念及其在政治史研究中的运用,参见罗德明:《政治文化与政治象征主义:走向某种理论的综合》(Lowell Dittmer, "Political Culture and Political Symbolism: Toward a Theoretical Synthesis"),《世界政治》,第29卷第4期(1977年7月),第552—583页;白鲁恂:《政治文化新探》(Lucian W. Pye, "Political Culture Revisited"),《政治心理学》,第12卷第3期(1991年9月),第487—508页;罗纳德·佛米萨诺:《政治文化的概念》(Ronald P. Formisano, "The Concept of Political Culture"),《跨学科历史杂志》,第31卷第3期(2001年冬季),第393—426页。

推进到一个新的高度。① 此后,踵继者甚多。他们沿着贝林和伍德的路径探讨 19 世纪前期的政治变动,建立了一种以共和主义为中心的政治文化解释框架。② 如果说贝林和伍德的路径与政治思想史仍有密切的亲缘关系的话,那么 80 年代以来的政治文化研究就更带有文化史的特点。埃德蒙·摩根的《发明人民:人民主权在英美的兴起》,把"人民主权"这种抽象的政治观念作为一种具有实际政治意义的符号,并置之于具体的社会和政治的意义场中,考察它对于统治者和被统治者的塑造性影响。戴维·费希尔的《自由》则通过各种视觉形象和象征物,而不是常见的思想文本,来揭示不能阅读理论文本的普通人如何理解和表述自由的观念。③

政治文化涵盖政治思想,但政治文化的研究路径却与传统的政治思想史迥然不同。政治思想史关注是少数思想者的政治

---

① 伯纳德·贝林:《美国革命的意识形态起源》(Bernard Bailyn, *The Ideological Origins of the American Revolution*),马萨诸塞州坎布里奇 1967 年版;戈登·伍德:《美利坚共和国的缔造》(Gordon S. Wood, *The Creation of the American Republic, 1776-1787*),查珀希尔 1969 年版。

② 罗伯特·谢尔霍普:《走向共和综论:美国史学中出现的对共和主义的理解》(Robert E. Shalhope, "Toward a Republican Synthesis: The Emergence of an Understanding of Republicanism in American Historiography"),《威廉—玛丽季刊》,第 3 系列,第 29 卷第 1 期(1972 年 1 月),第 49—80 页;丹尼尔·罗杰斯:《共和主义:一个概念的经历》(Daniel T. Rodgers, "Republicanism: The Career of a Concept"),《美国历史杂志》,第 79 卷第 1 期(1992 年 6 月),第 11—38 页。

③ 埃德蒙·摩根:《发明人民:人民主权在英美的兴起》(Edmund S. Morgan, *Inventing the People: The Rise of Popular Sovereignty in England and America*),纽约 1988 年版;戴维·费希尔:《解放与自由》(David Hackett Fischer, *Liberty and Freedom*),纽约 2005 年版。

思想，在很大程度上等同于"政治学说史"或"政治哲学史"。以关于"自由"的思想史研究而论，传统的政治思想史家假定有一个不变的"自由"概念，其变化主要体现在传播和阐释当中，而史家的工作就是揭示这种不变的逻辑或系统。美国思想史大家弗农·帕林顿、克林顿·罗西特、梅尔·柯蒂、路易斯·哈茨等人的著述，多少都带有这种特征。但贝林和伍德等人重视的是，实际的政治行动者怎样看待和思考他们所处的政治世界，怎样表述他们的思想、态度和动机。他们侧重研究实际政治活动中的政治言说，剖析其中包含的政治价值、信念和情感，特别是关注塑造政治行为的群体性、社会性和时代性的观念和态度，他们称之为"意识形态"。他们认为，意识形态并不是静止不变的，特别是其中的核心政治价值，往往没有固定的、不变的含义，有的只是在具体语境中的具体表述。同时，他们把思想观念视为社会事实，而不仅仅是社会实际的反映。在他们看来，政治言说本身就是一种政治行动，与那些外在化的政治行动有区别，但也有直接的关联；只有从这种关联着眼，才能更好地解释思想观念在政治世界的作用和意义。所以说，他们的研究路径不同于常规意义上的政治思想史。①

---

① 学界有时将贝林和伍德等人的政治文化研究与"剑桥学派"相混淆。昆廷·斯金纳曾对自己的路径和方法做过交代，声称自己关注理论文本形成的"更一般的社会和智性基质"，关注思想意识形成和传播的语境；然则他所处理的仍然是思想精英的政治写作。参见昆廷·斯金纳：《现代政治思想的基础》(Quentin Skinner, *The Foundations of Modern Political Thought*)，英国剑桥1978年版，第 x—xv 页；中译文见昆廷·斯金纳：《近代政治思想的基础》(奚瑞森、亚方译)，商务印书馆2002年版，上册，第3—9页。

政治文化的研究对象由少数政治理论作家转向了众多的政治行动者,材料也就从凝固的经典文本变成了"众声喧哗"的政治表述。这类材料丰富而驳杂,搜求和解读也就有更大的难度。到了摩根和费希尔那里,解读思想观念的材料不仅只是语言文字,还包括仪式、行动、象征物等多种"符号"。更重要的是方法的革新。贝林和伍德等人不再把政治行动者的言论看成是一种宣传、辩解或掩饰,而相信其中包含了真实的想法和信念;通过解读这些想法和信念,有助于更好地理解他们的行动。以往,有些史家把观念视为行动的辩护或掩饰;50、60年代又有学者反其道而行之,倾向于把政治视为观念的产物。但贝林和伍德等人认为,观念不一定引发行动,观念的意义在于塑造和规范行动,因而了解观念的意义在于理解行动。这样就在方法论的层面上突破了僵化的因果分析,而转向了更加立体多维的意义阐释。这与后来的新文化史有相通之处。这些学者并未完全放弃文本分析,只是更加重视语境分析,旗帜鲜明地倡导"语境主义史学"。到后来,在新史学的影响下,政治文化研究更是从精英思想转向大众话语,侧重探讨底层阶级和边缘群体的政治态度和利益诉求。即使是那些研究民众集体行动的学者,也特别关注意识形态的作用。杰西·莱米什研究过纽约下层革命者的思想观念①;肖恩·威伦茨则深入讨论了早期劳工的意识形态。②

---

① 杰西·莱米什:《海员对约翰牛:纽约海员对促成革命的作用》(Jesse Lemisch, *Jack Tar vs. John Bull: The Role of New York's Seamen in Precipitating the Revolution*),纽约1997年版。

② 肖恩·威伦茨:《民主的吟唱:纽约市与美国工人阶级的崛起》(Sean Wilentz, *Chants Democratic: New York City and the Rise of the American Working Class, 1788-1855*),纽约1984年版。

政治文化研究的旨趣在于揭示观念与行动的关联,通过对观念的阐释来理解行动。乔伊斯·阿普尔比在论及"共和主义综论"的意义时说,在历史表述的层面,它重新描述了18世纪和19世纪初期美国人所相信的思想观念,即认为共和主义而非其他类型的观念乃是这个时期思想的主流;在方法论的层面,它提出了解释观念何以介入事件形成的路径,也就是说观念对于行动具有塑造性的作用,或者说"实际"在一定意义上具有社会建构性。在这种研究中,决策人物不再居于中心位置,取而代之的是塑造决策人物思想意识的社会力量。也就是说,通过共和主义的重新发现,历史学家看待过去的方式也发生了变化。①她的这番话比较透彻地揭示了政治文化研究的方法论意义。

库赛尔谈到,当政治史作为一个领域在整体上呈衰落状态的时期,关于政治文化(意识形态、价值、态度等)、议会外集体行动(罢工、骚乱、民众暴力活动)和选举行为的研究却十分活跃。②的确,政治文化的研究打破了集中关注政治制度、政治领袖和政治事件的政治史范式,把观念和事件联系起来,并力图通过观念来理解事件。同时,它也突破了单纯的政治思想史路径,不再以解读"经典文本"为能事,也不是像"剑桥学派"那样着力揭示"经典文本"的知识语境及语言修辞。它关注的是与政治行动相伴随的政治观念,这样就把思想史带出了书斋,走进了各种公共场所,深入到政治行动者的内心世界之中。较之带有技

---

① 乔伊斯·阿普尔比:《共和主义与意识形态》(Joyce Appleby, "Republicanism and Ideology"),《美国季刊》,第37卷第4期(1985年秋季),第462—463页。

② 库赛尔:《走向"总体政治史"》,第522—523页。

术主义倾向的新政治史,政治文化研究关注思想和观念的复杂性、变动性和微妙性,更好地体现了史学的人文特性。因此,政治文化研究无异于给衰落的政治史注入了一支强心剂。①

4. 社会政治史

政治和社会是两个分开的范畴,但两者所涵盖的事物却存在复杂的关联甚至重叠。在经验研究中如何把握政治与社会的关系,是一个可以轻率涉足但不易妥帖处理的问题。把社会和政治连在一起,牵涉面就超出了单纯的社会或政治的范围,而侧重两者的交汇或互动。塞缪尔·海斯在20世纪80年代中期指出,无论对社会史还是对政治史来说,在社会与政治的联系中,在"社会变迁与更大的公共选择领域"的联系中,存在着巨大的理论潜力。② 长期以来,一些史家借助社会学的理论看待政治与社会的关系,并以政治为立足点来展开研究,形成了社会政治史的研究范式。③

在60年代中期的美国史学界,有一些政治史家开始关注新的问题,运用新的史料,尤其重视对政治变化的过程和模式的分

---

① 在"法国政治史的复兴"中,带有政治文化特征的"政治概念史"独张一军,并且显示了构建以政治为基础的新总体史的雄心。见吕一民、乐启良:《政治的回归》,第126—129页。

② 塞缪尔·海斯:《近期关于美国社会与政治的历史论著的理论启示》(Samuel P. Hays, "Theoretical Implications of Recent Work in the History of American Society and Politics"),《历史与理论》,第26卷第1期(1987年2月),第15页。

③ 用勒高夫的话说,这是一种"侧重社会学的政治史"。勒高夫:《政治仍旧是历史的脊骨吗?》,第11页。

析,以探讨政治生活的深层模式。塞缪尔·海斯敏锐地捕捉到这一新的动向,倡导用社会分析方法开展政治史研究。他提出,社会分析方法之于历史研究,并不一定与社会性的历史题材相关,因为只要关注人类关系的结构和过程,就属于社会分析的范畴。这种诉诸社会分析的政治史,着重讨论的是"涉及权力在全社会分配的人类活动"。[1] 可见,海斯是"社会政治史"的早期倡导者。

此后,社会学、政治社会学和社会史对美国政治史研究发挥愈益强烈的影响。政治史家引入多种社会学的分析范畴,借鉴社会史的研究范式,采用非精英的"从下而上"的视角,关注下层民众和边缘群体的政治经历,走出了一条研究政治史的新路。他们还重视宗教、族裔、性别、习惯等因素与政治的关系,促成了社会政治史与劳工史、妇女史、族裔史的"联姻"。于是,政治史领域出现了色彩斑斓、气象焕然的局面。[2]

社会政治史范式的出现,不仅给政治史增添了活力,拓展了政治史的边界,而且还开辟了从政治维度来解释社会现象的新路径。在美国革命史的研究中,种族和性别受到特别重视,出现了"黑人革命""印第安人革命"和"妇女革命"一类的命题。[3] 埃里克·方纳从社会政治史的路径重新解释重建的历史,特别重视获

---

[1] 海斯:《美国政治史的社会分析》,第373、374页。
[2] 借用澳大利亚学者亨斯·弗兰克·邦吉欧诺的话说,这种社会政治史可以叫做"来自下层的政治史"(a political history from below)。麦金泰尔:《政治史的新生》,第1页。
[3] 李剑鸣:《意识形态与美国革命的历史叙事》,原载《史学集刊》,2011年第6期,第8—23页。收入本书。

得解放的黑人所扮演的角色。① 莉莎贝思·科恩考察了战后大众消费的政治意义,揭示了作为消费者的公民体现在经济市场中的民主理想。② 伊莱恩·梅尝试把家庭置于政治文化语境中考察,探讨冷战初期的公共政策、政治性意识形态对私人生活的影响,构建了一种"国内遏制"(domestic containment)的历史叙事,从而在政治史、社会史、冷战史三者之间建立了一种有效的范式关联。③

此外,还有一些政治史家关注基层社会的权力、秩序和治理,研究日常生活中的政治与权力,并从日常生活的角度看待政治,关注社会生活中的权力关系的演变。④ 有的学者考察了独立战争和建国初期的烹饪,在当时的食谱中发现了诸如"自由茶"(一种制作后用以替代进口茶叶的本地植物)"独立蛋糕""联邦煎饼""选举蛋糕""民主茶点"等食品名称,于是用社会史和政治史的眼光,把这些食谱视为"社会政治文件",力图在烹饪史、性别研究和政治史之间建立某种联系。⑤

---

① 埃里克·方纳:《重建:美国未完成的革命》(Eric Foner, *Reconstruction: America's Unfinished Revolution, 1863-1877*),纽约1988年版。

② 莉萨贝思·科恩:《消费者共和国:战后美国的大众消费政治》(Lizabeth Cohen, *A Consumers' Republic: The Politics of Mass Consumption in Postwar America*),纽约2003年版。

③ 伊莱恩·梅:《朝家的方向:冷战时代的美国家庭》(Elaine Tyler May, *Homeward Bound: American Families in the Cold War Era*),纽约2008年修订和更新版(1988年第1版),重点参见第11—12页。

④ 勒高夫说,"教育就是一种权力和一种权力的工具";又说,在艺术的领域也可以运用政治分析的方法。他的设想对于开拓政治史的题材和路径有一定的启示。勒高夫:《政治仍旧是历史的脊骨吗?》,第9、10页。

⑤ 南希·西格尔:《烹调美国政治》(Nancy Siegel, "Cooking Up American Politics"),《食物与文化杂志》,第8卷第3期(2008年夏季),第54页。

5. 政策史

相对说来,政策史是政治史领域的新生事物。它的产生,一方面是对政治史忽视政府和制度的回应,同时也是对"组织综论"(organizational synthesis)路径的继承和发展。20 世纪 70 年代末期,汤姆·麦格劳和莫顿·凯勒等学者不满愈益远离政府和常规政治的史学风气,发起政策史研究,倡导以历史的方法考察制度和政治文化对公共政策的影响以及决策过程的演变,关注总统以外的各种正式和非正式的制度在公共政策形成中的作用。可见,政策史研究乃是借助政策科学的政策分析方法,采用政治史的研究路径,对公共政策做历史分析。另外,政策史学者还希望对公共政策的制定者产生影响,为公共决策提供参考,因而带有"公共史学"的取向。[①] 1987 年《政策史杂志》创刊,1999 年定期的政策史会议开始举办,这表明政策史已经走上了常规的发展道路。

但是,政策史一开始也面临一些难题:各大学的商学院和政府学院一般不设历史教职,而史学界又把政策史视为末流;提倡者构想了美好的研究旨趣,但在研究实践中并未加以充分贯彻。后来,随着史学界对政治制度、政治精英研究兴趣的复兴,政策史也获得了更大的发展空间。由于政策的制订乃是各种政治角色(从官员到民众)互动的结果,政策的实施也涉及各种社会成

---

① 这方面的代表性著作有理查德·诺伊施塔特、欧内斯特·梅:《在时间中思考:历史对决策者的用途》(Richard E. Neustadt and Ernest R. May, *Thinking in Time: The Uses of History for Decision Makers*),纽约 1986 年版。

员的利益和生活,因而政策史有助于弥合精英取向和草根取向的分歧。从学科的科际关系看,政策史有可能把历史学(历史分析)、政治学(制度分析)和社会学(政策制定与社会运动的关联)结合起来,并为不同领域的学者提供合作的平台。①

政策史形成于政治史整体上备受冷落的时期,它在题材、方法和旨趣方面的特色,赋予政治史以新的可能性。它关注政府的决策,重视国家的作用,在一定意义上回应了"把国家找回来"的呼声。② 同时,它还关注制度性力量在政策形成和政治发展中的作用,重视美国政府的结构及其对公共政策的影响,因之可归入政治史领域的"新制度主义"路径。③

6. 后现代主义的影响

后现代主义在美国史学界造成了一些变化,这些变化同样可见于政治史领域。从一定意义上说,政治史家把权力关系置于社会的各个层面和一切人类关系之中,与后现代主义关于"权力想象"的理念如出一辙。政治史家不仅发现了权力关系的建构性,而且还把文明、种族、性别、人民、民主、自由、平等、权

---

① 关于政策史的形成和特色的讨论,参见格雷厄姆:《政策史发育不良的经历》,第15—37页;唐纳德·克里奇洛:《政策史的预后:发育不良还是假象掩盖下的生命力?》(Donald T. Critchlow, "A Prognosis of Policy History: Stunted-or Deceivingly Vital? A Brief Reply to Hugh Davis Graham"),《公共历史学家》,第15卷第4期(1993年秋季),第50—61页;朱利安·泽利泽:《政策史的新方向:导言》(Julian E. Zelizer, "Introduction: New Directions in Policy History"),《政策史杂志》,第17卷第1期(2005年),第1—11页;雅各布等编:《民主的实验》,第4—5页。

② 克里奇洛:《政策史的预后》,第61页。

③ 雅各布等编:《民主的实验》,第3—4页。

利等重要的政治范畴也理解成社会和文化的建构,这与后现代的"去自然化"也可谓若合符节。摩根在《发明人民》中把"人民主权"说成是一种为了使少数人统治多数人的格局合法化的"虚构";林恩·亨特则把法国"人权"观念理解为一种特定社会和文化语境的产物。① 这些史家本身都不是后现代主义者,但他(她)们在理念和方法上都带有某些后现代主义的印记。

此外,还要特别强调的一点是,上文所讨论的政治史研究的各种范式,并不是一个按照时间顺序相续演进的产物,也不能说后出的必优于先前的。即便是式微已久的经典政治史也没有销声匿迹,它那种以国家和阶级为中心的路径以及叙述的方法,都给后来的政治史家带来了灵感。在当今美国的政治史家当中,有人仍偏爱经典政治史的路径,有人采用新政治史的范式,有人专注于政治文化,有人喜欢政治社会史,还有人欣赏后现代主义的理念。这些不同的研究范式,无论是作为历时性的演化,还是作为共时性的并存,既有相互竞争和博弈,也有相互砥砺和发明。不妨说,美国政治史正处于一个多样化的时代。

四、学科自主性的重建

综观一百年来政治史在美国史学界的起落沉浮,可以看出一个基本的趋势:政治史在规模和重要性方面有明显的萎缩,而在理念、题材、方法和解释能力等方面则经历了不断的调整和革

---

① 林恩·亨特:《人权的发明史》(Lynn Hunt, *Inventing Human Rights: A History*),纽约2007年版。

新,在总体上呈现一种开放、有活力和多样化的状态。不过,在这个不断变化的过程中,政治史家长期为一个难题所困扰,即如何处理政治与社会、经济、文化的关系,如何在与社会史、经济史、文化史的合作中保持和维护学科的独立性与自主性。

由于政治与社会、经济、文化的关系十分复杂和纠结,以致政治史和社会史、经济史、文化史经常处在一个充满张力的网络中。美国史学界一度刻意排斥和贬低政治和政治史,由此带来了显而易见的弊端。这一点很早就引起了一些学者的关注。1969年,费利克斯·吉尔伯特面对社会史的急速兴起,感到政治已经失去了在传统史学中的那种特殊地位,禁不住提醒同行们,无论对于历史学家来说,还是就历史研究的内容而言,政治都是不可能忽视的,因为目前似乎还没有找到与政治具有同等重要性的东西。[①] 伊丽莎白·福克斯-吉诺维斯和尤金·吉诺维斯对当时如日方升的社会史很不以为然,声称它处在"政治危机"中。他们认为,"割除了政治和困扰世界的斗争和紧张状况,社会史就容易变成人类学,或行为心理学,或功能社会学,因为这种政治和这些斗争与紧张状态处在社会的核心,必然建立在强制力的基础上"。[②] 他们的说法暗含特定的政治和意识形态取向,但仍然触及了社会史强行割裂政治与社会的流弊。有些研究劳工史的学者也感到,在劳工史研究中过度依赖社会史的文化分析,而文化分析又与政治和思想意识没有关联,因之损

[①] 比尔、本森等:《历史学的新趋向》,第897页。
[②] 伊丽莎白·福克斯-吉诺维斯、尤金·吉诺维斯:《社会史的政治危机》,第217页。

害了劳工史本来的意义。① 还有学者评论道,在美国史学界,经典政治史的题材早已不能引起人们的兴趣,一般的历史教科书通常把政治边缘化,使政治与社会实际相剥离,这并不符合美国社会和人们生活的实际,这样对待政治史也无助于理解美国历史。②

其实,美国社会史家对这方面的问题也有所意识。有的社会史倡导者承认,把政治从社会史中排除出去,只讲无名人物而忽略精英,不关注权力和战争的意义,并不能真正理解过去。③彼得·斯特恩斯在80年代初期看到,以往过分忽略政治,给社会史带来了问题,因而应当重新思考社会和政治的关系,努力把社会史和政治史联结起来。不过,他所说的这种政治史并不是传统史家笔下的那种"细致而自足的叙事",而是作为过程和作为社会变迁一部分的政治,实际上是一种"社会—政治史"。它不仅关注选举行为、激进运动和普通人如何影响政治过程,而且同样关注精英,关注政治事件的社会影响。④ 然而,如何处理社会与政治的关系,如何把社会史与政治史结合起来,长期是新社会史成长中的烦恼。艾丽斯·凯斯勒-哈里斯谈到,但凡论及社会史的碎片化现象的人都同意,社会史之所以迷失了自己的路径,乃是割断自己与政治的联系的结果;可是,也有人担心"把社会史置于政治的框架中",又会导致传统观察方式的回潮。

---

① 埃利、尼尔德:《社会史何以忽视政治》,第268页。
② 丽贝卡·爱德华兹:《作为社会史的政治:镀金时代的政治漫画》(Rebecca Edwards, "Politics as Social History: Political Cartoons in the Gilded Age"),《OAH历史杂志》,第13卷第4期(1999年夏季),第11页。
③ 洛克滕堡:《政治史的相关性》,第587—588页。
④ 斯特恩斯:《社会和政治史》,第3—5页。

所以,"如何理解政治动员或行动与普通民众的价值之间的关系,乃居于新社会史的中心"。① 由此看来,完全撇开政治的社会史是难以成立的,关键在于如何界定和对待政治。② 就连一心要远离政治的文化史家,最终也不得不承认,文化不仅受到社会结构的塑造,而且也塑造社会结构;如果说社会史将文化的变成了社会性的,而文化史则将文化的变成了政治性的。③ 也就是说,以往社会史家把文化视作被动地附属于或受制于社会,而文化史家现在则发现文化对社会具有自主的影响,其中包含权力的意蕴,因而也就具备政治的属性。

社会史和文化史的流风所及,连外交史和国际关系史这种原本同政治史有着亲缘关系的领域,在过去几十年也是一心关注种族、性别、宗教等范畴,避而不谈阶级和国际劳工运动对外交的影响。近期有学者指出,工人、劳动和战争等政治因素,在外交史和国际关系史中的重要性得到了重新认识,对这些问题的重视构成外交史研究的新方向。④

总而言之,在历史叙事中剔除或贬抑政治,既不符合过去的

---

① 凯斯勒-哈里斯:《社会史》,第 249 页。

② 中国社会史初步发达的时期,政治的缺失以及社会史如何处理同政治史的关系等问题,也引起了关注。参见赵世瑜:《社会史研究向何处去》,《河北学刊》,2005 年第 1 期,第 66—68 页。

③ 阿隆·康菲诺:《集体记忆与文化史:方法问题》(Alon Confino, "Collective Memory and Cultural History: Problems of Method"),《美国历史评论》,第 102 卷第 5 期(1997 年 12 月),第 1395 页。

④ 伊丽莎白·麦基伦:《工人、劳动与战争:引言》(Elizabeth McKillen, "Introduction: Workers, Labor, and War: New Directions in the History of American Foreign Relations"),《外交史》,第 34 卷第 4 期(2010 年 9 月),第 641—642 页。

实情,也背离了当前生活的需要,更无助于史学自身的发展。有人厌恶政治史,是因为厌恶政治,觉得政治似乎总是与暴力和腐败联系在一起。但正如克雷格所说,对政治史的题材的态度,并不能成为排斥和反对研究它的理由。① 有人抛弃政治史,是缘于对政治史长期在史学中占据主导地位感到不满。其实,对政治史一家独大的不满,也不能作为贬低甚至蔑视政治史的根据。荷兰学者弗兰克·安克斯密特说:"对政治史的攻击是在政治考虑的名义下发起的。……归根结底,马基雅维里、圭恰尔迪尼、黑格尔、德罗伊森——以及吕森——坚持说一切历史最终都是政治史是对的。"他进而断言,史学不可能同政治脱钩;"史学要么直接间接地是政治史,要么就什么都不是"。②

当然,安克斯密特所说的政治史,并不是作为一个特定研究领域的政治史,而是强调一切历史终究都带有政治的内涵或属性。年鉴学派当年所排斥和蔑视的政治史,其实只是某种特定的政治史,或者说是经典政治史。在法国,政治史也一直在变化,变化了的政治史远比经典政治史丰富多彩。勒高夫在1971年说,政治在当前以"权力现象"的面目现身,在社会中占据相当重要的地位,它在史学中也应拥有同样的地位;现在已由解剖学时代进入了原子时代,因而政治也从历史的"脊骨"变成了历史的"内核"(nucleus)。③ 他的意思是说,目前史学已分裂成许

---

① 克雷格:《政治史》,第325页。
② F. R. 安克斯密特:《历史表现》(周建漳译),北京大学出版社2011年版,第282、287页。
③ 勒高夫:《政治仍旧是历史的脊骨吗?》,第13页。

多细小的领域,因而政治的作用不再像过去那样支撑着整个史学的躯体,而是深入到史学的各个"细胞"中,成为其"核",以新的方式发挥重要的作用。美国史家向来推重年鉴学派,勒高夫的话与美国史学界的反思和探索,可谓桴鼓相应。

与此同时,由于政治史与社会史、经济史、文化史纠缠交织,美国政治史家也长期面临"身份危机"的困扰。一方面,社会史和文化史对政治史带来了强烈的冲击,社会史家和文化史家从不同的方向切割政治史的领地,政治史家也自觉或不自觉地引入社会史和文化史的视角和方法,于是,社会和文化在政治史研究中受到很大的关注,而政治自身的特性反而被愈益淡化,不免使人产生政治史会变成社会史的担忧。另一方面,政治史还需要处理与外交史、法律史、军事史和宪政史的交叉与联结,需要面对妇女史、族裔史和底层研究所提出的各种新问题,这些纷至沓来的挑战进一步加剧了政治史的"身份"迷乱。

政治史家为了应对"身份危机",反复强调政治的独立性和自主性,反对把政治作为社会经济的反映或附庸,力图摆脱政治史对社会史和文化史的依附,以此重建其学科自主性。

早在80年代初期,美国学者就围绕"把政治还给政治史"的问题展开讨论。据库赛尔当时的观察,美国政治史领域出现了一些新的趋向,研究者不再仅仅关注选举中体现的社会经济分歧,同样也重视选举和任命的官员如何制定政策,以及这些政策产生了什么社会后果。这表明他们力图从政治的视角来理解政治,把政治置于政治史的中心地位。① 库赛尔在另一篇文章

---

① 库赛尔:《把政治还给政治史》,第569—595页;保罗·伯克、唐纳德·德巴茨:《把政治还给政治史》(Paul F. Bourke and Donald A. DeBats, "Restoring Politics to Political History"),《跨学科历史杂志》,第15卷第3期(1985年冬季),第459—466页。

中提出,选举行为并不是政治的全部,而政策及其后果同样是政治的内涵;政治制度的结构和政治精英的行动对于政策的制定同样起作用。不过,他同时也强调,不能把社会或经济分析和政治史研究分离开来,政治史家要善于对政治做社会分析和经济分析,就像对政治做政治分析一样。① 大致在二十年后,肖恩·威伦茨对查尔斯·塞勒斯的"市场革命"说提出批评,认为这类研究把政治的历史淹没在社会变迁的历史之中,把政治和民主视为各种社会力量的副产品,而没有充分展现政治自身的重要性。他特意挑明,他的《美国民主的兴起》以"从杰斐逊到林肯"为副标题,就是意在重新肯定政治事件、政治观念和政治领袖在民主兴起中的作用。② 另一些讨论"美国政治发展"的学者也强调,国家构建的参与者有着自主的方案和利益,绝非仅仅是一些对外部的社会和经济压力做出反应的个人。也就是说,政治角色有着自主的意识和能力,而并不总是被社会经济力量推着走。于是,一批年轻的学者十分欣喜地看到,经过八九十年代政治学家和历史学家的共同努力,政治与社会、经济的关系得到了重新界定,政治变化的动力通常被视为来自政治领域自身的发展,而不仅仅是对外部社会压力的反应。③ 显然,这些学者反对片面从经济、社会的视角来解释政治,强调政治自身的特性及其对政

---

① J. 摩根·库赛尔:《政治行动是非自然的吗?》(J. Morgan Kousser, "Are Political Acts Unnatural?"),《跨学科历史杂志》,第 15 第 3 期(1985 年冬季),第 468、479 页。

② 肖恩·威伦茨:《美国民主的崛起:从杰斐逊到林肯》(Sean Wilentz, *The Rise of American Democracy: Jefferson to Lincoln*),纽约 2005 年版,第 xx 页。

③ 雅各布等编:《民主的实验》,第 6、8 页。

治变迁的意义。这种从政治来讨论政治史问题的路径,旨在重新确立政治史的学科自主性。①

当然,美国政治史家强调政治史的自主性,所针对的只是那种把政治单纯视为社会和经济的"反映"或"附属"的观点,并不是要把政治从复杂的人类生活网络中剥离出来,也不是要切断政治史与其他领域的联系。用美国一位劳工史专家的话说,一方面,"社会、经济、文化以及其他力量"作用于"社会中的权力关系";另一方面,政治制度和政治关系也影响到"社会生活的其他领域"。② 这种"社会实际"决定了政治史不可能脱离其他领域而孤立存在和发展。政治史确实需要维持自身的特性和身份,但是依靠狭隘地定义政治来维护政治史的独立性和自主性,显然是有害无益的。政治世界一直在发生重大的变化,关于政治的知识也今非昔比,政治史家不再可能孤立地看待政治,不再可能把政治视为完全自足的过程,而应以开放的心态来对待学科的自主性,继续和社会史、文化史等领域保持沟通,相互合作和取法。

实际上,多数美国政治史家仍在努力开放政治史的门户,从

---

① 法国史学界的情况可以作为佐证。虽然复兴的政治史"在视野和方法上已打上了年鉴学派的深刻烙印",但它并不只是对年鉴学派的借鉴与模仿,而是极力强调和坚持政治的自主性。例如,勒内·雷蒙就强烈反对年鉴学派的唯物史观,反对把社会经济史凌驾于政治史之上。见吕一民、乐启良:《政治的回归》,第126页。

② 参见布鲁斯·莱文:《政治的历史和历史的政治》(Bruce Levine, "The History of Politics and the Politics of History"),《国际劳工和工人阶级历史杂志》,第46期(1994年秋季),第60页。

其他学科和领域吸取养分,壮大自身,也力图为其他领域提供必要的支持。他们不像法国的弗朗索瓦·孚雷那样,轻率地宣布"社会史已经死亡"①,而是极力淡化政治史与社会史等领域的分歧。如肖恩·威伦茨所说,传统政治史和社会史的对立没有想象的那么严重,简单而截然地把两者分开,只会制造一种"虚假的二元对立"。② 从近期的美国政治史著作中,可以看到政治学、社会学、政治社会学、人类学乃至文学理论的痕迹,但这并无损于政治史自身的特性。美国政治史家尤其重视继续向社会史和文化史学习。以往,政治史家虽然关注民众,但他们看到的却不是普通民众,而只是民众领袖;真正把无名无姓者置于历史中心位置的是社会史,是社会史启发和引导着政治史家去关注普通人所扮演的政治角色,以及政治与他们生活的联系。照这样说来,政治史家没有理由抱怨社会史家抢夺了自己的地盘,而应对他们提供的激励和启发心怀谢忱。③

另外,族裔史、妇女史和底层研究在美国史学界仍呈方兴未

---

① 吕一民、乐启良:《政治的回归》,第127页。
② 威伦茨:《多种美国政治史》,第23页。
③ 有的中国学者主张回到汉语"政治"的本义来思考政治史,关注国家(政府)政策的制定("政")与执行("治"),反对通过社会史的介入和改造来振兴政治史(见和卫国:《中国政治史研究的反思》,《北方民族大学学报》,2009年第2期,第110页)。这里需要留意的是,中国政治史的状况与美国大不一样,美国政治史家呼吁"把国家找回来",恢复政治史的自主性,是因为美国政治史经过社会史、文化史的反复冲击而呈七零八落的局面,国家几乎从政治史中消失;而中国政治史虽然也受到了社会史和文化的冲击与挑战,但其中的社会和文化元素仍然十分稀少,许多新的学术主张还停留在理念的层面,而没有转化为治史的实践;而且国家也一直是关注的焦点,国家和精英仍然是政治史的主角,这时提出"把国家找回来",排斥社会史和文化史的介入,似乎缺乏必要的针对性。

艾之势,如何把这些方面的研究整合到政治史之中,并非没有理念和方法上的困难。以妇女史为例,性别研究和女性主义的视角能否以及如何进入政治史?有学者提出了这样一种设想:既以妇女和性别为中心,又把妇女和性别置于美国政治史的核心叙事中,这是一种极有前途的研究方式;政治史家和妇女史家要相互沟通,不仅要重视对方的研究成果,还要把各自的问题置于对方的学术史中,从两个不同的角度讲述同一个故事。① 劳工史也面临类似的问题。戴维·蒙哥马利在在评论20世纪七八十年代劳工史的研究状况时说,北美劳工史家关注两方面的问题:"意义的结构和权力的结构";前者涉及工人对其工作和生活的世界的理解(这在19世纪的劳工史中占突出地位),后者则涵盖对工作场所和社区生活的控制问题(这是20世纪劳工史的主要关注点);而且,两者之间的关联也值得深入探讨。② 这就牵涉到政治史和社会史、文化史的结合问题。可以说,在处理妇女史、劳工史和少数族裔史的题材时,任何单一的视角或取向都不可能有效地解释其意义,而必须视需要综合采用政治史、社会史和文化史的路径,通过多学科合作、多角度探讨来推进研究工作。

在学科自主性和学术身份的问题上,E. P. 汤普森树立的榜样仍然是富于教益的。他的《英国工人阶级的形成》一书,处理

---

① 凯瑟琳·斯克拉:《新政治史与妇女史》(Kathryn Kish Sklar, "The New Political History and Women's History: Comments on *The Democratic Experiment*"),《历史教师》,第39卷第4期(2006年8月),第509—514页。

② 戴维·蒙哥马利:《工人阶级史的趋势》(David Montgomery, "Trends in Working-Class History"),《劳工》,第19卷(1987年春季),第13—14页。

的是劳工史这种经典的政治史题材,集中讨论了工人的政治思想和政治行动,考察了工人的阶级意识的形成;但他在多处采用社会史的视野,讨论工人的构成、工作、工资和生活状况;又借助文化史的方法,聚焦于思想意识、心理习惯、宗教等因素在工人阶级形成中的意义;同时并没有放弃传统的叙述手法,不厌其烦地讲述了许许多多激进人物和工人团体的故事。他虽然自称"社会史家",但并未以领域自限,以身份自缚,以门派自居,而是开放胸襟,博采旁收,具有真正的大家气象。于是,他的这本书既是政治史的经典,也是社会史的范本,现在又成了新文化史的先声。[①]

五、"新"政治史的可能性

许多美国学者难以忘怀20世纪前期政治史"一统天下"的局面,不时畅想和展望"政治史的复兴"。[②] 2003年,三位年轻的美国政治史学者合编了一本书,题为《民主的实验:美国政治史的新方向》,在欧美史学界引起了广泛关注。[③] 他们颇为自信地

---

① E. P. 汤普森:《英国工人阶级的形成》(钱乘旦等译),译林出版社2001年版。

② 刘军:《政治史复兴的启示——当前美国政治史学发展述评》,《史学理论研究》,1997年第2期,第86—96页。

③ 2006年11月在巴黎召开的一次政治史学术会议,即以该书为参照来讨论欧洲政治史的状况及前景。见罗曼·赫里特、波琳·佩雷兹:《大西洋两岸政治史的现状》(Romain Huret and Pauline Peretz, "Political History Today on Both Sides of the Atlantic"),《政策史杂志》,第21卷第3期(2009年),第298页。

宣称:"我们正处在一个美国政治史走向兴盛的时刻。"全书涉及两个主题:美国特殊政治语境中公民和政府的关系;民主参与机制的持续演进。在作者们看来,这两个主题及其相关的方法和路径,体现了美国政治史的新方向。① 一位研究非殖民化的美国学者最近也观察到,在经过若干年的"文化转向"之后,历史学者再度对"国家和治理"发生了兴趣,关注"政治转向"或"国家转向"。② 这些说法在多大程度上反映了美国史学的实际,诚然还需要做更为细致的考察;但有一点是可以肯定的,无论政治史是否"走向兴盛",都不会重返一百年前的旧格局。"复兴的"政治史,只能是经过重新界定的"新"政治史。③

政治史在美国史学界之所以再度受到重视,是因为政治向来无处不在,它与不同阶层人群的生活密切相关,并且深深嵌入了过去人们的经历之中。如果忽视或贬抑政治的重要性,既无法重建一个有意义的过去世界,也不能为当前的生活提供有意义的参照。虽然人在当今社会已不完全是"政治的动物",非政

---

① 雅各布等编:《民主的实验》,第1页。

② 托德·谢泼德:《"历史乃是过去的政治"? 档案、"受污染的证据"和国家的回归》(Todd Shepard,"'History Is Past Politics?' Archives, 'Tainted Evidence,' and the Return of the State"),《美国历史评论》,第115卷第2期(2010年4月),第476—477页。

③ 2006年11月在巴黎举行的一次政治史会议上,与会者提出了以下问题:能否把工人、少数群体和妇女整合进政治史的框架? 当今国家和政治制度还具有与19世纪相同的意义、目标和力量吗? 在仍以国家为中心的政治叙事中是否给外交政策留有余地? 在一个认识模式发生危机的时代,能否在欧洲写出新的政治史以复兴这一领域而不重返过去的叙事形式? 欧洲政治史学者对这些问题的思考,从一个侧面印证了美国政治史的现状。赫里特、佩雷兹:《大西洋两岸政治史的现状》,第298页。

治的事物和活动吸引了人的大部分注意力,但许多看似与政治无关的东西,诸如体育比赛、车展、电影、电视、教育、医疗之类,无不牵涉到政治的维度,或者具有政治的内涵。因此,对于当今美国社会来说,政治的重要性并不是降低了,而只是表现为不同的方式或形态。当前美国人面临更加复杂的国内和国际局势,举凡经济发展、社会福利和国家安全,都需要国家的运筹和安排,各级政府在各个领域扮演着越来越重要的角色,权力关系的印迹在日常生活中随处可见。尽管许多美国人对政治表示冷漠,但人总是生活在政治当中的;贬低或忽视政治的重要性,只是一种鸵鸟式的姿态。克罗齐说过,一切真历史都是"当代史",人对过去的兴趣来自于当前的精神状况和现实生活的激发;马克·布洛赫把历史研究看成是"回溯式研究",史家总是从当前的现实关怀出发来追溯过去的类似现象。① 一个社会对当前政治的认知和态度,势必影响甚至指引政治史的走向。哥伦比亚大学教授阿伦·布林克利在谈到关于20世纪美国史的研究时说,在过去一百年里,"公共事件""国家行为和全国性经济制度"的重要性愈益突出,直接影响到社会的每个层面和每个人的日常生活,处在这样一个"高度政治化和相互依赖的世界",即便是社会史也同样是政治史。② 换句话说,政治无从回避,政治史自有其存在的价值。

---

① 多斯:《碎片化的历史学》,第56、78页。
② 阿伦·布林克利:《书写当代美国的历史:困境与挑战》(Alan Brinkley, "Writing the History of Contemporary America: Dilemmas and Challenges"),《代达罗斯》,第113卷第3期(1984年夏季),第124—125页。

美国政治史的经验表明,一个研究领域的生命力,在于不以固定的、僵化的和"标准化的"方式固守领域的边界,而是根据学科发展的要求,不断反思学科的局限性,吸纳新的学术和思想资源,以求重新界定领域,找到新的路径。美国政治史作为一个领域,虽然在整个史学中的地位明显下降,但它从来都没有止步不前。美国史家锐意革新和振兴政治史,其意义并不在于夺回被社会史和文化史抢走的地盘,而是使政治史成为一个有活力、有希望的领域。在一个开放的、多样化的政治史领域中,史家可以采用多种路径、多种范式来处理政治史题材:可以坚持以国家为中心的政治史,也可以一心发掘基层社会和日常生活中的政治题材;可以采用政治分析和叙事相结合的路径,也可以借鉴文化史和社会史的路径;可以研究精英人物,也可以关注普通民众。

再者,从美国政治史的现状和趋向看,政治史家的工具箱也变得越来越充实。其中有经典政治史的工具,如叙事方法、因果分析和制度分析等;也有从其他学科吸收或组合的工具,如计量方法、分析性叙事、"深描"、文本分析、话语分析、图像学方法和符号学方法。研究者可从题材和问题的需要出发,选取有用而顺手的工具。另外,美国文学、政治学和社会学等领域出现的"记忆政治"[①]"身体政

[①] 记忆研究的一个重要贡献,是探究借助发明(invention)和欣赏(appreciation)的过程而进行的关于过去的建构,是如何影响社会中的权力关系的。在关于记忆的研究文献中,"politics of memory"(有时是"politics of identity")成了一个重要的主题。简单地说就是:谁要求谁去记住什么,以及为什么。但这种路径有一个后果,就是将记忆这个在根本上是文化性的概念,变成了一个政治概念;而且容易忽略其社会性的含义。从政治层面研究记忆的学者,往往没有谈及记忆对于社会文化关系的组织、分级和安排有何作用。参见康菲诺:《集体记忆与文化史》,第1393页。

治"①"身份政治"②"消费政治"③"族裔政治"④"性别政治"⑤等

---

① 美国有学者运用"body politics"的概念分析奴隶制时代奴隶主和黑人对于奴隶身体的争夺,前者力图控制奴隶的身体以榨取其劳动,而黑人则力图通过对自己的身体的支配(如秘密聚会、跳舞)以抵制奴役。参见斯蒂法妮·坎普:《抵抗的快感:南部种植园受奴役的妇女和身体政治》(Stephanie M. H. Camp, "The Pleasures of Resistance: Enslaved Women and Body Politics in the Plantation South, 1830-1861"),《南部史杂志》,第68卷第3期(2002年8月),第533—572页。

② "identity politics"或"politics of identity"是20世纪80年代以后出现于美国的一种政治策略,号召以"身份群体"(按族裔、宗教、性别、性取向等划分的群体)的名义争取和维护自身权益,通常不涉及更为普遍的社会目标。但在政治史研究中,"身份政治"是否能成为一个有效的分析范畴,美国学者中间存在争议。参见温德尔·普里切特:《过去与现在的身份政治》(Wendell E. Pritchett, "Identity Politics, Past and Present"),《国际劳工和工人阶级历史杂志》,第67期(2005年春季),第33—41页。

③ 关于现代社会的消费问题,本是社会史(消费方式的演变)和文化史(消费文化的形成和演变)的课题,但在政治学和(政治)经济学理论中,却也是一个与政治制度、政治过程和政治权利密切相关的问题,因此,采用政治分析的方式对历史中的消费和消费者进行讨论,可以看出消费在国家构建和公民权利演变中的突出意义。这种"消费者政治"(consumerist politics)的研究取径,产生了一系列有影响的研究成果,也开辟了政治史研究的新路径。参见谢里尔·克罗恩:《消费者的政治史》(Sheryl Kroen, "A Political History of the Consumer"),《历史杂志》,第47卷第3期(2004年9月),第709—736页。

④ "ethnic politics"包括两个方面:美国各个族裔为争取和维护本族裔的文化、经济和政治权利而进行各种政治活动;各个族裔作为政治力量在政治竞争和选举中扮演重要角色。所谓"族裔政治"不仅涉及少数族裔与盎格鲁—撒克逊白人的权力分配,而且涉及不同族裔之间的权力关系。有的史家运用这个概念来分析地方政治变迁。参见詹姆斯·康诺利:《重构族裔政治》(James J. Connolly, "Reconstituting Ethnic Politics: Boston, 1909-1925"),《社会科学史学》,第19卷第4期(1995年冬季),第479—509页。

⑤ "gender politics"关注性别之间基于历史和文化而形成的社会政治区分和权力关系,强调历史中男性对女性的控制和压迫,声张女性争取独立和平等的正当性。运用"性别政治"的概念进行历史分析的例子,参见伊莱恩·克兰:《阿比盖尔·亚当斯、性别政治与〈埃米莉·蒙塔古传〉》(Elaine Forman Crane, "Abigail(转下页)

概念,不仅可以作为政治史的分析工具,而且能帮助政治史家发现处于政治史与其他领域接合交叉地带的题材。

在史学理念方面,当今美国政治史家大多持有一种相对开放的心态。他们考虑到历史的多样性和不确定性,不再孤立地看待政治世界,而是重视各种因素之间的微妙的关联和互动。他们也放弃了单一的决定论,着眼于不同形态的事实之间的"相互依赖"或"相互阐释"。他们不再把政治变迁视为某种单一的理念或制度的一往无前的发展过程,即便是讨论美国民主的历史,也不再把它说成是一个注定成功的故事。

还值得注意的是,美国政治史的题材早已高度多样化。政治史作为一个具有学科自主性和独立性的领域,必须有自己的经典题材,这就是公共权力的构成和运作。此外,也有许多题材是政治史与社会史分享的,例如家庭中的权力关系、卧室政治、公共领域等;还有一些题材则需要政治史和文化史协作,如国家认同、权力想象和政治心态等。国家固然仍是政治史的中心课题,但须采用新的视角和新的解释框架。强调以国家为中心的政治史,并不是要把国家置于其他要素或维度之上。正如一些年轻的美国政治学家所言,在讨论以国家为中心的政治发展时,要关注国家和社会的关系的变动,以理解美国民主政治的变化。① 具体说来,不同历史时期的国家构建和权力关系,现代民主和共和制的形成、演变和扩展,公民身份的构建和公民权利的

(接上页) Adams, Gender Politics, and 'The History of Emily Montague': A Postscript"),《威廉—玛丽季刊》,第 3 系列,第 64 卷第 4 期(2007 年 10 月),第 839—844 页。

① 雅各布等编:《民主的实验》,第 2 页。

演变,各个历史时期国家与公共领域的博弈,政府、公共决策与社会变迁,国家权力的辐射、制度性权力网络的运作机制的变化,国家视野中的基层社会的治理和自治的演变,国家与地方社会的权力斗争、人际政治和政治变迁,这些都可以作为以国家为中心的政治史的题材。

  政治总是一个竞争的领域,精英和民众的关系在其中居于核心地位。许多美国学者不再把精英和民众隔离或对立起来,即便是研究精英,也力求把精英置于具体的历史语境中,从他们与民众的互动和相互影响着眼来看问题,对精英的思想和活动做出重新诠释和定位。用威伦茨的话说,在观察过去的政治时,不论是"从上而下"还是"自下而上",一方若离开了另一方,都会变得难以理解。① 在考虑政治史的题材时,有学者主张尽力顾及精英和普通民众的平衡,不宜偏废一端。也就是说,政治史家正在探索如何把底层研究和精英研究结合和互补的路径。② 虽然精英研究和底层研究是两种分立的倾向,但在实际的政治发展中,同一个社会的精英和大众是密不可分的,不管他们之间是合作还是冲突,往往处在同一种错综复杂的关系格局中。因此,真正需要的是探索一个有效的框架,以把精英和民众整合在同一种政治史叙事之中。诸如历史中政治领袖形象的建构,领导权的形成和运行机制的演变,领导与群众的关系的演变,普通

---

  ① 威伦茨:《多种美国政治史》,第23页。
  ② 据一个研究英国现代史的学者观察,最近几十年英国政治史的"理论和分析的趋向",把研究"高层政治"(high politics)的"右倾史家"和研究大众政治的"左倾史家"拉得越来越近。这种观察大体上也适合美国史学界的情况。佩德森:《政治史的现状》,第38页。

人的政治经历以及政治对普通人的影响,民众抗争与政治民主化,普通农民、市民和工人在重大政治事变中的经历和感受,战争时期普通士兵的政治意识,军队的政治动员和政治教育等,都可以置于精英与民众的交互关系中考察。

对于从事政治文化研究的学者来说,政治观念与政治行动的关系仍然是一个核心的问题,从这种考虑出发,可以重点考察核心政治价值的形成和演变,关注政治变革中的思想动员,探讨公民意识、国家观念和身份认同的演变。此外,还可以借助修辞学和符号学的方法来讨论政治话语和政治仪式。

社会政治史在美国史学中仍有一定的声势。在社会结构和社会生活中,无处不存在或隐或显的权力关系。有些学者透过国家与社会的关系,借助公共领域、象征、符号等概念,讨论各个历史时期的家庭关系、消费方式、新闻报道、时尚、服饰、文学、艺术、广告等现象中的政治内涵,研究教育、体育、旅游、娱乐中的资源分配和权力运作的变化等课题。可见,政治史家只要放开心态,扩大眼界,把政治和社会结合起来,就能在政治史和社会史之间发现共同开发和合作的广阔空间。

然则,所有这些理念、题材和方法上的新动向,大多只是此前已有尝试的延续或发展,它们能在何种程度上齐头并进,聚集汇流,并最终形成另一种"新"政治史,这种前景目前似乎还不是十分明朗。

2012—2013 年写于北京

种族问题与美国史学

在最近20余年来的美国史学中,种族①问题占有日益重要的地位,关于各个种族历史的研究成为具有前沿意义的领域,围绕种族问题引出许多激烈的学术辩论,少数种族在美国历史中的作用和地位得到重新解释,种族被视为理解美国历史的一个关键范畴。如果不了解这种趋势的来龙去脉,不重视种族问题对美国史研究的影响,就难以看清美国史学的动向,甚至无法把握美国历史的特征。写作这篇短文的目的,正在于希望国内的美国史研究者能够关注这方面的问题。

一、社会与学术的互动

美国从一开始就是一个多种族社会,这种多样性在美国历史进程中留下了深刻的痕迹。不过,在美国史学史上却长期存在一种反常的情形:学者们受到时代精神、意识形态以及各种利益的制约,对种族问题的重要性非但未给予应有的重视,反而以

---

① 这里所用的"种族"一词,包含人种学和民族学上的双重含义,既指"race",也包括"ethnic groups"。

种族主义的态度撰写美国史。浸润种族主义的史学有几个突出的特点:一、认为盎格鲁—撒克逊白人是最优秀的种族,是美国历史的创造者,他们肩负上帝的使命,将北美大陆开拓发展为一个自由、民主的国度;二、不仅完全忽视白人以外的其他种族在美国历史中的作用,而且根本不从正面涉及这些种族的历史;三、将白人对其他种族的压迫和歧视说成天经地义的正当之举。在殖民地时期那种相当粗糙的历史记述中,这些偏见即已十分强烈;在后来的乔治·班克罗夫特、弗朗西斯·帕克曼、约翰·菲斯克、弗雷德里克·杰克逊·特纳等一大批历史学家所撰写的美国史当中,这些特点表现得更加鲜明。

20世纪六七十年代以来,美国史学发生了重大的变化。种族主义在史学中的影响得到逐步肃清,种族问题在美国历史中的重要性愈益受到重视,涉及种族问题的课题成为研究的热点,"种族"和"阶级""性别"一起,成了近期美国史学的基本分析范畴。

史学的这种新趋势在一定意义上乃是社会变动的反映。近几十年来,美国少数种族的人口增长甚快,在美国人口中的比重不断增大。1900年,白人以外的其他种族人口为919.4万,占全美人口的12.08%;1970年,黑人和其他少数种族人口为2538.7万,占总人口的12.39%。① 比重变化不大,但绝对数量增长了2.76倍。此后,少数种族人口增长速度远胜于白人,

---

① 美国商务部国情调查局:《美国历史统计:殖民地时期至1970年》(U. S. Department of Commerce, Bureau of the Census, *Historical Statistics of the United States, Colonial Time to 1970*),华盛顿1975年版,第9页。

1980年他们的人口在总人口中的比重增至17.87%,1990年更达到6236万,占总人口的23%。① 更重要的是,这些人口日众的种族的群体认同和政治意识不断增强,不再只是人种学意义上的群体,而成了民族学和政治学意义上的群体,在美国已是一种不可忽视的政治力量。他们开始自觉反思数百年来所受的压迫和苦难,积极争取自己种族的权利和地位。特别是黑人,在少数种族中不仅人数最多,而且政治意识最强,组织化程度最高,在反抗歧视、争取平等的运动中走在前列。其他种族和文化群体与之桴鼓相应,使少数种族的社会政治行动声势极盛。与此同时,少数种族成员在大学和研究机构所占的比重也大为增加。1960—1988年间,美国大学在校学生中少数种族的比例由6%增至近20%;1985年,大学教师中的非白人达到10%。② 这些人中有不少是职业历史学家。以上种种情况表明,无论在政治上还是在文化上,少数种族都开始显示自己的力量。

  少数种族的崛起引起了许多连锁反应。在社会潮流的推动下,美国政府采取了一些有利于改善少数种族处境和地位的政策,致力于从法律上和制度上消除种族歧视和迫害;美国社会也重新认识种族问题,作为主流种族的白人开始反思数百年来对少数种族的态度,多元文化主义取代种族主义,逐步成为美国社会对待种族和文化问题的基本原则。多元文化主义的理论基础

---

  ① 美国商务部国情调查局:《1993年美国统计摘要》(U. S. Department of Commerce, Bureau of the Census, *Statistical Abstract of the United States*, *1993*),华盛顿1993年版,第14、18页。

  ② 转引自劳伦斯·莱文:《克列奥、准则和文化》(Lawrence Levine, "Clio, Canons, and Culture"),《美国历史杂志》,第80卷第3期(1993年12月),第862页。

是文化相对主义,它反对用唯一的和绝对的标准衡量各种文化的高低优劣,不再将某种文化定于一尊,而承认各种文化的价值和地位,主张平等对待不同的文化,承认各种族、各种文化对美国的贡献和作用。在美国历史上,占主导地位的白人长期反感于种族的多元性和文化的多样性,对其他种族和文化采取歧视态度;而多元文化主义的兴起,表明白人终于承认并采取宽容的态度来面对多元文化的现实。在这种舆论气候和思想背景下,改变以往对少数种族历史的不公正状况,全面改写长期由白人所主宰的美国史,也就成了顺理成章、水到渠成的事情。

这期间美国史学在观念和方法上的革新,则为重新认识少数种族的历史创造了学术条件。二战以后,传统史学陷于困境,在社会科学的推动下,历史学家更新观念,在方法、史料和研究领域等多方面进行新探索,促成了一种不同于传统史学的新史学。新史学的一个核心观念乃是,普通群众在历史中居于中心地位,应当运用社会科学的理论和方法,对他们的生活、价值、信仰和行动加以研究,从而撰写一种"从下往上看"的美国史。这样,过去那些遭到忽视的少数种族人群,自然就成为史家关注的对象。社会学、人类学、民族学、民俗学等学科对史学的渗透,则为少数种族史学的兴起提供了概念和理论。

二、美国史学的新趋向

在上述多种因素的综合作用下,美国史学在种族问题上出现了一系列新的动向。最显著的变化反映在史学观念方面。在美国史学中存在数百年的种族主义终于得到清算,美国历史不再是受上帝恩宠的盎格鲁—撒克逊白人开疆拓土、传播文明的历史,而是一部包括白人在内的许多种族共同开发北美大陆、塑造和丰富美国文化的历史。虽然各个种族在历史上的命运和遭遇各不相同,而且少数种族在实际的种族关系格局中长期处于不平等地位,但他们在历史研究中应当受到平等的对待,因为他们都是美国历史的参与者和创造者,都是美国历史的主角。这样就形成了一种多元的、平等的种族史观,各个种族及其互动对美国历史发展的重要意义得到突出的强调,美国历史不再是白人的独角戏,而是各个种族共同出演的多幕剧。用美国日裔学者罗纳德·高木的话说,这样一种包容所有种族的历史,乃是一种"更为准确的历史"。①

在这方面得风气之先的是曾任美国历史学家组织主席的加里·纳什。他在1974年出版《红种人、白人和黑人》一书,运用文化人类学的理论,将美国早期史描述为多个种族、多种文化相互交流和冲突的历史,把"种族"看成和"阶级"一样重要的历史分析范畴,充分强调了种族和文化的交汇在早期美国社会的重要性。② 沿着纳什开辟的路向,许多学者对非洲文化和土著文化在美国社会形成和发展中的作用作了深入细致的研究。这种

---

① 罗纳德·高木:《通过一面不同的镜子来讲授美国史》(Ronald Takaki, "Teaching American History through a Different Mirror"),《视角》,第32卷第7期(1994年10月),第12页。高木著有《一面不同的镜子:多元文化美国史》(A Different Mirror: A History of Multicultural America),波士顿1993年版。

② 加里·纳什:《红种人、白人和黑人:北美早期的人民》(Gary B. Nash, Red, White, and Black: The Peoples of Early America),新泽西州恩格尔伍德克利夫斯1974年版,重点参见第3—4、310—319页。

新的种族史观的影响还及于美国史的其他领域。例如,在重建史研究中,邓宁学派那种完全忽视黑人作用、将南部片面看成白人的南部的观点,被20世纪60年代以来的修正派学者彻底推翻;在埃里克·方纳所著《重建:美国未完成的革命》中,黑人的经历成为研究重点,他们不再是重建的被动受益者或受害者,而是积极的中心角色。①

伴随史观的变化,关于少数种族的史学获得迅速发展,在目前美国史学中处于前沿,并且分化出许多具体而细微的研究领域。在传统史学中,对种族问题虽有涉及,但仅处于附属和次要的地位,例如,对奴隶制和黑人的研究不过是南部史或重建史的边缘,印第安人只有在殖民争夺史和西部史中才作为陪衬出现。也就是说,少数种族的历史没有成为独立的研究领域。随着新史学的成长,少数种族的历史成为十分热门的课题,在研究中形成了许多新的领域,出现了许多有影响的学者和史学著作。②黑人史在当今美国史学中异军突起,日升月恒。③ 在黑人史范

---

① 埃里克·方纳:《重建:美国未完成的革命》(Eric Foner, *Reconstruction: America's Unfinished Revolution, 1863-1877*),纽约1988年版,前言第19—26页。

② 《美国历史杂志》1993年进行了一次问卷调查,其中要求被调查者例举本人最为推崇的3—4种美国史学著作,得到20人同时提名的书仅11部,而其中与种族问题相关的著作就有5种,占45.45%。这从一个侧面说明关于种族问题的研究在美国史学中占有重要地位。参见《美国历史杂志》,第81卷第3期(1994年12月),第1206—1208页,表3.2。

③ 关于最近几十年美国黑人史的研究状况,参见托马斯·霍尔特:《非洲裔美国人的历史》(Thomas C. Holt, "African-American History"),载埃里克·方纳编:《新美国史》(Eric Foner, ed., *New American History*),费城1997年版,第311—332页。

围内进一步分出许多更小的领域,如黑人妇女史、黑人劳工史、民权运动史、城市黑人史、奴隶制研究、黑人文化史等等。土著文化和印第安人历史也是一个异彩纷呈的学术园地。弗雷德里克·霍克西等人在1991年编辑了一部《土著美国人书目提要》,有选择地辑录了1300余种书目。① 近年来,有关土著美国人的出版物在美国图书馆的书架上更是琳琅满目。在亚裔美国人史、西班牙裔美国人史等领域,也是成果迭出。另外,对少数种族妇女史的研究成为一种学术新潮,由于可以同时运用"种族"和"性别"两个新的分析范畴,故备受年轻学者的重视。②

　　研究角度的转换,可以说是关于种族的新史学的另一个特点。以往对少数种族历史的研究,大多从白人的角度出发;甚至在少数种族的历史成为独立的领域以后,少数种族一度仍被看成被动的受害者,研究的重点仍在于白人对少数种族的态度,这样写出的仍旧是以白人为中心的少数种族历史。在多元文化主义框架内形成的少数种族史学,注重的是以少数种族为中心的历史,这种历史的主角不再是白人,而是少数种族自己,于是就产生了从少数种族的角度研究少数种族历史乃至整个美国史的新视角。这种新视角在黑人史方面表现得最为显著。从前,黑人的历史是从奴隶主和白人社会的角度撰写的,黑人在这种历史中实际上只是白人的创造物;至于黑人在奴隶制下的生活、感受和

---

① 弗雷德里克·霍克西等编:《土著美国人书目提要》(Frederick E. Hoxie, et al., eds., *Native Americans: An Annotated Bibliography*),加利福尼亚州帕萨迪纳1991年版。
② 参见杰奎琳·琼斯:《现代美国的种族和性别》(Jacqueline Jones, "Race and Gender in Modern America"),《美国史学评论》,第26卷第1期(1998年3月),第220—238页。

信仰,则完全没有进入史学家的视野,甚至没有人意识到还存在一个黑人自己的世界。70年代以来,从黑人自身的角度来探讨黑人的生活和文化,成为一种新的研究路向,尤金·吉诺维斯的《奴隶们创造的世界》(1974年)和赫伯特·古特曼的《奴役和自由中的黑人家庭》(1976年),在这方面具有代表性。不过,从少数种族的角度看美国史这种研究路向,遇到的最大难题是资料不足。特别是印第安人和奴隶制下的黑人大多不识字,没有留下多少文字资料。学者们所依赖的基本上还是白人的记载和官方的文献,如法庭记录、遗嘱、财产清单、交易单据等等,这对于真正了解少数种族自己的世界是一个很大的制约。①

从整个美国史学的发展来看,"种族"作为一个基本分析范畴进入历史研究,也许具有更为重大的意义。19世纪末20世纪初,美国史学开始由描述性史学向分析性史学转变,在这个过程中,出现了一些对理解美国历史进程产生重大影响的分析范畴,如特纳的"边疆"和"地域",查尔斯·比尔德的"经济集团",左派史学家的"阶级",等等。在新的种族史学日益深化的同时,"种族"作为一个分析范畴,在美国史学中得到越来越广泛的运用。无论是研究美国历史上的社会分层、权力和资源的分配,还是探讨普通民众的政治行为、生活方式和宗教信仰,"种族"都是一个不能忽视的因素。由于种族因素的卷入,许多历史问题变得更为错综复杂,因为任何一个种族内部都存在社

---

① 参见凯瑟琳·布朗:《超越大辩论:美国早期的性别和种族》(Kathleen M. Brown, "Beyond the Great Debate: Gender and Race in Early America"),《美国史学评论》,第26卷第1期(1998年3月),第98—99页。

会分层和性别的差异,以及由此引起的分歧和不平等,于是,"种族"和"阶级""性别"这些范畴发生交叉。可见,将"种族"作为一个分析范畴的结果,是极大地深化了对美国历史的复杂性和多样性的理解。这一点正是近期美国史学的特色所在。

在政治史和劳工史领域,"种族"作为一个分析范畴尤其具有价值。新政治史侧重研究民众的政治行为,特别是投票行为,经过李·本森等人的研究发现,决定公民投票行为的主要因素并不是"地域""经济利益"或"阶级",而是种族和文化。① 近十余年来,种族因素在劳工史中的意义逐渐得到重视,研究的重心转向工会的种族行为、黑人和其他少数种族工人的经历及其活动、白人工人的种族认同感等问题,特别是对种族意识和阶级意识交织状况的探讨,加深了对美国工人阶级的特殊性和复杂性的认识。②《劳工史》杂志还出版过关于种族和阶级的专号。尤有进者,美国劳工史学者根据英国史学家 E. P. 汤普森关于工人阶级形成的解释模式,对美国工人阶级的形成(making)问题进行了探讨,发现由于种族和族裔因素的作用,美国工人阶级存在一个"解体"(unmaking)和"重塑"(remaking)的问题。③ 这是美

---

① 李·本森:《杰克逊民主的概念》(Lee Benson, *The Concept of Jacksonian Democracy: New York as a Test Case*),普林斯顿1961年版,第270—328页。

② 参见埃里克·阿尼森:《黑人和白人工人、种族与劳工史学的状况》(Eric Arnesen, "Up from Exclusion: Black and White Workers, Race, and the State of Labor History"),《美国史学评论》,第26卷第1期(1998年3月),第146—174页。

③ 参见詹姆斯·巴雷特:《自下而上的美国化:移民和美国工人阶级的再造》(James R. Barrett, "Americanization from Bottom Up: Immigration and the Remaking of the Working Class in the United States, 1880-1930"),《美国历史杂志》,第79卷第3期(1992年12月),第996—1020页。

国劳工史学所取得的一个新的收获。

三、新的难题

可是,事物往往是长短兼有、利弊并存。种族问题在给美国史学带来新的生机的同时,也造成了许多新的难题。

最突出的一点,是如何把握美国历史和文化的整体性和统一性。如果美国历史乃是各个种族自己的历史,而不同种族又有不同的历史体验和观察角度,那么,究竟什么是美国历史的主线?或者说,美国历史还有没有主线可言?应当如何理解美国历史的基本特征?或者说,美国历史还是否存在基本特征?如果对各个种族在美国历史中的作用等量齐观,那么,应当怎样解释美国的自由观念和民主制度的渊源?对此早已有学者表示忧虑。历史学家小阿瑟·施莱辛格警告说,种族多元性可能导致美国"解体"。[1] 劳伦斯·莱文认为,史学的"碎片化"乃是美国社会和种族的"碎片化"的一种反映。[2] 甚至高木也提出了这样的问题:强调族裔多样性和文化多元性是否会损害全体美国人的统一性,是否会引起美国人的分裂和巴尔干化?[3] 可见,多元种族史观所引发的挑战,实际上是一个现实政治问题。如果美国社会不能在种族多元的情况下保持国民认同,不能在文化的

---

[1] 小阿瑟·施莱辛格于1991年出版《美国的解体》(Arthur M. Schlesinger, Jr., *The Disuniting of America*)一书,在美国学术界引起很大的反响。

[2] 莱文:《克列奥、准则和文化》,第866页。

[3] 高木:《通过一面不同的镜子讲授美国史》,第8、9页。

多样性中求得文化的统一性,史家也就无法从种族和文化的"碎片化"中发现美国历史的整体性。

另一个问题是,围绕种族问题所形成的意识形态,已经成为限制学术自由和误导研究取向的因素。种族主义早已臭名昭著,而历史上盛行的种族主义又是盎格鲁—撒克逊白人的重大污点,因之任何为白人开脱历史责任的立论、任何引起少数种族不满的历史解释,都有可能带有种族主义的嫌疑,成为"政治上"不"正确"的东西。① 而且,白人在历史上总是以种族压迫者的形象出现,而新的种族史学很少关注种族主义的成因及其具体形态、白人的历史局限性和白人的反种族主义思想等问题,从而在整体上把白人都当成了种族主义者。更严重的是,少数种族出身的学者通常研究自己种族的历史,而这种研究往往受到种族意识和现实关切的制约,难以成为一种中性和中立的学术,以致出现"非洲中心论"这样的意识形态倾向。②

---

① 在当前美国大学和学术界,存在一套关于种族和性别的话语限制,被称作"政治正确性"(political correctness),意即任何带有种族偏见或性别歧视倾向的言论在政治上都是不正确的。在1993年《美国历史杂志》所组织的一次问卷调查中,有20.3%的美国学者认为,"政治正确性"乃是美国史学的最大缺点。见戴维·西伦:《美国史学的实践》(David Thelen, "The Practice of American History"),《美国历史杂志》,第81卷第3期(1994年12月),第936页。

② "非洲中心论"是针对"欧洲中心论"而提出的,其主旨是完全否定传统史学关于世界文明形成的解释,认为非洲乃人类和世界文明的发祥地,主张从非洲的角度理解世界历史的进程。在美国阐述这种主张的代表性著作有莫勒菲·阿桑特:《非洲中心观》(Molefi K. Asante, *The Afrocentric Idea*),费城1987年版;马丁·贝纳尔:《黑色雅典娜》(Martin Benal, *Black Athena: The Fabrication of Ancient Greece, 1785-1985*, vol. I; *Black Athena: The Afroasiatic Roots of Classical Civilization*, Vol. II),新布伦瑞克1986、1991年版。

在历史教学中,种族问题也产生了明显的负面效应。在有的学校,少数种族的学生对于非本种族的教师是否有资格讲授自己种族的历史持怀疑态度,对教师的工作百般挑剔,使课堂成为一个高度政治化的场所。有位白人教师撰文谈到他讲授黑人史的经历,感到自己得不到黑人学生的信任,无法和他们沟通和交流,连他选择的教科书也不为他们认可,所以他在教学上很难有什么作为。为此,美国历史协会的《视角》杂志组织了一个讨论专栏,中心议题就是:白人教授是否有资格讲授黑人史?[1]

总之,种族问题为美国史学提供了创新的机遇,也使之陷入新的困境。美国史学界能否成功地建构宏观的美国史体系,对种族问题的处理将是关键因素之一。对此一些学者已有模糊的意识,但目前显然还没有找出很好的解决途径。对于中国的美国史研究者来说,认识种族问题在美国历史中的重要性,了解最近几十年种族问题与美国史研究的纠葛,对于理解美国历史的复杂性和多样性,当然是一件很有意义的事情。

1998 年写于天津

---

[1] 《视角》,第 31 卷第 6 期(1993 年 9 月),第 6—19 页。

意识形态与美国革命的历史叙事

爱德华·萨义德曾谈到"纯粹知识"和"政治性知识"的区分,并特别指出,人们广泛相信"真正"的知识是非政治性的,但实际上知识的产生往往具有或隐或显的"有着严密秩序的政治情境"。① 如果用这种理论来考察关于现代革命的历史叙事,就不难看出革命史知识通常具有鲜明的"政治性"。在革命史知识产生的"政治情境"中,意识形态②往往发挥至关重要的作用。现代史上发生的革命,一般被视为政治事件、社会事件或军事事件,而它的意识形态内涵和意义容易遭到忽视。实际上,革命同时也是一种重大的意识形态事件。一方面,革命者通常利用边缘性或外源性的思想资源,精心构造一套系统的政治话语,对革

---

① 爱德华·W. 萨义德:《东方学》(王宇根译),三联书店 1999 年版,第 12—14 页。
② "意识形态"(ideology)是一个争议颇多的概念。英国社会学家约翰·B. 汤普森对"意识形态"一词的缘起和演变做过讨论,并提出了自己的界定:"意识形态"是被用来"建立并支持统治关系"的"象征形式"。见约翰·B. 汤普森:《意识形态与现代文化》(高铦译),译林出版社 2005 年版,第 5—13、30—81 页。中国学者关于"意识形态"概念的讨论,见王立新:《意识形态与美国外交政策:以 20 世纪美国对华政策为个案的研究》,北京大学出版社 2007 年版,第 1—10 页。本文所说的"意识形态",是指一个社会中对数量较多的成员的思维、言说和行动具有塑造性影响的成系统的思想观念。一个社会可能出现多种意识形态并存和竞争的局面。

命发挥动员、辩护、阐释和巩固的作用。另一方面,在通行的观念中,革命总是与"开端"相连,因而可能被后世"神圣化";而在这一"神圣化"的过程中,革命话语通常会经过整理、过滤和重新组合,进而转化为带有"神话"性质的意识形态元素,对于"后革命时代"的政治文化发挥持久的塑造性影响。进而言之,一个社会可能存在多种意识形态的竞争,而各种意识形态自身又往往处在变化和重构之中,革命的意识形态也随之不断受到重新诠释,并以不同的形式在各种意识形态的竞争中扮演不同的角色。因此,任何革命史的写作不论作者的动机如何,总是难于摆脱与意识形态的复杂纠葛,革命史领域也就成了一个意识形态的战场。自美国革命发生以来,美国史学界关于它的历史叙事正是处于这样一种状况,而且最近半个多世纪的情形更是如此。

一、"辉格主义范式"的兴衰

在进步主义史学兴起以前,美国革命史写作的主导范式可以称作"辉格主义"。这里所说的"辉格主义",既不是指美国革命时期盛行的爱国思想,也非等同于美国史学史上的"辉格学派",而更接近于英国历史学家巴特菲尔德所说的"辉格派历史解释"。① 具体说来,美国革命史写作中的"辉格主义",包括五

---

① 据 H. 巴特菲尔德所论,英国史学中长期存在这样一种倾向:史家站在新教和辉格派的立场来写作历史,以成败论英雄,"强调过去的某些进步的原则",并力图以历史来论证现实的正当性。他把这种倾向称作"辉格派历史解释"。H. 巴特菲尔德:《辉格派历史解释》(H. Butterfield, *The Whig Interpretation of History*),伦敦1968年版,第 v、1—8 页。

个相互联系而各有侧重的方面:一是爱国主义,肯定美国革命的正当性,强调殖民地居民面对英国暴政的威胁,团结一致,万众一心争取和捍卫独立;二是民族主义,宣称美国革命建立了一个不同于世界上任何国家,特别是不同于欧洲各国的新型国家,开创人类争取自由和共和政体的新纪元;三是自由主义,把美国革命描述为一个抗击暴政、维护自由的事件,美国革命使自由的旗帜得以高扬,人的权利获得了保障;四是种族意识,不假思索地把美国革命看成是大西洋两岸英格兰裔居民之间的内战,相信革命的过程和结果仅仅与白人有关;五是精英取向,关注"建国之父"的活动,颂扬他们的政治智慧和对革命的贡献。这五点恰好与建国初期美国的主流意识形态若合符节,于是,这种"辉格主义"的美国革命史,既是在当时的意识形态氛围中酝酿成形的,又有助于强化当时的意识形态。①

"辉格主义"的美国革命史写作在革命后期即已出现,经过19 世纪一些有影响的历史学家的倡导,遂成美国革命史写作的主流。第一部站在美国人立场上写出的美国革命史,出自革命

---

① 美国学者阿瑟·谢弗认为,美国建国初期的历史著述的最大特色是"nationalism",正是这种观念使历史学者赋予美国一个"可信的过去",也使他们的写作有别于启蒙时代的历史写作,即不再相信普遍的人类经历的观念,而关注不同的国民群体的经历(阿瑟·谢弗:《历史学的政治:书写美国革命的历史》[Arthur H. Shaffer, *The Politics of History*: *Writing the History of the American Revolution 1783-1815*],芝加哥 1975 年版,第 36 页)。他这里所说的"nationalism",意为把分散的各个前殖民地整合为一个统一的国家,并为之构建一个统一的过去,从而形成统一的国民情感和国家认同。所以,这个"nationalism"只能理解成"国家主义",而不是本文所说的"民族主义"。而且,"国家主义"在很大程度上是谢弗本人对早期革命史写作意图的界定,并不能确切反映当时革命史写作的思想取向。

参与者戴维·拉姆齐之手。可以说,拉姆齐的著作构筑了"辉格主义"美国革命史写作范式的雏形。他在书中详细叙述了革命的过程,逐年介绍重要的军事行动、政治事件和外交活动,把革命说成是一种英雄壮举,把华盛顿、大陆军将领,以及参战的法国将领和英方将领,当成这个"伟大故事"的主角。他特别强调美国革命的必然性,声称脱离英国而独立乃是殖民地居民整体性格的必然产物,因为英属殖民地居民从一开始就投身于自由,而殖民地的地理环境、土地资源、宗教、社会构成以及各种制度和政策,都有利于培养"对自由的热爱"和"对独立的偏好"。他相信革命的正当性,因为殖民地本来就是殖民地居民自己建立的,并不存在臣属于英国的问题,而英国的政策与举措却威胁和损害了殖民地居民所珍爱的自由。他虽然在书中写到了印第安人以及战争带给他们的不幸,并对他们的遭遇表示同情,但他的主旨在于说明印第安人站在英国一边,阻挠美国独立的步伐,招灾致祸是在所难免的。他特别重视美国革命的历史意义,宣称革命改变了美国的面貌,开辟了一个伟大国家的光辉灿烂的前景:它确立了一种近乎完美的体制,美国人民如果不能获得幸福,那就是他们自己的过错。他还阐述了美国的世界历史使命,称美国革命是一场为了所有"人民"的"人民的革命",为美国人、也为全世界人民开辟了"追求幸福"的康庄大道,因而载入了世界历史的史册。[1]

---

[1] 戴维·拉姆齐:《美国革命史》(David Ramsay, *The History of the American Revolution*, 2 vols.),印第安纳波利斯1990年版,重点参见第1卷,第14—29页;第2卷,第124—125页(http://oll.libertyfund.org)。

稍后问世的另一部美国革命史著作,为默西·奥迪斯·沃伦这位女性作者所写。她出身名门,成年后又嫁入名门,耗费三十多年光阴,终于完成了一部多卷本美国革命史。尽管约翰·亚当斯这样的"才智之士"并不欣赏她的史学才华①,但是她的这部革命史却有自己的鲜明特点。较之拉姆齐的著作,这本书更富于文学和思辨的色彩,文辞优雅,语句繁复,其间穿插不少哲理性的议论,对革命时期的道德问题尤为关注,对革命所造成的社会风气变化忧心忡忡,在一定程度上体现了女性作者的细腻和敏感。② 当然,这并未妨碍她对革命的正当性和重要性给予充分的肯定。她采用传统的历史写法,以编年为序,以北美和英国的重要人物为主角,以政府变动和上层活动为重要内容,逐年叙述革命中的主要政治和军事事件,其中关于军事行动的篇幅尤多,而对各州及合众国的制宪、邦联国会、社会变化则很少提及。她对革命领导人充满敬意,对他们经受的艰难困苦深表同情,并称赞大陆军官兵是在为个人和国家的自由而战。同拉姆齐一样,她把独立战争描绘为一场在世界范围内挽救自由、抗击暴政的运动。她还对革命的后果做了极为浪漫的表述:随着革命战争的结束,旧的政府纽带被割断,新的政府亦告成立,"个人独立的自豪情感温暖着每一个胸膛,社会和宗教自由的

---

① 罗斯玛丽·扎格里:《一个女人的困境:默西·奥迪斯·沃伦与美国革命》(Rosemarie Zagarri, *A Woman's Dilemma: Mercy Otis Warren and the American Revolution*),伊利诺伊州惠灵1995年版,第159页。

② 沃伦的传记作者罗斯玛丽·扎格里认为,"公共美德的衰落和美国风习的转变"构成其革命史的一个主题;而沃伦著作的最大特色是"明确地从一个女人的立场写成的"。见扎格里:《一个女人的困境》,第143、145页。

普遍观念远播四方";士兵解甲归田,工匠和农人致力于改进生产,文艺的天才开始在文坛施展创造的才华;"在这种形势下,每一个自由的心灵都应坚定地支持国家特性的荣誉和独立的尊严"。她也带有强烈的精英主义取向,对于革命期间下层人在政治和经济上的崛起颇不以为然,宣称"美德的丧失"乃是"没有原则、没有教育、没有家世"之辈的贪婪和暴富所造成的。她还旗帜鲜明地谴责革命后新英格兰地区民众的各种"反叛",对那些"放纵不羁、愚昧无知"的人大加抨击。①

这两部同时代人所写的美国革命史著作,具有若干显著的共同点:它们都肯定美国革命的必然性和正当性;强调它反对暴政、捍卫自由的性质;对革命者的业绩满怀敬意,高调揭示了革命创建新国家、引领世界历史新方向的重大意义;很少提及黑人、印第安人和妇女在革命中的经历以及革命对他(她)们的影响。可见,这两本书可以说是"辉格主义"的美国革命史写作的早期典范。在18世纪末和19世纪初,除这两人外,其作品涉及美国革命的作者还有数位,如杰里米·贝尔纳普、约翰·马歇尔、埃德蒙·伦道夫、塞缪尔·威廉斯、罗伯特·普劳德、威廉·戈登、乔治·迈诺特、本杰明·特朗布尔和休·威廉森等。他们的书大多是关于革命中的地方性事件或领导人物,不属于革命通史性质的著述,但其思想倾向和写作方式,则与拉姆齐和沃伦

---

① 默西·奥迪斯·沃伦:《美国革命兴起、进展和结束的历史》(Mercy Otis Warren, *History of the Rise, Progress, and Termination of the American Revolution*, 2 vols.),印第安纳波利斯1994年版,重点参见第1卷,第77页;第2卷,第6、129—131页(http://oll.liberty.org)。

相当接近,大致可以归入"辉格主义"的范畴。

这些革命史著述的主旨,同建国之初美国人面临的许多问题密切相关:新生的合众国的性质是什么?美国立国的价值基础是什么?"美利坚人"如何界定?对新国家的认同感如何形成和巩固?早期的美国革命史作者通过对革命的回顾和反思,力图就这些问题提供自己的答案。对他们来说,革命是他们亲身参与或经历过的事件,在一定意义上,写作革命的历史就是讲述他们自己的故事。他们一方面要用革命史写作来为革命正名,另一方面也希望通过他们对革命的理解和阐释,促成一种全体美利坚人都能接受的传统,从而形成国家认同,推动民主共和实验的顺利进行。据美国学者阿瑟·谢弗研究,早期的美国历史学家不仅把历史写作视为一种文学活动,而且也当作一种政治行为,一种培育民族认同、服务公共政策的方式;同时,他们的历史著述也受到了当时政治和思想意识的深刻影响。[①] 不过,这些作者并未承认自己具有意识形态的立场或意图,而宣称是站在人类公正的立场上来叙述和解释历史的。他们把美国革命写成一部英雄史诗,并力图让读者相信,这就是美国革命的本来面目。虽然他们也把革命描述为一场"民众运动",但是实际关注的是精英人物,对于普通民众的活动并无多少具体的叙述或讨论。

19世纪美国最有影响的历史学家乔治·班克罗夫特,接受了处在专业化进程中的欧洲史学的熏陶,其历史写作的规范和方法远比早期的革命史作者成熟,但是在思想取向上却与那些

---

① 谢弗:《历史学的政治》,第7—29页。

先行者如出一辙,也可以归入"辉格主义"的范畴。他的十卷本《美国史》,有四卷涉及美国革命。这四卷书以时间为经,以事件为纬,详细叙述了美国革命的兴起和进展。他在解释美国革命的起因时,突出强调了革命的必然性:"美国革命不是来自于某些碰巧的意向。它是从人民的心灵生长出来的,乃是一种对自由的生动之爱的必然产物……"他虽然偶尔提及革命中的"不和谐"声音,但仍坚称独立战争是殖民地居民万众一心争取自由的事业。他同样强调美国革命的世界历史意义,认为美国革命是为了"人类的利益",旨在捍卫"全世界的自由";列克星顿的行动不是偶然冲动的产物,而是"缓慢成熟的天意和时代的果实"。他关注共和主义实验的重要性,把共和制叫做美国的"天赐之物"。他对美国的未来充满信心,相信美国作为一个年轻的新国家,其愿望不是恢复过去,而是面向"无限的未来"。他还揭示了革命史对于塑造美国传统的经典意义,相信革命时代的"英雄故事",可以教导人们保持"谦逊"和"无私的爱国主义"。[①] 后世的学者用"辉格派"或"浪漫主义"来标识班克罗夫特的史学,旨在突出他那种高昂的"爱国"热忱,以及对革命成就的衷心颂扬。如果借用海登·怀特的术语,则不妨把班克罗夫特的美国革命史看成一部"浪漫剧"。[②]

[①] 乔治·班克罗夫特:《美洲大陆发现以来的美国史》(George Bancroft, *History of the United States, from the Discovery of the American Continent*, vol. 7-10),波士顿1860—1874年版,第7卷,第295、301、312页;第8卷,第474页;第9卷,第33页;第10卷,第10页。

[②] 海登·怀特:《元史学:十九世纪欧洲的历史想象》(陈新译),译林出版社2004年版,第10、12页。

在班克罗夫特之后,关于美国革命的著作时有行世,其内容各有侧重,风格各具特点,只是在声望和影响方面不及前面提到的几本书。美国历史学家伯纳德·贝林谈到,革命一代对于美国革命的解释是一种"英雄史观",他们写出的革命史是一种高度个人化和高度道德化的历史,是一部好人和坏人斗争的历史;而"辉格派解释"则与此不同,它强调结果的必然性和人类阻挡命定潮流的脆弱性。① 这种说法固然有其道理,但似乎淡化了班克罗夫特与拉姆齐、沃伦等人在思想观念上的一致性。实际上,带有"辉格主义"色彩的革命史写作,都对美国革命的内涵和意义做了类似的界定:英国在殖民地推行旨在剥夺英裔居民自由的暴政,引起了"美利坚人"(殖民地英裔居民的另一个称谓)的一致反对;他们在"建国之父"的带领下,团结起来,英勇反抗,终于摆脱了英国的统治,创建了一个新的共和制国家;美国革命代表了历史的方向,维护和声张了人的自由与权利,开辟了人类历史的新纪元,从此世界历史进入了自由反对暴政、共和制对抗君主制的时代。这就是说,美国革命主要是一场由英裔白人男性发动和进行的政治革命。

然则进入 20 世纪以后,"辉格主义"的美国革命史观却受到不断的批判,最终基本上被抛弃掉了。从一定意义上说,美国 20 世纪的美国革命史研究,就是"辉格主义范式"受到批判、颠覆以至最终被"新美国革命史学"取代的过程。

对"辉格主义范式"的首次严重冲击,来自进步主义史学。

---

① 伯纳德·贝林:《美国政治的起源》(Bernard Bailyn, *The Origins of American Politics*),纽约 1968 年版,第 4—5 页。

工业化进程中社会结构的深刻变化,激烈的社会分化和对抗,以及各种理论和思潮的激荡,都对美国历史学家考察过去的视角和眼光产生了影响。他们开始关注美国历史中的冲突,留意普通民众的处境和所扮演的角色。进步主义史家从基于不同经济利益而产生的群体斗争着眼,发现以乡村居民为主体的民众与少数贵族精英及商业人士之间,围绕革命运动的领导权、革命的目标以及革命的结局等问题,展开了起伏不定的较量。在革命运动初兴时,民众力量和激进派取得了主动权,推动了革命运动的高涨;可是到80年代,保守派和商业利益集团重新得势,并按照自己的意图制定了新宪法。直到托马斯·杰斐逊当选总统,占多数的农业利益集团才最终取得胜利。这种说法冲击了美国革命是殖民地"万众一心"争取独立和自由的神话,也把观察革命的视角从殖民地与英国的关系转向了美国社会内部。同时,进步主义史家质疑"建国之父"的英雄神话,指出他们的立场偏向和私利欲望,特别是查尔斯·比尔德的著作,把"半人半神"的制宪者,说成是一些为了经济利益而讨价还价的凡夫俗子。进步主义史家还突破了"辉格主义"史学把美国革命单纯看成政治事变的观念,强调它作为一场政治、社会、经济和思想的全面变革的重大意义。J. 富兰克林·詹姆森提出了"作为社会运动的美国革命"的命题,对于重新审视美国革命的内涵,对于讨论革命在后来美国社会发展中的意义,都开辟了新的门径。[①]

[①] 进步主义史学中涉及美国革命的著作主要有:卡尔·贝克尔:《纽约殖民地政党史(1760—1776)》(Carl L. Becker, *The History of Political Parties in the Province of New York, 1760-1776*),威斯康星州麦迪逊1909年版;查尔斯·比尔德:(转下页)

及至20世纪三四十年代,进步主义史学关于美国革命的解释路径,在美国史学界产生了支配性的影响,埃瓦茨·格林、柯蒂斯·内特尔斯和默尔·柯蒂等学者在论及美国革命史时,都采用了进步主义史学的话语方式。①同时,梅里尔·詹森不仅继承了进步主义史学的基本观点,而且做出了重大的推进,通过更为扎实和深入的研究,提出了"内部革命"的假说。他认为,美国革命绝不仅仅是殖民地和英国之间的战争,也是享有政治特权和没有政治特权的人们之间的斗争。从殖民地时期开始,少数政治寡头控制着权力,忽视民众要求,镇压民众反抗;而普通乡村居民和城镇无产者,对种植园主和商人的寡头统治进行了反抗。革命发生后,激进派首次有效地联合起来,一度占据了优势。可是在赢得独立以后,保守派就竭尽所能地消除"战争带来的政治和经济民主"。他们要求建立一个有利于商人阶级、可以控制西部土地的"全国性"政府,以防范和抵御"内部革命"。激进派则拥护《邦联条例》所创立的"联邦"政府,反对保

(接上页)《美国宪法的经济解释》(Charles A. Beard, *An Economic Interpretation of the Constitution of the United States*),纽约1913年版;J. 富兰克林·詹姆森:《作为社会运动的美国革命》(J. Franklin Jameson, *The American Revolution Considered as a Social Movement*),普林斯顿1926年版;等等。关于进步主义史家对美国革命的研究的评论,参见艾尔弗雷德·扬:《美国历史学家遭遇"革命的转变之手"》(Alfred F. Young, "American Historians Confront 'The Transforming Hand of Revolution'"),载罗纳德·霍夫曼、彼得·艾伯特编:《革命的转变之手》(Ronald Hoffman and Peter J. Albert, eds., *The Transforming Hand of Revolution: Reconsidering the American Revolution as a Social Movement*),夏洛茨维尔1995年版,第373—374页;戈登·伍德:《美利坚的理念:关于美国诞生的思考》(Gordon S. Wood, *The Idea of America: Reflections on the Birth of the United States*),纽约2011年版,第6—7页。

① 扬:《美国历史学家遭遇"革命的转变之手"》,第377—378页。

守派制定的新宪法。因此,美国革命主要是一场"人民大众"反对"地方贵族"的"内部革命"。① 詹森后来对自己的观点做了调整和修正,但并未放弃"内部革命"的说法。② 再者,他的观点不仅具有更加坚实的学理基础,而且通过他培养的一大批新一代学者而得以发扬光大。

可是到了 50 年代,美国史学界涌起一股清算进步主义史学的潮流,"共识"取代"冲突",成为解释美国历史的主题词。在美国革命史的写作中,"共识"理念表现为对革命保守性的强调,认为革命并非旨在改造社会,而只是维护已经存在的东西,因为殖民地居民早已是"生而自由和平等的人民"。用丹尼尔·布尔斯廷的话说,美国革命根本就不是现代欧洲意义上的革命,而只是一次比较保守的"殖民地造反"。③ 显然,当布尔斯廷对美国革命做这样的界定时,并没有考虑下层民众、妇女、黑人和印第安人在革命时期的经历,而仅仅把革命视为英裔白人男性的事情。"辉格主义"史家虽然也把革命看成英裔白人男性的事情,把革命等同于摆脱英国统治,但是强调其反对暴政、争取自由和实行共和制的创新性,也就说,他们把美国革命视为一场真正的革命。然而,在"共识"史家的笔下,美国革命不过

---

① 梅里尔·詹森:《邦联条例:对美国革命的社会—宪政史的一种阐释》(Merrill Jensen, *The Articles of Confederation: An Interpretation of the Social-Constitutional History of the American Revolution 1774-1781*),威斯康星州麦迪逊 1966 年版(1940 年第 1 版),第 614 页。

② 扬:《美国历史学家遭遇"革命的转变之手"》,第 380—383 页。

③ 丹尼尔·布尔斯廷:《美国政治的精髓》(Daniel Boorstin, *The Genius of American Politics*),芝加哥 1953 年版,第 68、70 页。

是一个冒用革命之名的保守事件。①

不过,"共识"学派还没有来得及全面改写美国革命史,很快就成了强弩之末。随之兴起的"新左派"史学,在思想上受到各种激进思潮的滋养和激励,在学术上则与"新史学"桴鼓相应,由此启动了对"辉格主义"的新一轮冲击,并在新的基础上重塑了美国革命的激进形象。在研究美国革命的"新左派"史家中,斯托顿·林德和杰西·莱米什充当了急先锋。他们不仅注重革命中各种势力的冲突,而且把眼光聚焦在普通民众身上,林德重点研究佃农和技工,莱米什则关注海员。② 到20世纪末21世纪初,由"新左派"和"新史学"联手开创的研究美国革命的新路径,经过多次校正和调整,吸引了越来越多的激进史家。这种新路径可以说是对进步主义史学理念的传承,以这一派学者中的主将加里·纳什为例来说,他对进步主义史学怀有敬意,对梅里尔·詹森更是赞许有加,宣称读过他的主要著作。③ 不过,到纳什着手写作他的美国革命史时,受到挑战的已不仅仅是"辉格主义"的美国革命史范式,而是整个忽视普通民众和边缘群体、片面关注白人男性和建国精英的美国革命史写作传统。

一般说来,早期的史家通常尽量掩饰自己的意识形态立场,或者极力把特定的意识形态打扮为某种普遍主义。进步主义史家出于对社会现实的强烈关注,开始倡导以今视昔的"现时主

---

① 罗伯特·布朗:《中间阶级民主与马萨诸塞的革命》(Robert E. Brown, *Middle-Class Democracy and the Revolution in Massachusetts, 1691-1780*),伊萨卡1955年版。
② 扬:《美国历史学家遭遇"革命的转变之手"》,第427页。
③ 加里·纳什:《种族与革命》(Gary B. Nash, *Race and Revolution*),威斯康星州麦迪逊1990年版,第 x 页。

义",并用历史哲学意义上的相对主义来为这种做法正名。① 到了五六十年代,社会政治高度"极化",几乎每个历史学者都主动或被迫选取某种政治立场,于是,意识形态就成为历史学者争夺话语权的一种有力武器。同时,对兰克式的客观主义史学理念的普遍蔑视,也导致年轻一代史家毫不隐讳自己的政治和思想立场。他们把个人或团体的政治偏好带进历史研究中,从题材到解释,从材料到观点,都有某种意识形态的线索可寻。在这时的美国革命史写作中,"辉格主义"的意识形态虽然没有销声匿迹,但早已改头换面或藏头露尾,而平民主义、多元文化主义和女性主义的声势愈来愈大。这三股思潮交织在一起而形成一股合力,推动了对美国革命的重新界定,使之从以"建国之父"为主角的革命,变成了以普通民众和边缘群体为主角的革命。由此形成的美国革命史写作范式,不妨称作"新美国革命史学"。

二、普通民众的革命

根据一般的说法,诞生于革命中的美国是一个现代民主国家。现代民主的基本含义,就是普通民众通过常规的合法途径,积极进入政治领域,选择政府官员,并对政府及其决策施加影

---

① 参见卡尔·贝克尔:《人人都是他自己的历史学家》(Carl Becker, "Everyman His Own Historian"),《美国历史评论》,第37卷第2期(1932年1月),第221—236页;查尔斯·比尔德:《写出的历史是一种信仰的表达》(Charles A. Beard, "Written History as an Act of Faith"),《美国历史评论》,第39卷第2期(1934年1月),第219—231页。

响。然而,实际掌握政府权力的精英,往往对民众的政治理性和能力表示怀疑,对他们的积极行动疑虑重重,想方设法阻挠或制止他们在政治领域发挥作用。于是,民众和精英的关系,就成为美国民主的一个核心问题。从意识形态的角度说,精英主义和平民主义两种倾向之间的冲突,在美国社会以不同的形式表现出来,而且折射在美国史学中。具体到美国革命史的写作,历来有三个问题颇受关注:美国革命是为谁的革命?谁是革命的主力?它在什么意义上是一场"民主革命"?一些带有平民主义倾向的学者,对这三个问题做出了这样的回答:美国革命是真正的"人民的革命",是"人民"为了"人民"自己的革命;普通民众乃是革命的主角,他们的革命主动性推动和塑造了革命的历程;只有充分肯定民众在革命中的诉求和活动,才能把美国革命界定为一场"民主革命"。

在这些"平民主义"史家看来,美国革命史从来就是一个民众和精英较量的战场,双方为争夺美国革命的历史记忆而进行着激烈的斗争。不过,在很长时期里,精英凭借其权势和话语优势,在一定程度上控制了表述美国革命的权力。历史学家艾尔弗雷德·扬认为,从革命后期开始,掌权的精英群体就力图抹去革命的激进性和底层色彩,把它"驯化"为一场温和的精英革命。而且,此后精英一直没有停止这种努力。[①] 历史学家 T. H. 布林也说,美国革命史长期只讲少数几个名人,而多数美国人都

[①] 艾尔弗雷德·扬:《制鞋匠和茶会:记忆与美国革命》(Alfred F. Young, *The Shoemaker and the Tea Party: Memory and the American Revolution*),波士顿1999年版,第108—113、186—187页。

不知道"人民的故事";可是,"要是没有人民,就不会有革命,也不会有独立的国家"。① 因此,民众乃是革命的天然主角。不过,扬也意识到,是否讲述"人民"的革命史,与历史学家自身有莫大的关系,因为"一个普通人如何在历史中赢得一席之地?这与保存过去的人的政治价值有莫大的关系";虽然民众乃是革命的主角,可是,"直到最近,职业历史学家才向普通人民打开了大门"。②

其实,扬说到的最后一点并不完全准确。美国革命史学的大门,在进步主义时代就向民众打开了一条小缝,后来的"老左派"历史学家,则把这扇门开得更大。这些学者虽然没有从根本上挑战盛行的美国革命史写作传统,但注重发掘与民众有关的历史资料,强调他们对革命的贡献。左派史家赫伯特·阿普特克曾立志用马克思主义的观点撰写一部"美国人民史",于1960年推出了其中第2卷,即《美国革命》。这本书挑战了"共识"史学的革命史观和以往关于美国革命的各种解释,强调革命的经济根源,关注革命中的阶级斗争,并重视底层劳动者、印第安人和妇女的经历,尤其是强调黑人在革命中的作用。③ 不过,这本书受到了评论者的冷遇和讥讽,被轻蔑地称作对美国历史的"马克思式的考察",缺乏新意,存在时代倒错、误用概念和

---

① T. H. 布林:《美利坚造反派,美利坚爱国者:人民的革命》(T. H. Breen, *American Insurgents, American Patriots: The Revolution of the People*),纽约2010年版,第3、10页。

② 扬:《制鞋匠和茶会》,第 vii—viii 页。

③ 赫伯特·阿普特克:《美国革命》(Herbert Aptheker, *The American Revolution, 1763-1783*),纽约1960年版。

分析薄弱的毛病,其观点缺乏充足的证据支持。① 诚然,阿普特克的著作在学术深度、资料运用和理论的有效性方面确有欠缺,但是它触及了后来美国革命史学所关注的一些核心问题,特别是妇女、黑人、底层民众和印第安人在革命时期的经历。另一位"老左派"史家菲利普·方纳,虽然不以研究美国革命史见长,但他对忽视劳工作用的美国革命史深感不满,借助于"从下向上看美国革命"的视角,综合以往的研究,对劳工在革命中的活动做了梳理和定位。他也提到了黑人和妇女的作用。他强调,虽然革命并没有给所有劳工带来同样的好处,甚至在某些方面恶化了他们的处境,但革命激发了他们的"阶级意识",增强了他们"表达不满"的能力,使他们在此后的劳工运动中受益于革命时期的经验。② 然而方纳的研究也没有获得好评。有评论者认为,他的结论并无争议,但其材料和故事却缺乏新意;而且过于强调劳工在政治上的独立性,而忽略了他们在文化上和行动上与其他阶层的同一性。③ 不过,如果考虑到后来美国革命史学的思想取向,就不难发现,方纳这本书的特色恰恰在于,他没有把劳工作为上层阶级的传声筒和追随者看待,这与"平民主

---

① 萨德·泰特:《评阿普特克著〈美国革命〉》(Thad W. Tate, Review of *The American Revolution, 1763-1783* by Herbert Aptheker),《威廉—玛丽季刊》,第3系列,第18卷第3期(1961年7月),第445—446页。

② 菲利普·方纳:《劳工与美国革命》(Philip S. Foner, *Labor and the American Revolution*),康涅狄格州韦斯特波特1976年版,重点参见第 x、33、35、36—39、108、201—202页。

③ 波琳·梅尔:《评方纳著〈劳工与美国革命〉》(Pauline Maier, Review of *Labor and the American Revolution* by Philip S. Foner),《威廉—玛丽季刊》,第3系列,第35卷第2期(1978年4月),第411—413页。

义"史家的解释路径在思想上是高度一致的。

然则从学术的角度看,虽然进步主义史家和"老左派"史家注意到了民众在革命中的地位,但是关于民众中的特定群体在革命中的具体作用,以及革命对民众的具体影响,他们并没有进行深入细致的研究。在五六十年代,这一工作得到了新一代历史学者的大力推进。① 一般认为,美国学者对革命时期民众行动的研究,或者说从民众行动的角度来解释革命的起源和特征,受到了埃里克·霍布斯鲍姆和乔治·鲁德的影响。② 这两位史家力图扭转以往蔑视或贬抑重大历史事变中的民众行动的倾向,强调民众暴力并非宣泄无理性的愤怒冲动,肯定民众行动对于社会变动的积极作用。实际上,在霍布斯鲍姆和鲁德写作他们的划时代著作以前,一些美国的年轻学者即已着手研究普通民众在革命中的作用。1962 年,林德在哥伦比亚大学完成了博士论文《革命与普通人:1777—1788 年间纽约政治中的佃农和技工》;同年,莱米什在耶鲁大学写出了博士论文《海员对约翰

---

① 伯纳德·弗里德曼:《评奥尔顿著〈争取独立的工匠:费城技工与美国革命〉》(Bernard Friedman, Review of *Artisans for Independence*: *Philadelphia Mechanics and the American Revolution* by Charles S. Olton),《美国历史杂志》,第 63 卷第 2 期(1976 年 9 月),第 392—393 页。

② 埃里克·霍布斯鲍姆:《原始反叛者:19 和 20 世纪社会运动的仿古形式研究》(Eric Hobsbawm, *Primitive Rebels*: *Studies in Archaic Forms of Social Movement in the 19th and 20th Centuries*),英国曼彻斯特 1963 年版;乔治·鲁德:《法国革命中的群众》(George Rude, *The Crowd in the French Revolution*),纽约 1959 年版;乔治·鲁德:《历史中的群众:法国和英国的民众骚乱研究》(George Rude, *The Crowd in History*: *A Study of Popular Disturbances in France and England, 1730-1848*),纽约 1965 年版。

牛:纽约海员对促成革命的作用》。① 显然,他们的研究工作必定开始于此前数年,与鲁德和霍布斯鲍姆的研究大致是同步的。不过,只有在后两位欧洲学者的著作问世后,美国学者从中受到了更大的刺激和启发,对于民众的研究才得以全面铺开,逐步深入。②

把眼光从建国精英转向普通民众,并不仅仅是一种研究视角的转换,而实际上是意在重写美国革命史。在这方面,莱米什不仅身体力行,而且还把美国革命史研究的新路径概括为"从下向上看美国革命"。③ 他提出这样的主张,一方面呼应了"新史学"的研究取向,另一方面也对后来的研究者产生了重大的影响。有评论者指出,纳什和其他许多学者可能都受到了莱米

---

① 有书评作者认为,虽然在莱米什写作其博士论文期间,E. P. 汤普森、霍布斯鲍姆和鲁德等人的研究或在进行中,或已成书出版,但他不一定受到了这些人的影响,而很可能是独立地提出了自己的见解。见丹尼尔·维克斯:《评莱米什著〈海员对约翰牛〉》(Daniel Vickers, Review of *Jack Tar vs. John Bull* by Jesse Lemisch),《威廉—玛丽季刊》,第3系列,第55卷第3期(1998年7月),第462页。

② 到了70年代,研究群众直接行动的学者大多受到鲁德、霍布斯鲍姆和汤普森等人的影响。参见迪尔克·霍尔德:《革命时期马萨诸塞的群众行动》(Dirk Hoerder, *Crowd Action in Revolutionary Massachusetts, 1765-1780*),纽约1977年版,第3页。爱德华·康特里曼在一本书中也承认,他受到了E. P. 汤普森、阿尔贝·索布尔、鲁德、克里斯托弗·希尔和霍布斯鲍姆的影响,还从马克思和列宁关于革命的理论中获得了启发。见爱德华·康特里曼:《革命中的人民:美国革命与纽约的政治社会》(Edward Countryman, *A People in Revolution: The American Revolution and the Political Society in New York, 1760-1790*),巴尔的摩1981年版,第xiii、xiv页。

③ 杰西·莱米什:《从下向上看美国革命》(Jesse Lemisch, "The American Revolution Seen from the Bottom Up,"),载巴顿·伯恩斯坦编:《走向一种新的过去:持非正统见解的美国史文集》(Barton J. Bernstein, ed., *Towards a New Past: Dissenting Essays in American History*),纽约1969年版,第3—45页。

什论文的启发,只是他们没有明确承认这一点;而且,由于莱米什的博士论文未能及时出版,后来人的研究在很大程度上重复了他的工作,得出的结论也大同小异。① 经过一段时间的积累,种种新的尝试所造成的变化,逐渐在美国革命史学中显露出来。历史学家理查德·莫里斯在 1977 年观察到,美国革命史研究已经从精英转向了普通民众。② 这是对美国革命史研究总体趋向的一个判断,大体上是准确的。由此形成了一种新美国革命史,一种以普通民众为主角而重构的美国革命史。

那么,这种以普通民众为中心的新美国革命史,到底具有一些什么特点呢?最突出的一点可以说是问题意识的转变。据扬的自述,他在 60 年代开始研究革命时期波士顿的普通民众时,感兴趣的主要问题是:"普通人民"在革命的兴起过程中扮演了什么角色?他们除了与革命领导者持有同样的观念外是否还有自己的想法?他们在何种程度上影响了革命的进程,又在何种程度上受到了革命的影响?③ 扬提到的这几个问题,正是所有关注普通民众的美国革命史家所共同关心的,只是各家的侧重点不一样而已。这些史家提出和思考这样的问题,其潜在的意图在于发掘新的史实,以便做出正面的回答。如果这种正面回答在学理上能够成立,那就意味着美国革命史的面貌会从根本上得到改变。可以说,六七十年代以来以"平民主义"为思想取

---

① 维克斯:《评莱米什著〈海员对约翰牛〉》,第 462 页。
② 理查德·莫里斯:《"我们合众国人民":纪念人民的革命二百周年》(Richard B. Morris, "'We the People of the United States': The Bicentennial of a People's Revolution"),《美国历史评论》,第 82 卷第 1 期(1977 年 2 月),第 1—19 页。
③ 扬:《制鞋匠和茶会》,第 x 页。

向的美国革命史研究,都在力图回答这些问题。而要回答这些问题,单纯从政治史着手是无法做到的,必须采用新社会史的视角和方法。

为了解答上面提到的问题,新一代美国革命史家首先要给民众及其行动正名。在以往的美国史论著中,当提及在露天聚集并采取行动的民众时,大多用"乌合之众"(mob,或译"乱民")这种带有贬义的称呼;民众攻击官员、冲击政府机构的活动,则被叫作"乌合之众的暴力活动"(mob violence)。但是,同情普通民众的史家对这类词汇深为反感。菲利普·方纳在叙述独立运动中的民众活动时,明确反对"mob"的提法,而主张用"crowd"(群众)。① 长期在美国从事研究的德国学者迪尔克·霍尔德,也对这个问题做了具体的讨论。② 他受霍布斯鲍姆和鲁德的启发,觉得用"mob"来描述历史上的民众是不妥当的,而应当用"crowd"这种中性词。他认为,民众并不是非理性的乌合之众,而是具有自己的思想意识和斗争目标的群体。历史学家长期过度关注精英人物的政治哲学,而不去考虑普通人的政治理念,误以为他们只是"无力言表"的人;其实他们是有自己的政治观念的,在具体的行动中,他们具有自己的意识形态支点,

---

① 菲利普·方纳:《劳工与美国革命》,第33页。
② 霍尔德:《革命时期马萨诸塞的群众行动》。此书的前身是霍尔德1971年在柏林自由大学完成的博士论文《人民与乱民:美国革命期间马萨诸塞的群众行动》("People and Mobs: Crowd Action in Massachusetts During the American Revolution, 1765-1780")。由于他的研究主要是在美国完成的,自称得到了贝林和扬的帮助,其书又在美国出版,故可当作美国的革命史学对待。

其行动和思想相互配合,以有利于实现自身的利益诉求。① 此后,"群众"基本上取代"乱民",成为历史表述中涉及积极行动的民众时的常用词。② 另外,1786年马萨诸塞的民众造反,以往习惯称作"谢斯叛乱";而在新美国革命史著述中,被重新命名为"1786年自订约章运动"(the Regulation of 1786)。同样,1794年宾夕法尼亚西部的民众起事,一般史书上叫做"威士忌酒叛乱"。据说,这是亚历山大·汉密尔顿采用的说法,目的是让当时的美国人相信,宾夕法尼亚西部居民的不满,与民主的萎缩和政府采取有利于富人的政策无关,而仅仅是对某项具体政策的反应。现在,"平民主义"史家将它改称"1794年自订约章运动"(the Regulation of 1794)。甚至1798—1799年的"弗赖斯叛乱"(Fries Rebellion),也获得了一个类似的新名称:"1798—1799年自订约章运动"(the Regulation of 1798-1799)。③ 这显然不单是一个改换名称的问题,而含有为民众行动"去污名化"的意识形态意图。

与此同时,为了突出普通民众在革命中的主角地位,新美国

---

① 霍尔德:《革命时期马萨诸塞的群众行动》,第1—5、xii、23、375—377页;L. 金文·罗思:《评霍尔德著〈革命时期马萨诸塞的群众行动〉》(L. Kinvin Wroth, Review of *Crowd Action in Revolutionary Massachusetts, 1765-1780* by Dirk Hoerder),《威廉—玛丽季刊》,第3系列,第37卷第2期(1980年4月),第322—324页。

② 韦恩·李:《革命时期北卡罗来纳的群众与士兵》(Wayne E. Lee, *Crowds and Soldiers in Revolutionary North Carolina: The Culture of Violence in Riot and War*),佛罗里达州盖恩斯维尔2001年版。

③ 艾尔弗雷德·扬、加里·纳什、雷·拉斐尔编:《革命的建国者:国家缔造中的反叛者、激进派和改革者》(Alfred F. Young, Gary B. Nash, and Ray Raphaer, eds., *Revolutionary Founders: Rebels, Radicals, and Reformers in the Making of the Nation*),纽约2011年版,第215—230、249、233—250页。

革命史家还对革命的时段做了改造。在18世纪60年代,英属殖民地发生了若干民众起事,以往的史书通常不把它们同美国革命联系起来;在新宪法生效以后,宾夕法尼亚西部发生了几起民众抗争事件,过去的史书也不把它们纳入革命的范畴。然而,在"平民主义"的美国革命史学中,这些发生在独立战争两头的民众起事,都成了美国革命史的重要内容。这样处理的目的在于凸显普通民众对革命兴起的推动作用,以及他们对革命结果的失望。这样一来,革命的时段就大为加长,上起18世纪中期,下讫19世纪初叶。①

从"平民主义"史观出发,这些史家精心设计了一个新的美国革命史框架,着力强调普通民众在革命中的自主性。对他们来说,必须首先论证普通民众具有独立的想法和诉求,并且根据这些想法和诉求来采取行动,非但没有盲目地追随精英领导人,而且在许多场合还对精英构成压力或制约,这样才能真正树立普通民众在革命中的主角形象。诚然,传统的美国革命史学并未忽视普通民众的革命活动,也不否认他们对革命的贡献;但是在这些革命史著作中,民众只是一个笼统而模糊的整体,他们在革命中的活动和贡献,不过是跟随精英领导人的结果。新美国革命史学对这种写法嗤之以鼻,他们笔下的普通民众,呈现一种完全不同的形象。

---

① 加里·纳什:《城市熔炉:社会变迁、政治意识与美国革命的起源》(Gary B. Nash, *The Urban Crucible: Social Changes, Political Consciousness, and the Origins of the American Revolution*),马萨诸塞州坎布里奇1979年版;特里·布顿:《驯化民主:"人民"、建国者与美国革命的不妙结局》(Terry Bouton, *Taming Democracy: "The People," the Founders, and the Troubled Ending of the American Revolution*),纽约2007年版。

这些史家明确指出,民众并不是精英领导人的随从和傀儡,他们参加革命,是出于自己理性的判断。莱米什宣称,民众绝不是没有思想主张的愚氓,革命时期从底层发出的声音表明,"那些没有权势的人拒绝停留在某种恭顺和屈从理论指定给他们的地方";无论是黑人的自由诉求,还是民众的政治自主意识及其独立的政治活动,都与精英的操纵毫无关系,而有其自身独立的理由。莱米什进而强调,要从"多种多样、相互冲突的人民"的角度来考察革命的起源,民众不仅在历次反英事件中扮演了积极角色,而且也是革命战争的主角。① 在《海员对约翰牛》一书中②,莱米什更为具体而鲜明地刻画了民众的革命自主性。他指出,纽约海员之所以反对英国,参加革命,是因为英国的政策和措施使他们的切身利益受到了损害,让他们亲身感受到什么是暴政;他们作为"理性的人",其行为是对一长串真实的不平之事的"理性的反应";他们所要争取的东西也是再清楚不过的,那就是"正义"。③ 他注意到,以往的史书把民众视为"乌合

---

① 莱米什:《从下向上看美国革命》,第 16—19、22—26 页。

② 杰西·莱米什:《海员对约翰牛:纽约海员对促成革命的作用》(Jesse Lemisch, *Jack Tar vs. John Bull*: *The Role of New York's Seamen in Precipitating the Revolution*),纽约1997年版。这本书是莱米什 1962 年在耶鲁完成的博士论文,只有一小部分曾公开发表过,但影响甚大,有"地下经典"(underground classic)之称。在美国学术界,一般的博士论文在几十年后很难说还有多大的价值,但是莱米什的博士论文却是一个例外。参见维克斯:《评莱米什著〈海员对约翰牛〉》,第 461—463 页。

③ 莱米什:《海员对约翰牛》,第 xviii、154—155 页;杰西·莱米什:《街头的海员:革命时期美国政治中的商船海员》(Jesse Lemisch, "Jack Tar in the Streets: Merchant Seamen in the Politics of Revolutionary America"),《威廉—玛丽季刊》,第 3 系列,第 25 卷第 3 期(1968 年 7 月),第 397 页。

之众",正是着眼于他们没有理性,不过是受情绪和他人蛊惑的支配而行动;可是实际情况与此截然相反,普通民众拥有强烈的理性和独立性,绝非精英领导人的傀儡;他们起来造反,并不是被人操纵或受人愚弄的结果,而是出于自己对自由和权利的强烈意识。总之,他们是在有意识地捍卫自己的生命、自由和财产。①

进而言之,普通民众非但不是被动地追随精英领导人,而且还在很大程度上充当了革命的发动者和推动者。布林明确指出,殖民地底层民众的自发造反,推动了革命的发生和高涨,在实际上先于《独立宣言》而宣告了殖民地的独立。他十分欣赏民众在革命行动中表现的"出色的首创精神",称赞他们非但不是精英的"跟班",而且总是在革命的关键时刻走在精英的前头。早在大陆会议发布《独立宣言》以前,民众就公开鄙弃英国当局的权威,互通声气,相互支援,形成了一个共同抵抗英国的网络;当真正的交战尚未发生时,民众就发出了誓死捍卫自由的呼声。在普通民众率先开始抵抗英国后,精英们还在犹豫观望。即使在共和政体的建设上,民众也走在精英的前头;当精英还在就抽象的理论问题进行辩论时,民众则通过各种委员会的运作,实际上开始了共和制的实验。民众虽然与精英持有同样的权利和自由的观念,但是他们的思想与精英小册子中的理念并不完全一样,也不是来自于这些作品。民众有自己的关注点,并且把抽象的观念转化成了具体的行动。在谋求独立的过程中,1775年4月19日这个日子,比1776年7月4日更为关键。也就是

---

① 莱米什:《街头的海员》,第401、407页。

说,在反抗英国和独立建国的运动中,民众始终走在精英的前头。① 雷·拉斐尔这位通俗美国革命史的作者也谈到,在列克星顿之前,马萨诸塞乡村的普通民众就积极行动,让英国的王家官员无法行使权力,也使波士顿的英国权威无法辐射到乡间;与此形成对照的是,面对乡村民众反英运动的高涨,波士顿的精英领导人却表现得谨慎和退缩。这些因推动革命发展而长期备受称颂的"辉格派领导人",一旦民众的行动超出了他们的期望,就不免首鼠两端,畏葸不前。于是,他们实际上就失去了对革命的领导,而民众则成了真正的革命先锋。②

根据"平民主义"史家的描述,在革命的各个阶段,普通民众的革命主动性有不同的表现和作用。纳什对民众在革命各个阶段的活动做了通盘考察,声称民众从来就没有待在精英的影子下,而始终保持着独立和主动的姿态。早在独立战争爆发前的政治辩论中,民众就不仅仅是精英声音的聆听者,而具有相当的政治知识和政治自觉,以积极主动的姿态参与了辩论。对于洛克等人的理论,普通人也能灵活运用,以服务于自己的利益诉求。在战争爆发后,革命领导人为是否宣布独立而陷于僵局,正是民众的积极推动和施加压力,才促成了独立决定的宣布。在宾夕法尼亚、佛蒙特等州的制宪运动中,民众也是主要的推动力量。此外,在革命的各个层面,民众与精英的分歧和斗争都表现

---

① 布林:《美利坚造反派,美利坚爱国者》,第 17、52、124、152、164、174、185、241、242、274、299、300 页。

② 扬、纳什、拉斐尔编:《革命的建国者》,第 50—51 页。

得相当充分。①

在强调普通民众的革命主动性的同时,"平民主义"史家怀疑甚至否认精英人物的领导作用。他们声称,在宣布独立、开放政治领域、承认平等原则等许多问题上,精英领导人往往瞻前顾后,举棋不定,只是在来自下层民众和边缘群体的强大压力下,才勉强采取了一些行动。历史学家爱德华·康特里曼运用"政治社会"(political society)作为"核心的组织性概念",来研究纽约革命中的民众、委员会和激进观念。他提出,民众起事是革命前纽约生活的一部分,那些"有权威的、富裕的和有权势的人",对不同的民众起事的态度并不一样;而且,起事者的目标和意图不同,他们后来的政治走向也有明显的分化,有的成了爱国者,有的则成了效忠派。但是,群众的行动对于推动辉格派领导人做出独立的决定,对于纽约政治社会的转变,却发挥了强有力的作用。② 历史学家伍迪·霍尔顿通过对弗吉尼亚革命的研究发现,这里的精英人物并非像以往的历史著作所述,是一些充满信心、带领各种下层人一起促使弗吉尼亚脱离英国控制的革命领袖;而印第安人、债务人、小商人、奴隶和小财产持有者等下层群体也不是精英人物的傀儡,他们具有自主的政治意识和独立的利益诉求,正是他们给精英施加了强大的压力,并用自己争取自由和权利的斗争来推动绅士群体的反英活动,促使后者走向了

---

① 加里·纳什:《不为人知的美国革命》(Gary B. Nash, *The Unknown American Revolution: The Unruly Birth of Democracy and the Struggle to Create America*),纽约2005年版,第96、112—113、189—199、264—305页。

② 康特里曼:《革命中的人民》,第36—37页。

与英国对立的阵营。从这个意义上说,以往所说的"建国者",实际上不过是"被迫的建国者"。①

在这种民众主动而精英被动、民众激进而精英保守的格局中,两者之间的对立和冲突就是题中应有之义了,过去关于殖民地居民同心同德争取独立和自由的"辉格主义"史学神话,便告不攻自破。举例来说,在以往的史书中,反《印花税法》斗争一直被看成是殖民地居民齐心协力反对英国的运动,而新美国革命史学则从殖民地社会内部着眼,把它解释为"普通人"反对本地权贵集团的斗争。而且,普通民众在斗争中有着很强的主动性,并不是因为有反《印花税法》大会的指引才行动的;"自由之子"只是中等阶级的组织,并未控制在街头行动的民众。虽然无论是支持英国的官员,还是反英运动的上层领导人,都极力贬低普通民众的斗争主动性,但在这次运动中,在街头行动的普通民众却让那些"社会优越分子"感到"震惊、沮丧和恐惧"。② 这就是说,精英和民众的对立,早在反英运动的初始阶段就显露出来了。随着革命的进展,精英不仅对民众的诉求表示冷漠,而且对民众的积极行动心怀恐惧,并极力加以控制、驯化和打压。③ 弗吉尼亚的情况便是如此。那里的精英致力于赢得对英国的战争,却不希望因此而改变当时的等级结构和秩序。民众无论愿

---

① 伍迪·霍尔顿:《被迫的建国者:印第安人、债务人、奴隶与弗吉尼亚革命的形成》(Woody Holton, *Forced Founders: Indians, Debtors, Slaves, and the Making of the American Revolution in Virginia*),查珀希尔 1999 年版,第 xiii—xxi 页。

② 纳什:《不为人知的美国革命》,第 46—47、55 页。

③ 纳什:《不为人知的美国革命》,第 100 页;布林:《美利坚造反派,美利坚爱国者》,第 43—44 页。

意还是不愿参与对英国作战,都有自己的理由;他们是为争取自己的利益而战,也希望自己的牺牲得到应有的补偿。也就是说,他们不愿按照精英提出的条件参战,而且对于如何组织社会有着不同于精英的想法。正是这种对战争目标和意义的不同理解,在弗吉尼亚白人社会引发了严重的分歧和冲突。另外,黑人争取自由的活动也对革命动员产生了重要影响,使得白人中的奴隶主和非奴隶主之间出现分歧。于是,革命期间的弗吉尼亚形成了下层、中层、精英、奴隶等众多群体之间相互斗争的复杂局面,使独立战争变成了一场真正的革命战争。① 对弗吉尼亚革命形势的这样一种描述,进一步凸显了民众与精英的对立和冲突,也进一步颠覆了殖民地居民万众一心追求独立和自由的神话。革命不过是一场众多社会群体表达和争取相互冲突的目标的运动,其内涵是十分复杂的。到了革命结束之际,民众和精英的斗争也没有停息。精英取得了对民众的胜利,而民众不肯被动接受精英对社会格局的安排,于是通过各式各样的言说和反抗,继续表达自身的诉求,从而对新宪法的制定发挥作用,并影响了革命的结局。②

不过,在书写普通民众的革命经历时,"平民主义"史家难

---

① 迈克尔·麦克唐奈:《战争的政治:革命时期弗吉尼亚的种族、阶级和冲突》(Michael A. McDonnell, *The Politics of War: Race, Class, & Conflict in Revolutionary Virginia*),查珀希尔2007年版,第1—15页。

② 艾伦·泰勒:《自由人和大业主:缅因边疆地区的革命结局》(Alan Taylor, *Liberty Men and Great Proprietors: The Revolutionary Settlement on the Maine Frontier, 1760-1820*),查珀希尔1990年版;布顿:《驯化民主》;伍迪·霍尔顿:《不服管束的美利坚人与宪法的起源》(Woody Holton, *Unruly Americans and the Origins of the Constitution*),纽约2007年版。

以回避这样一些问题：到底谁是普通民众？如何将他们与精英区分开来？能否把"人民"看成一个同质的整体？雷·拉斐尔在他的书中开宗明义地指出："真实的人民，而不是纸上的英雄，造成和延续了美国革命。"可是，他很快就发现，这个"人民"是很难作为整体来看待的，其实际成分复杂多样，利益诉求也相互冲突。① 一项关于革命期间费城工匠活动的研究，可以作为拉斐尔看法的佐证。这位学者发现，城市工匠对许多问题的态度与乡村居民并不一样，尤其是在批准新宪法的运动中，前者持积极支持的立场。但是，他们这样做并不是追随联邦主义者的政治理念，而是在表达自己的政治和经济诉求：希望新宪法实施以后，他们能够获得更大的政治权力和更多的经济利益，盼望新宪法能给城市带来经济繁荣。相反，乡村居民对新宪法大多持怀疑和反对的立场。② 由于"人民"在构成和诉求方面的复杂性，也由于资料稀少而分散，"平民主义"的美国革命史叙事通常只能涉及一个地区或某些群体，由此得出的历史画面，难免显得零碎和模糊。

三、边缘群体的革命

在20世纪中期以前的美国革命史写作中，如果说普通民众

---

① 雷·拉尔夫：《人民的美国革命史》(Ray Raphael, *A People's History of the American Revolution: How Common People Shaped the Fight for Independence*)，纽约2001年版，第 i、301 页。

② 奥尔顿：《争取独立的工匠》，第 x、96、115—120 页。

的身影还不时闪现的话,那么妇女、黑人和印第安人等边缘群体的踪迹可谓更加模糊和渺茫。经过黑人、妇女和青年学生等众多群体的激烈抗争,60年代以来美国的社会风气发生了显著变化,多元文化主义和女性主义的影响趋于扩大,并逐渐成为影响许多美国人的思考、言说和行动的意识形态。与此同时,"新史学"关于底层和边缘群体的研究范式也不断成熟。所有这些变化都在美国革命史写作中得到体现,以往长期受到忽略的边缘群体,进入了美国革命的重要角色之列;他们争取自由和平等的活动,不管是否同反抗英国、独立建国的目标一致,都被当作"革命"的内涵。与对普通民众革命经历的阐释一样,这些关于边缘群体的研究,不仅充分肯定他(她)们在革命中的作用,关注他(她)们的诉求和活动,而且把他(她)们置于革命史的中心位置,大力强调他(她)们的自主意识以及革命对他(她)们的影响。

相对说来,关于革命时期的黑人及奴隶制问题的研究,近期问世的论著在数量上更为可观。这与以往的美国革命史研究状况形成了鲜明的对照。纳什曾对美国学者关于黑人与美国革命的讨论做过简明扼要的评述。他尖锐地批评了20世纪中期以前的美国革命史写作,称那些作者"受到辉格史学的束缚",一味关注白人殖民地居民建立共和制的努力,而忽视占人口五分之一的黑人的利益诉求。一般历史教科书也很少提及黑人在美国革命中的经历,即使偶有涉及,也仅限于参加美国一方的黑人,而没有包括逃往英国一方的奴隶;即使零星谈到支持英国的黑人,也未能充分理解其意义。1940年,赫伯特·阿普特克推出《美国革命中的黑人》一书,充分揭示了黑人奴隶投奔英军的事实,并把这种举动说成是和参加美国一方具有同样的意义,都是为了"获取自由"。这样就为重新看待黑人与美国革命的关系找到了新的角度。可是,约翰·霍普·富兰克林在1947年出版的《从奴役到自由》一书中,当论及革命时期的黑人时又回到了原来的范式。直到1961年,本杰明·夸尔斯才彻底扭转了这种局面。他对黑人奴隶投奔英军的现象做出了全新的解释,这一点构成其著作"最为持久的贡献"。①

纳什如此推崇本杰明·夸尔斯的学术贡献,当然是有充分根据的。夸尔斯最富于启发意义的地方,在于提出了一个理解黑人在美国革命中的经历的新思路。他的看法基于这样一个前提:黑人并非忠诚于某个地方或某个群体,而是忠诚于一个原则,即自由;只要能迅速给黑人奴隶提供自由,无论是美国人还是英国人,都值得黑人的积极响应。黑人之奔向弗吉尼亚总督邓莫尔的麾下,跟力争脱离母国的白人居民一样,也是出于对自由的同一种热爱。黑人没有大规模进入美方阵营,是因为革命领导人迟迟不愿武装黑人。稍后,一些州先后采取了征募黑人参加民兵和军队的措施,事实证明黑人也十分愿意拿起武器,而且很快就接受了"1776年精神"。参战使一部分黑人获得了自由,同时也激发了美国社会的废奴情绪。然则更多的黑人是通过参加英军而获得自由的。1779年,英军总司令亨利·克林顿发布公告,赋予所有加入英军的黑人自由。战争结束时,许多黑

---

① 纳什:《种族与革命》,第4页;加里·纳什:《前言》(Gary B. Nash, "Introduction"),载本杰明·夸尔斯:《美国革命中的黑人》(Benjamin Quarles, *The Negro in the American Revolution*),查珀希尔1996年版,第 xiii—xvii 页。

人随英军一起撤离。同时,革命时期的经历也给黑人指明了一条通向自由的道路。①

后来,夸尔斯又发展了他在《美国革命中的黑人》中提出的思想,对黑人在革命中的诉求和活动做了更透彻的解释。他提出,黑人奴隶长期怀有"对自由的渴望",独立战争的爆发则进一步激发了他们对自由的向往。虽然黑人内部也存在地域和身份的差别,但他们追求自由和平等的目标却是共同的。对于白人来说,他们反对英国只是为了维护已经享有的自由和权利,这种意图使得独立战争具有保守性,抑制了其中潜在的革命性;但是对于黑人奴隶来说,独立战争则是一场争取自由和平等的真正的革命,"不自由毋宁死"这样的口号,对黑人奴隶具有更为特殊的含义。也就是说,正是黑人的激进意识和自由诉求,才使独立战争成为一场真正的革命。虽然黑人争取平等的希望没有实现,变成了一个"延迟的梦想",但是革命增强了黑人的自由精神和团结意识,推动了他们争取自由的斗争。②

可见,夸尔斯提出的是一个解释美国革命史的新框架。在这一框架中,不仅黑人参与对英作战的贡献得到了充分肯定,而且他们投奔英军的行动也被赋予了新的意义。这一框架挑战了长期通行的美国革命史写作,也意味着思考美国革命的方式发

---

① 夸尔斯:《美国革命中的黑人》,第 xxvii—xxx、32 页。
② 本杰明·夸尔斯:《作为黑人独立宣言的革命战争》(Benjamin Quarles, "The Revolutionary War as a Black Declaration of Independence"),载艾拉·伯林、罗纳德·霍夫曼编《美国革命时期的奴役与自由》(Ira Berlin and Ronald Hoffman, eds., *Slavery and Freedom in the Age of the American Revolution*),夏洛茨维尔 1983 年版,第 283—285、290—291、293—294 页。

生了根本性的改变:不能用是否站在独立阵营作为判断革命者的标准。此后关于黑人、奴隶制与美国革命的研究,基本上都在这一框架中展开,由此引起了对美国革命的内涵和性质的深刻反思。根据夸尔斯的逻辑,对自由的向往,而不是对独立的支持,成为理解黑人在美国革命期间的诉求和活动的关键。英国当局和英军采取武装黑人、解放奴隶的措施,旨在打击美国的革命力量,原本是一种"反革命"的手段,但是在夸尔斯的框架中却被称作黑人的"革命"。在这一点上纳什说得更明确:"弗吉尼亚许多主要白人革命者"的奴隶,纷纷逃往英军阵营以"寻求自由",因而变成了"黑人革命者"。[①] 这种说法中所包含的矛盾是显而易见的,但在新美国革命史学的思想取向和学术理路中,这种矛盾却获得了貌似自圆其说的解决。

不过,对于研究黑人的美国革命史家来说,仅仅承认黑人在独立战争中扮演了重要角色,还不足以凸显黑人在革命中的经历及其意义。他们极力强调黑人的活动对革命的全局性影响。历史学家西尔维亚·弗雷指出,对"南部的革命斗争"而言,"黑人解放运动"具有中心地位;虽然这场运动最终失败,但是黑人的"革命潜力"却并未消失,他们在独立战争以后的时期开展了争取"文化权力"的斗争。他还特别提到,仅仅是黑人奴隶随时准备参加公开反叛这一点,就给南部的革命提供了动力。[②] 在

[①] 纳什:《不为人知的美国革命》,第162页。
[②] 西尔维亚·弗雷:《石头里出来的水:革命时代的黑人抵抗》(Sylvia R. Frey, *Water from the Rock: Black Resistance in a Revolutionary Age*),普林斯顿1991年版,第4、326页。

有的学者看来,独立战争期间和共和国初期的少数黑人活动家,可以叫做"革命的黑人建国者"(Revolutionary Black Founders),他们的历史地位可与亚当斯、富兰克林、汉密尔顿、杰斐逊、麦迪逊和华盛顿等"白人建国者"相提并论。这些"黑人建国者"的目标,在于为黑人建立一种"指导其超越奴役生活的基础结构",并发动"一场反对种族不公的道德革命"。① 纳什更是提出了"黑人革命"的概念。他写道,在美国革命期间,费城的自由黑人急剧增加,成百的奴隶主释放了自己的奴隶,还有黑人奴隶自行摆脱了原来主人的束缚,同时宾夕法尼亚的革命政府也制定了逐步废奴的法令,因而可以说,"在战争年代所有各种事件的复杂交互作用中,费城黑人发起了他们自己的美国革命,并在这个过程中,为新国家最大、最活跃的自由黑人社会奠定了基础"。②

黑人在革命时期所有活动的主旨是争取平等和自由,但革命的结果却使他们遭到了"无情的背叛"。最突出的表现是,奴隶制未被废除,黑人没有获得平等和自由。在美国史学界,关于革命期间奴隶制的存废问题,曾有所谓"失去的机会"之说。持这种看法的历史学家,前有温斯罗普·乔丹,后有纳什。纳什对此做了更加系统的阐发。他相信革命时期存在废除奴隶制的各种有利条件,因为革命时期反奴隶制的情绪高涨,最强烈反对废

---

① 扬、纳什、拉斐尔编:《革命的建国者》,第305—306页。
② 加里·纳什:《锻造自由:费城黑人社会的形成》(Gary B. Nash, *Forging Freedom: The Formation of Philadelphia's Black Community, 1720-1840*),马萨诸塞州坎布里奇1988年版,第38页。

奴的下南部由于地理位置危险,并不敢出于对废奴的愤怒而轻易脱离联盟;其时"环境主义"思想盛行,许多人觉得奴隶的低下地位是社会条件造成的,而非他们天生如此;西部土地正在开放当中,可以用来补偿解放奴隶的损失,公众也相信西部土地有助于巩固国家和安置被解放的奴隶。然则在这么多有利的条件下,革命者却没有解放奴隶,这无疑是他们的"悲剧性失败"。因此,北部应对未能解放奴隶负重要的责任。①

此前,历史学家戴维·戴维斯就"失去的机会"说提出了不同的意见。在他看来,这种说法转移了对革命时期废奴原则的内在缺陷的认识,而这种缺陷是不可能通过立法者做了什么或没有做什么来弥补的。如果黑人不作为一种重要的军事力量参与革命,革命就不可能开辟全面解放奴隶的道路。他进而提出,历史学家往往低估了革命期间奴隶制的经济势能,也过高地估计了上南部废奴情绪的力量,而没有看到即便在北方废奴也面临巨大的阻力。② 在纳什之后,道格拉斯·埃杰顿也不赞成"失去的机会"说。他认为,虽然革命激发的共和主义意识和战争中出现的混乱都削弱了奴隶制,北部诸州也逐渐废除了奴隶制,但是没有任何地区承认黑人是公民,或者允许他们投票;而且,"白人爱国者"在获得独立以后,在整体上从《独立宣言》的原则后退,借助"压榨"黑人奴隶来重建其受到战争破坏的经济。于是,黑人在革命期间激发出来的自由理想,最终

---

① 纳什:《种族与革命》,第3—7、57—58页。
② 戴维·戴维斯:《革命时代的奴隶制问题》(David Brion Davis, *The Problem of Slavery in the Age of Revolution, 1770-1823*),伊萨卡1975年版,第256页。

归于破灭。所以不能说,革命精英的"平等理念"为奴隶制的最终废除奠定了基础。由于建国一代未能实践革命的原则,不仅使那些争取自由的黑人付出了生命的代价,而且也让约60万年轻的美国人在内战中丧生。① 也正是由于上述情况,才出现历史学家艾拉·伯林所说的一个悖论:美国革命一方面"标志着自由的新生",另一方面又"启动了奴隶制的大扩张"。②

在美国革命史学中,印第安人的经历长期受到忽视,其程度远甚于黑人。他们通常被视为英国的同盟者或革命的受害者,而从未进入革命的参加者之列。但是,在新近的美国革命史写作中,印第安人的活动也变成了革命的组成部分。如果说殖民地居民的革命是争取独立和捍卫自由,那么印第安人的革命则是维护部落的主权和独立,两者的意义是无分轩轾的。

美国学者对革命时期印第安人的研究历来十分薄弱,虽然偶有著作问世,但未足以改变这个领域的贫瘠状况。③ 在这方面具有转折意义的著作,是由在美国工作的英国学者科林·卡洛威写出的。卡洛威发现美国史学界存在一个有趣的现象,研

---

① 道格拉斯·埃杰顿:《死亡或自由:非洲裔美利坚人与革命时期的美国》(Douglas R. Egerton, *Death or Liberty*: *African Americans and Revolutionary America*),纽约2009年版,第13—14、281页。

② 伯林、霍夫曼编:《美国革命时期的奴役与自由》,第 xv 页。

③ 巴巴拉·格雷蒙特:《美国革命中的易洛魁人》(Barbara Graymont, *The Iroquois in the American Revolution*),纽约州锡拉丘兹1972年版;詹姆斯·奥唐奈第三:《美国革命中的南部印第安人》(James H. O'Donnell III, *The Southern Indians in the American Revolution*),田纳西州诺克斯维尔1973年版。

究美国革命的学者对印第安人没有特别的兴趣,而研究印第安人的学者又不太重视美国革命,以致印第安人在革命中的经历一直很少有人问津。美国革命长期被看成是"白人的战争",印第安人在其中扮演的角色不受重视,革命对印第安人的意义也没有得到阐释。按照正统的说法,多数印第安人在美国革命中站错了队,成了"暴政的盟友"和"自由的敌人"。卡洛威明确反对这种说法,并提出了一个解释印第安人在革命中的经历的新思路。他指出,革命时期印第安人无论站在哪一方,他们所做的事情与殖民地居民是完全一样的,都是"在一个骚动的年代为自己的自由而战斗"。他明确提出,对印第安人来说,革命也是一场"争取解放的反殖民战争",只不过印第安人的独立战争针对的主要不是欧洲国家,而是"殖民地的邻居";它始于1775年之前,在1783年以后也没有结束。更重要的是,对印第安人来说,"自由"往往意味着与英国人站在一起反对革命者,因为后者的独立必定危害印第安人的土地和文化。① 不难看出,卡洛威的解释逻辑,与夸尔斯看待黑人与革命的关系的思路如出一辙,甚至可以说是将"夸尔斯模式"应用于印第安人的结果。

卡洛威重点考察了印第安人在18世纪七八十年代的经历,并把这种经历与美国革命联系起来。他认为,美国革命对所有印第安人都是一场灾难;在革命后出现的新国家中,并没有"印第安人及其世界"存在的空间;印第安人参加革命的结果,不过

---

① 科林·卡洛威:《印第安人之乡的美国革命:土著美利坚人社会的危机与多样性》(Colin G. Calloway, *The American Revolution in Indian Country: Crisis and Diversity in Native American Communities*),英国剑桥1995年版,第 xii—xiii、292 页。

是使他们被排斥在革命所创造的新世界之外。① 有评论者指出,卡洛威未能很好地把握平衡,片面地关注美国人给印第安人造成的灾难,而很少提及印第安人对美国人的袭扰,其结果是用一个白人屠杀和掠夺印第安人的"野蛮故事",取代了过去常说的印第安人袭击白人的"野蛮故事"。②

除卡洛威外,另有一些学者在这个领域也有所建树。马克斯·明茨详细描述了革命时期大陆军对易洛魁人的军事打击,以及战后对其土地的剥夺,揭示了美国革命给印第安人造成的灾难性后果。③ 阿伦·泰勒讨论了革命期间英国人、美国人和印第安人在北部边界地带的竞争和互动,认为如果考虑到印第安在英美之间的周旋,以及他们提出的印第安人联盟的设想,那么就不能把美国的胜利看作是不可避免的。他还强调,革命的后果对印第安人是极其不利的,因为边疆居民扩张土地的愿望推动了革命,而革命中建立的新共和国则致力于保护边疆白人定居者,支持对印第安人土地的剥夺。④ 纳什在他的书中也谈

---

① 卡洛威:《印第安人之乡的美国革命》,第291、301页。
② 詹姆斯·梅里尔:《评卡洛威著〈印第安人之乡的美国革命〉》(James H. Merrell, Review of *The American Revolution in Indian Country: Crisis and Diversity in Native American Communities* by Colin G. Calloway),《威廉—玛丽季刊》,第3系列,第53卷第3期(1996年7月),第637—639页。
③ 马克斯·明茨:《帝国的种子:美国革命时期对易洛魁人的征服》(Max M. Mintz, *Seeds of Empire: The American Revolutionary Conquest of the Iroquois*),纽约1999年版。
④ 艾伦·泰勒:《分裂地带:印第安人、定居者与美国革命时期的北部边界地带》(Alan Taylor, *The Divided Ground: Indians, Settlers, and the Northern Borderland of the American Revolution*),纽约2006年版,第8页。

到了印第安人,特别强调他们面对美国革命的压力所做出的主动反应。他还提到,印第安人在18世纪60年代有一次"大觉醒",他们意识到了自己生活方式的价值,并决心以自己的方式捍卫自己的权利和利益。① 这些学者的研究旨在挑战成说,强调印第安人绝非莫名其妙地"站错了队",而是自觉地选取了一条能够捍卫其自由与独立的"革命"途径;他们绝不仅仅是革命的受害者,他们自己就是"革命者"。

如果仅就人数而言,妇女无疑是美国革命中最大的一个边缘群体。相对于黑人和印第安人,妇女在美国革命史学中的境况要略为有利一些,因为许多革命史著作通常会提到妇女参加或支持革命的事例,描述妇女在抵制英货、战争筹款、照顾伤病员、刺探敌情和写作宣传品方面的工作,并充分肯定她们对美国革命做出的贡献。但是,到了20世纪七八十年代,这种状况也不能让美国革命史家满意,尤其是一些女性历史学者,力图重新解释妇女在革命时期的经历。她们通常带有女性主义倾向,从几个方面同时着手,全面改写了革命时期的妇女史。她们进一步肯定妇女在革命中的积极作用,详细讨论妇女在革命时期的社会、经济和政治境况,谴责革命对妇女解放的"背叛",同时也强调革命对女性意识的触动以及对此后妇女抗争的影响。这些学者出于女性主义的视角,特别关注革命给妇女角色和女性意识所造成的种种变化。

这些女性学者通常把自己的研究定位为妇女史,她们的眼光往往超出了一般的美国革命史。她们把从殖民地建立到建国初期作为一个整体的时段,而将美国革命视为其间一个具有重

---

① 纳什:《不为人知的美国革命》,第66—72页。

大意义的事件,以此来讨论它对于妇女的影响。在20世纪80年代以前,美国妇女史学中有一种通行的观点,认为从殖民地时期开始妇女的社会经济地位就比较高,家庭生活一直为抵御外在世界的风险提供了安宁的港湾,直到工业时代来临这一局面才发生了变化。也就是说,美国革命对妇女并没有多大的意义。1980年,玛丽·诺顿和琳达·克尔伯同时推出了各自的重要著作,对以往的早期妇女史框架发出了有力的挑战。①

诺顿出自美国革命史大家伯纳德·贝林门下,早年曾研究革命时期的效忠派,对于革命中的失败者怀有特殊的同情。后来她转向早期妇女史研究,对这个领域的许多成说加以质疑,尤其是否定了殖民地时期是妇女的"黄金时代"、是工业化造成了妇女地位下降的说法。在她看来,这种说法人为地拔高了殖民地时期妇女的地位,而对美国革命的影响则缺乏充分的估价。据她的研究,关于女性的角色和规范,在革命前就有鲜明的界定,社会(包括男性和女性)普遍相信女性较男性低劣,而妇女的自尊意识也不强烈。以往有学者也曾论及美国革命对妇女的影响,但其结论是影响并不大,即便有影响也是负面的。实际并非如此。美国革命虽然没有从根本上改变性别关系格局,没有明显提升妇女的地位,但它对妇女产生了"难以抹去的影响",从许多方面改变了妇女的生活。这种影响主要不是显现在法律和政治等公共领域,而是在私人领域,具体反映在家庭组织、个

---

① 罗伯特·格罗斯:《评〈自由之女〉和〈共和国妇女〉》(Robert A. Gross, Review of *Liberty's Daughters* and *Women of the Republic*),《威廉—玛丽季刊》,第3系列,第39卷第1期(1982年1月),第232页。

人志向、自我评价的变化等方面。妇女在革命中参与和观察了反英运动的各种活动及仪式,这对她们的思想意识有所触动;一旦经济抵制发生,妇女的家庭制作活动就具备了政治意义,从而使政治领导人留意到家务领域,改变了以往对女性角色的低下定位。而且,在革命年代,女性领域的边界也发生了变动,妇女开始主动介入政治,还有人提出了建立全国性妇女组织的动议。独立战争爆发以后,男性奔赴战场,白人女子不仅要承担家庭事务,而且还要处理从前不得涉足的公共事务。战争结束以后,受战时经验和意识形态变化的影响,美国的男子和妇女都开始反思关于女性特性和角色的负面观念,越来越多的家庭出现了较为平等的婚姻关系,父母对子女教养和婚姻的专断程度有所减轻,妇女的教育也开始受到重视。诺顿写道:"在革命前的世界里,没有人曾费力去界定家庭生活:私人领域看来是不重要的,而且妇女也难以逃离她们无法摆脱的命运。在革命后的世界里,家务和家庭的社会意义得到了承认,同时妇女也开始能选择不同的生活方式。"她的结论是,虽然对妇女来说"美国革命的遗产"是"含混的",但是革命的平等话语为妇女争取权利的运动提供了语汇,共和主义教育也培养了最初的妇女领导人。[①]从这个意义上说,美国革命也是一场妇女的革命。

克尔伯关注的问题与诺顿比较接近,两人的著作在材料和观点上也构成互补。克尔伯指出,殖民地时期人们普遍相信,公

[①] 玛丽·诺顿:《自由之女:革命时期美国妇女的经历》(Mary Beth Norton, *Liberty's Daughters: The Revolutionary Experience of American Women, 1750-1800*),波士顿1980年版,重点参见第 xiv—xv、155—156、195、228—229、256、298—299 页。

共领域乃是男人的世界,而女性只属于家庭生活;只有到了对英国实行经济抵制的时候,人们才发现妇女也可以越出私人领域而参与公共决策;独立战争则加速了妇女融入公共政治领域的进程。在革命中出现了如何界定女性的政治、经济和法律身份的问题,这给妇女改变社会地位造成了契机。于是,女性的角色,特别是妇女作为母亲的角色得以重新界定,相信母亲对于培养共和国有美德的男性公民负有责任。"共和母性"(Republican Motherhood)概念的提出,为妇女的政治行为提供了正当性说明:妇女在家庭内也能扮演重要的政治角色,通过把共和美德传递给儿子而承担自己的社会责任。当然,从总体上说,妇女还处在边缘地位。从殖民地到革命以后的很长一个时期,美国人对妇女能否认真对待政治普遍表示怀疑,不少女性也接受了这种观念。不过,虽然妇女在革命时期没有完全重新界定自己的政治角色,但是"共和母性"概念的出现,则对后来关于妇女与爱国主义的辩论产生了长远的影响。虽然从革命结束到共和国初期,关于妇女在社会和家庭中的角色仍以传统看法为主,但是由于妇女的大力争取,加以得到革命的共和主义意识形态的支持,离婚作为妇女的一种权利开始受到重视。就教育而言,女孩的受教育机会还远不及男孩,但是革命后家庭生活的概念发生了变化,人们相信,受过教育的女性对于家庭、子女的教养和丈夫美德的维持,都具有重要的意义。①

---

① 琳达·克尔伯:《共和国妇女:革命时期美国的才智与意识形态》(Linda K. Kerber, *Women of the Republic: Intellect and Ideology in Revolutionary America*),查珀希尔1980年版,重点参见8—12、35—36、139、159、183—184、231页。

诺顿和克尔伯的著作出版后颇受好评,但也遇到了批评。①像这种改写革命时期的妇女史而颇具学术深度的著作,此后并不多见。不过,有一个倾向倒是引人注目,就是有的学者把女性主义和多元文化主义结合起来,在讨论革命时期的妇女史时,特别重视非白人妇女的经历。②

四、美国革命史的重构

在美国革命史研究中,关于革命的内涵和性质长期存在争议。詹姆森于 1925 年提出,不能将美国革命仅仅看成一系列的政治和军事事件,也要把它视为一种社会运动,因为革命在美国社会造成了多方面的变化。③ 虽然他没有使用"社会革命"的概念,但是这种理解美国革命的方式,在史学史上具有重要的意义。然则伯纳德·贝林明确反对"社会革命"的提法,宣称"在任何明显的意义上说,美国革命都不是按社会革命来进行的。也就是说,没有人刻意采取行动去摧毁、甚至去实质性地改变他

---

① 格罗斯:《评〈自由之女〉和〈共和国妇女〉》,第 231—238 页。
② 琼·冈德森:《做对世界有用的人:革命时期美国的妇女》(Joan R. Gundersen, *To Be Useful to the World: Women in Revolutionary America, 1740-1790*),纽约 1996 年版;霍利·迈耶:《评冈德森著〈做对世界有用的人〉》(Holly A. Mayer, Review of *To Be Useful to the World* by Joan R. Gundersen),《威廉—玛丽季刊》,第 3 系列,第 55 卷第 2 期(1998 年 4 月),第 308—310 页。
③ 詹姆森:《作为社会运动的美国革命》,重点参见第 26、32、47、77、79、81、83—90 页。

们所熟知的社会秩序"。① 但贝林的学生戈登·伍德又折回到詹姆森命题,认为"革命不是单纯的殖民地反对英国帝国主义的造反",同时也是"一场至为深刻的社会革命"。② 在"新史学"兴起后,詹姆森命题又给予年轻一代学者很大的启发。不过,这时史家不再纠缠于是否存在社会变动,而是聚焦于发生了多少社会变动、特别有多少变动是沿着社会平等的方向进行的;他们也关注对革命后果的矛盾性的解释。③

如前文所论,新美国革命史学强调普通民众和边缘群体的主角地位,直接牵涉到对美国革命的内涵和性质的理解。新一代史家既然已将普通民众和边缘群体的经历视为革命的中心内容,那就意味着他们接受了美国革命是一场深刻的社会变革的观点。这场革命不仅是一场社会革命,而且是一场由普通民众和边缘群体所参与和推动的社会变革;他们的革命主动性,他们对平等和自由的追求,他们在革命期间的各种行动,赋予革命以广泛而深刻的社会内涵。于是,以往那种侧重从政治、军事和思想的角度讨论美国革命的方式,就不可能受到这些史家的青睐,而詹姆森命题则再度引起了他们的注意。

在平民主义、多元文化主义和女性主义的视野中,普通民众和边缘群体乃是真正的"人民",而他们在美国革命中所发挥的

---

① 伯纳德·贝林:《美国革命的意识形态起源(增订版)》(Bernard Bailyn, *The Ideological Origins of the American Revolution*, Enlarged Edition),马萨诸塞州坎布里奇1992年版,第302页。

② 戈登·伍德:《美利坚共和国的缔造》(Gordon S. Wood, *The Creation of the American Republic, 1776-1787*)。纽约1972年版,第91页。

③ 扬:《美国历史学家遭遇"革命的转变之手"》,第369—372页。

作用和影响，就使之变成了一场真正的"人民的革命"。不过，新美国革命史家在论及"人民的革命"时，采用了"旧瓶装新酒"的策略：他们借用"人民的革命"这个美国革命史学中的"传统"说法，而悄悄赋予它全新的含义。① 这实际上是对"人民的革命"做出了重新界定。在纳什的《不为人知的美国革命》一书中，这一点得到了至为鲜明的体现。

从一定意义上说，《不为人知的美国革命》乃是新美国革命史学的集大成之作。纳什在书中严厉地批评了以往美国革命史学的局限，称其未能充分重视参与独立战争的"各色各样群体的生活和劳动，牺牲和斗争，极度的混乱，以及希望和恐惧"；他呼吁扩展"革命时期美国社会的概念"，考虑从这一社会的"高度多样性和零碎性"中产生的"多种议程表"。他的意思是说，革命时期的美国不是只有白人，更非只有白人男性精英，而是一个多种族、多族裔和两个性别的社会；这些不同的人群以不同的方式卷入了革命时期的斗争，革命对他们产生了形式和程度不同的影响；一部真正的革命史，应当包括所有这些人的经历。他进而宣称，他自己要讲述的美国革命，乃是真正的"人民的革命"。② 可以说，他关于"人民的革命"的表述，体现了新美国革命史学的一个突出特点：重新界定"人民"，也重新界定"革命"，由此形成一种全新的"人民革命"史观。

---

① 从戴维·拉姆齐开始，"人民的革命"就是美国革命史著作中常见的提法。不过，在新美国革命史学形成之前，这里的"人民"要么是泛指作为抽象整体的美国人，要么是特指参与和支持革命的白人男性。

② 纳什：《不为人知的美国革命》，第 xvi—xvii 页。

在以往的美国革命史中,"人民"无疑是指参与和支持独立战争的英属殖民地白人男性居民。然而在新美国革命史家看来,这种"人民"的概念存在极大的局限。扬谈到,班克罗夫特在他的《美国史》中也很推崇"人民",可是他说的"人民"乃是政治领导人的追随者,连技工之类的群体也没有受到应有的重视,遑论其他底层和边缘人群。① 纳什在论及《不为人知的美国革命》的写作目标时说,他要写出"生活在密西西比河以东的三百万高度多样化的人民中每一个构成部分"对革命的参与。② 纳什这里所说的"三百万高度多样化的人民",具体包括哪些人呢?雷·拉斐尔自告奋勇地替他做了具体说明:他们是"从公民转化而来的士兵"、妇女、"非洲裔美利坚人"、"土著美利坚人"、效忠派、中立分子、城市居民、农场主、律师和商人和奴隶主;他们中既有施害者,也有受害者;有的有真正的信仰,有的则没有。他们大多属于"普通人民",在许多不同的层面"创造历史",在革命的每个阶段都扮演关键的角色。③ 可见,这种"人民"除开独立阵营的白人中下层男性,还有妇女、黑人和印第安人,甚至包括激进的效忠派。它不以政治立场划界,实际上涵盖了精英领导人以外北美居民中的每个族裔和每个阶层。较之以往美国革命史中的"人民",这种"人民"包罗广泛,成分复杂,人数众多;更重要的是,他们不是精英领导人的追随者,而是具有独立自主的政治意识的革命主力。

---

① 扬:《制鞋匠和茶会》,第 185—186 页。
② 纳什:《不为人知的美国革命》,第 xxviii 页。
③ 拉斐尔:《人民的美国革命史》,第 7—8、301—305 页。

革命参与者范围的扩大,必然引起对革命内涵的新的理解。以往美国史家无论对美国革命作何种界定,都会以争取和维护独立、建立新国家为基本内涵。但是,新美国革命史学所说的"革命",其内涵和外延都大为扩展,几乎囊括了英属美洲大陆殖民地范围内所有人群争取自身权益的所有活动。无论是支持独立,还是反对独立;无论是站在美国一边,还是站在英国一边;无论是愿意参战,还是拒绝参战;也无论属于哪个性别和种族;只要他(她)们在革命期间用行动和言词表达了自己的权利诉求,采取了争取自由和平等的行动,就可以得到"革命者"的称号。于是,美国革命被愈益宽泛地界定为一场成分复杂、目标多样和角色众多的社会运动。在新美国革命史学的几位代表人物看来,作为"人民的革命"的美国革命,在内容上主要包括:普通农场主、技工和劳工领导反对帝国政策的运动,推动殖民地走向独立;以逃跑来争取自由的奴隶发动自己的革命;妇女坚信"两性平等",坚持保留婚后的财产权利;受到迫害的异教徒追求"宗教活动自由";军队中有的士兵反对官阶不平等;印第安人坚持和捍卫部落的主权;面临失去土地危险的农场主采取集体行动以保卫自己的财产;坚持出版自己想要出版的东西的出版商,反击压制其出版自由的举措;自命的民主派支持普通人投票、拥有官职和评判其统治者的权利。①

然则在新美国革命史家看来,这样一种"人民的革命",其结果却是以背叛"人民"的革命目标而告终的。这些史家不仅强调革命是由"人民所进行的",而且关注革命在何种程度上是

---

① 扬、纳什、拉斐尔编:《革命的建国者》,第4—5页。

"为了人民的"。可是,他们却颇为失望而愤怒地发现,革命的结果对"人民"是非常不利的。在年轻的学者特里·布顿看来,当以往的史家把美国革命称作"人民"的胜利时,他们所持的是建国者使用过的那种狭隘的"人民"概念,即仅指白人男性;其实,即便是白人男性对于革命的结果也颇感失望:革命中创建的政府不过是为了革命精英的利益,而普通民众的独立则受到了颠覆,新宪法就是这种反革命和反民主的胜利的象征。从革命后期开始,新政府所实行的偏向富人的政策,与此前英国政府对殖民地的"压迫"非常相似,所引起的后果也如出一辙。在这种情况下,"人民"便想"重新发动革命",以反对富人的主张及其所造成的艰难局面,要求使财富更加平等。但是,新宪法为"民众的改革"设置了"巨大的障碍"。① 泰勒的研究也讲述了一个类似的故事,体现了一个相同的主题:在远离革命风暴中心的缅因边疆地区,普通定居者和大土地投机者之间的斗争时起时歇;革命时期大土地投机者的势力受到抑制,可是到了革命后期,革命的目标遭到了"大人物"的背叛,普通民众重新打出革命的口号,自称"自由之士"或"自由之子",与边疆大土地投机者进行斗争。②

既然美国革命最终按照精英设定的目标而结束,"人民"的革命目标并未达到,那么这场"人民的革命"就是一次"未完成的革命"。具体说来,奴隶制没有废除,黑人尚未获得自由和权利,印第安人遭受了惨重的损失,退伍老兵的利益没有得到保

---

① 布顿:《驯化民主》,第3、4、87、105、195页。
② 泰勒:《自由人与大业主》,第3页。

障,下层劳动者的愿望没有得到满足,革命所诉诸的自由和平等的理念没有涵盖妇女、无财产者、黑人或印第安人,此后用去几个世纪的时间,才最终兑现了革命关于平等的承诺。因此,18世纪的美国革命并未成功,"革命精神的火炬"需要传递给下一代。① 依据这种论说的逻辑,1794 年的"威士忌叛乱",就是这一"火炬传递"的第一站。这次事件中的反叛者叫做"自由之友",他们拥护美国革命的原则,其反抗行动在内容和细节上与当年的反英斗争十分相似;而当权者则称"秩序之友",他们在言行上则基本类似此前的效忠派和英国政府。这种对比表明,对于反抗压迫的底层民众来说,革命确实没有完成,革命的原则仍然是有效的原则。② 另外,妇女的经历也说明了同样的问题:经过革命,妇女仍然处在政治社会的边缘地带,而此后美国妇女的政治史,不过是一个妇女为自己完成革命的未竟之业的故事。③

通过对"人民"和"革命"的重新界定,这些史家就等于是彻底改写了美国革命史。他们笔下的革命,涵盖所有反抗既定秩序,特别是反抗精英主导的观念和制度的言行,其内容之广泛,成分之驳杂,差异之鲜明,冲突之激烈,都是前所未见的。至此,

---

① 纳什:《不为人知的美国革命》,第 423—455 页;卡罗尔·伯金:《革命母亲:美国争取独立斗争中的妇女》(Carol Berkin, *Revolutionary Mothers: Women in the Struggle for America's Independence*),纽约 2005 年版,第 x 页。

② 托马斯·斯劳特:《威士忌酒叛乱:美国革命在边疆的尾声》(Thomas P. Slaughter, *The Whiskey Rebellion: Frontier Epilogue to the American Revolution*),纽约 1986 年版,第 227 页。

③ 克尔伯:《共和国妇女》,第 12 页。

美国革命变成了一个奇异的多面体:它既是政治革命,也是思想革命;既是社会革命,也是种族革命;既是普通民众的革命,也是一场"奴隶起义"。一言以蔽之,它是"未处在拥有权力和特权位置的人们眼中的美国革命",是一场来自社会中下层的、不一定是白肤色的"无名者"的革命。如果没有普通民众和边缘群体的"理念、梦想和流血牺牲",美国革命就不会发生,就不会按照人们现在所了解的轨迹运行,就不会在全世界"被压迫人民"中间产生那么大的反响。① 显然,这样一种"人民的革命",是一场淡化甚至消解了"建国之父"痕迹的革命。

而且,这种"人民的革命"也必定是一场激进的革命。不过,这种革命的激进性,与以往美国史家的理解迥然不同。也就是说,新美国革命史学对革命的激进主义也做了重新界定。在美国史学史上,除了"共识"史学外,多数史家都承认美国革命是一场激进的革命,只是对它的激进性有不同的理解和表述。贝林指出,美国革命的激进性表现在它"不仅创立了美利坚政治国族(political nation),而且塑造了将在这个政治国族中得到发展的文化的永久特征"。② 戈登·伍德的《美国革命的激进主义》一书,极大地扩展了詹姆森命题,宣称革命使"美利坚人几乎在一夜之间变成了世界上最开明、最民主、最具商业头脑和最

---

① 纳什:《不为人知的美国革命》,第 xvii、xviii 页。
② 伯纳德·贝林:《美国革命的核心主题》(Bernard Bailyn, "The Central Themes of the American Revolution: An Interpretation"),载斯蒂芬·库尔茨、詹姆斯·赫特森编:《美国革命史论文集》(Stephen G. Kurtz, and James H. Hutson, eds., Essays on the American Revolution),查珀希尔 1973 年版,第 3 页。

现代的人民"。① 在他看来,美国革命的激进主义是一种"社会激进主义",强调平等观念、现代化、内地移民、资本主义和福音派基督教在美国社会转变中的作用。② 显然,这些史家所说的"激进性",是对美国革命整体特征的判断,而且是着眼于革命所造成的巨大变化。然则新美国革命史学所强调的激进性,主要是从普通民众和边缘群体的角度来立论的。

扬曾谈到,研究美国革命的学者通常从两个方面来使用"激进主义"一词:一是指"自由之子社"和塞缪尔·亚当斯等人所持的激进主张,二是指关心"谁来在国内统治"或争取个人自由的不自由者的诉求和活动。③ 他接着提出了自己对激进主义的新理解,认为革命时期存在多种激进主义:有产生于"潘恩的《常识》所体现的希望"的激进主义;有战争年代士兵、海员和奴隶懂得了"摆脱屈从的经验"所带来的激进主义;有八九十年代因"期望未能满足而产生的失意"所引起的激进主义。所有这些激进主义都产生于社会的底层和边缘,都对精英群体构成冲击,从而促使他们缔造或稳固了对自己有利的体制。④ 纳什则进一步发展了扬的观点,声称自己使用的"激进主义"一词,是指"倡导整体改变和猛烈转型的主张,这种主张植根于某种对

---

① 戈登·伍德:《美国革命的激进主义》(Gordon Wood, *The Radicalism of the American Revolution*),纽约1992年版,第6—7页。
② 扬:《美国历史学家遭遇"革命的转变之手"》,第481、486—487页。
③ 艾尔弗雷德·扬编:《美国革命:关于美国激进主义历史的探讨》(Alfred F. Young, ed., *The American Revolution: Exploration in the History of American Radicalism*),伊利诺伊州迪卡尔布1976年版,第ix—x页。
④ 扬:《美国历史学家遭遇"革命的转变之手"》,第472页。

更好未来的理想生活的憧憬,而那些在与大不列颠的争执不断发展过程中对所经历的情况最为不满的人们,正是抱有这样的想象"。他接着说,这种激进主义的内涵包括重新分配政治、社会和宗教方面的权力;摧毁旧制度,建立新制度;抛弃"保守的精英思想的根深蒂固的模式";"拉平社会"以缩小顶端和底层的差距;终止奴隶制和边疆居民为了土地而杀戮印第安人的企图;满足妇女实现公共表达的愿望。而且,这种激进主义与"用民主改造社会"的"多种面目的运动"相联系,只有这种激进主义才是"真正的激进主义"。① 显然,纳什所说的"激进主义"是一个"复数",涵盖普通民众和边缘群体的各种主张和行动,所针对的是一切社会上层精英,不论这些精英是英国人还是美国人,也不论他们是革命的领导者还是革命的对立面。

可见,按照新美国革命史家的理解,如果说美国革命是一场激进的革命,那么只有对普通民众和边缘群体来说才是如此。诚然,在以往的革命史中,这种"激进主义"并非完全没有人提及,但它只是作为"主角故事"的陪衬,其"潜台词"无异于说它在革命中遭到了失败,难免于被边缘化的命运。然则新美国革命史家特别强调,代表普通民众和边缘群体的激进派,在革命中的确发出了自己的声音,并采取行动推进了革命运动;虽然他们有时没有达到自己的目标,但是迫使革命精英做出让步,采取了一些违背其本来愿望的举措。因此,在讲述革命时期的历史时,如果仅只关注那些知名的领导人,而不包括"来自下层的激进

---

① 纳什:《不为人知的美国革命》,第 xvii 页。

冲动",就只能导致一种"有缺陷的、被删节的历史"。①

进而言之,对"人民的革命"和"革命激进主义"加以重新界定,与美国革命史学中长期流行的"双重革命"②说的发展,是紧密联系在一起的。很早就有史家注意到,美国革命实际上是由两场交织在一起的运动所构成的,一是反对英国和争取独立,一是建立一个共和主义的新社会。不过,只有在进步主义史家那里,"双重革命"说才成了一种明确的说法。卡尔·贝克尔指出,美国革命乃是两场运动的结果,一是争取自治和独立的斗争,即"争取内部自治";一是"美国政治和社会的民主化",即解决"在内部由谁来自治"的问题;而且,后一场运动更为关键。③也就是说,美国革命既是一场殖民地从英国争取统治权的革命,也是北美社会内部不同力量争夺统治权的革命。詹森沿袭了这一思路,用"外部革命"来指前者,用"内部革命"来指后者;而且,他集中研究的是后者。"老左派"史家受到进步主义史学的启发,也持类似的看法。赫伯特·摩累斯在1944年提出,"第一次美国革命"乃是两个运动的结合,一是争取"自治和国家独立"的运动,一是"美国人民"中间争取"更加民主的秩序"的运动。在讨论劳工在革命中的双重目标时,菲利普·方纳借鉴了摩累斯的说法,认为一方面劳工和其他人一起争取"国家独立",另一方面劳工和其他民众一起争取"更为民主的秩序";他

---

① 扬、纳什、拉斐尔编:《革命的建国者》,第6、8—9、12页。
② 原文为"dual revolution",或译"二元革命"。
③ 贝克尔:《纽约殖民地政党史(1760—1776)》,第5页。

们实现了第一个目标,在第二个目标上却遭到了失败。① 可见,"老左派"史家的"双重革命"说,与进步主义史家已略有不同:他们把争取独立的革命看成精英和民众的共同努力,而把争取民主秩序的革命视为民众反对精英的运动。这在一定程度上构成了新美国革命史学的"双重革命"说的先导。

在莱米什的论著中,新美国革命史学的"双重革命"说出现了雏形。他提出,美国革命实际上包含两场革命,即精英的革命和底层民众的革命。② 纳什基于对美国革命"议程表"的复杂性的理解,进一步发展了这种"双重革命"说。他认为,虽然革命时期的美国人都立志要"创建一个新世界",但这个"新世界"究竟是什么样的,不同的人群提出了不同的答案,这就使得美国革命不是一场单一的革命。革命可以划分为两个层面:上层是温和而保守的精英革命,下层是普通民众和边缘群体的激进革命。③ 泰勒通过对边疆地区事变的考察,也发现了美国革命的这种两重性:"有财产和有地位的绅士"把革命看成是"实现国家独立的战争",并要把对政府的控制权掌握在自己手中;普通民众则认为,革命意味着保护"小生产者"不受"有钱人"的侵害,他们追求的革命是要使他们获得和占有自由持有土地的最大化。④ 在布顿看来,独立后革命精英的政策与当年英国的政策很相似,而革命后期普通民众反抗革命精英的压迫的斗争,与

---

① 菲利普·方纳:《劳工与美国革命》,第167页。
② 莱米什:《从下向上看美国革命》,第3—45页。
③ 纳什:《不为人知的美国革命》,第209页。
④ 泰勒:《自由人与大业主》,第5—6页。

当年反对英国压迫一样具有激进革命的性质;因此,美国革命既是殖民地反抗英国压迫的革命,也是普通民众反抗国内精英压迫的革命。这样一来,一部美国革命史,就变成了一个普通民众争取和捍卫"民主"、而建国精英背叛和压制"民主"的故事。① 埃里克·方纳也把美国革命说成是一场双重斗争:争取独立,并决定独立后美国应当是一个什么社会。②

从对"人民的革命""革命激进主义"和"双重革命"的重新界定来看,新美国革命史学实际上构建了一种精英和民众二元对立的革命史观。据这些史家的看法,民众与精英的分歧、对立和斗争,构成美国革命的"主旋律"。一方面,在革命的历程中,精英领导人对《独立宣言》中的平等理念做了狭隘的理解,没有做出"更人道、更民主"的选择,因为他们不希望发生社会革命。那些起草和签署《独立宣言》与联邦宪法这两个立国文献的人,大多"反对大众民主和社会平等"。他们中的许多人拥有奴隶,不少人对民众的政治诉求和行动大加抨击;他们虽然在《独立宣言》中承认"人民"有权利"改变或废除"政府形式,但他们在按照自己的意愿建立政府之后,却不再允许"人民""改变或废除"他们创建的政治结构和秩序,毫不留情地镇压民众的"政治反叛"。另一方面,普通民众和边缘群体则力图把《独立宣言》的原则贯彻到精英"不想去尝试的生活的其他方面",极力改变现存的不平等状况,"把政府结构激进化"。如果说精英领导人乃是"传统的建国者",那么普通民众和边缘群体就是"革命的

---

① 布顿:《驯化民主》,第257—265页。
② 扬、纳什、拉斐尔编:《革命的建国者》,第389页。

建国者"。后者大多是名副其实的激进派,要求从根本上改变当时的社会或政治体制。他们使革命离开了"传统建国者"所希望的方向,"使革命变得更加革命"。联邦宪法的制定同样是一场民众和精英之间的激烈斗争。普通民众和政治精英对独立后的政治经济形势的判断截然不同,所提出的政治诉求也是针锋相对的;可是,政治精英却按照自己的意志建立了一个比各州政府更加远离民意、更加倾向于富人的全国政府,虽然带来了一定的经济效果,但却付出了沉重的政治代价。① 就思想取向而言,这种民众与精英二元对立的史观显然旨在颂扬民众而贬抑精英,带有鲜明的意识形态色彩。根据这种史观,民众既然处在现存秩序和权力体制之外,那么他们的主张和行动,无论手段和后果如何,都具有天然的正当性;而精英地位优越,总是怀有自私的目的,对民众抱有疑惧和敌意,并利用已经掌握的权势来谋取更大的利益,从而损害民众的利益。可见,新美国革命史学在夸大民众的作用和影响的同时,总是把精英的动机和行动加以"妖魔化"。

　　长期以来,美国革命一直被说成是一次"民主革命"。然则在最近四五十年间,越来越多的史家倾向于对"民主"做出具体的分析。新美国革命史家大多肯定美国革命的民主特性,但是他们声称,革命的"民主"取向主要是通过普通民众的斗争来体现的,而那些"辉格派领导人"在革命中的主要活动,不过是对

---

① 莱米什:《从下向上看美国革命》,第 14—15 页;扬、纳什、拉斐尔编:《革命的建国者》,第 3—5 页;霍尔顿:《不服管束的美利坚人与宪法的起源》,第 270—271、277 页。

"户外民众"的积极行动表示担忧,并极力抑制革命中出现的"民主"趋势。一个研究弗吉尼亚革命期间的社会冲突的学者谈到,许多精英领导人强烈反对"民主"和"平等","民主"和"平等"并非他们在宣布独立时所自动赋予,而是民众通过不断斗争而争取来的。民众主张自己统治自己的权利,要求制定更加公平的法律,这实际上是在挑战精英的权威。①这无异于说,美国革命既是一场"民主革命",也是一场"反民主的革命";前者是民众的革命,后者是精英的革命。这种看法,显然是"双重革命"说和"二元对立"史观的逻辑延伸。

总之,在最近几十年来的美国革命史学中,不仅普通民众和边缘群体在美国革命中的经历及其意义得到了充分的铺叙和阐释,而且美国革命史学中的所有重大问题,诸如"社会革命""人民的革命""激进主义""双重革命"和"民主革命"等命题,也都经过了检验和重新界定,以此完成了对美国革命史的重构,造就了一种全新的美国革命史。

五、意识形态与革命神话

然则应当如何看待这种全新的美国革命史呢? 1995 年,扬曾这样评论美国革命史研究的新趋向:研究成果数量大增,领域、课题、地域和观点愈益多样化;社会转型成为一个中心课题,讨论革命后果的论著数量甚多;劳动者、农场主、黑人和妇女等

---

① 扬、纳什、拉斐尔编:《革命的建国者》,第 152—153 页。

过去被剔除的群体受到了较多的关注。① 这种说法同样适用于当前的状况,不过只触及了美国革命史研究的学术层面。如果从思想的层面来说,意识形态与学术探索的关联和互动,乃是新美国革命史学最为突出的特点。

意识形态与历史研究的复杂纠葛,可以说是史学史上的一个古老问题。经德国史家兰克塑造的19世纪欧洲的经典史学,强调历史学家的超然立场和历史知识的客观性。虽然史家无不带有各式各样的偏见和臆断,但是他们非但不肯公开承认这一点,反而极力加以掩饰,把自己打扮成历史的代言人。类似的观念和做法在美国史学中也颇为常见。到了20世纪前期,进步主义学派的几位主将,特别是比尔德和贝克尔等人,率先对超然立场和客观性发出质疑和挑战,明确倡导相对主义的史学观念,不再隐讳史家个人和群体的立场。及至60年代,特定的政治和思想倾向更成了史家公开佩戴的绶带。他们不再自诩为历史的代言人,完全放弃了过去那种遮遮掩掩的姿态,理直气壮地承认自己是在代表特定群体来表述历史。

这种变化的出现,一般认为与60年代美国的社会变动和政治激荡相关。在许多人的印象中,美国在60年代处于冲突和动荡之中。但是在有的学者看来,这个时期的美国社会比通常想象的要复杂得多。在这十来年里,美国经济持续增长,美国人普遍对未来充满希望,并努力在国内和世界实现"伟大的期望"。与此同时,不满现实、主张变革的声音也随处可闻,各种反对既定秩序、挑战现存权威的思潮和运动,经民权组织、反战团体及

---

① 扬:《美国历史学家遭遇"革命的转变之手"》,第455—469页。

底层穷人的发动和参与,也呈现强劲的势头。此外,不少年轻人挑战传统价值,追求新的生活方式,吸毒、群居和摇滚乐盛行一时。然而,多数美国人仍然按照传统方式生活,仍然对经济和技术的发展可能带来的改善满怀信心;在大众文化中,温情脉脉的家庭气氛仍在延续,公益团体和宗教组织仍在积极活动。在知识界,质疑主流价值的激进主义倾向,倡导传统价值的保守态度,可谓同时并存。因此,60 年代也有"两极化和碎片化的时代"之称。① 更确切地说,这是一个多样化的时代,不论是在生活方式还是在思想倾向方面,美国人的态度出现了明显的分化,可选择的余地明显扩大。虽然普通美国人并未很深地卷入当时的各种运动,但知识分子则表现出高度的政治敏感和积极的参与意识,尤其是在与种族和性别有关的领域,学术与政治的关联更加显著,不同的信念与立场之间充满了斗争。

在这种时代的大语境中,美国史学也有新的动向。随着越来越多的平民子弟、少数族裔成员和女性学者进入历史研究领域,以往史学仅为权贵学问的局面即不复存在。而且,这些新进的学者特别关注自己所来自的阶层和群体的经历,刻意挑战美国史学的既有研究范式。这种趋向被称作史学的"民主化"。与此同时,"新史学",特别是"新社会史"迅速兴起,"自下而上的历史"大行其道,基层社会和普通人的日常生活成为主要研究对象,大量新史料得到发掘,社会科学的理论和计量方法成了"新史学"的两大支柱。总之,历史研究在思想取向、领域、题

---

① 詹姆斯·佩特森:《宏伟的前程:1945—1974 年的美国》(James T. Paterson, *Grand Expectations: The United States, 1945-1974*),纽约 1996 年,第 442—457 页。

材、方法和解释各个方面都发生了重大的变化。尤其值得注意的是,学术与政治的边界出现交叉重叠,各种政治思潮直接渗入史学领域,以致历史研究带有高度的政治化和意识形态化色彩。

"新左派"史学无疑是政治和学术紧密结合的突出例子。虽然林德、莱米什等激进史家声称自己是"客观真理"的坚定追求者,明确反对相对主义的立场,致力于把史学变成科学,但是他们用左派观点看待和诠释过去,并积极参与美国历史协会领导权的竞争。这些激进史家关注"剥削、支配和压迫等问题",认为既然现存的支配模式乃是在历史中形成的,那就说明它也是可以被废除的。他们在追溯这些模式的起源时,把重点放在普通民众而不是政治精英身上,关注群体而非个人,重视人的角色,而不是强调"抽象的或一般的变迁过程"。此外,黑人史和妇女史也是两个高度政治化和意识形态化的领域。许多少数族裔和女性学者基于对自己的族裔特性或性别特性的理解,大力争夺与族裔和性别相关的历史话语权,排斥、打击和贬低其他的研究者,把历史研究变成了一个"赤裸裸的"政治问题。按照这些史家的逻辑,黑人的历史只能由黑人史家来写,妇女的历史也只能由女性学者来研究。他们反对把黑人和妇女说成是种族压迫或性别统治的受害者,认为这种貌似同情的取向,实际上是对黑人和妇女的丑化。这些学者认为,虽然黑人和妇女长期遭受压迫和歧视,但他(她)们用积极的行动来塑造自己的经历,而不是仅仅在压迫和歧视中痛苦地呻吟。这些史家刻意渲染黑人文化的非洲特性,大力缩小美国文化对黑人的影响;高调肯定妇女独特的价值观和自觉的抗争意识,着力描述她们的反抗活动。①

这种情形自然也出现于美国革命史领域。新一代美国革命史家与其前辈反其道而行,毫不隐讳自己的政治立场和意识形态取向。莱米什就曾宣称,历史的叙述是一个充满斗争的领域,"在我们的历史中,我们不能继续允许有权势的人替没有权势的人说话"。他提出"自下而上看美国革命",倡导研究"没有权势、无言和贫穷的人们"在革命中的经历。② 1966 年,他特意写了一本题为《走向民主史学》的小册子,集中讨论 E. P. 汤普森、加布里埃尔·科尔科、林德、扬、诺曼·波拉克和斯蒂芬·塞恩斯特罗姆等一批研究普通民众的史家,称他们不喜欢"偏向精英的历史",而致力于发掘非精英的史料,写作一种不同的历史,揭示了普通民众在意识形态上的独立性和激进性。他把这种研究路径称作"民主"的取向,是"尊重和同情多数人"的史学。③ 他还特意说明,他并不是在宣扬要把普通民众都看成"光

---

① 乔纳森·威纳:《激进史家与美国史学的危机》(Jonathan M. Wiener, "Radical Historians and the Crisis in American History, 1959-1980"),《美国历史杂志》,第 76 卷第 2 期(1989 年 9 月),第 399 页;彼得·诺维克:《那个高贵的梦想:"客观性问题"与美国历史学科》(Peter Norvick, *That Noble Dream: The "Objectivity Question" and the American Historical Profession*),英国剑桥 1988 年版,第 415—438、469—510 页;中译文参见彼得·诺维克:《那高尚的梦想:"客观性问题"与美国历史学界》(杨豫译),三联书店 2009 年版,第 567—598、640—697 页。

② 莱米什:《从下向上看美国革命》,第 5、29 页。

③ 杰西·莱米什:《走向民主的史学》(Jesse Lemisch, *Towards a Democratic History: A Radical Education Project Occasional Paper*),未刊,1966 年;转引自威纳:《激进史家与美国史学的危机》,第 421 页。

荣的革命者",而只是强调要摸索一种"发掘那些不能言表者的意识形态和他们的行动之间的联系"的方法。这种方法就是"自下而上看历史"。① 纳什对20世纪60年代以来美国革命史学的变化也有评论,称历史学家背景的高度多样化,导致了"对历史财产的再分配",于是,"美国革命现在不再是少数人而是许多人的财产"。②

前文论及,新美国革命史学的意识形态特征,可以概括为平民主义、多元文化主义和女性主义。这三股思潮都以平等为价值基础,都包含强烈的民主诉求,它们既是民主社会的产物,又以推动民主为指向。它们投射到美国革命史研究中,照亮了那些长期被忽视和被边缘化的群体,使他们在革命中的经历变得格外醒目。因此,三股思潮在很大程度上交织互补,相互支撑,相互强化,产生了任何单独一种思潮都不可能具备的巨大塑造力,推动了对美国革命史的重构。新美国革命史学几员主将的研究兴趣,正好体现了三种思潮相辅为用的特点。纳什既关注革命时期的城市平民,也研究革命时期的黑人;诺顿先涉猎效忠派,后研究妇女;泰勒最初研究革命年代边疆的普通定居者,后来转向研究革命时期的印第安人。经过这些史家改写的美国革命史,时段加长,内涵扩充,重点改变,角色增多,革命的性质和意义也迥然不同。这种新的美国革命史,反过来又为平民主义、多元文化主义和女性主义输入了新的能量。

同整个激进史学一样,新美国革命史学也经历了从边缘走

---

① 威纳:《激进史家与美国史学的危机》,第421页。
② 纳什:《不为人知的美国革命》,第 xxviii 页。

向中心的曲折历程。在20世纪五六十年代,激进史学曾受到美国当局、有关大学和史学界的排斥、贬抑和打压,不少学者遭解雇,并被列入黑名单;其著作不能出版,或者是在出版后受到刻意的冷落和抨击。① 莱米什和林德是新美国革命史学初期的两名骨干,其博士论文都未能及时出版,后来在学术和职业上都经历了许多坎坷。莱米什在芝加哥大学执教时,其同事丹尼尔·布尔斯廷表示欣赏他的海员故事,但不喜欢他对阶级的强调;威廉·麦克尼尔则对他说:"你的信念干预了你的学术。"1966年他的聘任合同到期,校方没有与他续约。1971年,设在威廉—玛丽学院的美国早期历史与文化研究所举办庆祝美国革命200周年学者代表大会,林德和莱米什都没有受到邀请。② 他们两人的遭遇说明,新美国革命史学曾深陷政治和意识形态斗争的漩涡之中,起初的前景并不十分光明。

可是,到了20世纪60年代末和70年代初,激进史学开始引起关注,其学术成就也渐渐得到了史学界的承认。③ 这个转变的发生,同美国政治文化和学术氛围的变动直接相关。一方面,经过多种激烈的社会抗议运动,社会观念和舆论风气均为之一变,平民主义、多元文化主义和女性主义拥有越来越多的同情者,激进史学所蕴涵的意识形态也不再那么招人反感。另一方面,"新史学"声势愈盛,成绩斐然,激进史学因其与"新史学"有

---

① 威纳:《激进史家与美国史学的危机》,第402—404页。
② 扬:《美国历史学家遭遇"革命的转变之手"》,第436—437页;莱米什:《海员对约翰牛》,第x页。
③ 威纳:《激进史家与美国史学的危机》,第427—432页。

着天然的盟友关系,也随之走出了暗淡的处境。尤其值得一提的是,大西洋两岸的一批激进史家,包括 E. P. 汤普逊、埃里克·霍布斯鲍姆、乔治·鲁德、赫伯特·古特曼、尤金·吉诺维斯、埃里克·方纳等人,以其精深的研究、新颖的视角和透辟的立论,为激进史学挣得了巨大的荣誉,这有助于史学界摆脱政治偏见而相对公允地看待激进史学的成绩。同莱米什和林德当年的遭遇形成鲜明对照的是,激进史家埃里克·方纳和加里·纳什都担任过美国历史学家组织主席。方纳还当选过美国历史协会主席,纳什则主持了全国历史教学标准的制定。纳什主持制定的历史教学标准体现了"新史学"的取向,也带有激进史学的痕迹。当这套标准受到美国舆论的责难和抨击时,不少学者出面为之辩护。[①] 这些事例表明,激进史学在美国史学界的地位业已大为提升。

到 20 世纪末和 21 世纪初,新美国革命史学已取得强大的学术和思想优势,而传统的美国革命史研究似乎开始退居守势。从新美国革命史学的视角出发,一部美国革命史,哪怕是一部美国革命简史,倘若不用相当的篇幅来叙述底层阶级和边缘群体的经历,就必受诟病。一位英国学者写了一本仅有二百余页的简明美国革命史[②],可是有书评作者就批评他未能很好地处理妇女和黑人在革命时期的经历,对印第安人没有给予充分的重

---

① 参见王希:《何谓美国历史? 围绕〈全国历史教学标准〉引起的辩论》,《美国研究》,1998 年第 4 期。

② 弗朗西斯·科格拉诺:《美国革命时期政治史》(Francis D. Cogllano, *Revolutionary America, 1763-1815: A Political History*),伦敦和纽约 2000 年版。

视,没有考虑到美国的建国理念与强化对黑人的奴役以及"灭绝或迁徙印第安人"之间的矛盾,对普通人的革命活动也缺乏具体描述。① 任何一种研究妇女与美国革命的论著,如果没有充分考虑土著或黑人妇女,也会被认为是一个显著的缺点。② 戈登·伍德的《美国革命的激进主义》一书颇受好评,并获得了普利策奖,但仍不能让扬这样的激进史家充分满意,因为伍德采取了一种"依附—独立""不平等—平等"的二元对立观念,没有充分吸收近20年的学术成果,书中看不到海员、学徒、契约仆、无地农民或贫困化的退伍军人的身影,也听不到争取自由的黑人、妇女和印第安人的声音。③

当然,这并非意味着,当今美国史学界关于美国革命史只有一种写法。实际上,不少史家仍然坚持精英史学的路径,另一些学者则极力在传统路径和新范式之间寻求某种平衡。相对说来,近期出版的精英史学作品数量更多,也更易于博得一般读者的欣赏。在21世纪之初,关于建国精英的题材,无论是学术性的著述,还是通俗读物的写作,一时蔚然成风,故有所谓"新建国者热"之说。④ 而且,还有人基于意识形态立场对新美国革命史学进

---

① 迈克尔·麦克唐奈:《评科格拉诺著〈美国革命时期政治史〉》(Michael A. McDonnell, Review of *Revolutionary America*, *1763-1815: A Political History* by Francis D. Cogllano),《威廉—玛丽季刊》,第3系列,第58卷第2期(2001年4月),第550—553页。
② 迈耶:《评〈做对世界有用的人〉》,第309页。
③ 扬:《美国历史学家遭遇"革命的转变之手"》,第488—489页。
④ 美国宾夕法尼亚大学教授迈克尔·朱克曼(Michael Zuckerman)2009年11月在北京大学历史学系的演讲专门讨论了这种名为"新建国者热"(the new Founders' chic)的现象。有关报道见《美国史研究通讯》,2009年第2期。

行讨伐。托马斯·韦斯特在1999年推出《捍卫建国者：美利坚起源中的种族、性别、阶级和正义问题》一书，针对"建国之父"屡受新史学潮流冲击而声誉大损的局面，出面为他们做辩护。不过，他的辩护又引起了意识形态化的反击，有学者指责其书带有保守的意识形态色彩，不啻是从现实需要出发滥用历史的典型。①

作为美国革命史领域极富影响力的学者，伍德对激进史学也颇有微词。他多年来致力于平衡精英研究与底层研究，并未把考察美国革命的视野局限于少数"建国之父"，而着力探讨革命在政治文化和社会生活方面所造成的深刻变动。他自认秉承了进步主义史学的余绪，重新回到了"从贵族制向民主的转变"的主题。即便如此，他的著作仍然受到激进史家的批评，而他本人对美国革命史学中意识形态盛行的局面也深为不满。他写道："在当今社会，许多学者都看到不开明的、狭隘的平民主义泛滥成灾，而联邦主义者的精英论看来也并不是那么糟糕。"他认为，如果说进步主义史家由于过度关注当时普通人与企业主的斗争，从而不恰当地表现了革命时期的历史，那么目前人们对种族和性别的过度关注，也对革命史写作起了同样的作用。对于采用"人民的主动性"来解释一切历史变动的做法，伍德似乎也不以为然。照他看来，在殖民地时期，政治参与的兴起和扩大

---

① 托马斯·韦斯特：《为建国者辩护：美利坚起源中的种族、性别、阶级和正义》（Thomas G. West, *Vindicating the Founders: Race, Sex, Class, and Justice in the Origins of America*），马里兰州拉纳姆1999年版；约瑟夫·埃利斯：《谁拥有18世纪?》(Joseph J. Ellis, "Who Owns the Eighteenth Century?")，《威廉—玛丽季刊》，第3系列，第57卷第2期（2000年4月），第417—421页。

并非来自民众的主动争取,而是精英诉诸本地民众以取得有利于自己的政治优势的结果;到了革命时期,美国政治向民主的转变也主要不是民众斗争的产物,而是因为那些在政治上崛起的新精英,质疑和挑战社会权势与政治权力之间的必然联系,倡导社会平等,从而为普通人进入政治领域打开了大门;而且,在革命后民主政治的兴起中,占据主导地位的仍然是政治家。① 他这种立论的矛头所向,显然是"平民主义"的美国革命史观。

毋庸置疑,新美国革命史学在学术上确有不少出色之处。许多史家通过深入细致的研究,发掘了许多新的史料,对普通民众和边缘群体的经历做了具体描述,并把革命时期各种不同群体的希望、恐惧、期待和诉求,以及它们之间的竞争和冲突,均置于革命的框架中加以阐释,由此得到一幅色彩驳杂、丰富生动的革命画面。于是,长期遭到遮蔽和剔除的革命内容得以重见天日,革命的内涵得到了丰富,对革命的复杂性和丰富性的理解也大为深化。换句话说,美国革命不再仅仅是一场"建国之父"领导的争取独立和创建新国家的革命,它是同时并存的多种革命的复合体,其中有精英的革命,有普通民众的革命,有妇女的革命,有黑人的革命,也有印第安人的革命。于是,英文的"美国革命"一词,就从"单数"(the American Revolution)变成了"复数"(American Revolutions)。在具体的历史时空中发生的美国革命只有一个,而史家所描述的美国革命却呈现不同的形态,而且相互之间处在矛盾和冲突中。

尤为难能可贵的是,新美国革命史学的这些成绩,是在史料

---

① 伍德:《美利坚的理念》,第 12、20—21、189—212 页。

严重匮乏的情况下取得的。关于革命的绝大多数材料乃是精英留下的或是与精英有关的,而涉及普通民众和边缘群体的史料,不仅稀少和零散,而且大多经过了精英气息的熏染。新美国革命史家的过人之处,正是从如此有限的材料中发掘了普通民众和边缘群体的革命经历。然则他们的缺陷也恰恰与此相关:由于材料不足,他们难以对史事做出细致而条贯的描述,在许多地方不得不借助引申和推测。例如,纳什在讨论反英的思想意识对黑人追求自由的影响时,完全是出于推断,而没有多少经验证据来支持。[①] 同时,也是由于材料单薄的局限,同以精英为主角的美国革命史相比,新美国革命史著述多少显得支离破碎。更重要的是,如前文所论,新美国革命史学并不纯粹是一个学术现象,其孕育、形成和流变,与美国社会风气、政治斗争和意识形态有着复杂的关联,因而还存在其他严重的缺陷。

纳什在《不为人知的美国革命》中提出,美国革命同时存在几条不同的战线,即对抗英军的军事战线,黑人造反的战线,印第安人反对美国扩张的战线,以及革命阵营内部相互冲突的战线。[②] 但是他提到的这四条战线,非但不能涵盖美国革命的主要内容,反而混淆了美国革命的主流和支流。类似的问题也存在于其他新美国革命史学著述中。综观两百多年来关于美国革命史的讨论,可以看出它至少包含三种相互关联的历史运动,即独立战争、国家构建和社会改造。这三者都牵涉到革命的全局,而精英的观念和行动在其中起了更重要的作用。换言之,由精

[①] 纳什:《不为人知的美国革命》,第64页。
[②] 同上书,第307页。

英主导的这三种运动乃是美国革命的主流；至于普通民众的自发行动，他们对革命战争的参与和支持，以及边缘群体的诉求和活动，固然是革命的内容，但只是其支流。新美国革命史家片面强调普通民众和边缘群体的作用，刻意贬低甚至"丑化"建国精英，容易造成一种印象，似乎美国革命乃是普通民众和边缘群体一手造成的。

新美国革命史家大多是乐观主义者，他们相信人类不断改善的可能，并希望某一次革命能够一劳永逸地为这种改善开辟道路。于是，他们在不知不觉中把对革命的规范研究引入了对革命的经验研究，混淆了革命的实际目标与革命的理论目标，用理想的革命标准来衡量实际发生的革命，以此揭示美国革命的种种欠缺和不足。历史地看，美国革命需要完成的任务，一方面是摆脱英国的控制而成为一个独立国家，另一方面则是把这个独立的国家建成一个不同于欧洲诸国的共和制国家。这实际上是一件事的两个方面，为了做好这件事，需要对美国社会进行适当的改造，对社会关系做出一定的调整。对主导革命进程的精英来说，通过革命来建立一种有利于他们继续控制政治权力和社会核心资源的体制，并以此来结束革命，无疑是最理想的方案。普通民众和边缘群体受到革命的激励，提出了各自的利益诉求，但是他们的主张和愿望本身并不是革命的目标，而且以当时的形势和他们所处的位置，也不可能进入革命的"议程"。可是，新美国革命史家依据革命后几百年美国社会所发生的变化，认定革命者当初应当一举解决后来美国人用了几百年才解决的各种问题：废除奴隶制，承认黑人的平等和自由；解放妇女，实现男女平等的社会格局；满足穷人的愿望并保障其权利；承认印第安人的独立和主权,维持部落生活的条件。可见,新美国革命史家是依据后来的社会状况和意识形态来为历史上的革命制定"议程",这样做显然违背了基本的史学规范。然则这些史家都接受过严格的史学训练,许多人乃是成熟的历史学者,难道他们不了解史学的基本规范吗?究其缘故,可能是他们在面对意识形态和学理要求的冲突时,轻而易举地舍弃了后者,而满心喜悦地拥抱前者。

再者,就史学常识而言,"美国革命史"和"革命时期的美国史"是两个范畴,后者可以包容前者,而前者不能代替后者。对英国的战争,战时的经济和社会改造,各州和联邦的立宪,关于奴隶制存废的争论,这些无疑是革命史的内容;而同一时期的边疆冲突,制宪以后的民众造反,印第安人部落的活动,妇女在家庭和社会中的作用的变化,这些虽然与革命有着某种关联,但是只能属于革命时期美国史的范畴。新美国革命史家的惯常做法,就是把革命时期的美国史,统统阑入美国革命史的范围。诚然,实际发生的革命乃是一种过去实存,革命者对于他们所做的事情有自己的理解和界定,而后世的历史学家也有权利做出不同的认知和解释。但是,无论怎样做都必须受到历史主义意识的制约,不能脱离基本的历史条件而随意立论。

而且,关于普通民众和边缘群体在革命时期的诉求和活动,也应当加以区分,不能一概视作革命的内容。普通民众发起或参与反英活动,参加大陆军对英作战,在战争时期打击"效忠派"和支援军队,参与制定或修改宪法,推动和参与政府变革,这些活动写入革命史自是理所当然。除此之外,在革命期间还发生了其他一些事件,如民众不愿参加大陆军,拒绝缴纳税收,军中士兵哗变甚或围攻革命政府;这些事件在道义上是否正当固然可以商榷,但是至少不应视作"革命"行动。至于革命后一些地方民众起事以反对政府,只是合法政府治下的社会抗争,不能因为它们发生在紧接革命之后,或者因为它们的矛头指向了精英主政的政府,就把它们视为革命的组成部分。妇女积极参加支援革命的活动,或者通过家庭生产而维持战时经济,这些属于革命史的范畴;而她们在角色和身份意识方面的变化,则是革命的影响或连带反应,本身不属于革命的一部分。对于黑人和印第安人在革命时期的活动,更需慎重辨析。黑人参与反英活动和加入大陆军,自然属于革命的行为;而那些投奔英军阵营以获取应许自由的奴隶,则另当别论。另外,革命期间许多印第安人部落站在英国一方,协助英军袭扰边疆居民和革命军队,这在道义上也许有其合理性,但是并不能因此进入美国革命的范畴。①

此外,新美国革命史家还常用后出的观念来改造历史。他们忽视历史时间的制约,任意上推或下延美国革命的时限;或者不顾历史常识而使用当代术语,如用"非洲裔美国人"(African

---

① 在纳什看来,印第安人为应对美国革命给他们造成的困境所采取的行动,实际上构成"印第安人的美国革命"(纳什:《不为人知的美国革命》,第17页)。可是,多数印第安人部落当时是自外于英国和美国控制的主权实体,他们对美国革命的态度,类似国际关系中某国对他国革命的反应,并不能算作美国革命的内容。再者,印第安人既没有"革命"的概念,也没有革命的要求;美国革命使他们陷于困境本非他们所愿,他们处在英美冲突的夹缝中间而被迫站队,终受"池鱼之殃",实在是一件很不幸的事。后世史家如果硬把他们没有意识到、也不想要的东西强加给他们,似乎有非历史的嫌疑。

Americans)来替代"黑人"(Negroes),用"土著美国人"(Native Americans)来指所有部落的印第安人,用"黑人建国者"来称呼某些黑人活动分子,还把妇女活动分子塑造成现代女性主义者。这实际上是用多元文化主义和女性主义所形成的社会观念来改造革命时期的美国史,其"时代倒错"是显而易见的。此外,有些史家还忽视《独立宣言》的历史语境,把其中为反对英国统治而辩护的具体话语,视作真空中的抽象观念,从而怀疑或否认宣言起草者的诚意;或者依据这些话语与其实际作为之间的反差,来谴责他们"背叛革命"。诸如此类批评建国精英的手法,都带有非历史的色彩。

尤其富于反讽意味的是,革命时期的黑人奴隶、印第安人、妇女、甚至普通白人,在采取许多行动时并没有革命的意识,也没有把自己视为"革命者",而后世史家却慷慨地把"革命者"的桂冠戴在他们头上,把他们的各种诉求和行动都贴上"革命"的标签,由此制造出"黑人的革命""印第安人的革命""民众的革命"或"妇女的革命"等种种史学神话。这生动地体现了现实政治、特别是意识形态对历史知识的强大塑造作用。

在为《海员对约翰牛》作序时,匹兹堡大学教授马库斯·雷迪克谈到,莱米什为之奋斗的史学理念包括"'从下往上看'的阶级视角,坚持在史书中长期被排除在外的人们的历史创造权,过去和现在之间的明显联系"。① 这些当然不只是莱米什一个人独有的理念。另一些激进史家也明确表示,他们之所以欣赏

---

① 莱米什:《海员对约翰牛》,第 xii 页。

民众及其领导人,正是由于其(经济或政治的)"平民主义"。①显然,对于新美国革命史家来说,为历史上和史学中长期遭到排斥的群体"打抱不平",既是他们治史的政治动机,也是追求学术影响的有效途径。这些史家在研究和写作时,有意或无意地打开了意识形态这个"潘多拉之盒",在成功地改写美国革命史的同时,也制造了一种他们或许没有料到、也无法控制的高度意识形态化的局面。一部美国史学史反复揭示,历史在被"文本化"的过程中,总是伴随着或明或暗的政治和伦理争端,关于美国革命的历史叙事自然也难以成为例外。

2009 年写于北京

---

① 扬、纳什、拉斐尔编:《革命的建国者》,第 337、376、386 页。

美国革命史研究的新动向
——记费城的一次学术研讨会

一

美国革命是美国史研究的经典课题,也是美国史学史上历史最为悠久的课题。历代史家所写的书和文章,如果用"汗牛充栋"来形容,也完全是恰如其分的。美国革命史研究造就了许多史学大家,随意数来,就可以列出一大串名字:戴维·拉姆齐、乔治·班克罗夫特、查尔斯·比尔德、J.富兰克林·詹姆森、奥斯卡·汉德林、梅里尔·詹森、埃德蒙·摩根、伯纳德·贝林、戈登·伍德、加里·纳什、艾尔弗雷德·扬……当然,这个名单还可以拉得更长。

在美国革命结束之初,戴维·拉姆齐、默西·沃伦等人就着手撰写革命史。他们写作的基调是颂扬建国一代的业绩,宣示美国革命的影响,目的是为新国家认同感的塑造出一点力。班克罗夫特的巨著《美国史》的最后几卷,写的也是美国革命的史事。他宣称美国的诞生乃天意使然,革命者反抗英国、建立共和国,开辟了美国和人类历史的新纪元。其他写作革命史的业余史家,也多以赞颂的笔调叙述革命一代的事迹。可以说,这类美国革命史大体是以爱国主义为指向而写成的"英雄史诗"。

到了第一代专业史家那里,才开始出现以批判的笔法写出的美国革命史。卡尔·贝克尔把美国革命视为一场"双重革命":既是从英国夺权的革命,也是解决美国内部权力分配的革命。查尔斯·比尔德则"榨"出了建国之父们"皮袍下的小",把经济利益说成是革命的重要驱动因素。詹姆森想要突破只从政治层面看美国革命的局限,提倡把它视为一场社会运动。这些史家对待美国革命的态度,多少带有一点反叛色彩,与当时的主流思潮并不吻合。也就是在这个时期,劳工、黑人和妇女对革命的贡献开始受到关注,属于反革命阵营的效忠派也进入了史家的视野。

二战以后,有一批美国学者不满于进步主义学派的说法,强调美国与欧洲的差别,认为美国革命并不是什么激烈的社会冲突,与欧洲的革命相比,甚至算不上革命;以往史家所说的斗争和断裂,都是站不住脚的;革命者并不是要争取什么新的东西,而只是要维护已有的东西;美国社会内部也不存在激烈的利益分歧和阶级斗争,和谐、共识和连续性乃是美国历史的显著特征。这种观点带有明显的保守色彩,反映了当时那种厌恶动荡、惧怕革命、期望稳定的思想取向。随后,美国的社会政治形势和意识形态发生了巨大变化,这种"和谐一致"的革命史观,很快就成了"节后黄花"。

自20世纪60年代以来,美国革命史研究中出现了两股潮流。一股是以贝林为主帅的意识形态学派,把美国革命看成一场深刻的思想革命,侧重从政治文化的视角揭示革命的起源和影响。虽然这种路径受到以梅里尔·詹森为首的政治经济学派的挑战,但它所提出的论题,以及讨论这些论题所形成的范式,在美国革命史领域长期居于主导地位。另一股是"从下向上"研究美国革命的路径,着重发掘普通民众和边缘群体在革命中的经历,阐发革命对他们的意义,同时刻意把建国精英加以矮化或边缘化。这种路径在史学理念上接近新社会史,在意识形态取向上则混合了平民主义、女性主义和多元文化主义的元素。①

通观一部美国革命的史学史,可以看到,革命的方方面面,举凡起因、历程、后果、影响、革命派、效忠派、精英人物(建国之父)、普通民众(中小农场主、海员、技工、普通士兵)、边缘群体(黑人、印第安人、妇女)、战争、军队、国际关系、各州制宪、全国制宪、邦联国会、各州政府、地方机构,还有婚姻、家庭、日常生活、奴隶制、种族关系,无不经过了历代史家反复而细致的探究。如果把美国革命史比作一块不大的园地,那么,在经过了数代人的精耕细作之后,它现在还能长出新的作物、带来新的收获吗?

2012年9月,我收到了美国朋友迈克尔·朱克曼②的电子

---

① 关于近50年美国革命史研究的大致情况,参见琳达·克尔伯:《革命的一代:早期共和国的意识形态、政治和文化》(Linda Kerber, "The Revolutionary Generation: Ideology, Politics, and Culture in the Early Republic"),载埃里克·方纳编:《新美国史》(Eric Foner, ed., *The New American History*, Revised and expanded Edition),费城1997年版,第31—59页;伍迪·霍顿:《美国革命与早期共和国》(Woody Holton, "American Revolution and Early Republic"),载埃里克·方纳、莉萨·麦基尔编:《美国史学现状》(Eric Foner, and Lisa McGirr, eds., *American History Now*),费城2011年版,第24—51页;李剑鸣:《意识形态与美国革命的历史叙事》,原载《史学集刊》,2011年第6期,第3—29页。收入本书。

② 迈克尔·朱克曼(Michael Zuckerman),宾夕法尼亚大学教授,著有《宁静的王国》《差不多就是上帝选定的人民》等书,在美国早期史领域以倡导社会史和文化史研究闻名。

邮件。他用那种特有的曲折优雅的文笔,向我报告了一个消息,并且发出了一个邀请。消息包含在他发给我的附件中。我打开一看,里面讲的是一个叫做"美国革命史重生:21世纪的新视野"(The American Revolution Reborn: New Perspectives for the 21st Century)的学术会议,将于2013年5月30日至6月1日在费城举行。其中说,美国革命史研究长期处在停滞局面,甚至陷于"垂死"的境地,亟待一次"重生",因为美国革命史研究的基本主题大都是几十年前出现的,现在已经不能吸引年轻学者的兴趣,不能为他们的职业生涯提供动力。最近一个时期,美国革命史研究中出现了一些新的苗头,预示着可能发生一次重大的转向。但是,这些苗头过于零星和分散,需要采取某种方式来加以催发,使之尽快成长为生机勃勃的树林。出于这种考虑,宾夕法尼亚大学发起召开一次学术会议,把一批志同道合的学者集合起来,通过对话和讨论,为未来的美国革命史研究提出某种可能的"议程"。

迈克尔和他从前的学生帕特里克·斯佩罗(Patrick Spero,昵称"帕特")是这次会议的发起人,主办方是宾大的麦克尼尔早期美国研究中心。迈克尔在信中说,这次会议将采取一种全新的形式。在他看来,美国革命史研究之所以停滞不前,是因为它长期是那些资深学者的天下,因此这次会议打算以年轻人为主力,组织十来篇论文,按主题分成四个小组(最初设计的主题分别是"美国革命与暴力""美国革命与内战""宗教与革命""权力与革命",实际开会时有调整),每组分成上下两场,上半场是论文陈述,每人发言8分钟,留下一个多小时给听众提问和讨论;下半场是评论专场,由3名中老年学者担任评论人,也是每人发言 8 分钟,余下的时间供听众提问和讨论。会议论文通过征集和挑选来确定,评论人则由主办方提出一个 80 来人的名单,经投票从中选出 12 人。候选人的范围不限于美国,也不限于美国革命史,主办方的考虑是要吸取来自不同国家和不同领域的新鲜意见。结果选出的评论人中,只有一人来自英国,一人来自澳大利亚,一人来自中国,其余都是美国人。

来自中国的那个人就是我。因此,迈克尔在信中特意说,他要好生"恭维"我一下,因为能从 80 多人中被选中,并不是一件偶然的事。其实我心里很清楚,起关键作用的肯定是迈克尔。要不是他推荐,我根本就进不了候选人名单。我和他在 2007 年一次会上结识,彼此很投缘。我觉得他为人处事像个温和、善良的大男孩,总是笑眯眯的,很乐于帮助别人;对待学问却又有十分前沿的意识,向来不拘成说,敢于质疑和批判。我曾多次请他来北京开会和讲学,使他有机会了解中国的美国史研究,也熟悉了我个人的情况。我猜想,会议的其他组织者可能是听了他的介绍,觉得中国的美国史研究已有规模,听一个中国学者讲 8 分钟,也许不是一件坏事。读了迈克尔的信,我不免悄悄得意了一番。可是,等我真到了费城,才发现自己要做的并不是一件轻松的工作。

二

我是 5 月 29 日下午到达费城的。刚在费城市中心的夸特尔斯俱乐部旅馆(Club Quarters)住下,就接到迈克尔的电话,他要来接我去看费城的风景,晚上请我吃饭。他开车带我沿富兰克林景观大道往西北走,奔驰于斯库尔基尔河(Schuylkill River)两岸,驱车观景,目不暇接。迈克尔年过七旬,身体健旺,反应机敏,开车就像小伙子一样麻利和威猛。这座以"兄弟之爱"为名的城市,在美国早期是一个具有中心意义的地方。迈克尔一面开车,一面为我指点解说。沿路绿树掩映,房舍参差;所过之处多有博物馆、剧院和展览馆;街头、路畔、坡上和河岸,随处可见雕塑,多为美国早期史上的知名人物。在这里,自然、人文和历史交融无间,让人赏心悦目。在这样一个地方开会讨论美国革命,看来是适得其所的。

第二天下午是开幕会,在宾大法学院的一个报告厅举行。迈克尔考虑到我不熟路,特意来住地接我。同行的还有爱德华·康特里曼。① 迈克尔带我们到沃尔纳特街(Walnut Street)坐公交车去宾大校园,可久等不见车来,他只好临时决定打车。我感到,打车对他来说似乎要下很大的决心,其实到那里的车费不过六七美元。看来美国教授的消费观念,跟我们真是很不一样。会场在第34街和切斯特纳特街(Chestnut Street)交口一带的法学院。我们到达时,地下一层的报告厅门口已聚集了不少人,正在领取会议材料和胸卡。迈克尔把我介绍给刚遇到的一些与会者,多数人我都没有听说过,他说了一遍名字,我自然也记不住。他是会议的组织者,要招呼的人很多。我离开他,自己进了会场。

报告厅的场面让我吃了一惊。大约有两百多个座位的屋

---

① 爱德华·康特里曼(Edward Countryman),德克萨斯南卫理公会大学教授,著有《革命中的人民》《美国革命史》等。

子,很快就要坐满了,而且陆续还有人走进来。在出发前,我接连收到了迈克尔群发的两封信,说会议的规模超出了他的意料:要求注册参会的人数超过百人,旁听的人可能更多,其中不少是业余爱好者,包括博物馆工作人员、中学教师、律师、导游等。我后来发现,这些旁听的人中,居然有大名鼎鼎的约翰·迪莫斯(John Demos)。他是耶鲁大学的退休教授,早年写过《小小的共同体》,描述普利茅斯殖民地的家庭和社会,是我颇为喜欢的一本书。我还听说,从明天开始,美国电视"历史频道"要为会议全程录像,还要采访部分与会的学者。这样一个专深的小型会议,居然能吸引这样多的人,不免令人暗暗称奇。

我同坐在边上的艾伦·泰勒(Alan Taylor)谈了几句,问他最近写了什么书。他说是一本关于1812年战争中的黑人逃奴事件的书。这倒是个很少听到的题目,便细问了几句。然后,我就低头翻看会议次序册,从评论人名单里看到了好些熟悉的名字,除了康特里曼和泰勒,还有琳达·科利(Linda Colley)、劳雷尔·乌尔里克(Laurel Thatcher Ulrich)、马库斯·雷迪克(Marcus Rediker)、彼得·汤普森(Peter Thompson)、丹尼尔·里克特(Daniel Richter)等人。他们多是美国早期史领域的知名学者,不少人的书我都读过。从这个名单还可以看出,在所有发言和评论的人中,只有我一个人的母语不是英语。将要和这些人同台做学术讨论,我感到有点压力。担心的并不是见解,而是口语表达。像我这种成年后才学英语的人,本来就先天不足,加上平时很少有使用口语的机会,要在会上即兴发言和回应,自然不是一件容易的事。不过,既然来到这里,也只能硬着头皮坚持到底了。

开幕会的礼节性程序很短暂。先是年轻的帕特出场。他手里按动一个小喇叭,发出一种尖利的叫声,提示大家安静下来。他说,在接下来的几天里,大家会十分熟悉这个小喇叭的声音,它的作用就是把大家的注意力召唤到会议上来。大家便哄然大笑。帕特介绍了会议的缘起,迈克尔则感谢了给予会议支持的机构和个人。接着是由丹尼尔·里克特主持圆桌讨论。他现在是宾大麦克尼尔中心的主任,主持首场会议自然非他莫属。这一场的主讲人是爱德华·格雷(Edward Gray)和简·卡敏斯基(Jane Kamensky)。他们两人合作主编了一本《牛津美国革命史手册》,今年刚见书。卡敏斯基在布兰代斯大学教书,她先谈了编《牛津美国革命史手册》的一些感想。她说,革命史研究与几十年前大不相同,学者们关注的不再是重大问题,而是革命中的普通人;强调的不是革命的确定性,而是其"模糊性"。也就是说,革命不再被看成一种简单的进步的力量,而具有破坏作用。她特别提到,类似"意识形态""建国之父"这样的词汇,很少出现在全书的索引当中。接下来,佛罗里达大学的格雷发言,重点谈了意识形态和共和主义研究范式的局限性。他以托马斯·潘恩为例说,人们看到他的名字,首先想到的是《常识》的作者,一个意识形态方面的激进分子;其实潘恩同样具有"治国的技巧",他设计过一座桥梁,尽管后来实际建成的桥跟他的设计并不一样,但这体现了他的另一面,说明他是一个具有务实技能的实干家。

这两人的发言只是引子,接下来听众的评论和提问十分热烈。大家争相举手,纷纷要求发言。两个年轻人在会场传递话筒,不停地满场奔跑。虽然各人说的东西并不一样,但总的思想倾向却惊人地相似:意识形态学派已经过时,贝林和伍德的路径对于理解美国革命不再有什么意义。那些年轻一点的人说起意识形态这个字眼,说起共和主义范式,说起贝林和伍德的名字,语气中饱含讽刺和揶揄,让人觉得现在还讲什么意识形态和共和主义,简直是一桩可笑和可耻的事。我不禁想,这跟中国的学术风气是何等的不同:我们对于前辈学者,无论其说是否仍然成立,总是抱有敬意和尊重,绝对不至于用轻蔑的口气谈论他们。眼前的情形大概也体现了民主社会的特点,学术面前人人平等,不存在不可冒犯的权威,也没有什么不能质疑的真理。不过,我又想到,这些人虽然对于贝林和伍德颇为不屑,但他们中间似乎还没有人写出足以传世的"大书"来。谁都喜欢以"流派"相标榜,过于趋新求变,这反映了美国学术的活力,但也是它的致命软肋。

会场上还有两个细节给我留下了很深的印象。康特里曼说,照现在这种方式去做研究,可能会肢解美国革命史;不能把革命泛化,不能说有什么"印第安人之乡的革命"。主持会议的里克特笑着说:"确实是有印第安人之乡的革命呢!"全场立时爆发一阵大笑。大家心里都清楚,里克特的成名作叫《从印第安人之乡面向东方》,倡导从印第安人的视角重新审视美国早期史。他出面捍卫"印第安人之乡的革命"的提法,自然是不足为怪的。另外,普林斯顿大学的琳达·科利发言说,孤立地谈论美国革命,并不能清晰地认识其过程和结果的意义,而应该采取比较的视野,比较美国革命与英国革命、法国革命,看看革命的含义究竟是什么。科利说一口优雅而清脆的英式英语,在一片平民化的美式英语声调中,不免显得十分别致。

开幕会原定只有一个小时,结果延长了差不多半个钟头。散会后,麦克尼尔中心在邻街的一间屋子里办了一个招待会,备有酒水、点心和水果。人们三三两两聚在一起,都在热烈地交谈,屋内一片嘈杂。我在门口遇见了伍迪·霍尔顿①,随意聊了几句。几年前我请他参加过"北京论坛",这次重逢,不觉有几分亲切感。明天的会在另一个地方举行,我不熟悉路线,伍迪便答应带我坐地铁过去。

三

从5月31日开始,会场移到了美利坚科学研究会所属的富兰克林大厅。"American Philosophical Society"(APS)是一个有两百多年历史的学术团体,国内通译"美国哲学学会",可我觉得不大妥当。第一,这个团体成立于1743年,那时还没有美国,因之"American"不能当国名讲;第二,"Philosophical"在当时的含义并不限于哲学,而指所有关于自然和道德的知识,包括数学、物理、化学、天文等基础科学,似以译作"科学研究"为佳。这个团体的旧址在独立大厅附近,早已辟为历史纪念地。我们要去开会的富兰克林大厅,在原址对面的一栋大楼里,位于切斯特纳特街南侧,在第4街和第5街之间。

这几天费城天气晴热,早上的太阳就有点晒人了。我和伍

---

① 伍迪·霍尔顿(Woody Holton),南卡罗来纳大学教授,著有《被迫的建国者》和《不服管束的美利坚人与宪法的起源》等书,是近期从平民主义立场研究美国革命的代表性人物。

迪改坐公交车,早到了几十分钟。他要去接受"历史频道"的采访,我便一个人去"国家独立历史公园"闲逛。1997年夏天我到过这里,这次算是旧地重游。十多年过去了,这里发生了一些明显的变化,建筑整修一新,树木更加葱翳茂盛,游客好像也多了不少,尤其是中国游客很多,到处都能遇到讲汉语的人。我缓步走过整洁而小巧的木工大楼,从不同角度看了看独立大楼,又见到了富兰克林、罗伯特·莫里斯和约翰·巴里的塑像。我不免浮想联翩,发了一点思古的幽情。我想,革命年代这里是一种什么景象?即将开始的美国革命史讨论又会是一种什么情形?

会议九点开始。富兰克林大厅在大楼的中间,会议室就在一层。经过三四重门,进到一个约莫两百平米的屋子。进门两边放着饮料和点心,已有不少早到的人,手里端着杯子,正吃着点心,大约是没有吃早饭就赶了过来。屋子中间的走道两旁,摆了一百四十来把椅子,是那种金属框架布面椅,靠背不高,显得简易而朴实,坐上去倒也舒适。靠里是一个一米多高的台子,上面摆着一个长条桌子和一溜椅子,右侧是一个讲台。台子后面的墙上挂着三幅画像,分别是华盛顿、富兰克林和杰斐逊。三人均面朝左边,富兰克林居中,画幅比另外两幅要大一倍。既然叫做富兰克林大厅,这样的格局也是顺理成章的。稍后我又发现,上层还有一个阁楼,可坐几十人。楼上两边的走廊架着摄像机,想是"历史频道"的录像设备。

几声喇叭响过后,大家落座,会议就正式开始了。上午会议的主题是"全球视野(中的美国革命)"。前半场由四位年轻学者报告论文,主持人是安德鲁·奥肖内西。他是罗伯特·史密斯国际杰斐逊研究中心的主任,去年到北京开过会。那次会议是他同我合办的,因而也算是熟人了。他介绍了四位发言人的背景。台上的四位发言人中,只有两个女子还算年轻,而那两个男子须发灰白,看起来早已进入中年了。会议规定每人发言只有8分钟,迈克尔手握计时器坐在台下前排,对发言人有一种"威慑"的意味,提示他们不可超时。因此,有的发言人还带着闹钟上台。

头一个是南卫理公会大学的凯特·恩格尔(Kate Carte Engel),谈的是革命前圣公会的主教任命事件。她把这个事件置于国际视野中看待,认为此事表明大西洋两岸的异端教派已经意识到他们的内部联系,只是这种联系还相当脆弱,一旦帝国冲突公开爆发,大西洋两岸的同一教派也就分道扬镳了,此后美国走上了以自己国家为基础的宗教构建道路。第二位发言人是西北大学的凯特琳·菲茨(Caitlin Fitz),一个单瘦清秀、口齿伶俐的年轻女子。她的主题是1775—1825年"美洲革命的时代"对理解美国历史的意义。她说,在这50余年间,整个美国的白人在意识形态上信奉独立宣言的原则,相信"不证自明的真理"和"不可转让的权利";这种信念塑造了他们对拉美革命的态度,南方白人明知拉美革命反对奴隶制而仍表支持,与此有莫大的关系。第三个发言的是西北大学的阿伦·福格尔曼(Aaron Fogleman)。他长期研究革命后的移民和人口问题,认为革命对移民模式的改变发生了重要影响,因为革命前的移民以不自由的移民(主要是奴隶和契约仆)为主,而革命后的移民则多为自由人。这次他进而提出,看待革命对奴隶制的影响,不能只注意革命后奴隶数量的增长,而要看到奴隶在共和国初期美国人口中的比重有所下降。也就是说,如果从大西洋视野看问题,就可发现革命对移民和奴隶解放产生了巨大的影响,因为在1700—1775年间进入北美的移民近90%是奴隶,而1830—1870年间进入美国的移民80%以上是自由的欧洲人。纽约州斯托尼布鲁克大学的内德·兰兹曼(Ned Landsman)第四个发言,谈的是1707年英格兰合并苏格兰一事对理解后来北美殖民地与母国的争端具有什么意义。他认为,这次合并使"英格兰帝国"变成了"不列颠帝国",本来使得北美殖民地有可能进入一个"多民族国家联合体"的帝国体系;可是英国当局坚持单一主权议会的主张,以致帝国危机无从化解。

我猜想,这些发言都是他们目前正在做的大题目的一部分,而且可能是其中的精华。特别是两位年轻的女学者,所讲的内容似乎是取自各自的博士论文。在接下来的一个小时里,听众充当了主角,评论和提问都极为热烈和踊跃。多数问题都是提给菲茨的,看来她讲的东西的确引发了大家的思考。她的应对也颇为从容和得体。讨论的核心是美国对待拉美革命的态度,以及美国人自身革命的经历在其中究竟起了什么作用。另外,还有人对这一场的主题提出异议,认为他们讲的东西并不是全球视野,而至多只是大西洋视野。这话确有道理。在美国革命发生的时期,只有大西洋世界的英、法、德、西和波兰等国表示关注,一些欧洲人谈论美国革命的历史意义时,主要着眼点在于其精神和原则。只有当美国成长为一个世界性大国以后,美国革命才对更多的国家产生影响,这时它才具有全球意义。

休息半小时后,开始了上午会议的下半场,由三位评论人发言。我要在下午做评论发言,想从前面的评论人这里汲取一点经验,因而听的时候分外用心。爱德华·康特里曼指出,如果从更大视野来理解美国革命,需要考虑几个不同的层次:第一是北美的土著部落和分散的欧洲殖民地;第二是英属美洲;第三是欧洲在美洲的各个帝国及其相互关系。稍后我跟康特里曼聊天,得知这三个层次正是他目前的研究兴趣所在,希望借此建构一个解释北美早期历史的宏大框架。琳达·科利在分别评述前面四个人的发言后指出,用对革命原则的信念来解释美国白人对拉美革命的支持,可能存在局限,因为英国当时也支持拉美革命,为那里的革命者提供军火和经费,还有不少英国人直接去拉美参战。特拉华大学的克里斯廷·海尔曼(Christine Heyrman)谈的是革命与宗教的问题,说到了福音新教与天主教在革命时期的不同影响。这个话题又激发了新一轮热烈的讨论。有人提到了教友会与革命的问题,立刻在听众中引起共鸣。这是不难理解的事,因为费城本是教友会的大本营。

下午刚到两点,会场里又响起了帕特的喇叭,喧嚷说笑的声音很快平息下去。这一场的主题是"作为内战的美国革命"。前半场照例是由四位年轻学者报告论文。坦普尔大学的特拉维斯·格拉森(Travis Glasson)讲了一个1777年发生在罗得岛纽波特的故事,有个名叫理查德·普雷斯科特(Richard Prescott)的英军将领,晚上不住在军营,跑到外面同情妇相会,结果让美方军人捉住,当时身上只有一件睡衣。他从这个故事引申开去,谈到了英军占领区的居民与英军之间的错综复杂的关系。他们中许多人既不是积极的爱国派,也不是火热的效忠派,而是介乎中间的普通人。这个故事说明,革命战争对地方社会的人际关系产生了巨大的冲击。在澳大利亚悉尼大学教书的迈克尔·麦克唐奈几年前出过一本书,讨论革命时期弗吉尼亚内部的分歧和斗争。① 这一次,他继续开拓这一主题,认为革命战争时期那些不支持革命的人,以及他们所采取的抵制战争的行动,延长了战争的进程,增加了战争的烈度。他提出,必须"认真对待战争",将多数人在战争中的经历纳入革命的历史叙事。特拉华大学的金伯利·纳思(Kimberly Nath)也讲了一个故事:费城教友会信徒休梅克(Shoemaker)一家,在革命时期拥护英国,因此失去了财产和生计,被迫家人分离。通过这个故事可以看出,革命政权通过财产剥夺,辅以忠诚宣誓,以排斥的方式来界定"公民身份"。坦普尔大学的阿伦·沙利文(Aaron Sullivan)的报告有个很有意思的题目:"身处其中而不属于革命:英军占领下的费城的中立派"。他的主要观点是,用"辉格派"和"效忠派"两极对立的眼光看革命是不妥当的,遮蔽了多数在革命中处于中间地位的人群;革命政府为了以"人民"的名义来建立得到被统治者"同意"的政府,却不惜以强制的方式来获取这种"同意"。

显然,这些发言正好阐发了卡敏斯基在开幕会上提出的命题:革命的模糊性和破坏性。这种路径体现了美国革命史研究的新取向,深得听众的响应。他们纷纷要求得到话筒,坐在阁楼上的听众抗议给他们的机会太少,几个老是举手而没有被叫到的人也在抱怨,局面一时有点失控。提问的人大多称赞这几个发言具有开拓性和启发性,称之为"微观史"研究。还有人提出,如何理解"内战"的含义?把不支持革命的人称作"中立者"

---

① 迈克尔·麦克唐奈:《战争的政治:革命时期弗吉尼亚的种族、阶级和冲突》(Michael A. McDonnell, *The Politics of War: Race, Class, & Conflict in Revolutionary Virginia*),查珀希尔2007年版。

是否恰当？如何看待这几个故事中的女性角色？迈克尔向四位报告人提了一个很有意思的问题：这些故事本身都很不错，可是如何发掘它们的意义，以便把它们整合进一种新的革命史叙事中去呢？台上的四个人似乎都没有做好准备，所答不得要领。看来，他们目前心里还只装着小故事，对于小故事与大历史的关系还缺乏思考。这也许正是"微观史"研究的通病。

下半场照例是针对前面发言的评论专场。因"历史频道"要录像，每个发言人都需别上一个声音传输器。根据会议安排，我第一个发言。我讲的大意是，但凡革命都不外是内战，但美国革命很特别，被说成了许多种不同的"内战"。过去一些史家研究了底层民众和边缘群体在革命中扮演的角色，也发掘了反对革命的效忠派的经历，而今天几个发言人重点讲了那些不革命、也不反对革命的人的经历，以此揭示革命对于社会关系和个人心理的破坏性冲击。这类研究揭示了一种重写革命史的可能性，也就是要把革命期间那些不属革命阵营、也不属于反革命阵营的人的经历和感受写入革命史叙事。但这种重写的努力可能遭遇一些难题，比如资料不足，如何看待普通民众与建国精英的关系，如何区分美国革命史与革命时期的美国史，等等。我特别强调，如果把过多的东西强加于美国革命之上，不仅会使革命史不堪其负，还有碎化革命史叙事的风险。接着发言的是马里兰大学的马乔雷恩·卡斯(Marjoleine Kars)，她谈的是与革命时期黑人和奴隶制相关的问题。最后是早期社会史名家乌尔里克发言。她现在是哈佛大学的"大学讲座教授"，学术地位很高。她重点谈了"内战"和"革命"的含义，引用了不少同行的看法。接下来的听众参与，主要围绕乌尔里克提出的问题展开，发言的人大多只作评论,很少提问。其中有个人提到,既然要"认真对待战争",是否应当研究以及如何研究革命时期的军事史？我回应说,哈佛的德鲁·福斯特校长几年前写了一本讲内战的书,叫做《受难的国度》,叙述内战中的死亡问题①;独立战争中也有大量的伤亡,看来也值得研究。乌尔里克连连点头称是。

下半场结束时,乌尔里克同我握手,互表祝贺。我走下讲台后,遇到好几个人向我表达了善意的称赞,还有人跟我讨论其中涉及的问题。伍迪·霍尔顿拉住我问道:"你刚才的评论正好回应了迈克尔提出的问题,你们两人是不是事先合计过？"我说没有。

会后,费城图书公司为与会者举办招待会,地点离会场有好几个街区。有个来听会的人主动给我带路,一路上跟我聊天。这是个年轻女子,生得丰腴而苗条。她说自己是犹太人,小时候随父母到过中国;以前做律师,现在改当导游,特意抽空前来旁听会议。我想,费城本是美国革命的"圣地",革命遗址都已成了重要的旅游资源,做导游的对美国革命史感兴趣,是再正常不过的事了。

四

6月1日的会议仍在 APS 的富兰克林大厅举行。我已知道怎么去那里,便早早离开旅馆,独自朝会场的方向走去。离开会

---

① 德鲁·福斯特:《受难的国度:死亡与美国内战》(Drew Gilpin Faust, *This Republic of Suffering: Death and the American Civil War*),纽约 2008 年版。

还有一个多小时,我沿着切斯特纳特街北面的市场街(Market Street)一路向东,走到第 6 街,然后折向北,经过国家宪法中心,再从雷斯街(Race Street)来到了特拉华河边。站在深入河中的矶头上,眺望宽阔的河面,只见河水幽深浩荡,早上的阳光照在上面,闪动着粼粼的光影。大河两岸楼宇高耸,富兰克林大桥上汽车呼啸穿梭。遥想当年,威廉·佩恩就从这河边登陆,建立了费城;在独立战争时期,费城成了革命的中心,也是英军和革命军争夺的重点。经过几百年时光的淘洗,许多史迹都已模糊,虽经历代史家精心修复,还是难以看出清晰的面目。昨天会上的讨论,正好说明了革命史的不确定性。

上午的会议讨论"暴力与美国革命"。前半场由迈克尔主持,发言人有三位。纽约城市大学斯塔滕岛校区的扎拉·阿尼尚斯林(Zara Anishanslin)讲的也是一件小事:1779 年,有个逃脱易洛魁人抓捕的白人士兵,手里有一块据说是白人的带发头皮,上面有一行记述其来历的字迹。她从这件实物史料看出了革命期间人们对待暴力的态度,以及革命后化解暴力的方式。乔治·华盛顿大学的丹佛·布伦斯曼(Denver Brunsman)发言,讲的是革命期间英美双方强征海员的事。他说,过去把美国革命说成是内战,关注的是陆地上的战争;如果考察大西洋上英美双方的强征海员,就可见美国革命也是一场海上的内战,是一场打击人的心灵的战争。在朱尼亚塔学院(Juniata College)教书的华裔学者熊戴维(David C. Hsiung),提交的论文是讨论革命中的火药短缺问题,但他的发言却临时改了主题,谈的是他对昨天两场讨论的看法,以及环境史对理解美国革命的意义。

今天会场里的人比昨天少了许多,楼下空了不少椅子,楼上的听众更是稀稀拉拉。不过,听众发言还是很积极,都争着举手要话筒。从多数人的评论看,这一场的几个报告显得比较弱,与主题的切合程度也不高,没有充分阐释暴力与革命的关系,以及革命中暴力的形态和意义。听众中有人问,暴力和战争中的其他行动之间的区别是什么?报告人的回答所依据的是他自己对暴力的定义,似乎没有考虑到革命时期人们对暴力的看法和态度。我边听边想,讨论革命中的暴力还是要有一点历史意识,要关注这样一些问题:革命时期的人们如何界定和看待暴力?作为革命行动的战争是否赋予暴力以某种程度的正当性?如果离开了这种正当性,革命的意义是否还能成立?交战双方对于暴力的使用及其态度是否存在差别?交战双方调动了何种意识形态资源来把暴力合法化?革命者是如何软化革命中的暴力的?

碰巧的是,在接下来的评论专场中,牛津大学的彼得·汤普森对这些问题做了阐述。他谈到,从不同的立场对暴力有不同的理解,在白人士兵看来土著武士使用的是暴力,而在印第安人那里则是一种抵抗白人进攻的必要手段。也就是说,对暴力的界定具有相对性。在这一场做评论的,还有加州大学伯克利校区的玛格蕾塔·洛弗尔(Margaretta Lovell)和匹兹堡大学马库斯·雷迪克。我觉得雷迪克的一番话有点意思。他说,过去人们通常觉得,历史是由组织严密的少数人创造的,而现在这些研究表明,革命中高达 60% 的人是中立的,20% 的人是效忠派。这说明,研究革命史不能从跨国视野出发而忽视民族国家的维度;由此出发,可以形成研究美国革命的某种"新议程"。但是,美国革命史与政治历来是纠缠在一起的,20 世纪 90 年代的历史教科书标准之争表明,这种美国革命的新叙事肯定是不会为美国政府所喜欢的,因为它不够"爱国";如果照这样来写美国革命史,那就要做好心理准备,因为作者可能成为很多政府官员的敌人。这时,台下的人发出了会心的笑声。他接着说,到目前为止,关于美国革命的讨论漏掉了两个重要的问题,一是"革命理念的深刻的历史力量",即革命时期人们相信,人类能把自己组织起来并发动社会运动以改变历史的进程;二是所谓"历史动力"(historical agency)的作用问题,也就是"谁是历史的创造者"?美国革命也许不乏缺陷,但它充分显示了人类以集体行动来改变历史进程的巨大力量。他的这些思考带有一点历史哲学的意味,但他是个演讲高手,说话生动有力,清晰明确。

下午到会的人似乎比上午还要少。连续几天高强度的信息和思想冲击,使得不少人略显疲沓。帕特的喇叭叫了好几遍,会场上才渐渐安静下来。这一场的主题是"权力与美国革命"。报告论文的部分由伍迪·霍尔顿主持。俄亥俄州立大学的马克·布恩肖夫特(Mark Boonshoft)讨论的是殖民地后期公民社会的发展与革命期间权力集团的强化之间的联系。他谈到,大觉醒运动期间和之后出现的"学园",在课程设置和教学方法上都有改革,进入这些学校的一大批人并不是为了毕业后当牧师,而是要为其他生涯积累社会和文化资本,这些人在革命时期成为权力中坚。哥伦比亚大学的马修·斯普纳(Mathew Spooner)谈的是革命期间南部社会的变化,主旨是财产的转移造成一个"商人—种植园主"阶层的兴起,这些人推动了南部内陆的发展。最后一位报告论文的是哥伦比亚大学的布赖恩·罗森布利思(Bryan Rosenblithe),他谈的是18世纪中期后英国在非洲和美洲的征服活动及其反响,以及这种反响与美国革命起源的联系。他强调要从空间的维度来理解 18 世纪中后期的帝国冲突。这几个发言人都挺年轻,似乎是在读的博士生,所讲的东西可能是他们正在做的博士论文中的内容。

听众的评论和提问也还热烈。有人提到,南部在美国革命中的地位没有受到重视,其实,南部的经历对于理解美国革命的意义很有价值。原定有三位学者做评论,结果澳大利亚墨尔本大学的特雷弗·伯纳德(Trevor Burnard)没到,只有哈佛大学的安妮特·戈登-里德(Annette Gordon-Reed)和南卡罗来纳的戴维·希尔兹(David Shields)两位。戈登-里德是个近年声名鹊起的黑人女学者,以研究海明斯和杰斐逊的关系出名,其文笔颇受称道。她的口才也极好,说得台下一阵阵发笑和叫好。这两天我同希尔兹有些接触,觉得他是个朴实无华的人。可是他一站到话筒前,立刻就像是换了一个人,极富口才和表演天赋,模仿所引用的人的口气说话,逗得听众开怀大笑。至于他们具体讲的什么,我已不甚了然了。

最后是闭幕会,主持人是波士顿大学的布伦丹·麦康维尔(Brendan McConville)。他说话口音很重,语速极快,我的听力根本跟不上。会议请了四位学者谈他们近期的研究工作,并展望相关领域的前景。这四位学者是:佐治亚大学的克劳迪欧·桑特(Claudio Saunt),北卡罗来纳大学的凯瑟琳·杜瓦尔(Kathleen DuVal),罗切斯特大学的托马斯·斯劳特(Thomas Slaughter),加州大学戴维斯校区的艾伦·泰勒。我对泰勒的讲话印象较深。他说自己正打算写一本关于美国革命的新书,上接前些年出的那本《美洲殖民地》,想从更大的地域范围、更长的时段来考察美国革命。他承认,这些天听到的发言给了他不少启发。革命造成了巨大的冲击和矛盾,给美国社会和政治带来深刻的变化。贝林宣称美国革命造成了"自由的蔓延"(contagion of liberty),但最近有些学者却说美国革命减损了自由,实际上是"奴役的蔓延"(contagion of slavery)。这次会上的论文提出了不同于这两个"蔓延"的新思路,揭示了革命时期自由问题的复杂性。另有一些论文特别强调战争的意义,关注战争造成的创伤和对正常生活的破坏。这说明,以往的研究忽视了革命给普通人造成的压力。泰勒说话声调低沉平缓,但清晰流畅,也不乏风趣,不时激起阵阵笑声。例如,他开场便说:"作为最后一个讲话的人,处在听众和啤酒之间,总是一件有风险的事。"引得听众一阵大笑。不过,我总觉得他的神态和语气中包含一点矜持。听说他马上要去弗吉尼亚大学任教,接替刚退休的彼得·奥努夫的职位,担任"托马斯·杰斐逊讲座教授"。

会议结束后,美国革命博物馆举行招待会,地点在切斯特纳特街和第3街的拐角。参加会议的人全都聚集在那里,一面享用各种食物和饮料,一面听博物馆的负责人致辞,气氛十分热烈。我喝了一瓶"塞缪尔·亚当斯牌"啤酒,这是某个机构捐给会议的。待正式的仪式一结束,我就去同迈克尔道别。我出了博物馆,迎着西沉的热辣阳光,沿着切斯特纳特街走回了旅馆。

五

6月2日清早,我打车到费城第30街火车站,买好了前往华盛顿的火车票。8点13分,火车准时开出了站台,一会儿就把费城抛在了后面。我望着窗外不断变换的景物,悄悄整理了一下这几天的见闻和感想。

　　这次会议留给我最直观的感受是,形式新颖,气氛热烈,开放而活泼。就我的知见所及,美国的学术会议通常注重讨论和交流,不同于国内那种采取学术报告形式的"研讨会"。但是,这次会议在讨论和交流方面,可以说达到了前所未见的程度,完全是一场接一场的学术对话,一次接一次的思想交锋。主讲人占用的时间远不及听众多,听众发言之踊跃,思路之活跃,言辞之利索,真是令人啧啧称奇。要开好这样的会并不容易,需要具备多方面的条件。首先是要把论文提前发布,让与会者事先了解其内容和主旨,这样 8 分钟的报告才能有效地刺激思考。其次是会议进展中要严格控制时间,发言不能超时。最后,无论是主讲人还是听众,都要有学术水准,都要乐于贡献自己的思想。我发现,每个在台上发言的人都很幽默,很擅长演讲术,短短 8 分钟,总能把听众逗笑几次,同时又不流于油滑,无损于学术的严肃性。为每个专题都设一个平行的评论专场,也确实是一个效果极好的创举。还有一点也值得一提:女性在会上扮演了重要角色。在 30 余位大会发言人中,有 12 名女性;听众中的女性不仅人数多,而且参与的兴致也格外高昂。这在国内学术会议上是难得见到的景象。

　　当然,给我触动最大的还是会议的旨趣。显然,迈克尔他们发起这次会议,意在寻求美国革命史研究的突破口,要为一个老旧的课题注入新的活力。可是,这种"重生"的美国革命史,究竟会是一种什么样式呢?这些"21 世纪的新视角",真能开创美国革命史研究的"新局面"么?

　　会议的组织者是一些志同道合的人,他们都厌恶经典政治史，反感那种注重精英的革命史，不满于少数几个权威长期垄断革命史领域的局面。在这次会议上，我们熟悉的美国革命史权威大多没有露面。年过九旬的伯纳德·贝林自然不能到会，即便他年轻十岁，大约也不会进入受邀请的名单，因为他早就被看成是"过了气"的人物。精神健旺、仍然著述不辍的戈登·伍德也没有来，他要是在场，大家就不便把他作为攻击的靶子了。近年来势头很旺的杰克·雷科夫、约翰·弗林等人也没有出席，大概是由于他们写的都是以精英为主角的革命史。在这次会议上，倒是有好些人都推重一个老人，就是2012年过世的艾尔弗雷德·扬①，一个研究革命时期下层民众和激进主义的先行者。大家共同尊奉这样一位史家，会议的基调就可见一斑了。

是的，会议的基调就是要冲出精英主义和意识形态学派的阴影，改变革命史研究的方向和重点，开拓新的视野和新的路径。从会议的学术报告、评论和问答来看，关注点完全是革命中的普通人，而不是建国精英，华盛顿、杰斐逊、富兰克林、亚当斯、麦迪逊等人被提到，不过是因为他们的言行牵涉到普通民众。就普通民众而言，所关注的也不是他们对革命的贡献，而是他们在革命中所承受的痛苦和不幸。大家对革命的原因完全失去了兴趣，眼光都盯在革命的过程和后果上面。而且，革命的过程也不是宪法的制定，不是各州的改革，不是共和政体的建立，而是战争对社会生活和个人命运的冲击，以及给财产、生命和自由造成的损害。也就是说，革命不再被简单地视为一种推动进步的

---

① 艾尔弗雷德·扬（Alfred Young, 1925—2012），美国左翼史家，生前曾执教于北伊利诺伊大学，著有《制鞋匠和茶会：记忆与美国革命》等书。

力量，而是一场具有广泛破坏性的社会动荡。尽管也有学者提到了革命的积极意义，但许多人对革命的结局并不满意，觉得革命本应代价更低而成效更高。研究的题材通常都不触及革命的整体，而只是细微的个案；虽然也有人力图引入大西洋视野或全球视野，但更多学者热衷于微观史。虽然美国革命主要是政治史的题材，但研究者大多采取了社会史和文化史的路径。

其实，这样的研究早已零星出现，这次会议不过是把各种分散的东西集合起来，通过鼓动和倡导，以期形成一种潮流。从美国史学史着眼，这种求新的努力并不难理解。美国革命史早已是一块熟地，要长出新的庄稼，必须引入新的品种，采用新的栽培技术。新品种就是普通人的经历和边缘性的题材，新技术就是全球视野和社会文化史。这样写成的美国革命史，显然不再是革命者的"赞歌"，而毋宁是不革命和反革命的人的"悲歌"。关注普通人的经历，对被历史边缘化的人抱以同情，这体现了一种更宽厚的人文关怀，较之那种暗含目的论的进步史观，当然要深刻得多，也公正得多。

这种革命史观的出现，自有其更大的社会政治语境。最近几十年来，美国财富精英和权力精英的联手控制趋于加强，社会激进主义不满情绪上涨，于是，不少学者对革命史研究中的精英取向表示反感，把目光转向了那些长期被历史所抛弃或遮蔽的群体。当然，其中也许不乏实际的考虑；新生代学者需要谋求学术生涯的开端，在老一代开掘得很深的题材上，自然没有多少用力的余地，只能另辟蹊径，另起炉灶。

在一定意义上，美国人的确是得天独厚的人民，他们把自由、民主和宪政这些世界许多地方的人长期争取不到的东西，视为理所当然之物。在带有激进倾向的史家看来,美国宪法虽然保护权利,但保护得远远不够,没有尽早把更多的群体和个人包容在内;美国民主虽然是世界上历史最悠久的现代民主,但运行得并不理想,精英的权力和影响过大,普通人的声音往往受到压制;虽然美国人崇尚平等,社会风气也倾向于平等,但种族、性别和阶级等因素长期为平等设置障碍。他们在追寻这一切不理想现象的根源时,自然想到是美国革命没有很好地完成它的任务。这种看问题的方式似乎带有非历史的特点,是一种现实关怀(也就是美国学者常说的"现时主义")"绑架"学术的表现。我想,如果这些美国史家关注世界其他国家近现代的历史,了解世界其他地方发生的革命,应当会具备一种比较的意识,经历一个"陌生化"的过程,这样或许能对美国革命者产生某种"了解之同情"。

在这几天的会上,我很少听到有人从正面提及建国之父、宪法和意识形态。这是否意味着,"重生"的美国革命史,将是抛弃了这些经典内容的革命史?完全屏蔽建国之父,抛开立宪运动,不讲意识形态,还能写出一部真正的美国革命史吗?在会上的发言中,不时听人谈到"新叙事",可是这些新的研究能在何种程度上形成一种"新"美国革命史,似乎还是一件需要"假以时日"的事。

从这里我不由得想到,中国学者究竟应当如何研究美国革命史。开会的间隙,不时有美国学者向我打听中国的美国史研究。他们关心的是,中国学者喜欢什么题目,采用什么理论。我告诉他们,中国人研究美国史,面向的是中国读者,不可能完全追随美国史学的步子,而须有自己的关切和重点;以目前中国的社会政治形势和研究状况而论，美国革命在政治和社会层面上的重大问题仍然是有意义的。如果中国学者也去讨论革命中的某个效忠派家庭，关注某些被迫宣誓忠诚革命政权的个体，可能不会有什么实际的价值。

  这些话他们是不是能够接受，我也不得而知。不过我觉得，了解美国史学界目前正在想什么和做什么，对于我们思考和摸索美国史研究的路径，无疑是很有启发和帮助的。他们做的东西，我们可能还没有条件去涉猎，但绝不能说那只是纯粹的标新立异。美国史家有自己的现实关怀和学术追求，对此我们也要抱以"了解之同情"的态度。

2013年写于北京

伯纳德·贝林的史学及其启示

在美国早期史领域,伯纳德·贝林独张一军,卓然成家,任何一个要在政治史和人口社会史的研究上有所作为的学者,都不能忽略他的一系列著作。早在80年代初,国内学者在撰文评析美国学者关于美国革命的观点时,就提及贝林①;他作为美国历史协会主席发表的演说,于90年代初被迻译为中文②;同时还有文章评介以他为主将的"共和修正派"史学。③ 不过,他的学术成就并不仅限于对美国革命的研究。他在美国早期史领域有多方面的建树,在理论和方法上有独到的思考和尝试,对现代史学的挑战也作出了自己的应答。他的治史经验又一次表明,史家在探索幽暗而神奇的过去世界时,才情、学识、技艺和想象力,四者都是不可或缺的。

---

① 丁则民:《关于十八世纪美国革命的史学评介》,载中国美国史研究会编:《美国史论文集1981—1983》,三联书店1983年版,第59—60页;张友伦:《评美国资产阶级史学关于美国独立战争性质和原因的几种论点》,载《美国史论文集1981—1983》,第88—89页。

② 译文载王建华等译:《现代史学的挑战:美国历史协会主席演说集》,上海人民出版社1990年版,第386—423页。该文集的主标题系采用贝林演说的标题。

③ 满运龙:《共和修正派与当代美国思想史学》,《历史研究》,1990年第4期。

一、美国早期史的解释框架

生于1922年的贝林,属于二战后复员重新入学而获得博士学位的那一代学者。他自1949年起一直执教于哈佛大学,于1981年担任"亚当斯大学讲座教授"这一哈佛最高的教职。与艾伦·内文斯和菲利普·方纳那种"历史著作工场"式的史家相比,贝林不算多产,迄今已出版的著作不过十余种。但他的作品以质取胜,所著《美国革命的意识形态起源》同时荣膺普利策奖和班克罗夫特奖,《托马斯·哈钦森的磨难》获得全国图书奖,《渡海西行的人》再获普利策奖。在美国历史学家中,一生获得4项全国大奖者,即便不是绝无仅有,亦当寥寥可数。

贝林的治学历程,以20世纪70年代末为界,大体可分两个时期。前一时期,他侧重研究早期政治史,特别是美国革命史,其学术声誉即奠基于此;近20年来,他的研究兴趣转向人口社会史,其"大西洋史"工程目前尚在进展当中。

在贝林开始涉足美国早期史时,他前面已经矗立着许多高峰似的大家。19世纪的乔治·班克罗夫特、弗朗西斯·帕克曼自不待言;在20世纪前半期,查尔斯·安德鲁斯、劳伦斯·吉布森、赫伯特·奥斯古德之于殖民地史,查尔斯·比尔德、老阿瑟·施莱辛格、卡尔·贝克尔、梅里尔·詹森之于美国革命史,塞缪尔·莫里森、佩里·米勒之于思想文化史,都是各领风骚的一时名宿。贝林作为后进,如果不能标新立异,自然就无法走出那些大家所投射的巨大影子。

贝林选取的路径,是从政治文化的演变入手,梳理美国早期政治史的脉络,进而构筑一个解释美国革命的新框架。他的工作在三个层次上展开:一、探寻北美政治的渊源;二、描述美国革命的思想意识的形成;三、阐释革命的思想意识对革命时代思想观念的重塑。

贝林发现,在北美殖民地居民中,极其珍视自由权利、高度警惕专权暴政的心理,堪称根深蒂固。他们相信,在世界各国当中,唯有英国宪政体制最为完善,英国社会的三大等级,即王室、贵族和平民之间的关系,反映到宪政体制当中,就是君主、上议院和下议院三者之间的平衡,这种平衡抑制了权力这一自由的天敌的膨胀和扩张,为自由提供了根本的保障。但是,英国掌权的大臣们为了控制权势,采用腐败的方式,力图打破宪政体制内部的平衡,"英国人的自由"于是危在旦夕。那些大臣们还和殖民地官员联手,要将这种"腐败的"计划贯彻到北美,使北美居民沦为失去自由的奴隶。无论是制定《印花税法》还是驻军北美,无论是"波士顿惨案"还是"五项不可容忍的法令",都被认为是英国那些邪恶的大臣们试图剥夺北美居民自由的证据。殖民地居民感到,不论在英国,还是在北美,一个扼杀自由、奴役人民的巨大阴谋正在形成和扩展,这使他们惊恐不安,不得不拿起武器来反叛为"腐败"所吞噬的英国,在北美为自由保留一个"避难所"。这些想法并非为精英人物所独有,而是广泛散布于大众中间的"意识形态"(ideology),已经成为一种精神状态。美国革命即为这种精神状态所孕育和催生。此即解释美国革命起因的"阴谋假说"。

富有反讽意味的是,这一反英的革命的意识形态,却是由英国的思想资源培育而成的。贝林认为,18世纪的北美居民在文化上还是属于"英格兰的",他们对于英国政治和政治思想十分敏感。在沃波尔主政时期,英国存在一个强大的政治反对派,他们借助"平衡宪政"的理论,抨击沃氏专权跋扈,破坏宪政,严重危害民众自由。他们指责当局腐败,高扬自由和权利的旗帜。在这群被称作"乡村派"的政论家中,约翰·特兰查特和托马斯·戈登名声最盛。他们上承詹姆斯·哈林顿、阿尔杰农·西德尼的共和主义之余绪,下启风行18—19世纪英美世界的政治自由主义的先河。这些反对派的言论,在英国本土并无很大反响,可是他们的论著在北美却不胫而走,深入人心,为殖民地人士所接受,成为他们观照英国政治、维护自身权利的有力工具。

但是,北美人士从英国吸收的思想资源,在同北美的社会实际相结合的过程中,发生了重大的转化,成为自有特色的革命的意识形态。它不仅推动革命运动的兴起,而且深入北美社会的各个方面,造成了深刻的思想变动,使人们对民主、自由、权力、代表制、奴隶制、平等、主权等一系列问题进行重新审视,产生了新的认识,形成了新的态度和信念,并且体现于建国的实践之中,造成了一场深刻的思想革命。

通过这三个层次的分析,贝林提出了关于美国革命的新观点:美国革命不是各社会集团之间为了实现社会或经济结构的变动而进行的斗争,它不是一场社会革命,社会变动是革命的后果而非革命本身;革命首先是一场思想意识、宪法和政治的斗争,它的思想渊源主要不是自然权利、社会契约这套洛克式的政治哲学,而是英国内战中产生、经过18世纪英国政治反对派继承和发展的"反专权主义"思想;革命的结果是使美国人民的精神面貌发生巨大变化,形成了新的社会政治观念。从这个意义上说,美国革命乃是一场十分激进的政治革命和思想革命。① 贝林的论点,在"辉格学派""帝国学派""进步主义学派""一致论学派"诸种解说之外自成一家,是近 30 年来美国革命研究中影响最盛的一派学说。

贝林在构筑他的美国革命解释框架时,借助了既往的史学资源。他和早年的帝国学派一样,注重北美和英国的历史联系。但帝国学派主张"从外部"来考察殖民地,他们写出的是以英国为主角的殖民地史②;贝林把目光投向英国的目的,则是为了更清楚地看出北美历史变动的源流。在他之前,卡罗琳·罗宾斯勾勒了英国政治思想投射到北美的基本轮廓③,贝林承认自己从这类研究中获得了灵感。④ 另外,他关于美国革命首先是一场思想革命的观点,可以说是化脱于约翰·亚当斯的看法。⑤

---

① 参见伯纳德·贝林:《美国革命的意识形态起源》(Bernard Bailyn, The Ideological Origins of the American Revolution),马萨诸塞州坎布里奇 1967 年版,前言第 6—8 页;第 19、160—161、302 页。

② 参见查尔斯·安德鲁斯:《美国历史上的殖民地时代》(Charles Andrews, The Colonial Period of American History),纽黑文 1934 年版,第 1 卷,序言第 10—11 页。

③ 卡罗琳·罗宾斯:《18 世纪的共和派》(Caroline Robbins, The Eighteenth-Century Commonwealthman: Studies in the Transmission, Development, and Circumstance of English Thought from the Restoration of Charles II until the War with the Thirteen Colonies),马萨诸塞州坎布里奇 1959 年版。

④ A·罗杰·埃柯克:《有时是艺术,从未是科学,但总是技艺:与伯纳德·贝林谈话录》(A. Roger Ekirch, "Sometimes an Art, Never a Science, Always a Craft: A Conversation with Bernard Bailyn"),《威廉—玛丽季刊》,第 51 卷第 4 期(1994 年 10 月号),第 646 页。

⑤ 约翰·亚当斯在 1818 年 2 月致 H. 奈尔斯的信中说,人民在原则、意见、情绪和感情等方面的剧烈变化,乃是真正的美国革命。见查尔斯·F. 亚当斯编:《约翰·亚当斯著作集》(Charles F. Adams, ed., The Works of John Adams),第 10 卷,波士顿 1856 年版,第 282—283 页。

在贝林之后,戈登·伍德又将这种思想史的理路运用于对整个革命时期的研究,更进一步描画了革命和建国的政治文化图景。①

从70年代末开始,贝林的研究重点转向跨大西洋的人口运动和北美社会的形成。这一研究兴趣的转换,并不意味着贝林的学术路径的断裂。就历史运行的逻辑来说,北美社会的发育成长,乃是美国独立的最深层根源;从贝林个人的治学历程来看,他所注重的那种大西洋两岸政治思维上的联系,归根结底是同文同种的反映。他之构筑"大西洋史"的框架,既是其治学路径的自然趋向,也为他实现学术上的自我超越提供了重大机遇。

贝林把整个大西洋世界看作一个历史单位,认为从大西洋的一边向另一边的人口运动,以及由此造成的一个新社会的兴起,乃是世界历史上的一大奇观。这种跨大西洋的人口运动,不单纯是一个人口史和移民史的问题。为了开拓一种新的研究路径,贝林使用了"peopling"(人口定居)这一概念。按他的理解,"peopling"的含义是人员充实,有人口移出,也有人口移入,还暗含定居、开辟和使用土地、社会流动和边疆等意义,同时也包括不同的和相互冲突的人群和种族的混合,社会模式、社区和家庭组织的演化,人口特征的形成等方面的内容。借助这个概念,可将传统的移民史、边疆史、文化人类学、社会学和人口史诸多领域结合在一起,形成一个构架宏大、内容丰富、视角新颖的研究课题。② 他把这个课题命名为"英属北美的人口定居",这样

---

① 见其所著《美利坚共和国的缔造:1776—1787》(Gordon S. Wood, *The Creation of the American Republic, 1776-1787*),纽约1969年版。

② 伯纳德·贝林:《英属北美人口定居导论》(Bernard Bailyn, *The Peopling of British North America: An Introduction*),纽约1986年版,第7—8页。

就超越了单纯的移民史而产生了全新的意义。①

围绕这个课题,贝林已出版两部著作:一是带有总论性质的《英属北美人口定居导论》;二是一项个案研究,书名是《渡海西行的人:革命前夕美利坚人口定居中的一次人口迁徙》。目前贝林正在致力于进一步的研究,他虽年逾七旬,但精力充沛,相信不久便会有新作问世。

在《英属北美人口定居导论》一书中,贝林提出了研究美国早期人口社会史的总体构想。第一,跨大西洋人口运动的原初动因,必须和移民所来自地区的人口流动结合起来考虑,才能得到恰当的理解。在17—18世纪的不列颠诸岛和德意志地区,一直存在十分活跃的内部人口流动,为了寻求改善而迁徙,几乎已成为大不列颠居民和德意志人的习性;当横越大西洋的航行变得更加畅通时,这些本来就已习惯于迁徙流动的人们,就很自然地选择北美作为他们寻求机会的目的地。因此,向北美的人口运动和定居,乃是移民原住国国内人口运动的外向延伸和扩展。但到后来,影响人口运动的因素发生了变化,北美的拉力成为一种独立的力量,足以改变欧洲的人口构成和迁徙模式。第二,北美社会的形成不存在统一的模式,移民在到达北美和定居、开发的过程中,出现极大的多样性和差异,正是这种多样性和差异构成移民社会的背景。随着移民来源的多样化,北美社会的民族和文化构成也就变得更为多样化。如果不充分考虑这种丰富的

---

① 伯纳德·贝林:《渡海西行的人:革命前夕美利坚人口定居中的一次人口迁徙》(Bernard Bailyn, *Voyagers to the West: A Passage in the Peopling of America on the Eve of the Revolution*),纽约1986年版,前言第19页。

多样性,就不能理解北美社会形成的复杂性。第三,在最初的殖民运动完成后,北美一直存在的劳动力需求和狂热的土地投机活动,乃是刺激欧洲人口流向北美的主要因素。北美劳动力市场的变动,直接影响到移民的类型:在欧洲的契约仆移民锐减时,来自非洲的强制性移民(黑人奴隶)开始大增;当北美需要熟练劳动力时,工匠和熟练农夫就成了移民的主体。土地投机则是一种重要的职业,投机者直接参与组织移民的活动,推动了跨大西洋的人口运动。第四,作为跨大西洋人口运动的结果而出现的北美文化,可视为西方文化的一个遥远的外围地带,是欧洲都市文化体系的"边界地带",只有从这个角度才能理解北美文化的性质。

这是贝林在人口社会史研究中的总体思路,它涉及移民的发生学、人口运动的持续动力、北美社会的形成等一系列重大问题。这个构想显示了贝林那种汇聚移民史、人口史、边疆史、社会史、文化史等各种视角来考察北美社会起源的学术雄心,的确是不同凡响的创意。如果能够基于这个构架,以具体的实证研究充实其细节,北美社会的形成过程当得到清晰的展现。不过,到目前为止,贝林的北美社会形成图景还是粗线条的。虽然他在《渡海西行的人》中,对这个图景的一个局部作了精致而出色的勾画,但他面临难以逾越的资料限制,再加上以一人之力担当如此浩大的工程,其完竣的前景看来还是十分遥远的。不过,仅是他所提出的研究构想和所做的研究尝试,就足以改变美国早期人口社会史的面貌。①

---

① 阿伦·福格尔曼:《早期美国的人口定居:伯纳德·贝林的两项研究》(Aaron Fogleman, "The Pepopling of Early America: Two Studies by Bernard Bailyn"),《社会和历史比较研究杂志》,第31卷第3期(1989年7月),第605—614页。

二、理论取向和方法论特征

在贝林开始其治学生涯时,美国史学界清算进步主义史学遗产的运动逐渐走向高潮,在这种背景下兴起的"一致论学派",构筑了一种以突出社会一致性和历史连续性为特征的美国史解释框架,使五六十年代的美国史学为之一变。继之而起的"新左派"学者,则发展了进步主义史学的冲突论和突变论,可以说是60年代社会思潮在史学界的映射。贝林在思想上似乎没有为这些思潮所熏染。这些学派在思想方法上都有一个明显的缺陷,那就是将历史过程简单化和公式化,而且为了满足现实需要而不惜扭曲历史。这正是贝林所深不以为然的。

在历史观方面,贝林既无那种客观再现过去真相的兰克式雄心,又拒斥卡尔·贝克尔那种过去实在无法确知的悲观论调。一方面,他反对将"过去实在"和历史知识相互等同;另一方面又坚信,表现过去世界的努力应以尽量精确和充分为目标。他认为,把握过去发生的一切和人们对过去发生的事情的表现之间的关系,乃是一切历史研究中至为关键的因素。① 历史研究的意义和价值在于:获得关于过去实在的知识,是人类对自身经验的扩大,可使个人超越自己的生活和文化,能够看到更为丰富多彩的人类经验。人要知道自己从哪里来,现在处在何处,如何为将来定向,都离不开对过去的了解;一个社会要保持一种健康

---

① 伯纳德·贝林:《论历史教学与写作》(Bernard Bailyn, *On the Teaching and Writing of History*),马萨诸塞州汉诺威1994年版,第7—8页。

状态,也需要历史知识的作用。因此,历史学家的天职,就是为社会提供尽可能完整和客观的历史知识。① 要做到这一点,历史学家需要具备技巧、知识和想象力。②

在具体的研究中,贝林有着自觉而清醒的方法论意识。用他自己的话说,他关注的是现代早期和现代之间、欧洲和美国之间、精神状态和社会环境之间的三个"intersections"。③ 他用的"intersection"一词,含有相互联系和交叉的意思,不妨译为"关联"。这三个历史关联各有侧重:第一个揭示的是美国早期史的重要性,第二个涉及的是美国历史起源的特殊性,第三个关系到思想史的复杂性。这三者的有机联结,构成了贝林史学的基本理论框架。他对美国早期史的研究,就是意在勾画这三个"关联"在历史中所展示的实际形态。

贝林所谓"现代早期",是指工业革命前西方社会大转型的发端时期,而"现代"则是 18 世纪以来社会发生巨变这一历史时段。这两个时代之间的关联,用贝林的话说,就是表现为原来那个十分遥远的世界,变成了当今人们所熟悉的世界。④ 这个"关联"体现了贝林治史的时段定位和整体背景。他的研究重点是 17—18 世纪的美国历史。在世界历史上,这正是人类社会出现重大转折的时期,而美国历史的起步和发展正和这一历史转折相契合,或者毋宁说是这一转折的产物。欧洲社会转型时

---

① 贝林:《论历史教学和写作》,第 12 页。
② 同上书,第 55 页。
③ 埃柯克:《有时是艺术,从未是科学,但总是技艺》,第 629 页。
④ 同上书,第 629 页。

期的全球性商业扩展以及由商业扩展所刺激和带动的政治与文化的扩张,使欧洲人口和文化扩展到美洲,白人社会在原为印第安人所独享的新大陆得以重建。这一历史运动的后果早已得到充分显现,但它作为一个过程却并不完全为今人所知悉。贝林曾从若干侧面来描述这一过程。他研究早期教育时发现,在北美的荒野中,欧洲的社会结构和规范迅速崩溃;适应美洲环境的过程,同时也是原有的各种因素组合为新的社会的过程。① 他研究过商人这个社会集团在新英格兰社会变动中的作用。② 他还从政治观念的传播和转化来探讨这个时代政治文化的演变。③ 在谈到17世纪晚期各殖民地因英国"光荣革命"而引发的政治动荡时,他把这些政治事件说成是欧洲社会在北美解体的征象,是塑造美国政治起源的各种力量的重组。④ 他在转向人口社会史研究以后,便在更为宽广的背景下揭示北美历史的起源。

关于美国和欧洲的历史与文化联系,历来论者均未加否认。

---

① 见伯纳德·贝林:《教育在美国社会形成中的作用》(Bernard Bailyn, *Education in the Forming of American Society*),纽约1972年版,第3—49页,重点参见第14—15页。

② 伯纳德·贝林:《17世纪的新英格兰商人》(Bernard Bailyn, *The New England Merchants in the Seventeenth Century*),马萨诸塞州坎布里奇1955年版。

③ 伯纳德·贝林:《美国政治的起源》(Bernard Bailyn, *The Origins of American Politics*),纽约1968年版。

④ 伯纳德·贝林:《弗吉尼亚的政治与社会结构》(Bernard Bailyn, "Politics and Social Structure in Virginia"),载詹姆斯·史密斯编:《17世纪的北美:殖民地史论文集》(James M. Smith, ed., *Seventeenth-Century America: Essays in Colonial History*),纽约1959年版,第90页。

对于19世纪持"生源说"的那些历史学家来说,欧洲对于美国历史的重要性,在于它向新大陆输送了文明的"基因",由此而生长出来的美国文明,和欧洲文明并无质的差异。但在特纳的笔下,欧洲的影响被阿巴拉契亚山脉和密西西比河阻挡在外面,美国文化的独特性孕育于西部边疆的开拓之中。这两种各执一端的观点,都缺乏实证研究的支持。后来一些专门研究殖民地史的学者,把欧洲和北美的联系,归结为大英帝国内部的管理和控制体系所产生的功能。贝林之关注欧洲和美洲之间的"关联",其着眼点在于探究美国历史的源流。在贝林看来,欧洲对美国社会有着发生学的意义,但来自欧洲的一切,只有在北美的新环境里实现转化之后,才成为美国历史进程的有机成分。所以,"渊源"和"转化",是贝林考察欧洲和美国的联系时所使用的两个关键性范畴。例如,以往学者在讨论美国政治的起源时,通常把以约翰·洛克为代表的古典自由主义,当作美国政治文化的内核。贝林并不否认洛克的重要性,但他看到,在英国政治传统中影响相对较小的"乡村派"思想,对美国政治传统的塑造意义更大。不过,美国人并未成为英国思想的传声筒,英国的政治观念传入北美以后,在各种社会条件的作用下发生了转化,成为塑造人们的社会性行动的意识形态。美国的政治传统就形成于这一转化过程中。贝林对跨大西洋人口运动和北美社会形成的研究,所遵循的是同样的理路。但较之观念的传播和转化,这是一个远为复杂和微妙的过程。从欧洲涉洋而至的移民,身负其原来文化的因子,定居在北美的新环境中,为了适应和改造环境,将这些文化因子重新组合,从而使欧洲文化在北美实现转化,形成新的北美社会。他曾选取1773—1776年进入北美的近

10000 名移民作追踪研究,探讨他们迁徙前生活如何、何以移居北美、最后在何处落户、怎样在新世界转变生活方式、最后的结局如何,从而局部地再现了从移民到社会的转化过程。如果说 J. G. A. 波科克构筑了一个"大西洋文化体系"①,贝林则试图建构一个"大西洋社会运动体系"。随着这个体系的不断完善,对美国社会历史源流的认识也会得到逐渐深化。

贝林长期侧重思想史研究,因而对内在的精神状态和外在的社会条件之间的关联给予了高度的重视。他在追寻美国革命的意识形态起源时,发现人的内在精神状态和外在历史运动之间,存在一种交互和扭结的关系。在他之前关于革命起因的各种解释,大多遵循单线因果联系的思路,将外在的和人们所无法驾驭的种种力量作为革命的原因。贝林所讨论的不是革命的原因,而是其起源的过程;他把视线转向人,转向事件的参与者的内心世界,从他们的动机和想法、恐惧和希望中寻找革命的由来。他的这种思路,有一个隐性的逻辑作为支撑,那就是人是历史事件的主角,而人是依据自己的想法而行动的。也就是说,人的观念具有塑造行为的功能。但人的观念并非凭空产生,它不仅在思想上其来有自,而且受到一定的社会条件的制约。一旦某种观念通过广泛传播而成为普遍共有的想法,那就不再是一种单纯的想法,而演化为一种意识形态(ideology),支配集体性的行动,改变历史的进程,而变动的历史进程反过来又带动观念

---

① 见其代表作《马基雅维里时刻:佛罗伦萨政治思想与大西洋共和传统》(J. G. A. Pocock, *The Machiavellian Moment: Florentine Political Thought and the Atlantic Republican Tradition*),普林斯顿 1975 年版。

的变化。① 他对美国革命的起源的解释,就是建立在这种方法论的基础之上的。从贝林的这一研究取向可见,对一切历史现象的认识,最终都必须落实到对人的理解上面。这和马克·布洛赫的观点不谋而合②,而布洛赫正是令贝林早年最为心折的历史学家。③ 有人批评贝林关于美国革命起源的解释属于唯心论,理由是他忽视了社会性的根源。他认为这是对他的思想的误读,因为他从未否认革命的社会根源。④ 如果真有所谓"误读",贝林对与思想意识发生交互作用的社会条件未加深论,可能正是"误读"的诱因。

在具体的研究中,贝林倡导保持某种"语境主义"意识,着力重建过去世界的人们思考和活动的具体时空结构,为他们设身处地,反对以现在的观点改造过去的实际,以致损害过去的特性。在他看来,历史研究的对象是过去,而过去不仅与今天相距遥远,而且存在很大的不同,因而历史学家必须用极大的想象力和丰富的知识,使自己回到过去的经验当中去。⑤ 他认为,过去世界的人活动于其中的"语境"(context)有一个突出的特点,就是他们并不知晓事态的结局和后果;历史学家在评判他们的思想和行为时,如果仅从看到了结果的今人的立场出发,就会导致

---

① 关于这一点的阐发,参见满运龙:《共和修正派与当代美国思想史学》,《历史研究》,1990年第4期,第187—188页。
② 参见马克·布洛赫:《历史学家的技艺》,上海社会科学院出版社1992年版,第23页。
③ 参见埃柯克:《有时是艺术,从未是科学,但总是技艺》,第630页。
④ 同上书,第647页。
⑤ 贝林:《论历史教学和写作》,第53页。

曲解和误会。① 因此,能否深入"过去事态的语境"(context of past circumstances),乃是优秀史学家的第一条标准。② 就这一点而言,贝林倡导的是一种深入历史时空内部结构的"语境分析"方法。

关于美国革命的起因,历来众说纷纭。贝林感到,与其以现代人的观念替历史事件查找原因,不如直接考察当事人的想法和动机。革命时代的人们留下了大量文字作品,旨在解释和说明他们反英的理由,但以往的研究者大多把它们看成一种诉诸情绪的宣传辞令。贝林针对这种情况指出:"如果不停止(对革命者的言论的)怀疑和仔细倾听革命者自己关于革命原因的说法,我们就不会理解为什么会发生这场革命。"③他通过对作者的日记、书信以及其他私人文献与这些宣传品的相互印证,断定这些文字的确反映了其作者、而且也体现了其读者的真实的见解、想法、担忧、恐惧和希望,因而是了解革命一代的动机和观念的重要资料。他从这些资料中看出,革命时代的人们在思想意识方面十分敏感,对于侵害自由的"阴谋"的恐惧在革命运动中具有核心意义。通过对革命者心理、情感和态度的考察,贝林力图进入18世纪北美居民的精神世界。但他同时也看到,当时人们对英国和殖民地政治的观察受到既定的逻辑的制约,并不合乎实际情况。实际上并不存在什么反对自由的"阴谋",英国在

---

① 参见埃柯克:《有时是艺术,从未是科学,但总是技艺》,第648页;贝林:《论历史教学与写作》,第50页。
② 贝林:《论历史教学与写作》,第90页。
③ 贝林:《美国政治的起源》,第11页。

七年战争后调整对殖民地的政策,目的不过是实现帝国管理系统的合理化而已。① 但富有反讽意味的是,这些"错误的"想法却对历史的进程发生了深刻的影响。

美国革命的领导者在构筑他们的"反叛的逻辑"时,使用了"宪法""权力""自由""代表权""腐败""阴谋"等一系列概念,但当时人对这些概念的理解却与今人有很大的不同,如果依照今人的立场来看待这些概念,就难免曲解当时人的意思。这里就涉及历史语义学和语境分析的问题。实际上,在以往的许多史学争论中,因为概念分歧或忽视语境而引起过许多混乱。贝林深知这一弊端,因而他在讨论上述概念时,首先辨析当时人们赋予这些词语何种含义,然后考察这些词语是在何种语境中被使用的。例如,在 1763 年后的"宪政辩论"中,英国人和殖民地人都在"代表权"问题上大做文章,可是两方所说的"代表权"却有着很大差别:英国人强调的是整体代表权(实质性代表权),北美虽无代表参加英国议会,但他们的利益也在伦敦得到了代表;殖民地居民所坚持的是地方代表权(实际代表权),北美居民在英国议会没有代表,因而英国议会对北美征税就违背了他们的意志。出于这种不同理解,双方各执一词,致使冲突愈演愈烈。②

如果说《美国革命的意识形态起源》讨论的是革命者的态度和动机,那么,《托马斯·哈钦森的磨难》所揭示的则是反革

---

① 参见约翰·加勒迪:《诠释美国历史:与历史学家对话》(John Garraty, *Interpreting American History: Conversations with Historians*),纽约 1970 年版,第 1 部分第 74 页。
② 参见贝林:《美国革命的意识形态起源》,第 163—174 页。

命派的内心历程。在这本书中,贝林那种深入历史时空内部结构的"语境主义"意识得到更加淋漓尽致的体现。贝林认为,美国革命的失败者并不是英国,因为英国本土没有遭到侵略,人民的生活几乎未受影响,此后英国的发展也十分迅速;真正的失败者是那些在殖民地支持英国的"效忠派",托马斯·哈钦森就是一个代表。贝林在书的前言中说,他所尝试的方法的特点在于,重平衡甚于重论辩,重语境甚于重后果,重过去的意义甚于重当前的作用。① 重平衡,就是强调只有同时研究革命的胜利者和失败者,才能真正理解美国革命;重语境,就是要分析历史人物活动于其中的具体的社会情势;重当时的意义,就是要从当时人的角度理解历史事件。这可以说是对语境主义方法的精当概括,也体现了贝林对历史的复杂性和过去性的深刻理解。

三、应答现代史学的挑战

1981年,在美国历史协会第96届年会上,贝林发表了题为《现代史学的挑战》的主席演说。他概述了现代史学的三大发展趋势,认为历史学家在观念、视野、方法和手段等方面均面临重大挑战。② 贝林自己的治史实践,可以说是应答这些挑战的一个范例。

---

① 伯纳德·贝林:《托马斯·哈钦森的磨难》(Bernard Bailyn, *The Ordeal of Thomas Hutchinson*),马萨诸塞州坎布里奇1974年版,前言第7页。
② 参见伯纳德·贝林:《现代史学的挑战》(Bernard Bailyn, "The Challenge of Modern Historiography"),《美国历史评论》,第87卷第1期(1982年2月),第1—24页。

战后美国史学发展中出现的头一个重大挑战,来自"新社会史"作为一个研究领域和一种研究方法的兴起。20世纪初,社会史曾得到约翰·B.麦克马斯特和詹姆斯·哈维·鲁滨逊等人的倡导,但应者寥寥。二战以后,社会史获得新的意义,成为一种广泛的史学实践,取得了甚为可观的成绩。这种社会史之所以"新",是因为它大量吸收社会学的理论和方法,将历史研究的范围扩展到各个社会群体和社会生活的各个方面,同时还更新了史学观念,主张从普通人而不是精英人物的经验和角度看历史(from bottom up)[1],运用包括计量方法在内的各种研究手段。不特如此,社会史本身还成了一种研究方法,在其他研究领域促成了许多重大的变化。

事实上,贝林正是作为一个社会史学者在美国史学界崭露头角的。他的第一部著作《17世纪的新英格兰商人》,出版于1955年,那时"新社会史"尚在孕育当中。这部著作从题材和视角到方法和结论,都展示了"新社会史"的特点,被后来的学者誉为运用社会学方法研究殖民地时期某一问题的"第一部主要著作"[2]。贝林在书中讨论的问题是,商人的社会地位和政治角

---

[1] 关于这一术语的解释可参见彼得·斯特恩斯:《视野的扩展:社会史的若干趋向》(Peter N. Stearns, "Toward a Wider Vision: Trends in Social History"),载迈克尔·坎曼编:《我们面前的过去:当代美国的历史著述》(Michael Kammen, ed., *The Past Before Us: Contemporary Historical Writting in the United States*),伊萨卡1980年版,第212页。

[2] 托马斯·巴罗:《美国早期史的转变》(Thomas C. Barrow, "The Transformation of Early American History"),载乔治·比利阿斯等编:《美国史研究的回顾与展望》(George A. Billias, et al, eds., *American History: Retrospect and Prospect*),纽约1971年版,第13页。

色是如何影响他们的商业活动的?他们的商业行为又以何种方式反过来影响他们在殖民地社会的地位?旧世界发生的事件对他们商业活动有什么影响?他们个人和欧洲人的联系具有何种重要性?① 这些问题大多属于社会史的范畴,体现了社会史的研究视角。贝林大量使用了个人书信、家庭账册、商业记录、私家手稿、家族文件以及各种官方档案和印刷文献。他在细致研究的基础上提出了两点结论:第一,商人在北美各殖民地不仅是一支能动的经济力量,而且是新英格兰社会逐渐变动的主要推动者;第二,商人并不是一个具备社会纯一性的群体,不能视为一个社会阶级,其内部存在诸多差异,这些差异是决定事态进程的重要因素。此后,贝林还发表了关于17世纪弗吉尼亚政治与社会结构等多篇论文,确立了他作为一个社会史家的地位。

贝林也是较早把社会史作为一种研究方法引入其他领域的学者。他早年曾尝试从社会史的角度研究家庭和教育,探寻家庭在早期教育中的功能,阐述教育在美国社会形成中的作用。他关于美国早期政治起源的探讨,带有明显的社会史的印记,因为他注重思想观念和社会环境的交互作用,大大拓宽了政治思想史的研究视野。在他近期的规模浩大的跨大西洋人口运动的研究中,社会史更是一种基本视角,这一点已如前论。

贝林还是计量方法的最早尝试者之一。他在研究新英格兰商人的过程中,发现了《马萨诸塞档案》第7卷中一份1697—1714年间的船运记录。他便与妻子合作,用当时还十分粗糙笨重的计算机来处理这批材料,取得了重大进展,于1959年出版

---

① 贝林:《17世纪的新英格兰商人》,前言第7页。

《马萨诸塞船运的统计学研究(1697—1714)》。从这些经过计算机处理的数据中,贝林得出了如下结论:17世纪末18世纪初是殖民地经济由无序走向有组织的一个重要阶段;17世纪末马萨诸塞的船运业整体规模很大,但甚为分散,船运巨头为数甚少;在这个时期,不仅经济趋于有序,社会秩序也在形成之中。① 从各方面看,这是一项标准的使用计量方法的"新社会史"研究成果。

与此同时,贝林对社会史中出现的非历史化倾向也有清醒的认识。他基于对历史学的学科自主性的理解,强调借鉴社会学理论和统计方法的目的,在于更好地处理历史问题,而不是把历史学变成社会学。② 在他的著述中,社会史已经融化在研究视野和方法之中,各学科的知识都为他所用,而且得心应手,各得其宜。他研究美国政治的源流,在运思和写作中,反映出他的社会学、政治学、心理学等多方面的修养,并将"政治文化"的概念引入早期史研究③;他的人口社会史研究,更是综合运用了社会学、地理学、人口学、民族学、文化人类学、经济学等多学科的知识,融合了社会史、人口史、移民史、文化史、经济史等多种视

---

① 贝林夫妇:《马萨诸塞船运的统计学研究(1697—1714)》(Bernard and Lotte Bailyn, *Massachusetts Shipping 1697-1714: A Statistical Study*),马萨诸塞州坎布里奇1959年版,第74—76页。

② 埃柯克:《有时是艺术,从未是科学,但总是技艺》,第645页。

③ 有论者认为这是贝林对美国早期政治史研究的主要贡献。见约翰·默林为杰克·P.格林等编《英属美洲殖民地:关于现代早期的新史学论文集》(Jack P. Greene, and J. R. Pole, eds., *Colonial British America: Essays in the New History of the Early Modern Era*, Baltimore, 1984)所撰"政治发展"一章,第414页。

角,采用了描述性解说、计量化、结构分析、叙事、图像表现等多种方法和形式,以展现跨大西洋的人口运动和北美社会形成的壮阔图景。

这里就连带引出了现代史学的另一个挑战,即史学的社会科学化问题。在19世纪末和20世纪初,美国一批深受德国兰克学派影响的史家,力图在美国建立科学的、客观的史学。这种理想在遭到贝克尔、比尔德等相对主义者的责难之后,随着史学观念的兴替而逐渐为人所遗忘。然而,到了二战以后,由于社会科学的迅速发展,历史学家们又萌生了新的梦想,试图使史学走出传统的人文学科的古老殿堂,变成像经济学、政治学、社会学那样的一门年轻而规范的社会科学。为了实现这个目标,历史学家们大量引入社会科学和自然科学的理论和方法,拓展研究范围,发掘新的史料,增添研究手段,提高表述的精确性,强化理论色彩。这种对社会科学化的追求,在一定程度上使古老的史学焕发了生机,但同时也引发许多弊端,其突出的表现有三:在思想方法上,先有理论的假设,再去寻找经验证据来加以验证;在著述形式上大量使用图表和公式,类似"社会科学研究报告"[1];缺乏故事性,文字枯燥,了无意趣,导致史学著作的社会影响日趋衰微。

关于社会科学的理论和方法对历史研究的意义,贝林是充分肯定的。他曾预言,未来一个成功的历史学家应当具备统计学的知识,应当成为富有造诣的业余经济学家、心理学家、人类学家、社会学家和地理学家。但这一切的前提是不损害史学的

---

[1] 贝林:《论历史教学与写作》,第37页。

学科特性。他认为,历史学家不能去分析那些从过去抽象出来的各种孤立的技术性问题,而应叙述一个运动变化的世界。① 为了不至于被误会为社会科学家,他本人很少系统地使用社会科学的概念和语言。② 在他看来,使史学保持学科特性的关键是叙事性(narration)。他所说的叙事,并不是早期史学的那种记述形式,而是依据一定的理论框架来描述和揭示历史运动过程的方式。他强调,数据和分析必须服务于叙事,而不是使史学变成科学,因为数据不是历史,史学谈论的是人,是人的活动和关切。③ 传统史学的叙事对象是政治事件和战争,这本身就具有很强的故事性;而贝林的最大理想,就是建立一种关于社会发展的叙事。他相信,社会发展同样是一种结构性的、有顺序可循的故事。④ 可见,贝林自觉地坚信,史学的基础是人文关怀,它重视时间观念,关注变化,突出叙事性。这些正是史学不同于社会科学的地方。

叙事之于史学,同时也是一种艺术。史学社会科学化的一大代价,就是叙事艺术的式微。在文史不分的时代,叙事乃是历史著述的基本方式;即便是在史学发生巨大变化的今天,史学对于社会的影响,在很大程度上仍取决于叙事艺术的高低。但是,当今美国许多史家或不重视叙事的意义,或缺乏叙事的修养,其作品语言枯燥,形式呆板,久已为人所诟病。贝林始终重视叙事

---

① 贝林:《现代史学的挑战》,第24页。
② 埃柯克:《有时是艺术,从未是科学,但总是技艺》,第653—654页。
③ 贝林:《论历史教学与写作》,第37、38页。
④ 埃柯克:《有时是艺术,从未是科学,但总是技艺》,第656页。

对于史学的意义。他认为,运用包括计量方法在内的各种手段得出的数据,只有转化为富于意趣的叙事元素,才能在真正的历史著作中找到适当的位置。在这一点上,他和西奥多·罗斯福总统在《作为文学的历史学》的演说中提出的见解有相通之处。① 他的书大多体现了一种典雅庄重的叙事风格和优美流畅的文风,正如有的评论者说,他的著作兼有学术和文学的双重品质。②

现代史学的挑战同样还体现在专题研究和综合研究的关系方面。关于专题研究和综合研究的关系,吴于廑教授有精辟的见解:"专精和综合是相辅相行的。没有专精,即使为一个细目作理论概括都会有困难,更不论作广泛的合乎科学的综合。同样,不作综合,就不易确定一项专题细目在全局中的地位与意义,更不会由综合概括中发现某些专精的不足从而引发更专、更深入的研究。"③但是,二战以后,特别是70年代以来,美国史学中专门化和综合性之间出现失衡,产生了所谓"碎片化"的问题。专题研究的发展,极大地拓展和深化了历史研究,关于过去的知识得以空前地丰富;但这种趋向走向了极端,导致过度专门

---

① 参见约翰·盖布尔编:《竞技场上的人:西奥多·罗斯福的演说与散文集》(John Gable, ed., *The Man in the Arena: Speeches and Essays by Theodore Roosevelt*),纽约1987年版,第115—138页。

② 语见伯纳德·贝林《革命的面目:美国争取独立的斗争中的人物和主题》(Bernard Bailyn, *Faces of Revolution: Personalities and Themes in the Struggle for American Independence*),纽约1992年版,封底。

③ 吴于廑:《朗克史学一文后论》,见《吴于廑学术论著自选集》,首都师范大学出版社1995年版,第349页。

化这种"繁荣之病"。① 具体问题得到十分深入的探讨,但成功的综合著述则寥若晨星;部分和整体缺乏联系,进行综合研究的人没有专题研究的积累,而从事专题研究的人又大多缺少综合驾驭的能力。贝林对这种流弊感到不满,主张把专题研究(他称之为技术性著述)和宏观综合(一般性描述)结合在一起,只有这样,专题研究的意义、相关性和重要性才能得到显示,历史才能保持它应有的功能和意义。②

成功的专题研究既要建立在对第一手史料的发掘和研究上,又要具备开阔的眼界和高远的理论取向;成功的综合研究既要有基于理论的宏观叙事框架,又要在材料上经得起推敲。用这种标准来衡量贝林的史学,可以看出他的著述大含细入,在专题和综合两方面都有出色的表现。他研究新英格兰早期的商人,研究马萨诸塞的船运,其题材具体,用功专深;但他并非为专门而专门,他的旨趣在于通过对商人和船运的研究,以揭示殖民地社会从混乱无序走向有组织和成熟状态的过程。他对美国早期政治源流的研究,对人口社会史的探讨,都是专题和综合同时并举。他的《美国革命的意识形态起源》和《美国政治的起源》,前者深入讨论了革命的意识形态的形成过程,后者则综合考察了美国早期政治的渊源和遗产。贯穿两书的主线是,来自英国的政治思想资源,在北美的社会环境中发生转化,成为影响美国

---

① 语出托马斯·本德:《整体与部分:美国史研究需要综合》(Thomas Bender, "Wholes and Parts: The Need for Synthesis in American History"),《美国历史杂志》,第73卷第1期(1986年6月),第128页。

② 贝林:《现代史学的挑战》,第7页;埃柯克:《有时是艺术,从未是科学,但总是技艺》,第658页。

历史进程的重要因素。这两本书几乎是同时构思,同时写作,两者相互促进,相得益彰。对美国革命的意识形态起源的探讨,激发了他追寻美国政治起源的灵感;而对美国政治起源的研究,又深化了他对革命的思想意识的理解。在人口社会史方面,他也是同时从综合和专题两方面着手,探讨欧洲移民和文化进入北美后,如何在适应环境的过程中实现了转化和整合。他几乎又是同时出版了《英属北美人口定居导论》和《渡海西行的人》,前者属于综合性质,后者则是专深之作。对整个大西洋区域人口运动的宏观考察,使他对移民的个案研究具备宏大的历史背景;而具体的个案研究,又使他的宏观考察具有坚实的史料基础。两者的确是相辅相行和相互发明的。可见,贝林的特点是专题与综合兼顾并重,围绕自己擅长的专题进行综合,通过综合来深化专题研究。

环顾当今美国史学界,把专题和综合结合得如此出色的史家实不多见。写出了洋洋三大卷《美国人》的丹尼尔·布尔斯廷,是美国当代最负盛名的综合著述史家,他那种高屋建瓴的理论视野和气象恢宏的叙事手法,博得雅俗共赏。但他的著作招致责难之处,恰在于缺乏专题研究的基础,在史料方面纰漏甚多。同是研究早期政治史的杰克·P.格林,在专题和综合上也下了同样的工夫,他对南部殖民地议会下院的研究,对美国例外论的渊源的解析,都甚为引人注目。但遗憾在于,他尚未提出在本领域引起强烈震撼的解释框架。贝林受到的批评也很尖锐,例如,有人对他在《美国革命的意识形态起源》中关于"自由"的定义加以驳难①;有人指出,他的人口社会史构架中没有黑人和印第安人的位置。② 但没有人能否认,他在第一手史料的运用和宏观解释框架的构筑上,都达到了常人难以企及的境界。

关于贝林史学的理论特色,前文已经论及;对他驾驭史料的功力,则须略作交代。在写作《美国革命的意识形态起源》之前,他对革命时期的小册子、日记、书信和其他文献作了细致的整理和深入的解读,这从他在书中的繁复脚注可见一斑。他的史料工夫在《渡海西行的人》一书中得到更为突出的体现。这本书的基本史料是一份存于伦敦的1773—1776年间的官方移民登记名册。这份名册并非贝林首次发现,但以往史家未对它作系统分析,也没有看到它的深层价值,更未结合其他资料来相互印证和发明。贝林首先对这份名册进行电脑处理和计量分析,然后根据它提供的各个移民的线索,从大西洋两岸的报纸、公私文件、家谱资料、地方史志、村镇档案、个人手稿中发掘信息,追踪各个移民,使数百名普通移民的经历得以重现,并从他们的经历中探寻到北美社会形成过程的某些局部和细节。这一工作艰苦烦难,贝林穷其心力而为,其严谨务实的学风和深厚独到的功力,均展露无遗。

诚然,贝林迄今尚未写出如《美国文明的兴起》或《美国人》那样体大思精的历史著作,也没有提出一种足以重塑整个美国

---

① 约翰·菲利普·里德:《美国革命时代的自由概念》(John Phillip Reid, *The Concept of Liberty in the Age of the American Revolution*),芝加哥1988年版,第7页。

② 加里·纳什:《评贝林著〈英属北美人口定居导论〉》(Gary B. Nash, Review of *The Poepling of British North America* by Bernard Bailyn),《新英格兰季刊》,第60卷第2期(1987年6月),第287—290页。

历史解释的理论框架,他的影响主要集中在早期史领域。当今美国史学处于一个大师阙如的时代,不仅找不出汤因比、布罗代尔那种创立庞大史学体系的巨匠,连20世纪初特纳、比尔德那样影响过整个美国历史写作的人物,也是踪影杳然。在一种群雄并起、流派林立、新说迭出的史学格局中,像贝林那样始终独树一帜,已属十分难能可贵。

1998 年写于天津

附记:最近十多年来,贝林的主要精力仍用于组织"大西洋史工程",并继续开展人口和移民史方面的研究。他的学术影响早已超出了美国史范围,在更大的历史研究领域受到关注,甚至有学者发明了"贝林式史学"(Bailynesque)一词,用以指在现代早期美国史和欧洲史领域把社会史、经济史和思想史结合在一起的史学样式。① 他在2005年出版《大西洋史:概念与轮廓》一书②,收入两篇论文,一篇讨论"大西洋史"概念的缘起和形成过程,另一篇则对现代早期"大西洋世界"的特点做了概略的描述。这本书出版后,很快在学术界产生广泛的反响。对贝林来说,无论是作为观念的"大西洋史",还是作为过去实际的"大西洋世界",其主角都是欧洲人,是欧洲人在大西洋地区的扩张和

---

① 彼得·科克兰尼斯:《向东推进:伯纳德·贝林、世界岛和大西洋史的理念》(Peter A. Coclanis, "Drang Nach Osten: Bernard Bailyn, the World-Island, and the Idea of Atlantic History"),《世界历史杂志》,第13卷第1期(2002年春季),第169—182页。

② 伯纳德·贝林:《大西洋史:概念与轮廓》(Bernard Bailyn, *Atlantic History: Concept and Contours*),马萨诸塞州坎布里奇2005年版。

定居活动,以及由此造成的一个"欧洲文明的边界地带"。因而有评论者认为,贝林的"大西洋史"很像是殖民地史的放大,未能很好地把非洲和非洲人整合在他的"大西洋世界"之中。① 还有论者认为,贝林关于"大西洋史"的学术史梳理甚为偏颇和狭隘,一方面刻意强调其美国特色,另一方面对于许多相关文献也未置一词。至于他所描述的"大西洋世界"的演进,因过于关注美国的重要性,也带有为"美国例外论"招魂的意味。② 他最近出版的新书《未开化的年代》③,再次引起了学术界的关注,还成为2013年度普利策奖的最终入选书目。这表明,这位耄耋老者具有非同寻常的学术创造力。站在今天的学术视点来看,贝林如果封笔于1967年,也已经是一位成就卓著的美国革命史大家;及至1986年,在那两部早期人口社会史著作出版以后,他更是登上了新的学术高峰,跻身于20世纪美国最有影响的史家之列。④ 他近年发表的论著,固然保持了常人难以企及的水准,但多

---

① 艾利森·盖姆斯:《评贝林著〈大西洋史:概念与轮廓〉》(Alison Games, Review of *Atlantic History*: *Concept and Contours* by Bernard Bailyn),《美国历史评论》,第111卷第2期(2006年4月),第434—435页。

② 伊恩·斯蒂尔:《伯纳德·贝林的美利坚大西洋》(Ian K. Steele, "Bernard Bailyn's American Atlantic"),《历史与理论》,第46卷(2007年2月),第48—58页。

③ 伯纳德·贝林:《未开化的年代:英属北美人口定居之文明的冲突(1600—1675)》(Bernard Bailyn, *The Barbarious Years*: *The Peopling of British North America*: *The Conflict of Civilizations*, *1600-1675*),纽约2012年版。

④ 英国学者西蒙斯称,《渡海西去的人》乃是"20世纪美国历史研究和写作中的珠穆朗玛峰"。见R.C.西蒙斯:《评贝林著〈渡海西去的人〉和〈英属北美人口定居导论〉》(R. C. Simmons, Review of *Voyagers to the West*: *A Passage in the Peopling of America on the Eve of the Revolution*, and *The Poepling of British North America* by Bernard Bailyn),《美国研究杂志》,第21卷第2期(1987年8月),第297页。

少类似落日的余晖,色彩依然悦目,却已无助于为他辉煌的学术生涯增添光辉。对于贝林这样的成名史家来说,即便是早早地仿效《麦田里的守望者》的作者塞林格,做一个学术界的隐者,也绝不会为史学史所遗忘。

2013 年记于常德

戈登·伍德与美国早期政治史研究

讨论一个历史学家的治学，自然脱离不了具体的学术语境。美国早期史名家戈登·伍德，成长和活跃于美国学术急剧变动的时代，他的治学道路和学术观点，无不留有这个时代的鲜明烙印。自20世纪五六十年代以来，社会史和文化史交替引领美国史学的潮流，而长期雄踞史学高地的政治史则沉浮不定，处境多少显得尴尬。不少学者有意避开政治，政治史的意义、地位和学术合法性都成了有争议的问题。许多陆续加入史家行列的新人，对于重大的政治题材缺乏兴趣，乃至十分反感；经典的宏大叙事遭遇质疑和解构，精英主义史观受到抨击，中心和边缘的位置则被颠倒过来，从前受忽视的题材和未得到表现的群体赫然成为史家关注的焦点。越来越多的学者把兴趣和精力投向那些琐碎而细微的东西，鄙弃重大题材和综合性著述，甚至主动放弃了对共识和不朽的追求。在这种史学风气中，美国政治史家一面大力声张政治史的重要性，一面革新政治史的研究范式，力图以有分量的论著来提升政治史的地位。在这些史家中，戈登·伍德可算得一个影响颇大的人物。他一直倾心于政治史，曾开一代风气，到后来又显得跟不上史学变化的节奏。在一定意义上，他的学术经历可视作近几十年来美国政治史兴衰的一个缩影。

一、伍德的史学著述

戈登·伍德就读于哈佛大学研究生院时(1958—1964),正当美国高等教育迅猛发展之际,史学研究生的数量也明显上升,许多边缘和底层家庭的子弟进入学术领地,历史学家的构成随之发生变化,史学向平民化方向迈出了新的一步。新一代史家关注的对象,主要不是国家、精英和制度,而是社会、普通人和日常生活。他们为了有效地确立新的问题意识,寻求新的解释路径,便自觉地取法于社会科学,以前所未有的热情大量采用新的理论、概念和方法,由此极大地改变了美国史学的面貌。其中最突出的变化无疑是社会史迅速兴起,并且很快取代了政治史在美国史学中的优势地位。伴随这种"新史学"一同成长起来的伍德,却并没有紧跟学术新潮,而是始终研究政治史,主要采用"经典的"历史叙事和分析的方法。在这一点上,伍德同他的导师伯纳德·贝林并不一样。贝林擅长政治史,并以此成名,但他善于追踪史学的新趋向,做过社会史研究,采用过计量方法,甚至还尝试过图像复原法。① 不过,师生之间的这种差别,并不意味着伍德就是一个墨守成规、故步自封的学者。事实上,伍德一直都在以创造性的学术实践,去探索政治史研究的多种可能性。

伍德和贝林有一点是相同的,著述不以量取胜,迄今出版的著作不到十种,其中两种还是已刊文章的结集。特别受人关注的是,他在第一本重要著作出版后的二十多年里,一直没有新书

---

① 参见本书所收《伯纳德·贝林的史学及其启示》一文的第三节。

问世。他的特点可能是轻易不肯出手,出手就要力求不俗。他的成名作《美利坚共和国的缔造》(以下简称《缔造》)获得了美国史学界的最高奖项班克罗夫特奖;第二本书《美国革命的激进主义》(以下简称《激进主义》)则荣膺普利策奖。其他著述如《本杰明·富兰克林的美利坚化》《自由的帝国》《美利坚的理念》和《过去的目的》等书,也引起了学术界不同程度的关注。

《缔造》是伍德的第一部重要著作,目前看来也是他治史生涯的巅峰之作。这本书的基础是他在贝林指导下完成的博士论文。① 其主题十分宏大,涉及的问题甚为庞杂,而基本立论则具有突出的宏观性和概括性:在1776—1787年间,美国革命一代人不仅构建了一种新的政府体制,而且形成了一套全新的政治观念,也就是独具特色的"美利坚政治体系"。② 伍德的本意是通过比较1776年各州立宪中的争议与围绕1787年宪法的辩论,以凸显这十余年间美国政治文化的巨大转变;但随着论述的展开,触及的问题越来越多,几乎涵盖美国政治思想的所有主题。结果他就把《缔造》写成了一个鸿篇巨制,展现了美国革命时期政治文化变动的气象宏伟而色彩驳杂的画面。

---

① 伍德1964年在哈佛大学获得博士学位的论文题为《革命时期美利坚政体的缔造》(The Creation of an American Polity in the Revolutionary Era),5年后正式成书出版时,标题改作《美利坚共和国的缔造》。这一改动使文字更简洁,主题更明确,气势更宏伟,含义也更丰富。尤其是以"republic"取代"an American polity",鲜明地凸显了主题,提升了研究的意义。见詹姆斯·亨利塔等编:《美国早期史的转变》(James Henretta, et al., eds., *The Transformation of Early American History*),纽约1991年版,第264页。

② 戈登·伍德:《美利坚共和国的缔造》(Gordon S. Wood, *The Creation of the American Republic, 1776-1787*),查珀希尔1969年版,第viii页。

伍德研究的起点正是贝林止步的地方。贝林在《美国革命的意识形态起源》中,探析了殖民地反英话语的来源和转化,在18世纪英国反对派思想与革命初起时的意识形态之间,建立了富有新意的事实关联。[1] 伍德沿着这一思路来讨论革命时期的意识形态。根据他的论述,美利坚人在革命初期接受了英国辉格派的"政治科学",抱有"自由—权力"二元对立的观念,力图借助英国的宪政资源来抵抗英国的"暴政",重建在英国已被腐败和压迫所破坏的政治秩序,以维护人民的自由。但是,随着这一重建过程的展开,美利坚人对政治世界的理解和想象逐渐与英国人分道扬镳。他们越来越清醒地意识到,绝无可能简单地移植英国宪政,"美利坚的事业"注定是一种创举,就是要建立一个全新的共和主义世界。这种共和主义既是一套政治原则和一种政府框架,也是一种生活方式和一种社会理想;而且,这些不同的层面和维度乃是相互支持、相互依存的。在革命的进展中,美国社会逐渐暴露出许多问题,尤其是美德的脆弱和腐败的滋生引起了革命者的深切担忧。他们开始剔除共和主义蓝图中的乌托邦色调,进行新的政治探索,并用新的观念来看待和理解这种新探索的意义。这一过程始于各州的制宪,完成于联邦立宪。革命者一面进行体制上的摸索,一面进行观念上的推敲。一开始,他们着力于削弱和限制行政权,淡化甚至取消议会上院,并追求司法权的独立,其目的都是削弱和限制殖民地时期受人憎厌的总督主导。可是他们慢慢就发现,共和政府的构建并

---

[1] 伯纳德·贝林:《美国革命的意识形态起源》(Bernard Bailyn, *The Ideological Origins of the American Revolution*),马萨诸塞州坎布里奇1967年版。

不只是抛弃君主制和贵族制的遗产,而要对人民与政府的关系做出全面的、深刻的重新界定,其中涉及立法机构的性质、代表制、混合政府、两院制和宪法等一系列问题。他们开始质疑英国的议会主权论,强调人民主权,特别是人民制定和批准宪法并创设政府的权力,开始把政府各分支的成员都视作人民的代理人,并力图制约他们代表民意的程度和方式。到1787—1788年联邦立宪时,利益和观念的交锋更加激烈,联邦主义者追求的体制及其相应的政治观念最终得势,"美利坚政治科学"的框架也就基本确立。在政治原则的层面上,革命初期美利坚人通常把作为同质整体的人民与政府对立起来,相信只有抑制和防范政府权力的专断和扩张,才能保障人民的自由和权利;到了联邦立宪时期,人们发现美国社会的构成十分复杂,人民并非一个同质的整体,而是包含许多不同的利益群体;再者,政治世界的斗争主要不是发生在人民与政府之间,而是存在于人民之中;人民的美德不再是共和政府的可靠保障,必须借助适当的制度来防止共和制的腐败和衰朽;这时,关键的问题不再是保护人民不受政府的压迫,而是防范人民中的多数人对少数人加以侵害,因之必须对人民的权力以及人民授予代表的权力加以提防和限制。在制度设置的层面上,美国革命者普遍相信,唯有民主共和属性的政体最适合美国,而这种政府的基石和轴心乃是代表制;由于契约不再是在人民与政府之间、而是在人民中间订立,因而统治者和被统治者的界限已被打破,政府不再是嵌入社会而专属某一阶层,而成了超脱于社会之上的利益调节器,因而须以功能性分权取代等级分权,以实现对人民代表的权力的防范和制约。这样一套政治理念具有突出的美国特色,也显现了鲜明的现代性;它吸收并改造了来自英国的观念,增添了新的内容,超越了古典的和中世纪的政治理论。这就是说,革命期间美国人的政治思维方式发生了根本性的转变,政治文化的面貌业已焕然一新。然则这一转变的动力不是来自书斋里的思想家,也不是某一套政治理论在美国社会传播的产物,而是许许多多政治人物的行动和思考逐渐累积的结果,并且他们的行动和思考深深地嵌入了复杂而剧烈的现实政治变动之中,伴随着激烈的利益和观点的博弈与交锋。

可见,伍德对美国革命时期政治观念变迁的阐释,与"经典的"政治史,特别是"经典的"政治思想史是迥然不同的。有评论者指出,在整个美国史学界,关于革命时期共和主义的描述,没有人比伍德更清晰;关于18世纪80年代宪法辩论的说明,也没有人比伍德更新颖和更有说服力。① 这种说法固然不错,但如果仅仅把《缔造》看作是对共和主义的阐述,可能会遮蔽其更为重要的意义。伍德的论题是整个革命时期的政治文化,涉及革命一代关于政治合法性、人民与政府的关系、权力与自由的关系等一系列问题的思考,揭示了这一时期政治文化转变的复杂性、曲折性和渐进性。伍德后来在回应外界的批评时谈到,他反对把共和主义和自由主义视为截然两分的不同传统,"建国之父"的思想是复杂多样的,他们不需要在马基雅维里和洛克之间做出选择,他们在关注美德、忧惧腐败的同时,也重视个人权

---

① 约翰·豪:《评〈美利坚共和国的缔造〉》(John R. Howe, Jr., Review of *The Creation of the American Republic, 1776-1787*),《南部史杂志》,第36卷第1期(1970年2月),第90页。

利,鼓励商业发展。① 这表明在伍德的眼里,革命时期的政治文化是丰富而驳杂的,不能笼统地置于"共和主义"的标签之下。

在《缔造》一书中,伍德提出了美国革命是一场深刻的社会革命的论断,但限于题材和论旨,对此并未展开具体的讨论。这个任务留给了二十余年后出版的《美国革命的激进主义》。伍德宣称写这本书的目的在于,纠正以往那种仅仅把美国革命看成是殖民地造反、独立战争或政治革命的观点,突出强调它作为社会革命的后果和影响,阐发它的"社会的激进性"。伍德提出,不能用法国革命或俄国革命那样的标准来看待美国革命;如果着眼于美国革命所造成的社会变动,那它就与历史上任何一次革命同样激进。伍德同时也看到,美国革命的这种激进性和社会性,只有置于18世纪的历史语境中才能理解;它所造成的社会变化,要到19世纪初年才鲜明地显现出来。这时的美国社会发生了激烈的、彻底的变化,这种变化不只是政体的改变,而且联结人们的相互关系也出现了决定性的变化。由此形成的美国社会,成了一个人类历史上不曾有过的全新的社会。伍德禁不住用夸张的笔调写道:"美利坚人几乎在一夜之间变成了世界上最为开明、最为民主、最具商业头脑和最为现代的人民。"②

具体说来,伍德提出了美国社会变革的"三段论",即从君主制向共和制再向民主社会的演进脉络。伍德这里所用的君主

---

① 戈登·伍德:《意识形态与自由主义美国的起源》(Gordon S. Wood, "Ideology and the Origins of Liberal America"),《威廉—玛丽季刊》,第3系列,第44卷第3期(1987年7月),第634—635页。

② 戈登·伍德:《美国革命的激进主义》(Gordon S. Wood, *The Radicalism of the American Revolution*),纽约1992年版,第4—5页。

制、共和制和民主制,都不是单纯的政体名词,而是界定社会特征的"形容词"。在伍德看来,在描述18世纪大西洋世界的特征时,与其用"民主革命的时代",不如用"共和革命的时代"来得更为贴切,因为最终摧毁君主制社会的是共和主义。在英国,君主制受到共和主义的逐渐蚕食、侵蚀和改造,最终变成了共和化的君主制。在北美殖民地,到了1776年,共和主义从潜流变成了巨澜;这场从君主制向共和主义的转变,主要是一种社会变革,是"一场真正的、激进的革命"。接着开始的从共和主义向民主社会的转变,则是一个更加复杂的过程。美国革命者力图建立一个基于共和原则的社会,但这种革命理想带有强烈的乌托邦性质。在《独立宣言》发布后不久,许多革命领导人就发现,美国人民似乎并不具备共和主义所要求的那种美德,一些新起的民众领导人利用自由和平等的辞藻来谋求政治权力,为了增进其选民的局部的和地方性的利益而不惜牺牲公共福祉,社会竞争和个人主义也逐渐抬头。在一定程度上,1787年联邦宪法就是对这种"民众社会趋向"的反应。然而,任何宪法,任何制度安排,任何司法禁令,都不足以限制革命所释放出来的"民众社会"的力量,这种力量以1776年时人们无法预见的方式改变了美国社会和文化。到19世纪初,美国变成了西方历史上一个"最为平等、最为物质主义、最为个人主义的社会",一个"福音派基督教最为盛行的社会",一个"默默无闻者的社会"。这一"民主社会"在许多方面与革命领导人的设想大相径庭。他们当初参与和领导革命,其奋斗目标是利用旧世界的材料来建立一种基于精英美德的古典式共和国,对于新出现的"民主社会"不免深感忧虑和失望。但是,历史的趋势并不以他们的意志为转移,美国革命创造了"这一民主",并且一直使当今的美国人受益。①

显然,伍德不主张以过程的烈度来衡量革命的激进性,他关注的是革命所造成的变化的深度和广度。在20世纪90年代的史学语境中,伍德阐述这样一个论题,所针对的似乎是美国革命史研究中的三种解释方式。第一种是进步主义史学,关注革命中的阶级冲突或利益斗争。为此,伍德把目光投向社会变革,揭示革命对于社会构成、人与人的关系、价值取向和生活方式的改造。第二种是一致论学派,把美国革命说成是一个保守而温和的事件,或者说是一场不是革命的革命。伍德因之强调,美国革命所造成的社会后果既深且巨,是一场名副其实的革命。第三种是波科克及其追随者的路径,把美国革命的社会理想说成是古典共和主义的翻版,并认为这种思想特征一直延续到19世纪初年。伍德则认为由于革命的巨大冲击和影响,共和主义在18世纪末、19世纪初转化成了民主主义。

不过,伍德的立论引起一些学者的质疑。伍德的"师弟"迈克尔·朱克曼觉得,为了强调革命所造成的社会转变,伍德刻意夸大了殖民地社会的君主制特征;而他后来又说民主起源于殖民地时期,未免自相矛盾。朱克曼的结论更不客气:伍德所讲述的"激进主义"故事完全缺乏说服力,既不能得到二手研究的支持,也与他自己使用的证据不符。② 爱德华·康特里曼谈到,君

---

① 伍德:《美国革命的激进主义》,第95—169、229—230、365—369页。
② 迈克尔·朱克曼:《辞令、实际和美国革命:戈登·伍德的温文尔雅的激进主义》(Michael Zuckerman, "Rhetoric, Reality, and the Revolution: The Genteel Radicalism of Gordon Wood"),《威廉—玛丽季刊》,第3系列,第51卷第4期(1994年10月),第695页。

主制、共和制和民主制这种三分法,几乎没有涉及革命时期那些非白种的、不自由的和不属于东北部的人们;革命固然造成了巨大的变化,但奴隶制仍在延续和发展,白人向内地扩张导致了印第安人的损失;在考察革命的后果时,如果不囊括所有的人,就无法知道革命的规模和代价。① 艾尔弗雷德·扬也说,伍德的"社会激进性"强调平等的观念、现代化、内地移民、资本主义和福音派基督教在美国社会转变中的作用,但采取的是一种"依附—独立""不平等—平等"的二元对立观念,而且也没有充分吸收近20年的学术成果,在他的著作中看不到海员、学徒、契约仆、无地农民或贫困化的退伍军人的形象,也听不到奴隶、争取自由的黑人、妇女和印第安人的声音;所以,伍德的书不过是托克维尔《论美国的民主》的回响。② 这些评论所触及的局限,在《激进主义》中无疑是存在的,但问题是伍德不可能写出一本让朱克曼、康特里曼和扬等学者满意的书,因为在政治取向和治史路径方面,伍德与这些人有着极大的差别和分歧。

《激进主义》讨论美国革命造成的社会变化,其着眼点主要在革命时期,关于革命后的史事则未及深论。稍后伍德接到稿

---

① 爱德华·康特里曼:《印第安人、殖民秩序和美国革命的社会意义》(Edward Countryman, "Indians, the Colonial Order, and the Social Significance of the American Revolution"),《威廉—玛丽季刊》,第3系列,第53卷第2期(1996年4月),第344页。

② 艾尔弗雷德·扬:《美国历史学家遭遇"革命的转变之手"》(Alfred F. Young, "American Historians Confront 'The Transforming Hand of Revolution'"),载罗纳德·霍夫曼、彼得·艾伯特编:《革命的转变之手》(Ronald Hoffman and Peter J. Albert, eds., *The Transforming Hand of Revolution: Reconsidering the American Revolution as a Social Movement*),夏洛茨维尔1995年版,第486—489页。

约,要为"牛津合众国史丛书"写一本 1789—1815 年的美国史,于是他便有机会详细描绘共和国初期的景象。最后成书的标题取自杰斐逊的话,叫做《自由的帝国》。丛书主编戴维·肯尼迪在总序中说,伍德这本书展现了独具特色的美国民主文化的发展,这种文化不仅塑造了美国政府的机体,而且也塑造了公民社会的风习、价值和行为。① 不过,如果用一个词来概括这本书的主旨,最恰当的并不是"民主",而是"巨变"。在伍德的笔下,新宪法实施后的二十多年时间里,美国社会和文化发生了翻天覆地的变化;对当时许多美国人来说,正如华盛顿·欧文的小说人物瑞普·凡·温克尔一样,一觉醒来就认不出自己的家园了。这种巨变是革命的持续影响的展现,在一定意义上乃是革命的后果。这期间美国的人口激增,地域扩大,生产转型,价值观念也趋向于看重生意和为利润而工作。人口和商业的变化,对美国生活的各个方面都发生了影响。越来越多的人获得了投票权并参加投票,政治实现了民主化。正是由于美国已变得过于民主化,因而这个时期的各种政治活动的主旨就在于如何"驯化"民主。美国人中间出现了一种强烈的意识,觉得自己生活在世界上最为自由的国家,他们同任何人都是平等的。不过,这种变化并非出于预先的规划,而是超出了所有美国人的意料,特别是与建国先辈的愿望背道而驰。到 1812 年战争结束时,革命的观念和理想基本上遭到了抛弃,美国变成了一个大众商业社会,民

---

① 戈登·伍德:《自由的帝国:早期共和国史》(Gordon S. Wood, *Empire of Liberty: A History of the Early Republic, 1789-1815*),纽约 2009 年版,第 xv 页。

主和平等已是主导的信念。①

作为"牛津合众国史丛书"中的一册,《自由的帝国》具有断代通史的性质,其主要内容是政治。伍德虽然在书中论及了民众的政治活动,但他关注的是"高端政治"和精英事迹。涉及基层政治的内容很少,主体是联邦层面的政治变化;华盛顿、杰斐逊、亚当斯、麦迪逊、汉密尔顿等人的名字出现频率极高,在索引项中排在前几位。书的前八章叙述联邦政府的建立、政治风气的变化、联邦党人的政策、共和党的兴起及其胜利、法国革命的影响等;后面还有两章讨论联邦层面的法律和司法体制,另有一章介绍联邦政府的外交,一章叙述 1812 年战争。也就是说,全书 19 章中有 12 章讲的是精英主导的"高端政治"。不过,伍德的政治史不同于传统写法,对事件和制度着墨不多,叙述的重点是政治观念和政治行为,特别是政治行动者的观念和行为。这体现了伍德对政治文化的一贯关注。此外,书中也旁及人口变动、西部开发、社会改革、宗教、文艺和科技等内容,只是所占比重不大。

最近这些年,伍德对专业史学与大众阅读兴趣的隔膜深感忧虑,十分向往那种既有学术含量、又受大众喜爱的历史写作方式。② 撰写《自由的帝国》一书,给他提供了一个尝试的机会。他在内容的取舍、笔法的控制等方面,都极力顾及大众的阅读趣味。全书写得情节分明,叙事条畅,层次清晰,文字流利,有的地方还用了浪漫和夸张的笔调,写出了诸如"霎时间一切看来都

---

① 伍德:《自由的帝国》,第 1—4 页。
② 参见伍德在获"肯尼迪奖章"时的答词,文稿由伍德教授本人以电子邮件传给笔者。

是可能的"一类的句子。① 据戴维·肯尼迪说,"牛津合众国史丛书"的目标是面向更多的读者,使历史对后人具有生命力,而伍德的《自由的帝国》出色地实现了这一目标。② 这当然不完全是溢美之词。较之此前的《缔造》和《激进主义》,《自由的帝国》确实更有可读性,但学术和思想的含量却明显下降。这是一部长达七百多页的大书,讲述的只是二十多年的史事,理当对这期间美国社会的巨变做出深入细致的阐述。但伍德并没有朝这方面用力。书中多处谈到美国政治和社会的民主化,却未论及民众的政治诉求和政治行动,对于公民社会的民主运动也着墨甚少,这样就无法充分解释民主化的由来及其动力。

作为对比,这里不妨提及普林斯顿大学教授肖恩·威伦茨的《美国民主的兴起》。③ 这本书中有近两百页的篇幅涵盖《自由的帝国》所叙述的时期。威伦茨同样关注精英政治,同样以重大事件为"经"来编织叙事,同样强调政治领导人的作用,但他没有撇开普通民众和政府外群体,而是把废奴主义者、妇女运动分子和劳工组织的政治意识及活动纳入叙事框架,同时也将联邦、州和地方政治置于同一个考察视野中。在他的书里,精英和民众在同一种历史运动中发生互动,各种政治力量之间复杂的纠葛和竞争,对美国民主的兴起发生了深刻的影响。这种关于美国民主形成和演变的叙事,就显得更有立体感和层次感。

---

① 伍德:《自由的帝国》,第3页。
② 同上书,第 xvi 页。
③ 肖恩·威伦茨:《美国民主的崛起:从杰斐逊到林肯》(Sean Wilentz, *The Rise of American Democracy: Jefferson to Lincoln*),纽约2005年版。

二、《缔造》引起的反响与争议

从一定意义上说,《缔造》《激进主义》和《自由的帝国》这三本书构成了一个系列,其主题是美国革命所造成的深刻变动。如果说《缔造》的核心命题是美国政治文化的现代化,那么《激进主义》集中阐释的是美国社会的现代化。伍德的立论与后来的乔恩·巴特勒大不相同。① 他并不认为北美社会一开始就具有现代性,它是通过革命而走入现代的。他的视角和观点也不同于"新洛克派"及波科克等学者,他关注共和主义向民主主义的转变,强调革命在美国民主社会形成中的推动作用。《自由的帝国》则以综合叙事的方式,细致描绘了美国革命之后共和主义向民主主义转化的广阔画面,进一步揭示了革命所造成的变动的历史意义,以及革命的能量如何最终融入常规的社会变迁之中,塑造了社会生活的整体面貌。值得注意的是,后两本书所讨论的问题,比如美国革命所造成的变动,共和主义向民主主义的转变,伍德都已在《缔造》中提出。就这一点而言,《缔造》既是伍德的成名作,也集中体现了他对美国革命的理解。《缔造》在美国学术界引起了非同寻常的关注,多年后还有强烈的反响,从中能够看到美国政治史研究在路径上的多样性,也可以了解不同学术理念之间的交锋是何等激烈。

《缔造》于1969年出版时,伍德还不到40岁,算是一个学

---

① 乔恩·巴特勒:《变成美利坚:1776年之前的革命》(Jon Butler, *Becoming America: The Revolution Before 1776*),马萨诸塞州坎布里奇2000年版。

术新人,居然写出了这样一本足以跻身经典之列的著作,不免令人惊叹。据有的学者分析,在伍德写作《缔造》时,美国革命史研究正处在停滞状态,进步主义的冲突史观和代之而起的"新辉格史观",都受到了质疑和挑战,而伍德正是在这个基础上改弦更张,不再关注社会冲突,转而重视观念冲突,凸显了革命时期意识形态的变化。① 还有论者指出,伍德的书是新旧结合的产物:他在"新"社会史兴起的时代研究"老"政治史和思想史,采用"新"方法和"新"路径来探讨"老"题目,这种新旧的冲撞和结合,使他获取了意想不到的学术能量。② 的确,伍德幸运地赶上了一个史学范式变革的时期,一方面,传统的课题和材料还没有被彻底耗尽;另一方面,相关学科新的理论和方法初露端倪,为处理旧题材提供了新工具。在《缔造》中可以看到许多当时还很新颖的理论的痕迹,其中包括政治学的政治文化理论,人类学的文化概念和意义阐释,心理学的观念与行为关系的理论,以及现代化理论中传统与现代两分的观念模式。

当然,伍德还得益于贝林的影响和指导。伍德攻读博士学位期间,贝林正在构思和写作《美国革命的意识形态起源》。这是他一生中最重要的著作,将在美国革命史和政治史的范式转变中起到关键的作用。伍德的选题和思路无疑受到了贝林的启发,在写作中也得到过贝林的点拨。而且,在《缔造》成书之前,

---

① 约翰·豪:《戈登·伍德与对美国革命时期政治文化的分析》(John Howe, "Gordon S. Wood and the Analysis of Political Culture in the American Revolutionary Era"),《威廉—玛丽季刊》,第 3 系列,第 44 卷第 3 期(1987 年 7 月),第 570 页。

② 鲁思·布洛克:《宪法与文化》(Ruth H. Bloch, "The Constitution and Culture"),《威廉—玛丽季刊》,第 3 系列,第 44 卷第 3 期(1987 年 7 月),第 550 页。

伍德又读到了贝林的新书。贝林似乎也把伍德视为自己的得意弟子,晚于伍德进入贝林门下的另一位普利策奖得主杰克·雷科夫,在若干年后还记得,他入学后不久,贝林就要他去哈佛档案馆调阅伍德的博士论文。① 当然,伍德个人的禀赋和努力同样至关重要。在一个没有数据库、缺乏电子检索手段、许多资料尚未整理出版的时代,伍德依靠实地寻访和手工操作,几乎搜罗了涉及革命时期政治思想的所有重要文献。《缔造》一书所用材料之丰富多样,常令读者惊诧和叹赏。② 更重要的是,《缔造》讨论的问题十分庞杂,头绪至为繁多,如果没有高超的驾驭本领和缜密思考的能力,恐怕很难构筑出一个如此庞大而条贯的论述体系。

关于《缔造》的书评数量之多,评论者的学术地位之高,书评分布的刊物之广,对于一部新手的"少作"而言,都可以说是十分罕见的。当时许多活跃的早期史名家,不论其学术路径和观点如何,也不论他们对这本书持何种评价,都不吝笔墨发表自己的意见,其中包括大名鼎鼎的梅里尔·詹森、佩奇·史密斯和J. G. A. 波科克等人。将近二十年后,在美国宪法制定 200 周年之际,美国早期史权威刊物《威廉—玛丽季刊》组织一个专栏,集中讨论伍德的《缔造》。该刊编者在按语中谈到,《缔造》自出

---

① 杰克·雷科夫:《戈登·伍德、"共和综论"与未曾涉足之路》(Jack N. Rakove, "Gordon S. Wood, the 'Republican Synthesis,' and the Path Not Taken"),《威廉—玛丽季刊》,第 3 系列,第 44 卷第 3 期(1987 年 7 月),第 617 页。

② 《缔造》所用材料过于丰富,以致招来堆砌之讥。见 J. R. 波尔:《评〈美利坚共和国的缔造〉》(J. R. Pole, Review of *The Creation of the American Republic, 1776-1787*),《历史杂志》,第 13 卷第 4 期(1970 年 12 月),第 803 页。

版后就成了探索美国革命和建国时期政治思想的"航标",为此后的研究"设定了步调,提供了标杆,充当了讨论的目标",堪称"一部现代经典"。① 为这个专栏撰文的作者,大多是美国早期史领域的一流学者,他们虽然对《缔造》提出了各种批评和商榷,但没有人否认其重要的学术价值。

在欣赏者看来,《缔造》是一个时期以来关于美国革命的"最为重要的著作",是一本"大书","涵盖了几乎所有能想到的与美国政治哲学相关的东西"。② 书中的"学术含量极高,见地透辟,含义丰富",乃是"整个美国革命史学著述中单独一本最为重要的著作";作为一个年轻史家的第一部主要著作,其成就尤其灿烂夺目。③ 彼得·奥努夫还说,尽管美国史学界越来越质疑"共和综论",但并不足以撼动《缔造》在其领域的主导地位;伍德强调了独立前夕"共和主义共识"的"不稳定性"和"短暂性",也解释了共和主义在1776年前后弥散于美国社会的渐进性;而且,伍德把政治话语的转变植根于费城制宪会议前十年各州宪政政治的关键变化之中,这将长期是"史学的丰碑"。④

---

① 《"美国宪法纪念专栏"编者按》("Editor's Note for 'The Constitution of the United States'"),《威廉—玛丽季刊》,第3系列,第44卷第3期(1987年7月),第549页。

② 詹姆斯·弗格森:《评〈美利坚共和国的缔造〉》(James Ferguson, Review of *The Creation of the American Republic, 1776-1787*),《政治科学季刊》,第86卷第4期(1971年12月),第691页。

③ 豪:《评〈美利坚共和国的缔造〉》,第90页。

④ 彼得·奥努夫:《州政治与意识形态转型:戈登·伍德的共和革命》(Peter S. Onuf, "State Politics and Ideological Transformation: Gordon S. Wood's Republican Revolution"),《威廉—玛丽季刊》,第3系列,第44卷第3期(1987年7月),第613、615、616页。

约翰·豪也说,到 1987 年,经过近二十年史学潮流的冲击,《缔造》还能屹立不倒,并且仍是一本理解美国革命的绕不过去的重要著作,表明它具有强大的生命力;每个史家都盼望有朝一日写出自己的"巨著",而伍德跻身于实现了这一梦想的少数几个人之列。① 即便是持强烈批评态度的英国学者 J. R. 波尔也承认,《缔造》不失为"一部引人入胜的书",许多地方值得一读再读,而且越读越有意思。②

不过,相对于喝彩声,批评和商榷的音量似乎更大。第一类批评意见涉及伍德的研究路径和主题。有评论者说,《缔造》带有进步主义史学的特征,把革命视为一场民主运动,把宪法视为精英主义的反动,而新宪法之获得批准则意味着精英的胜利。③ 另有评论者指责伍德采用"比尔德取向的著述体裁",错误地把宪法危机理解成"阶级冲突",而忽视了联邦主义问题的重要性。④ 更有意思的是,当时美国早期史领域的几位成名大家,不约而同地对《缔造》采取求全责备、基本否定的态度。佩奇·史密斯在《美国历史杂志》发表书评,批评伍德的基本主题并不清晰,判断也不符合历史实际,而且不加批判地接受了关于联邦主义者是贵族派、反联邦主义者是民主派的习见,忽视了 1776—

---

① 豪:《戈登·伍德与对美国革命时期政治文化的分析》,第 575 页。
② 波尔:《评〈美利坚共和国的缔造〉》,第 803 页。
③ 弗格森:《评〈美利坚共和国的缔造〉》,第 691—692 页。
④ 艾尔弗雷德·凯利:《评〈美利坚共和国的缔造〉》(Alfred H. Kelly, Review of The Creation of the American Republic, 1776-1787),《美国政治与社会科学学院年鉴》,第 387 卷(1970 年 1 月),第 204 页。

1787年间政治观念变化的复杂性和微妙性。① 英国知名历史学家 J. R. 波尔也认为，伍德在许多情况下过于强调动机和信念，以致在解释事件时带有过度思想化的倾向，某些概括性的判断也失之简单化。他甚至说，在伍德对"思想自足性"的偏见中，混合了黑格尔式的历史过程观念。② 罗伯特·E. 布朗早年曾提出，美国革命乃是"维护殖民地时期民主和平等社会"的保守之举；他从这种思路来评判伍德的研究，认为伍德是在"阶级冲突"和"革命—反革命"这种进步主义史学的老套路中讨论美国革命，因而是一本寻常的关于美国革命的政治史著作。③ 杰克逊·特纳·梅因则从他的社会经济路径出发，称《缔造》是一个出名的古老传统(指以精英为中心和片面强调观念作用的政治思想史。——引者)中的一个"出色样品"，虽然写得不错，但终究走到了终点；新的形势和新的技巧要求研究各类人的思想的各个方面，要求重视政治、经济、意识形态等各种力量的作用，因为美利坚共和国不仅仅是辉格派的创造物，而且是人民和时代的产物。④

他们的看法显然是十分尖锐的，牵涉到伍德的研究路径和

---

① 佩奇·史密斯：《评〈美利坚共和国的缔造〉》(Page Smith, Review of *The Creation of the American Republic, 1776-1787*)，《美国历史杂志》，第57卷第1期(1970年6月)，第126—128页。

② 波尔：《评〈美利坚共和国的缔造〉》，第799—800页。

③ 罗伯特·布朗：《评〈美利坚共和国的缔造〉》(Robert E. Brown, Review of *The Creation of the American Republic, 1776-1787*)，《美国历史评论》，第75卷第3期(1970年2月)，第919—920页。

④ 杰克逊·特纳·梅因：《评〈美利坚共和国的缔造〉》(Jackson Turner Main, Review of *The Creation of the American Republic, 1776-1787*)，《威廉—玛丽季刊》，第3系列，第26卷第4期(1969年10月)，第606—607页。

解释框架的有效性。这里触及了一个至为关键的问题，就是如何理解《缔造》的主旨。这本书讨论的核心问题究竟是什么？是革命时期各州宪法的演变和联邦宪法的由来吗？是联邦主义者与反联邦主义者的较量吗？这些当然是本书的题中应有之义，可是如果仅限于这些问题，那么《缔造》的确只是一本普通的政治思想史著作。然而伍德关心的是美国革命的一个中心议题：在 1776—1787 年间，美利坚人在没有先例可循的条件下是如何创建现代共和政府的？要把握这一问题，必须深入理解革命时期美利坚人关于人性、社会、政治正当性、政体、利益、权力和自由等方面的思考，以及这种思考的社会政治语境。在伍德看来，"美利坚共和国的缔造"并不仅仅是一种制度建设方面的创举，更是一种政治思维方式的根本变革，它意味着古典政治思想的终结和现代"美利坚政治科学"的形成。这才是美国革命最为突出的历史意义。伍德讨论的重点固然是精英观念，而且把宪法的制定及其批准视为联邦主义者的胜利，但他关注的并不是联邦主义者的观念本身，而是这一套观念是如何在革命时期复杂多变的事态和情势中形成并脱颖而出的。关于联邦主义者获得胜利的意义，伍德写道："为了要形成一种政治理论来反映当时的现实，1787 年的美国人打碎了 1776 年的经典的辉格世界。"①这就是说，1787 年并不是对 1776 年的反动和倒退，而是突破和发展；是 1787 年提升了美国革命的历史地位。不过，在当时只有个别评论者看出了伍德的这种用心，称赞他揭示了美国革命期间美利坚人思考政治的方式，以及他们对政治的思

---

① 伍德：《美利坚共和国的缔造》，第 606 页。

考和理解发生变化的方式。①

第二类批评意见指责伍德忽视底层民众和边缘群体的声音。早期史名家梅因指出,研究政治思想的史家总是面临一大难题:关于"人民的思想的信息"大多来自少数受过教育的精英,如果不加考辨地采用这种资料,就容易形成一种基于统治者立场的保守的偏见,而且可能描绘出一幅思想一致的画面,忽略实际存在的多样性和争论。梅因批评《缔造》一书使用完全是来自"牧师和律师"的材料,伍德虽然明知这些人不能替那些小店主、工匠和农场主说话,却不去考察多数人的想法是什么。问题并不是没有这方面的材料,而是伍德根本没有重视和使用这类材料。这种材料上的选择性限制了本书的范围,可能导致对过去实际的扭曲。例如,关于"危急时期",如果采用大众代言人的说法,问题可能就不是"民主过度",而是民主没有充分实现。② 将近二十年后,梅因撰文再次对伍德的研究取向提出批评,称伍德所利用的意识形态资料,大多是那些经济上和社会地位上居于上层的少数人留下的,而多数人的意识形态并未受到重视和考察。梅因认为,普通的投票者是不是相信领导人所说和所写的东西,这个问题并不好回答。③ 另一位早期史名家加

---

① 诺布尔·坎宁安:《评〈美利坚共和国的缔造〉》(Noble E. Cunningham, Jr., Review of *The Creation of the American Republic, 1776-1787*),《弗吉尼亚历史和传记杂志》,第 77 卷第 4 期(1969 年 10 月),第 485—486 页。

② 梅因:《评〈美利坚共和国的缔造〉》,第 605—606 页。

③ 杰克逊·特纳·梅因:《1787—1788 年宪法的起源和性质的研究设想》(Jackson Turner Main, "An Agenda for Research on the Origins and Nature of the Constitution of 1787-1788"),《威廉—玛丽季刊》,第 3 系列,第 44 卷第 3 期(1987 年 7 月),第 591 页。

里·纳什也说,《缔造》在出版 18 年后暴露了鲜明的局限:它尽管丰富而精微,但仍不完整,而且过于同一和静止,没有深深植根于社会经验当中,尤其是未能重视和阐述底层人的政治文化;仅仅依靠小册子和精英文集,是不可能描绘革命时期政治文化的全貌的。纳什沿袭了梅因的思路,强调应当钻研伍德所忽视的报纸文章、议会请愿书和辩论资料,以发掘"劳动人民的声音"。纳什相信,这些"靠手劳动"的中下层民众有着自己的意识形态,他称之为"小生产者意识形态",其内涵与伍德的共和主义并不吻合,而更注重经济平等和经济公正。这样就打破了伍德所强调的革命意识形态的共识性特征。另外,革命时期普通人的意识形态,对于内战前美国普通劳动者的思想观念有着深远的影响。①

  梅因和纳什的这些意见,大体上基于他们自己的政治取向和研究兴趣,并且以美国史学的新进展来要求多年前的伍德,不免有失公允。在最近几十年的美国革命史研究中,梅里尔·詹森、杰克逊·特纳·梅因、杰西·莱米什、艾尔弗雷德·扬、加里·纳什和伍迪·霍尔顿等学者独张一军,坚持以社会经济为重点,重视下层群体在美国革命中的经历,对于建国精英和关于建国精英的研究深为不满。他们受到新社会史潮流的强劲推动,极力把底层群体推到革命舞台的中央;在他们看来,即便要讨论革命中的意识形态,也必须重视普通民众的观念和诉求,以

---

① 加里·纳什:《关于缔造的其他事:走得比戈登·伍德远一点》(Gary B. Nash, "Also There at the Creation: Going beyond Gordon S. Wood"),《威廉—玛丽季刊》,第 3 系列,第 44 卷第 3 期(1987 年 7 月),第 602 页。

及民众与精英的对立和冲突。① 梅因和纳什的批评表明,他们实际上是要求伍德跟他们采取同样的思想倾向和研究路径,这当然是强人所难。边缘群体和普通民众的声音固然重要,但并不等于精英观念就可以忽视;从下往上看美国革命诚然是一种有意义的视角,但并不意味着精英就必定总是与民众处在冲突之中。如果把《缔造》当作关于精英思想的专论来看待,它就是一种无可争议的最佳文本。至于梅因和纳什所提倡的关于底层民众意识形态的研究,虽然在最近几十年里取得了进展,但总体上并不理想,论题的宏大与材料的单薄形成强烈反差,讨论的系统性和整体感都有明显的不足,在细致和深刻方面与《缔造》则有着不可以道里计的差距。

第三类批评意见则关乎政治思想史研究中的一个重大挑战,就是如何把握"众声喧哗"与整体趋向之间的关系。《缔造》讨论的是1776—1787年间美国政治文化演变的整体趋势,而使用的证据却是出自许许多多个人的言论,这就引出了一系列极具挑战性的问题:若干个人的言论具有多大的代表性?或者说在何种意义上具有代表性?不同的个人在不同的时空场景中发表的言论,是否能被置于同一思想脉络中而构成某种递进性的演化趋向?能否把若干相近或相似的观念元素集合起来,绘制成特定时空中的整体思想图景?这些问题在"经典的"政治思想史研究中固然存在,但并不十分尖锐,因为"经典的"研究路径以经典的思想家及其著作为对象,其本身就是个体性的,而且

---

① 参见李剑鸣:《意识形态与美国革命的历史叙事》,原载《史学集刊》2011年第6期,第8—14页。收入本书。

其中包含的观念也具有个体性人格化表达的性质。然则在政治文化范式的政治思想史研究中,要处理的是众多言说者的众多言论,这就必须首先把这种"众声喧哗"的思想表达设定为一种"社会事实",把众多的言说者虚拟为一个集合性的个体。① 也就是说,要把某一类发表政治言辞的众人假定为一个具有共同理性的个人,借助从他们的纷杂言论中清理出来的关联性,人为地构筑一个思想观念的演变轨迹及其内在逻辑,以此展现特定时代的思想观念变化的大趋势。但问题是,同一时空中的众人在观念上可能缺乏足够的同一性,而不同时期相续出现的政治见解也很难说必定有明晰的演进脉络,于是,要把不同的人在不同的语境中表达的见解整合在同一个系统中,总不免带有"发明"和"想象"的性质。这就是伍德在写作《缔造》时难以摆脱的困扰。他不得不虚拟一个用同一个大脑思考的"美利坚人",这个"人"遵循某种逻辑进行思考,其思考的结果就是"美利坚政治科学"的形成。这种用少数精英的言论代表社会思想倾向的写法,的确很难经受历史主义方法的细致推敲,因为美国革命时期政治思想的材料纷繁驳杂,如果出于呈现整体趋向的意图而选取那些适合论题的材料,在梳理历时性维度上的演变脉络时牺牲共时性维度上的多样性和复杂性,由此描画的思想图景不免因过于清晰而失真。爱德华·康特里曼敏锐地看出了伍德的难题,称他写作的路子有点接近思想史大家佩里·米勒,把所引

---

① 关于社会史研究中"集合体人格化"方法的介绍,参见安托万·普罗斯特:《历史学十二讲》(王春华译),北京大学出版社 2012 年版,第 208 页。

材料的作者假想为同一个人。① 可是,如果抛弃了这种存在明显弊病的写作方式,又怎能有效地处理复杂多样的政治思想素材呢?

另有一些学者指出了《缔造》中存在的某些具体的"欠缺"。伍德的"师妹"波琳·梅尔批评他在讨论1776年的政治观念时,为了强调它与英国的连续性和相似性,大量使用了1774年、1775年的材料,而忽略了潘恩在1776年初发表的《常识》。她认为,如果考虑到潘恩的思想,就很难说1776年美国政治思想与英国有那么大的共性;讨论革命时期政治思想的变化,应当以潘恩的《常识》为起点。② 这种看法似乎有些胶柱鼓瑟。伍德所说的1776年只是一个取中的约数,使用1774年和1775年(此时反英运动正急速向独立运动演化)的材料并不存在年代错误。而且,伍德也没有忽视潘恩的重要性,书中论及了《常识》的核心思想及其所引起的激烈争论。可能伍德觉得潘恩的思想只是少数激进派的主张,在当时并没有足够的代表性,因而没有把它作为革命时期政治文化变动的起点。③ 伍德的"师弟"杰克·雷科夫则说,《缔造》的真正缺陷在于,作者在讨论各州制

---

① 爱德华·康特里曼:《谈谈共和主义、资本主义和"美利坚精神"》(Edward Countryman, "Of Republicanism, Capitalism, and the 'American Mind'"),《威廉—玛丽季刊》,第3系列,第44卷第3期(1987年7月),第556页。

② 波琳·梅尔:《难看的贝壳里的一颗珍珠:戈登·伍德的〈美利坚共和国的缔造〉》(Pauline Maier, "A Pearl in a Gnarled Shell: Gordon S. Wood's *The Creation of the American Republic*"),《威廉—玛丽季刊》,第3系列,第44卷第3期(1987年7月),第585—587页。

③ 伍德:《美利坚共和国的缔造》,第93—97页。

宪时没有意识到有一场战争正在进行,对共和美德的真正检验并非来自平常的利益互动,而是战争加之于整个社会的特殊要求。① 其实,伍德在论及各州制宪中出现的观念碰撞时,并没有脱离战争的语境,只不过他把外在的战争形势转化成了时人对战争的感受和认知。历史学家拉尔夫·凯查姆谈到,伍德夸大了联邦主义者的政治观念与古典政治理论的区别,夸大了联邦主义者与反联邦主义者的分歧,也夸大了民主制与贵族制的对立,因此未能充分认识联邦主义者思想的意义。他认为,不能用民主和反民主这样的范畴来看待制宪,1787 年不是对 1776 年的倒退,而是 1776 年精神的实现。② 这种意见可从三方面略作讨论。首先,伍德的着眼点在于寻找 1787 年的思想中哪些方面与古典理论发生了分离,而并不是说古典理论的影响已经彻底消失;其次,虽然联邦主义者和反联邦主义者的思想后来经过改造都融入了美国民主的意识形态之中,但两者在 1787—1788 年的具体历史时空中却是相互对立的;最后,伍德并非简单地把 1787 年视作 1776 年的倒退,他强调 1787 年是从 1776 年发展而来的,1787 年是美国革命结出的硕果,而不是固定不变的 1776 年精神的实现。此外,约翰·豪批评伍德忽略或轻视宗教在革命时期政治文化中的意义,未能看到当时人对经济因素在塑造共和制基本特征方面的作用的重视,没有注意到当时人把政府

---

① 雷科夫:《戈登·伍德、"共和综论"与未曾涉足之路》,第 619 页。
② 拉尔夫·凯查姆:《普布利乌斯:维护共和原则》(Ralph Ketcham, "Publius: Sustaining the Republican Principle"),《威廉—玛丽季刊》,第 3 系列,第 44 卷第 3 期(1987 年 7 月),第 578—582 页。

视为营造共和主义的社会经济秩序的重要工具,也未能很好地阐释共和主义政治文化与社会经济及政治语境之间的互动。① 很少论及宗教确实是《缔造》最触目的缺陷,英国历史学家 J. C. D. 克拉克为此专门著书,对共和综论提出挑战,深入阐述了宗教因素、特别教派话语在 18 世纪英美政治文化变迁中重要性。② 至于社会经济、政治语境与意识形态的关系,伍德并没有轻忽,而是另有方法论方面的考虑。③

用实证研究来质疑、挑战和校正伍德的结论的事例,在美国史学界也可谓比比皆是。前面提到了纳什的批评,他在文中列举了若干种关于底层民众意识形态的论著,以反衬伍德研究的欠缺和弊端。④ 就关于精英政治理念的研究而言,也有学者不同意伍德的立论。马克·克鲁曼在探讨 1776 年前后的宪政思想时发现,伍德认为到 1787 年才形成的政治观念,在 1776 年即已出现。⑤ 不过,克鲁曼所说的 1776 年与 1787 年之间的相似性,仅只涉及个别的观念,而不是整个政治思维方式,因而其说尚不足以撼动伍德的结论。

在今天看来,美国史学界对《缔造》的反应,无论是即时的

---

① 豪:《戈登·伍德与对美国革命时期政治文化的分析》,第 571—572、574 页。
② J. C. D. 克拉克:《自由的语言:英美世界的政治话语与社会动力》(J. C. D. Clark, *The Language of Liberty 1660-1832: Political Discourse and Social Dynamics in the Anglo-American World*),英国剑桥 1994 年版。
③ 参见第三节的有关讨论。
④ 纳什:《关于缔造的其他事》,第 603—604 页。
⑤ 马克·克鲁曼:《在权威与自由之间:美国革命时期各州的立宪》(Marc W. Kruman, *Between Authority & Liberty: State Constitution Making in Revolutionary America*),查珀希尔 1997 年版,第 xi 页。

评论,还是后来的商榷,其中都不乏误解和偏见,反映了不同史家在思想倾向和治史路径上的分歧。许多评论都没有切中肯綮,未能揭示《缔造》在美国早期政治史研究中的范式性意义。

三、政治史研究的"文化转向"

杰克·雷科夫称赞《缔造》的各章各节都写得细腻入微,深入堂奥,而最终指向又明了清晰,把复杂的发展变化归纳为简明的公式。① 这种说法正合一句中国古语:"真放在精微。"伍德以极尽细致、洞悉微妙的笔法,描摹出美国革命时期思想变革的宏大画面。在近几十年美国史学后浪接前浪的冲击下,《缔造》的经典地位似乎并未动摇。一种史学经典的意义,并不在于包含着永远正确的结论,也不一定要长期引领后来者的研究,而在于开创风气,拓展路径,体现一个时代的学术所达到的高度,并给后学以思想的激励。

在《缔造》问世之初,有评论者预言它有可能开创一个研究邦联和宪法的新时代。② 对伍德的学术颇有微词的迈克尔·朱克曼,也曾从反面谈到了《缔造》的巨大影响,承认它"细致地发掘出我们失去的意识形态世界","激活了一代人的学术"。③ 不过,杰克·雷科夫却意外地发现,《缔造》出版以来,很少有学者

---

① 雷科夫:《戈登·伍德、"共和综论"与未曾涉足之路》,第617页。
② 查尔斯·埃克斯:《评〈美利坚共和国的缔造〉》(Charles W. Akers, Review of *The Creation of the American Republic, 1776-1787*),《新英格兰季刊》,第42卷第4期(1969年12月),第605页。
③ 朱克曼:《辞令、实际与美国革命》,第694页。

运用伍德的论点来阐释革命时期政治的具体问题。① 之所以会出现这种局面,是不是由于伍德的研究过于宽广和深入,以至于穷尽了所有的问题呢?有一位评论者的确说过类似的话:伍德的论题包罗甚广,路径过于复杂,把卡罗琳·罗宾斯和贝林的革命思想起源、罗伯特·布朗的殖民地民主论、埃德蒙·摩根的清教伦理、梅里尔·詹森的邦联时期再认识、弗里斯特·麦克唐纳的宪法起源论统统结合在一起,因而《缔造》的出版意味着对美国革命的思想史研究已经走到了极限,难以有新的发展。② 那么,究竟应当如何理解《缔造》一书的价值和影响呢?

实际上,只有从政治史这个更大的领域着眼,才能明了伍德史学的意义。从总体上说,《缔造》发展了贝林在《美国革命的意识形态起源》中开创的路径,把陷入困境的美国政治史研究引领到了政治文化的路径上,推动了政治思想史研究的范式转变。在20世纪七八十年代,这种范式转变一度给早期政治史带来了勃勃的生机。

"政治文化"一词最初出现于1956年③,经加布里埃尔·阿尔蒙德在《比较政治体系》一文中加以界定,遂成一个常见的政治学概念。阿尔蒙德把"政治文化"理解为某种政治系统根植于其中的"为政治行动定向的具体模式",并强调它与"政治态

---

① 雷科夫:《戈登·伍德、"共和综论"与未曾涉足之路》,第619页。
② 埃克斯:《评〈美利坚共和国的缔造〉》,第606—607页。
③ 是年 H. 芬纳(H. Finer)出版的《大欧洲诸强国的政府》一书有个副标题,英文为"A Comparative Study of the Governments and Political Culture of Great Britain, France, Germany, and the Soviet Union",但他没有对"political culture"(政治文化)这个术语做出界定。

度""政治价值""国民性格"或"文化精神"并不是一回事。塞缪尔·比尔和亚当·乌拉姆在1958年对"政治文化"做了不同的界定:"在一个社会的一般文化中,有某些方面专门涉及政府应当如何办事和应当办什么事。我们把文化的这个部分叫做政治文化。如同社会的一般文化一样,政治文化的主要成分包括价值、信念和情感态度。"①1965年,政治学家悉尼·维巴进一步把政治文化中的"定向"分解为"认知定向、情感定向和评价定向",或简化为"认知、情感和评价"。② 美国政治史家受到政治学理论中这种新发展的启发,把"政治文化"的概念引入历史研究,并吸收人类学和心理学的相关理论,开始探讨过去世界的政治观念和政治态度的变化。

伍德的导师贝林在这方面有开拓之功。他在1967年出版的《美国政治的渊源》中,用了"政治文化的来源"这样的标题,意在把对美国革命的背景和起因的解释引向革命发动者和参与者的内心世界,探讨他们看待当时政治世界的方式,理解他们反英和革命的动机与诉求。在贝林看来,以往关于美国革命起源的解释,基本上遵循的是制度史和注重外部条件的路径,未能充分理解革命运动的内在动力;实际上,革命者对当时的形势有自己的判断,对革命的动机也有自己的说明;因此,后世的史家应

---

① 扬·金:《比较政治中的政治文化概念》(Young C. Kim, "The Concept of Political Culture in Comparative Politics"),《政治杂志》,第26卷第2期(1964年5月),第320、324页。

② 罗德明:《政治文化与政治象征主义:走向某种理论的综合》(Lowell Dittmer, "Political Culture and Political Symbolism: Toward a Theoretical Synthesis"),《世界政治》,第29卷第4期(1977年7月),第553页。

当倾听革命者自己关于革命原因的解释。① 在随后出版的《美国革命的意识形态起源》中,贝林把这种理念贯彻到关于美国革命起源的实证研究中,开创了从政治文化着眼来阐释美国革命的新路径。② 政治思想史名家波科克曾评论说,贝林的研究挑战了史家的正统观念,不再把意识形态和概念看成是其他社会现象的附带现象;"贝林学派"所关注的主要不是原因,而是结构,即英国的乡村派思想并非引发了革命,而是赋予革命以特点。③ 也就是说,贝林的研究方式重在以阐释思想来理解事件的意义,而不是解释事件发生的原因。这在当时的美国政治史领域,无疑是一种革命性的尝试。当然,贝林这样的历史学家所用的"政治文化"概念,同政治学家相比有很大的模糊性和扩展性,正如新政治史名家罗纳德·佛米萨诺所说,许多政治史家在面对"定义难题"时,往往巧妙地采取不讲定义的策略,而通过用法和潜在的解释框架来显现他们对"政治文化"的理解。④

伍德在谈到自己研究的主要考虑时说,他发觉在解释美国革命和制宪时涉及的许多"史学问题",均缘于未能很好地把握

---

① 伯纳德·贝林:《美国政治的起源》(Bernard Bailyn, *The Origins of American Politics*),纽约1968年版,第3—58页。

② 贝林:《美国革命的思想意识形态起源》。

③ J. G. A. 波科克:《18世纪的美德与商业》(J. G. A. Pocock, "Virtue and Commerce in the Eighteenth Century"),《跨学科历史杂志》,第3卷第1期(1972年夏季),第122页。

④ 罗纳德·佛米萨诺:《政治文化的概念》(Ronald P. Formisano, "The Concept of Political Culture"),《跨学科历史杂志》,第31卷第3期(2001年冬季),第393、394页。

革命时期政治文化的鲜明特征。① 这句话表明,"政治文化"乃是他切入美国革命的基本路径。关于革命时期政治思想的研究,伍德之前并不乏先行者。克林顿·罗西特以若干核心人物为主角,叙述了从殖民地建立到建国时期若干核心政治观念的形成和演变。② 关于革命时期主要政治人物的思想,特别是詹姆斯·麦迪逊、托马斯·杰斐逊、詹姆斯·威尔逊等人的思想,也有各式各样的讨论。较之贝林的开拓之功,伍德的发展首先体现在题材的扩展上。他沿着贝林的路径来讨论整个革命期间政治文化的变动,发展和完善了共和主义的解释范式。同贝林一样,伍德把关注的对象由政治理论家转向了政治行动者,于是就使研究路径和论述方式发生了重大的转变。这样做有一个潜在的观念预设:从事具体政治活动的人不仅在行动,同时也在思考;他们对行动的理由和目标的表述,绝不仅仅是一种表演、辩解或宣传,其中包含了真实的想法,从中可以看到他们的希望、理想、担忧和焦虑;考察他们的想法、态度和诉求,有助于理解其行动。相对说来,贝林在《起源》中关注的只是若干个小册子作者,而伍德的《缔造》所涉及的人数量更多,身份更为复杂多样。讨论对象的增多,导致材料更加繁多和驳杂。跟经典的政治思想史研究相比,政治文化研究所处理的题材具有"众声喧哗""变动不居"的特点。对同一个问题有许多不同的看法;同一个

---

① 伍德:《美利坚共和国的缔造》,第 viii 页。

② 克林顿·罗西特:《共和国的播种期:美国政治自由传统的起源》(Clinton Rossiter, *Seedtime of the Republic: The Origins of the American Tradition of Political Liberty*),纽约 1953 年版。

人在不同的场合也有不同的说法。这就极大地提升了研究的难度,对史家的学术能力和历史意识是一个很大的考验。美国革命时期留下的文字材料极为丰富,从《缔造》的脚注可以看出,伍德的材料来源几乎涵盖革命时期所有重要的文本。

题材的拓展和材料的发掘并不是一个孤立的过程,往往同史学理念、特别是方法论意识的变化有着密切的联系。"经典的"政治思想史通常以"思想传记"的方式,解读若干经典的思想文本,论述精英政治观念的形成、内涵、传承、发展和影响。这种写法类似于政治学领域的"政治学说史"或"政治哲学史"。它的局限在于,预先假定不同时代的政治思想都是对若干基本政治问题的思考和解答,诸如自由、平等、民主、共和等核心概念拥有某种固定不变的"定义",一种政治学说从形成到传播有着某种或明显或隐含的逻辑和体系,而史家的任务就是要阐明或揭示这种逻辑和体系。具体到某个特定作者的思想,更是存在着连贯一致的逻辑和系统,研究者一般不去考虑他在不同时期、不同情况下的思想变化。弗农·帕林顿[1]、克林顿·罗西特[2]、路易斯·哈茨[3]、理查德·霍夫斯塔特[4]等人的有关著述,或多或少都体现了这种研究路径。伍德从政治文化的路径来探讨美

---

[1] 弗农·帕林顿:《美国思想的主流》(Vernon L. Parrington, *Main Currents in American Thought*, 3 vols.),纽约1927—1930年版。

[2] 罗西特:《共和国的播种期》。

[3] 路易斯·哈茨:《美国的自由主义传统》(Louis Hartz, *The Liberal Tradition in America*),纽约1955年版。

[4] 理查德·霍夫斯塔特:《美国政治传统及其缔造者》(Richard Hofstadter, *The American Political Tradition and the Men Who Made It*),纽约1948年版。

国革命,一方面,他把关注的焦点从少数几个建国之父,扩展到革命时期留下了政治言论的各界人物;另一方面,他把讨论的范围从少数几个核心政治观念,推广到革命时期几乎所有的思想议题。这些议题所涵盖的内容,并不是一般意义上的"观念"(ideas)、"思想"(thought)或"理论"(theories),而是"共同的假定"(common assumptions)、"信念模式"(pattern of beliefs)和"态度"(attitude)。伍德沿着贝林的路径,借鉴人类学家克利福德·格尔兹的定义,把所有这些东西统称为"意识形态"(ideology),并且把"意识形态"理解为某种能塑造和调节行为的力量。不过,贝林在《起源》一书中并没有很好地落实这一方法论意图,因为他关注的主要是观念,未能充分考虑观念的社会政治语境,而且对观念与行为之间的实际关联也没有做出令人信服的解释。伍德从贝林没有做或未能做到的地方向前推进,基于更加自觉而明确的方法论意识,把纷繁多变的观念置于复杂的社会政治、经济的语境中,力求立体多维地展现观念与行动的关系。

伍德和贝林相比的第二个不同之处在于,他更积极主动地引入了人类学和文化史的理念与方法,对政治史研究的"文化转向"做了更为系统的方法论思考。在伍德看来,研究思想观念的意义,并不在于单纯描述观念的内涵及其变化,也不是要阐释观念和事件之间的因果关系,而是要把观念和事件置于一种更为复杂和交互的语境中考察,通过观念来理解事件,通过事件来理解观念。在这里,伍德显然受到了20世纪中期以来人类学和心理学理论的启发,把理解观念和行为的关系视作思想史研究的核心。他批评以往政治思想史家简单地看待观念与行动之间的关系,反对把观念视为一种分离的、可以"引起"行动的实体。他在写作《缔造》时就有这种方法论层面的考虑。他认为,思想史研究的路径不可排斥社会和经济研究的路径,而需要把观念主义(idealism)和行为主义(behaviorism)结合起来。在以往的美国革命史学中,有的史家忽视观念的作用,有的史家则把美国革命看成是一场"观念的斗争";进步主义史学侧重从社会和经济的角度解释革命,反对把观念作为革命的重要原因;埃德蒙·摩根复活了观念在美国革命中的角色,革命再度被理解为"关于抽象的政府权利的大辩论";贝林则把美国革命史的"观念主义路径"推向了高峰,同时也意味着按这种路径来解释美国革命已是题无剩义。伍德肯定了贝林路径的创新性,称赞他力图从革命者思想的内部来理解其观念,认为观念不仅涉及革命,而且关乎美国社会特性的转化,其研究凸现了观念变动不居、难以把握的特点,把对革命的解释带出了追索动机的藩篱。在贝林的研究中,行动不仅仅是理性的、有意识的思考的产物,也是模糊不清、急速变动的思想和境况的结果;人主要不是观念的操纵者,而是其受制者(victim)。伍德同时也指出了贝林的局限性。他论证了观念作为现象具有自主性,能够控制其参与者的头脑,把他们引到他们所没有预见的方向,这种讨论带有决定论色彩,把观念在革命兴起中的作用强调到了一个空前的高度。虽然在他这种完全彻底的观念主义解释中,可以看到一种对革命原因的行为主义的解释方式,但把观念与行为的关系引向因果模式则是比较可疑的。伍德声称,必须看到美国革命中的言词和观念是深深植根于具体的社会结构之中的,讨论观念的作用,应当像进步主义史家那样关注内部社会问题,同时又突破他们那种简单的阶级冲突说,富于想象力地解读观念,并把它们嵌入客观的社会世界,也就是把观念主义和行为主义真正结合起来。观念和言词并非与政治和社会实际相分离,而是理解实际的最佳通道:观念总是有相关性的,言词反映了实际。① 可见,伍德在这里触及了界定政治文化研究路径的几个核心理念:观念在社会实际中具有自主性,不能把观念视为利益和行动的掩饰或辩护;观念与其产生的社会语境有着复杂的关联,脱离具体的社会结构和社会互动,难以理解观念的真正意义;观念作用于并塑造行动,阐释观念有助于理解行动。在《缔造》的评论者中,有人留意到了伍德上面这番关于观念主义与行为主义相结合的倡议,并以此来衡量伍德自己的研究,认为他结合两者的尝试在关于70年代州宪法辩论的阐述中做得并不好,而在讨论80年代的宪法辩论时则大致贯彻了这一路径。②

后来,伍德在学术上更趋于成熟,同时也受到了美国史学风气的熏染,对政治思想史研究的方法论有了更深入的思考。1987年,伍德在回应对《缔造》的各种批评意见时,似有知音难遇之憾。他说,自己绝不认为观念乃是行为的"原因",也反对把观念与社会的、经济的、心理的等各种因素并列,以找出在某个特定时刻哪个因素最为重要。他把观念称作人类行为的常量,它不能引起行为,但没有它也就没有行为。那种对于"过重

---

① 戈登·伍德:《美国革命中的辞令与实际》(Gordon S. Wood, "Rhetoric and Reality in the American Revolution"),《威廉—玛丽季刊》,第3系列,第23卷第1期(1966年1月),第3—31页。

② 豪:《评〈美利坚共和国的缔造〉》,第91页。

的意识形态路径"的担忧,实际上源自一种误解:似乎讨论观念就是旨在强调观念引起行动。这种把观念和行为的原因联系起来的做法,无助于理解观念的真正意义。伍德用一种格尔兹式的语气指出,观念确实不能引起行为,但这并不意味着观念就无足重轻,或与行为完全无关;观念不能作为行为的动机,但却时刻伴随着行为,因为"一切行为都有意识形态";观念的意义在于赋予行为意义,而人类对自己所做的一切都是要赋予意义的,正是这些意义构成了人的观念、信念、意识形态和文化。因此,不能认为观念和社会情势在空间上是分离的;观念并非外在于"实际经验",观念是人看待、理解、判断和操作经验与生活的方式;观念不仅仅使社会行为更好理解,而且使它成为可能。人类赋予行动意义,但这种意义不是随意赋予的,它是公共意义,受到一个时代文化的习惯、语言的界定和限制。在美国革命时期,诸如"自由的""专制的""君主制的"或"共和制的""民主的"或"贵族制的"这些词的含义,是由当时的"意义的文化结构"所决定的。正是在这个意义上说,"文化或意识形态创造行为"。①从这里可以清楚地看出,伍德有意借助人类学而不是政治学来改造政治思想史。伍德说这番话时是在 1987 年,比林恩·亨特所编新文化史的号角之作问世要早两年。② 这说明他在方法论方面具有某种前沿性和前瞻性。

到了 2011 年,当伍德给自己的新书《美利坚的理念》写导

---

① 伍德:《意识形态与自由主义美国的起源》,第 629—631 页。
② 林恩·亨特编:《新文化史》(Lynn Hunt, ed., *The New Cultural History*),伯克利 1989 年版。

言时,再次表达了向新文化史取法的主张,倡导用"意义阐释"弥补"因果分析"的不足。伍德认为,观念并不是"可以解释变化的驱动力量",观念并不"引起"人类行为,因此,"因果分析"在思想史研究中并不是一种有益的方法。但这并不是说观念对行为没有任何作用,相反,"行为离不开观念,也离不开语言。观念和语言给我们的行动以意义,而我们人类对于自己所做的一切几乎都要赋予意义"。那么,应当如何看待观念与行动的关系呢?伍德对以前表达过的看法加以提炼,更加简洁而明确地指出:"观念对于我们的经验具有至关重要的意义。它们是我们认知、理解、理性化、判断和操纵自己行动的手段。我们赋予自己行动的意义形成我们社会世界的结构。观念或意义不仅使得社会行为可以理解,而且使之可能。"而且,观念,借以表达观念的词汇,以及赋予行动的意义,都具有公共特性,受到当时文化中的"习惯和规范的语言"的界定和限制;"从这个意义说,文化,也就是我们可用的意义的集合体,就同时限制和制造行为";人们在力图使自己的行为具有意义时,往往造成了各种意想不到的后果。① 照此说来,阐释观念的意义就在于更好地理解行为。

在贝林和伍德从政治文化的路径研究政治思想史的同时,政治学家运用这一范式研究现实政治,也取得了不少有影响的成果。贝林和伍德与政治学家的区别,不仅仅在于研究的题材和材料不同,更关键的是他们具有强烈的语境主义意识,在采用

---

① 戈登·伍德:《美利坚的理念:关于美国诞生的思考》(Gordon S. Wood, *The Idea of America: Reflections on the Birth of the United States*),纽约2011年版,第13—17页。

新路径的同时极力保持和提升其研究成果的历史学品质。而且，他们通过从文本分析转向语境分析，革新了政治思想史研究的基本方法。在以往的政治思想史研究中，有的学者强调细读经典文本，力图从字里行间窥得前人思想的微言大义；也有学者主张用现代理论来诠释前人的思想，自觉或不自觉地运用当前的观点来阐述和改造前人的思想。这些学者虽然具体方法和观点不同，但有一个共同的特点，就是把思想文本当作观念的载体，把观念视为抽象的存在物，而没有把思想文本与特定的语境联系起来，没有考虑到观念在具体语境中的具体含义，从而忽视了思想观念的复杂性和变动性。进步主义史家虽然把政治思想视为社会政治和利益博弈的反映，强调从具体的社会政治经济状况着眼来理解政治观念，但他们抹杀观念的自主性，单向强调社会政治经济状况的决定作用，不考虑观念与语境之间的复杂勾连和微妙互动。贝林和伍德吸收了进步主义史学的长处，关注观念与社会政治的联系，并采用语境主义方式来处理思想文本，这样就有助于把握观念的"原意"。伍德谈到，今人对于18世纪的语汇固然熟悉，但其中许多词的含义却是陌生和独特的；只有从语境着眼，才能准确把握这些看似熟悉的语汇的含义。[1]在评论《缔造》时，确有学者看出了伍德的这种方法论取向，赞扬他不以简单的、直线式的眼光看待革命时期的政治思想，而是着力展现政治辩论的模糊性，以及当时人心理和观念的混乱和不一致性。[2] 还有学者称赞道，伍德的分析"既辩证又富于历史

---

[1] 伍德：《美利坚共和国的缔造》，第 viii 页。
[2] 豪：《评〈美利坚共和国的缔造〉》，第 90 页。

内涵"。①

不过,贝林和伍德的语境主义史学,与同样重视语境的"剑桥学派"并不完全一样。概而言之,在方法论的层面上,剑桥学派似乎更偏向于哲学和语言学②,而贝林和伍德则更接近人类学和心理学。"剑桥学派"讨论的是核心理论家和经典文本,在他们的笔下,马基雅维里、圭恰尔迪尼、霍布斯、洛克乃是主角;贝林和伍德则重视政治行动者的思想观念,更关注观念和行动的复杂关联。另外,"剑桥学派"所强调的语境,主要是思想和知识的语境而非社会语境,侧重从文本与文本的关系来理解思想。这可以说是一种"文本间"或"互文性"的取径。③ 贝林和伍德则不仅重视思想语境,更关注社会语境,力图在两者的结合中考察思想观念的意义。当然,贝林和伍德对语境的把握也不尽相同。贝林偏重文本形成的思想语境,更为关注言说方式、用词习惯、言说对象以及核心语汇的含义;伍德则更重视社会语境,力图通过观念与行动在特定社会结构中的交汇,来理解观念

---

① 奥努夫:《州政治与意识形态转型》,第614页。
② 波科克曾说,他和昆丁·斯金纳一起致力于把政治思想史改造成"政治语言和话语史",关注"作为言说世界代理人的思想家"所表现出的"表述和概念化的行动",以及制约他们言说同时又为其言说行动所改变的"语言和修辞的模板"。参见 J. G. A. 波科克:《〈马基雅维里时刻〉再思考:关于历史与意识形态的研究》(J. G. A. Pocock, "*The Machiavellian Moment* Revisited: A Study in History and Ideology"),《现代史杂志》,第53卷第1期(1981年3月),第50页。
③ 昆廷·斯金纳:《现代政治思想的基础》(Quentin Skinner, *The Foundations of Modern Political Thought*),英国剑桥1978年版,第x-xv页;中译本见昆廷·斯金纳:《近代政治思想的基础》(奚瑞森、亚方译),商务印书馆2002年版,上册,第3—9页。

的意义和影响。①

　　随着政治文化研究范式的成熟,历史学家笔下的政治思想史,与政治(哲)学家所写的政治思想史,形成了一个具有标志性意义的差别:前者沿着语境主义路径讨论作为意识形态的政治表述,而后者则以文本分析的方式来诠释经典文本中的核心观念。政治史研究中的这种"文化转向",在欧美史学界产生了长久的影响。英国历史学家哈里·迪金森在其成名作《自由与财产》的前言中明确表示,他不完全赞成刘易斯·纳米尔及其门生的史学理念;他认为,史家既要研究政治思想,也要研究政治和社会现实,才能很好地理解政治行动,因为"政治行为者既行动也思考"。他关注的重点是政治活动家、宣传鼓动分子、政治评论家的观点和论说,力图探究意识形态的辩论是如何既反映又塑造政治现实的。他使用的材料不仅是政治家的演说和文章,也不局限于洛克、休谟、潘恩、伯克等人的政治论文,同时还包括成千上万的政治小册子、带有政治信息的布道词、各种发表政治辩论文字的期刊报纸、作家们的政论文章等。② 迪金森的这番告白表明,他实际上是以英国政治史的主题和材料,来重演贝林和伍德的研究方式。另一位英国史家 J. C. D. 克拉克,虽然

---

① 不过,在政治思想史领域并未形成一个与"剑桥学派"平分秋色的"哈佛学派"。其原因或许是贝林和伍德都未把自己定位为政治思想史家,他们的兴趣是政治史;贝林本人则在80年代后转向人口社会史,他后期所指导的博士生的选题也多与政治思想史无关。

② H. T. 迪金森:《自由与财产:18世纪英国的政治性意识形态》(H. T. Dickinson, *Liberty and Property*: *Political Ideology in Eighteenth-Century Britain*),伦敦1977年版,第2—9页。

明确反对贝林和伍德的"共和主义共识论",但他的研究起点和方式,与贝林和伍德的著述有着直接的关联。① 美国史家纳什曾考察过东部沿海城市居民的意识形态和政治行动,不仅触及了贝林和伍德所未论及的底层群体的思想观念,而且揭示了革命前夕北美殖民地意识形态的多样性,阐释了社会经济状况和群体性经历及政治意识之间的关联。② 从表面上看,他的书是在质疑、挑战贝林和伍德的立论,但其问题意识的来源以及研究路径的选择,同样离不开后者的影响。

当然,政治文化研究的路径也遇到了不少问题。政治世界毕竟是由行动、事件、制度和观念所构成,那么四者之间,特别是观念同行动、事件、制度究竟是什么关系?意识形态与其形成和发挥作用的社会语境之间又是什么关系?如何通过历史的方法来梳理两者之间的关系?而且,在近期的美国革命史研究中,传统的建国精英愈益遭到边缘化,而印第安人、黑人、妇女的经历受到愈益强烈的关注;政治的维度也不再是讨论的焦点,社会和文化引起了研究者更大的兴趣。③ 在这种学术环境中,沿着政治文化的路径究竟还能走多远?

---

① 克拉克:《自由的语言》。
② 加里·纳什:《城市熔炉:社会变迁、政治意识与美国革命的起源》(Gary B. Nash, *The Urban Crucible: Social Changes, Political Consciousness, and the Origins of the American Revolution*),马萨诸塞州坎布里奇1979年版。
③ 伍迪·霍尔顿:《美国革命与早期共和国》(Woody Holton, "American Revolution and Early Republic"),载埃里克·方纳、莉萨·麦基尔编:《美国史学现状》(Eric Foner, and Lisa McGirr, eds., *American History Now*),费城2011年版,第24—51页。

四、解释美国革命的新范式

美国革命是美国史研究的经典课题,在一定程度上说,一部美国革命的史学史,能够反映美国整个史学演变的历程。在长期以来对美国革命的研究中,出现了两条很不一样,甚至是相互对立的路径。

第一条是政治经济研究的路径。最初的研究者大多把美国革命视为一个纯粹的政治事件,重点叙述建国精英的活动,讨论革命的政治成果和政治意义。他们通常把革命的内涵理解为独立和建国,所写出的著作一般是关于殖民地抗击英国的"暴政"、争取独立和自由、进而建立新型共和政体的故事。到20世纪初年,美国史学中出现了第一个专业史学流派,即"进步主义学派";这些史家改变了关注的重点,把眼光集中在革命时期社会内部的变动上,从经济、特别是经济利益的冲突着眼来讨论美国革命的起因及其所造成的变化,力图为理解美国革命的意义找到一条拨云见日、鞭辟入里的途径。J. 富兰克林·詹姆森扩展了进步主义史学的视野,把眼光从经济转向整个社会,关注革命所造成的社会变化,提出了"作为社会运动的美国革命"的命题。[①] 后来,这种政治经济的研究路径沿着两个方向延伸。一个方向体现在梅里尔·詹森及其弟子的研究之中。詹森发展和深化了进步主义的冲突主题,通过对革命中各种政治派别和

[①] J. 富兰克林·詹姆森:《作为社会运动的美国革命》(J. Franklin Jameson, *The American Revolution Considered as a Social Movement*),普林斯顿1926年版。

政治主张的阐述,进一步凸显了美国革命作为一场"内部革命"的意义。① 詹森的弟子梅因为了更好地理解社会状况与革命的关系,还引入社会学的概念和方法,对革命时期的社会结构做了系统考察。② 他们的研究力图探明经济地位、职业、居住地点等要素与革命起源和进展之间的关系。另一些学者在思想观念和政治取向上受到平民主义、女性主义和多元文化主义的熏染,采用新史学的研究范式,即强调从下而上看待美国革命,关注底层民众和边缘群体在革命中的作用以及革命对他们的意义,并把他们置于与精英对立的格局中,极力把建国精英边缘化。他们大量使用民间史料和非传统史料,侧重从日常经验和社会斗争的层面讨论美国革命。杰西·莱米什、艾尔弗雷德·扬、加里·纳什、伍迪·霍尔顿等是这一方向的代表性人物。

美国革命史的另一条研究路径特别重视意识形态的意义。诚然,从早期的美国革命史写作开始,对于革命的思想原则及其意义,就有人给予关注;帕林顿、罗西特和路易斯·哈茨等学者,也对美国革命中的思想观念做了较多的讨论。但是,真正把美国革命作为一场思想革命对待,是从贝林和伍德开始的。他们的著述在很大程度上"重新界定"了美国革命的内涵和意义。

---

① 梅里尔·詹森:《邦联条例:对美国革命的社会—宪政史的一种阐释》(Merrill Jensen, *The Articles of Confederation: An Interpretation of the Social-Constitutional History of the American Revolution 1774-1781*),威斯康星州麦迪逊1940年版;梅里尔·詹森:《新国家:邦联时期美国史》(Merrill Jensen, *The New Nation: A History of the United States During the Confederation, 1781-1789*),纽约1950年版。

② 杰克逊·特纳·梅因:《美国革命时期的社会结构》(Jackson Turner Main, *The Social Structure of Revolutionary America*),普林斯顿1965年版。

首先，他们把美国革命视为一场思想革命，在以往关于政治革命和社会革命的讨论之外，增加了一个新的维度，揭示了美国革命对美国乃至世界政治思想的影响。其次，他们就美国革命的思想来源做了新的探讨，不再简单地把美国革命看成是启蒙思想的产儿，也不再把约翰·洛克当成美国革命的"教父"；他们发现，美国革命者的思维方式和核心范畴同英国的政治反对派传统有着直接的关联，革命者理解当时的政治世界的主要理论资源来自辉格派思想。第三，他们对美国革命的性质有新的理解，认为是共和主义赋予美国革命及革命时期的美国以显著的特征；这就意味着他们在自由主义的解释范式之外，创立了共和主义的解释范式，也就是通常所说的"共和综论"。[1] 美国历史学

---

[1] 据美国学者罗伯特·谢尔霍普分析，"共和综论"的形成有着悠长的学术脉络，贝林和伍德的贡献是总其成。以往，美国史学界通行的看法是，共和主义作为一种政体观念，对美国革命时期的政体建设没有多大的影响，而且它在美国的流行和广泛接受，也是19世纪初的事。后来，经过许多学者的点滴努力，对共和主义的内涵和渊源的理解不断深化，最终在贝林和伍德的著作中臻于系统化；尤其是伍德的著作，不再仅仅把共和主义视为一套政体观念，而是一种涉及社会各方面的、具有强大塑造力的意识形态，构成美国革命者探索共和政体和形成新的政治理念的语境，因而这本书对"共和综论"的形成具有关键性的意义。美国学者丹尼尔·罗杰斯也说，伍德的《缔造》标志着共和主义首次成为一个"明晰的组织性主题"。他还略带调侃地把共和主义范式分成哈佛派（贝林和伍德）和圣路易斯派（波科克及其学生），称两者到20世纪80年代才有共同语言，但在方法论和解释方面仍存在明显的差别。参见罗伯特·谢尔霍普：《走向共和综论：美国史学中出现的对共和主义的理解》(Robert E. Shalhope, "Toward a Republican Synthesis: The Emergence of an Understanding of Republicanism in American Historiography")，《威廉—玛丽季刊》，第3系列，第29卷第1期（1972年1月），第49—80页；丹尼尔·罗杰斯：《共和主义：一个概念的经历》(Daniel T. Rodgers, "Republicanism: The Career of a Concept")，《美国历史杂志》，第79卷第1期（1992年6月），第16、17—20页。

家罗伯特·凯利称赞说,这是"一个引人注目的发现"。① 最后,他们开辟了解释美国革命的新路径,关注观念和行为的关系,通过对革命者的思想世界的探讨来理解革命的兴起、过程和后果。这也就是美国革命史研究的思想史路径。②

伍德曾说过,美国革命的思想史研究路径并不是贝林的首创,埃德蒙·摩根在1963年发表了一篇文章,标题就是"把美国革命看成一场思想运动"。③ 不过,贝林和伍德的作用却是十分突出的,他们不仅以精深的研究成果提升了美国革命在西方思想史上的地位,而且形成了自成体系的方法论,展示了思想史路径的魅力和潜力。同样钟情于思想史路径的波科克也说,就美国革命的解释框架而言,贝林等人在经济利益、自由主义范式之外发展出了共和主义范式;从学术史的角度说,罗西特开始质疑美国革命与洛克的关联,卡罗琳·罗宾斯指出了18世纪反对派思想的意义,而贝林的贡献则在于重新思考了美国革命的思想来源与特征。④ 伍德则在贝林的基础上更进一步,系统地阐述了美国革命时期的思想巨变。当时就有书评作者指出,伍德的《缔造》取材宏富,"让建国之父们自己说话";体现了注重革命的意识形态方面的学术趋向,把美国革命变成了一场了"思想

---

① 罗伯特·凯利:《从杰斐逊到尼克松的意识形态与政治文化》(Robert Kelley, "Ideology and Political Culture from Jefferson to Nixon"),《美国历史评论》,第82卷第3期(1977年6月),第536页。
② 罗伯特·谢尔霍普对美国革命研究的思想史路径做了简要阐述。见谢尔霍普:《走向共和综论》,第49—54页。
③ 伍德:《美国革命中的辞令与实际》,第3—4页。
④ 波科克:《18世纪的美德与商业》,第119页。

者的革命"。①

在讨论美国革命的思想史路径时,人们通常把贝林和伍德并举,而且把贝林视为开拓者,伍德的研究只是贝林路径的延伸。其实,在新的美国革命史研究范式的形成中,两人所起的作用都是不可替代的。贝林着重探讨美国革命的思想渊源,并突出强调意识形态在美国革命时期的重要性:"18世纪是一个意识形态的时代;革命争端中一方表达的信念和恐惧和另一方一样真诚可信。"②在《美国政治的起源》中,贝林讨论了英国的政治体制和相关的意识形态如何影响了殖民地居民的政治思考,殖民地居民又如何在自己的政治思考中悄然不觉地改造了英国的制度和理念,并最终使之变成了一种革命的意识形态。③ 稍后贝林又进一步阐述道,美国革命时期几乎所有的观念,都与英国18世纪上半叶的政治反对派思想有直接关联,其突出特点是:权力是邪恶的,对于自由构成天然的威胁,因此必须按"混合政府"的要求将各种权力分开;腐败将给自由的英国宪政带来毁灭的危险。这些观念在北美成为一种意识形态,将分散的、个人的想法整合成群体的、社会的观念和态度,并且在反《印花税法》以后的反英运动中获得了新的连贯性和力量。④ 贝林也

---

① 哈里·廷克康姆:《评〈美利坚共和国的缔造〉》(Harry M. Tinkcom, Review of *The Creation of the American Republic, 1776-1787*),《宾夕法尼亚历史与传记杂志》,第94卷第1期(1970年1月),第113—114页。

② 贝林:《美国革命的意识形态起源》,第158页。

③ 贝林:《美国政治的起源》,第13、38—39、56、66、106—161页。

④ 伯纳德·贝林:《美国革命的核心主题》(Bernard Bailyn, "The Central Themes of the American Revolution: An Interpretation"),载斯蒂芬·库尔茨、詹姆斯·赫特森编:《美国革命史论文集》(Stephen G. Kurtz, and James H. Hutson, eds., *Essays on the American Revolution*),查珀希尔1973年版,第4—11页。

曾谈到美国革命的后果,并从思想革命的角度做了强调:"美国革命不仅创立了美利坚政治国族(political nation),而且塑造了将在这个政治国族中得到发展的文化的永久特征。"①他这里提到的"政治国族"是一个很重要的概念,指的是一个分享某些政治价值、政治认同和政治权利的共同体,它不同于"政治国家"(political state),侧重的不是制度,而是价值、情感和态度。显然,贝林从政治文化的视角来看美国革命,与传统的政治史家具有很不一样的眼光。

贝林关于美国革命的思想意义的判断,只有在伍德的《缔造》问世后才变成了一个得到实证研究支撑的结论。在《缔造》出版四十多年后,伍德进一步发挥了书中的论旨,申述了美国革命作为思想革命的历史地位。伍德在《美利坚的理念》一书的前言中说:

> 我一心关注革命,是因为我相信它在美国历史上是最为重要的事件,罕有其匹。革命不仅合法地创建了合众国,而且把最远大的志向和最高贵的价值注入我们的文化当中。我们对自由、平等、宪政主义以及普通人幸福的信念,都产生于革命时期。此外,美利坚人乃是特殊的人民,负有引领世界走向自由和民主的特殊使命,这样的观念也出现于革命时期。一句话,革命诞生了我们美利坚人所拥有的一切与国民特征和国家目标相关的意识。

在伍德看来,美国革命所留下的最大遗产是思想性的,而不

---

① 贝林:《美国革命的核心主题》,第3页。

是制度性或物质性的。美国革命推动了美国核心价值的形成，塑造了美国作为一个国家的政治文化特征。不仅如此，美国革命还为美国人的自我界定和身份认同提供了不会耗竭的资源："由于合众国作为一个国家的身份往往是流动和难于捉摸的，因而我们美利坚人不得不反复地回顾革命和建国时期，以便弄懂我们是谁。"[①]到了《美利坚的理念》一书的结尾，伍德再次回到了思想革命的主题，进一步发挥了他在《激进主义》中提到的一个看法[②]："简而言之，革命使我们变成了一个意识形态的民族"；"现在看来很清楚，革命是一场名副其实的意识形态运动，涉及观念和价值的根本转变"。伍德觉得美国革命是一种阿伦特式的"开端"，它不仅构成美利坚人国民意识的来源，而且是他们进行国家身份的界定和重新界定的指路明灯，因为"做一个美利坚人，不是要去做一个什么样的人，而是要信奉点什么样的东西"；而且，"我们关于自己是自由世界领袖的观念，始于1776年"。作为一场思想革命的美国革命，所取得的最大的思想成就乃是"共和主义的革命意识形态"；因为有了它，美国革命才超越了一般的殖民地反叛；也因为有了它，美国革命才创立了一种以追求自由为精髓的"美利坚理念"。最后，伍德甚至用越出史家矩度的抒情笔调写道："……我们的共和国仍是一个

---

① 伍德：《美利坚的理念》，第 2—3 页。

② 伍德写道："与欧洲各国不一样，合众国已是由愈益多样化的人民所构成的，它不可能依赖任何部族的或民族的认同；成为一个美利坚人，不可能是一个血缘的问题；它只能是一个共同的信仰和行为的问题。而这种共同的信仰和行为的源泉，就是美国革命：是革命，而且仅只是革命，才使他们成为同一个人民。"伍德：《美国革命的激进主义》，第 335—336 页。

关于自由的有影响力的实验,值得向世界其他地方进行展示。我们只希望美利坚理念永远不死。"①

从这里不难看出,伍德不仅继承和拓展了贝林的论题,而且在学术和思想上逐渐形成了许多不同于贝林的特点。其中最显著的一点是,伍德对美国革命的性质和意义的看法与贝林大相径庭。贝林针对进步主义史家,特别是詹姆森的说法,突出强调美国革命不是一场社会革命:"在任何明显的意义上说,美国革命都不是按社会革命来进行的。也就是说,没有人刻意采取行动去摧毁,甚至去实质性地改变他们所熟知的社会秩序。"革命固然带来了社会的转变,但那只是革命的结果,而不是革命本身。詹姆森所列举的那些属于社会革命范畴的事件,如没收效忠派的财产,以及一些人经济境况的变化,都不过是表面的变化,其影响仅及于人口的一小部分,并没有改变社会的构成。真正影响社会构成的根本性变化,发生在人的信念和态度领域。②可见,贝林为了强调美国革命的思想意义,不惜采用一致论学派的语调,刻意抹去革命的社会内涵。伍德的看法与此不同。他明确指出:"革命不是单纯的殖民地反对英国帝国主义的造反。它意味着一场至为深刻的社会革命。……转而崇奉独立和共和主义的所有美国人,不可避免地受到推动而期待或希望对美国社会进行至少是一定程度的改革。对许多人来说,这种期望的确是很高的。"③而且,在伍德看来,"信念和态度的领域"也并不

---

① 伍德:《美利坚的理念》,第 320、321、322、335 页。
② 贝林:《美国革命的意识形态起源》,第 302 页。
③ 伍德:《美利坚共和国的缔造》,第 91 页。

是孤立自足的,它与社会领域发生交叉混合:观念的变化与社会构成的变化密切相关,观念的变化赋予社会变化某种特征。正如一个评论者所说,《缔造》不仅挑战了进步主义和新辉格派关于美国革命的解释,而且给贝林和摩根(关于美国革命的意识形态特征)的著作增添了新的维度;由于伍德强调意识形态背后的社会关系,因而其路径更接近新进步主义学派,而不是一致论学派。①

美国革命史名家艾尔弗雷德·扬在评述美国革命史学时,特意谈到了贝林和伍德之间的差别。他认为,贝林片面强调美国革命的意识形态维度,拒绝承认革命具有社会起因和社会动机,对寻找这些因素的史学家加以驳斥,对不从思想和意识形态的角度看待美国革命的学者也做了公开或隐晦的指责;可见,他试图将美国革命从"通用的革命范畴"中拖出来。伍德对贝林的路径既有发展,也有挑战。伍德重视意识形态的作用,但同时也强调要对美国革命进行新的社会经济的解释。他认为革命时期的狂暴言辞只能产生于"极其严重的社会紧张"之中。他还注意到,1776年以后,革命扩展为美国人中间争夺独立果实的斗争,成为一个多层叠加的复杂事件。在1776—1787年间,美国存在激烈的意识形态冲突,而且从言辞的碰撞中可以看到深层的社会冲突;对于革命派来说,如何控制住这些冲突乃是一个"核心问题"。宪法在某种意义上乃是一个"贵族式的文件",旨

---

① 保罗·史密斯:《评〈美利坚共和国的缔造〉》(Paul H. Smith, Review of *The Creation of the American Republic, 1776-1787*),《佛罗里达历史季刊》,第48卷第2期(1969年10月),第194页。

在抑制革命的过度民主倾向。① 扬所指出的伍德同贝林的差别确实是存在的,只是说法有些夸张的意味,并且把伍德写作《缔造》时的想法和他后来的学术取向混为一谈。

贝林、伍德以及其他一些从意识形态着眼解释美国革命的学者,有时也被称作"贝林学派"。他们一直受到詹森及其弟子的质疑和挑战。"詹森学派"并不否认意识形态的作用,只是更看重收入来源、职业认同、地理位置和实际经济问题对于社会态度和政治行为的决定性作用。在纪念美国革命200周年的几次学术会议上,两派的交锋和辩论趋于激化。② 伍德在1987年回应对于《缔造》的批评时,特意选取梅因作为靶子,也有两派交锋的背景。虽然"贝林学派"和"詹森学派"的争论涉及理念、路径、材料和方法等各方面的分歧,但在外人看来,这两种研究路径其实各有侧重,对于理解美国革命及其意义有着显而易见的互补性。而且,正是两派的争论推动了美国革命史研究的不断深化。

在一些同样是从意识形态的维度看待美国革命的学者当中,也有人质疑贝林和伍德的解释。他们提出的头一个问题是,革命时期是否存在某种统一的意识形态?罗伯特·谢尔霍普在1982年谈到,过去十年许多学者的研究表明,革命前夕的北美

---

① 扬:《美国历史学家遭遇"革命的转变之手"》,第410—422页。
② 迈克尔·坎曼:《作为信仰危机的美国革命:以纽约为例》(Michael Kammen, "The American Revolution as a *Crise de Conscience*: The Case of New York"),载理查德·杰利森编:《社会、自由与信仰:美国革命期间的弗吉尼亚、马萨诸塞和纽约》(Richard M. Jellison, ed., *Society, Freedom, and Conscience: The American Revolution in Virginia, Massachusetts, and New York*),纽约1976年版,第127页。

思想并不是以一种单一的、铁板一块的政治意识形态为特征的。① 约翰·夏伊在1985年也曾表示,他不相信在革命时期有一种可以被准确地描述为某种意识形态的单一而统一的文化。② 克拉克在《自由的语言》中力图论证,在革命中发挥动员和引爆作用的观念来自多样化的教派话语;法律和宗教是革命的中心议题,两者通过宗教而结合在一起,自由的语言即来自这两个彼此联系的领域;因之美国革命没有统一的思想渊源,共和主义并不是美国革命的思想旗帜;"在英国的北大西洋属地中,'漫长的'18世纪的政治话语是多元的,并不是清一色的'共和',这种多元性在此主要追溯到那些属地的教派多样性"。③ 也就是说,贝林和伍德等人的研究夸大了北美意识形态的统一性,用共和主义的意识形态遮蔽,甚至抹杀了其他并存或共生的意识形态。乔伊斯·阿普尔比则从方法论的角度质疑贝林和伍德的研究。她觉得在考察革命的心态时必须面对这样一些问题:是什么使信念可信? 是什么触发了反应? 是什么说服了殖民地人去相信他们关于事态的解释是真实的? 革命者的行动来自一种革命的意识,一种特定的心态,它使人放弃常规的行为准则,而把非常之举视为正常。但共和派传统本身并不具备产生这种反应的力量。因此,必须考虑究竟是什么社会境况使很大

---

① 罗伯特·谢尔霍普:《共和主义与美国早期史》(Robert E. Shalhope, "Republicanism and Early American Historiography"),《威廉—玛丽季刊》,第3系列,第39卷第2期(1982年4月),第336—356页。

② 扬:《美国历史学家遭遇"革命的转变之手"》,第421—422页。

③ 克拉克:《自由的语言》,第1、22页。

一部分殖民地人觉得,他们对确切恐惧的反应是正当而合法的。① 弗里斯特·麦克唐纳则对意识形态学派提出了更全面的批评,指责他们未能区分各色各样的美利坚人所信奉的各种不同的共和主义,也不明白这些共和主义在总体上反映了不同地区的社会和经济规范的差异;片面注重公民人文主义的传统,完全没有考虑苏格兰思想家的影响,而且在贬低洛克的影响时又忽略了自然法和自然权利理论的影响,也不太重视法律和合法制度的作用;很少提及通常所说的社会、政治和经济的"实际",也淡化了华盛顿、罗伯特·莫里斯这样的实干家的作用;虽然指出了共和美德与奢侈(邪恶)之间的紧张,但没有充分讨论"社群共识"和"占有性个人主义"之间的张力。② 此外,还有一些史家力图打破"共和综论",还原被贝林和伍德所边缘化的洛克的地位,从新的角度论证洛克对美国革命的影响。③

对意识形态学派的批评一直延续到今天。在新近出版的一本讨论革命时期公民权的著作中,这位年轻的作者又把意识形

---

① 乔伊斯·阿普尔比:《自由主义与美国革命》(Joyce Appleby, "Liberalism and the American Revolution"),《新英格兰季刊》,第 49 卷第 1 期(1976 年 3 月),第 5—7 页。

② 福里斯特·麦克唐纳:《千秋万代的新秩序:宪法的思想起源》(Forrest McDonald, *Novus Ordo Seclorum: The Intellectual Origins of the Constitution*),劳伦斯 1985 年版,第 viii 页。

③ 斯蒂芬·德沃利茨:《未加掩饰的原则:洛克、自由主义与美国革命》(Steven M. Dworetz, *The Unvarnished Doctrine: Locke, Liberalism, and the American Revolution*),北卡罗来纳州达勒姆 1990 年版;阿列克斯·塔克利斯:《美国革命中的抵抗话语》(Alex Tuckness, "Discourses of Resistance in the American Revolution"),《观念史杂志》,第 64 卷第 4 期(2003 年 10 月),第 547—563 页。

态学派抬出来作为立论的靶子。他认为这些史家贬低了围绕"国家工具"的斗争的决定性意义;而且,他们经常采用一些很大的比喻(如"contagions of liberty"之类)来表述独立后革命的影响,但这些比喻在揭示一些东西的同时,也遮蔽了不少;它把革命"拟人化",而忽略了革命中各色各样的行动者。① 不过,这类批评从反面表明,意识形态学派研究美国革命的路径和方法,至今仍能给学术灵感带来某种刺激。不论是追随者还是挑战者,他们或多或少都受到了意识形态范式的启发。②

五、治史的理念和风格

作为一个成就卓著的实证史家,伍德有自己的史学观念和思想取向。他在 20 世纪五六十年代接受史学训练,60 年代后期成名,可以说是最近半个世纪以来美国史学演变的见证人,其治史的理念和风格也是在整个美国史学的变化中形成的。

在最近五十多年里,美国史学经历了几次重大的"转向"。第一次是 20 世纪 50 年代出现的"社会转向",历史研究的重点从政治转向社会,日常生活取代政治事件成为主要题材,社会学理论和统计学方法被大量引入史学领域。第二次是 80 年代以来的"文化转向",史家的眼光从社会转向文化,以往被史家用

---

① 道格拉斯·布拉德伯恩:《公民身份革命:政治与美利坚联盟的缔造》(Douglas Bradburn, *The Citizenship Revolution: Politics and the Creation of the American Union, 1774-1804*),夏洛茨维尔 2009 年版,第 15 页。

② 谢尔霍普:《共和主义与美国早期史》,第 336—346 页。

作事实性信息来源的史料,变成了阐释意义建构方式的文本,过去人们的语言、记忆、情绪、感觉、价值等内在经验,变成了研究的主要题材。在这些"转向"的同时,史学观念也发生了许多显著的变化:精英主义受到挑战,底层民众和边缘群体被史家请到了历史舞台的中央,从下向上看历史成了一种主要的视角;后现代主义所包含的去中心化、碎片化、不确定性、建构和想象等理念,不仅影响了史家对题材的选择,而且在研究路径和解释框架的构建中发挥重要作用。当今的美国史学出现了高度多样化的局面,许多史家在观念和方法上具有鲜明的混合性,那种简单的二元对立模式不足以理解现在这种复杂斑驳的学术图景;现代主义、后现代主义或"后"后现代主义之类的标签,也难以准确标识史家在观念和方法上的多样性。

  伍德在自己的学术生涯中亲身经历了这几次史学转向,而且他在学术上的成长与之有着密切的联系,但是他在总体上却对新史学持批评态度,特别是在晚年总结自己的史学观念时,更是猛烈抨击新社会史和新文化史的弊端。令他最为不满的是,新史学,特别是新文化史在蔚然成风之后便摆出一家独大的姿态,贬抑和排斥其他的治史方式。他用夹带怨愤的语气谈到,到20世纪80年代,新文化史取代社会史而称霸于美国史学界,种族和性别成了主导性的话题,期刊上充斥着讨论这类话题的文章,历史系招聘新教员时也只考虑做这类研究的学者,似乎只有文化史才是唯一值得研究的历史。他这里暗含的意思显然是指责新文化史排斥政治,挑战政治史的学术合法性。他不满于新史学的第二点,是它过于注重理论,强调对过去实际进行"文本重建",带有鲜明的后现代主义倾向。他承认后现代主义在文学领域尚有积极的作用,有助于开辟新路径,发现新题材;但它"入侵"史学领域的后果却是灾难性的,带来了瓦解史学特性的危险,因为后现代主义者把史家的工作视作"捏造过去",宣称历史写作无异于小说创作。这等于是"颠覆了任何历史重建的基础"。①

伍德的这些看法无疑掺杂着个人情绪,也夹带误解和偏见。新文化史之成为美国史学的主导趋向,有着特定的社会情势和学术语境,并不是某些史家排斥其他路径而妄自尊大的产物。一个时代有一个时代的学术,一种学术风气并不是少数学者的好恶所能造成或扭转的。再者,新文化史家并非仅只关注种族和性别,而且也讨论普通人的经历,特别是普通人的内在经验。另外,自 90 年代以来,新文化史逐渐同社会史结合,开始关注更广义的文化,往往把"社会"和"文化"并举。② 在面对史学新趋向时,伍德的眼光不免显得隔膜,对原有的史学格局流露出某种"卫道"的意向。在对待后现代主义史学的态度上,伍德怀有更深的成见。后现代主义对历史学采取"文本主义"路径,关注历史叙事在整体上所具有的虚构特性,这是对现代史学理念的反

---

① 戈登·伍德:《过去的目的:关于历史用途的思考》(Gordon S. Wood, *The Purpose of the Past: Reflections on the Use the History*),纽约 2008 版,第 3—5 页。

② 维多利亚·邦内尔、林恩·亨特编:《超出文化转向之外:社会和文化研究的新方向》(Victoria E. Bonnell, and Lynn Hunt, eds., *Beyond the Cultural Turn: New Directions in the Study of Society and Culture*),伯克利 1999 年版;劳伦斯·格利克曼:《"文化转向"》(Lawrence B. Glickman, "The 'Cultural Turn'"),载埃里克·方纳、莉萨·麦基尔编:《美国史学现状》(Eric Foner, and Lisa McGirr, eds., *American History Now*),费城 2011 年版,第 221—241 页。

思和质疑,与其说是要颠覆整个史学的基础,不如说是旨在重新界定史学的特性。

伍德对新史学的第三点批评,是其中包含过度的现实关怀和"现时主义"取向。他觉得新文化史家用过去俯就现在,以历史服务于当前需要,这是对史学宗旨的扭曲,是一种简单的工具主义立场,把史家变得像文化批评家一样操纵过去以服务于现在。他指责新文化史家不是努力从过去的意义上理解过去,而是要求过去对现在直接相关和有用,"瓦解过去的完整性和过去性"。在他看来,史家固然不能脱离现在,现在的问题和议题也能刺激史家去探讨过去,而且弄清当前境况的根源或起源也是史家的正常想法,但是现在不能当作史家评判过去的标准,当前的问题和议题也绝对不能直接塑造史家对过去的认知和解释。史家对过去应抱尊重和敬畏之心,因为对过去研究得越深入,就越能明了过去的复杂性,越能懂得过去的人们受到了许多他们不了解或未意识到的力量的制约。他特别强调,史家必须具备"历史意识",也就是说史家不仅要掌握关于过去的信息,还须有一种特别的意识,以便把"一种对人看待世界的方式发生深刻影响的理解方式"植入自己的心理之中。后现代史家恰恰缺乏这一点,他们极力想证明现实是文化建构出来的,于是造成了一种自欺欺人的假象:由人建构出来的东西可以轻易地由人来改变。其实,过去的事情要复杂得多,各种习惯和价值虽然是人创造的,却并不那么易于由人操纵和改变;即便有改变,也不一定是以人的愿望和要求为转移的。[①]

---

① 伍德:《过去的目的》,第 8、10—12 页。

对"现时主义"的警惕和对"历史意识"的强调,反映了伍德作为一个爱德华·卡尔意义上的现代史家的谨慎。后现代主义者过于强调历史事物的"去自然化"和"建构性",难免会造成一种历史世界脆弱而易变的错觉。实际上,在时间之流中出现的人造事物,往往具有超越人的意志而转变为自然之物的趋向。而且,新文化史家表现出强烈的"现时主义"倾向,自觉或不自觉地把与种族和性别相关的情感及诉求植入历史解释,这样就导致了"以今视昔"和"时代倒错"等非历史主义的弊病。伍德并不反对史学的"现实关怀",只是不赞成把历史过度政治化。他承认史学在根本上是批判性的,对社会的惯常性记忆具有破坏作用,但这并不意味着可以把历史当成道德剧,对前人和往事做出简单的"好"与"坏"的判断。"历史意识"要求史家在解释和理解历史时必须尊重其过去性与复杂性。[①]

伍德虽然很不欣赏社会史和文化史的核心理念,但对其"技艺"却采取了"拿来主义"的策略。前文提到他对政治思想史的方法论的思考,在许多方面与新文化史异曲同工。此外,他对历史时间的重新界定也带有新史学的痕迹。他在《缔造》中考察美国革命时期政治文化的变动,涉及的时段是1776—1787年。这是经典的政治史分期法,其前后的界标都是重大的政治事件。但在《激进主义》和《自由的帝国》中,他把时限向两头延展,涵盖从18世纪中期到19世纪前期近半个世纪的时间。他自承这种新的历史分期法受到了社会史和文化史的启发,因为

---

① 戈登·伍德:《美国革命史》(Gordon S. Wood, *The American Revolution: A History*),纽约2003年版,第 xxiv-xxv 页;伍德:《过去的目的》,第7、10—13页。

社会史家和文化史家不关注重大事件和重要人物,而着眼于较长时段的趋势,他们在讨论美国革命中的问题时,往往从更长的历史时期着眼。这种时间界定不再把美国革命视为一个单独的历史时期,而只是更长的社会和文化变动过程中的一个事件,从而能更清晰地看出革命在长期的社会文化变迁中的意义。正是基于这种新的时间概念,伍德对革命的后果和影响做了重新考察,强调美国这个自由社会并非从来如此,而是革命后数十年间逐渐演变的结果。①

伍德是一个执着的政治史家,他对社会史和文化史无论是诟病还是取法,都是出于维护政治史的学术合法性的考虑。他并不反对研究社会和文化,只是不接受那种认为政治已变得无关紧要、政治史应当寿终正寝的主张。在治史生涯的中后期,他甚至退回到了叙事性政治史的营垒。在《缔造》出版后,他并未继续做政治文化方面的研究。《激进主义》和《自由的帝国》等书仍然关注意识形态的作用,《美利坚的理念》也重提了美国革命的文化塑造意义,但它们在总体上都不同于《缔造》那种专精的政治文化研究,而只能归入叙事性政治史的范畴。在伍德写作这些著作的时期,正当美国政治史研究出现重大转变之际。据几个年轻学者的观察,美国政治史在 21 世纪初年出现了复兴的势头,政治史家关注的问题已不同于"经典"政治史;美国政治文化中表现至为强烈的"反国家权力主义",美国民主史中参与机制的持续演变,成为复兴中的政治史的两大主题。②在这种

---

① 伍德:《美利坚的理念》,第 10—12 页。
② 梅格·雅各布等编:《民主的实验:美国政治史的新方向》(Meg Jacob, et al., eds., *The Democratic Experiment: New Directions in American Political History*),普林斯顿 2003 年版,第 1 页。

新的问题导向中,政治事件、政府事务和政治精英不再居于中心地位,政治史的基本题材转向了政治心态、政治参与和普通民众。相比之下,伍德近期的政治史写作不免带有古旧的气息。在他的笔下,联邦政治是焦点,华盛顿、杰斐逊、亚当斯、麦迪逊等人是主角。这是对"经典"政治史的回归。

就本意而言,伍德在理念和路径上不肯轻易随风而动,甚至抱有对抗时流的决心。在近期的美国政治史领域,平民主义取向越来越强烈,但伍德却毫不掩饰自己的精英主义立场。他并不否认普通民众的历史角色,但很少在自己的书中讨论他们;他关注的始终是领袖人物和政治精英,强调他们的历史作用。[①]在一种愈益关注边缘群体和底层民众、反感政治和权力精英的史学语境中,伍德把自己以往所写关于建国精英的文章结集出版,并取名《革命人物:是什么使建国者与众不同?》。这样的文章,这样的标题,难免让人觉出一种刻意挑战史学风气的用意。当时有一批通俗历史写手专写建国之父,推出了许多热门的历史读物;政治上的右翼势力也高扬建国之父的旗帜,以此弘扬美国的主流价值。可是伍德作为一个有重大影响的职业史家,何以也不期然地加入了这股潮流呢?更令人惊异的是,伍德在这本书的引言中毫不掩饰地为建国精英辩护,认为对他们的批评不足为奇,说明他们对美国人早已变得十分重要,要批评美国及其文化,自然会想到利用他们作为工具。他抨击那种刻意贬损

[①] 朱克曼对伍德的《美国革命的激进主义》提出尖锐批评,指责他完全忽视普通美国人的经历,用当时上层人的说法来替代民众自己的声音,并且赞同上层人的立场。朱克曼:《辞令、实际与美国革命》,第 694—695 页。

建国之父,甚至否定和贬低建国者所做的一切的做法。在他看来,虽然学院派历史学家不遗余力地贬损建国之父,但多数美国人仍然把他们视为杰出的精英,他们对后来的历史仍具有强大而持久的影响。当然,伍德毕竟是一个职业史家,他并未停留于以"佳传"式的颂扬来捍卫建国之父的形象,而是要力图理解建国之父及其所处的环境,把他们当作常人对待,考察他们受到了何种世俗利益的诱惑,又持有怎样的政治立场。在他看来,建国精英都是受到启蒙观念熏染的绅士,相信美德和才干结合才能保证权力不被滥用,因而他们属于"哲学家式的政治家"。但是,这种类型的政治家的时代已然逝去,建国精英的形象也就变得不可复制了。[①]

伍德治史的精英主义取向不仅体现在题材上,而且也贯彻在他的解释策略中。他在讨论美国民主的起源和民主社会的形成时,就旗帜鲜明地以精英主义来挑战平民主义。在平民主义史家看来,美国民主形成和发展的动力来自于民众的积极抗争和自觉参与,而伍德则反其道而行之,宣称殖民地最初的民主方式不过是精英追求权力的副产品。他论证说,18世纪北美殖民地的政治并不稳定,对职位和权力的角逐在精英群体内部引发激烈的派别斗争;在18世纪三四十年代之前,这类斗争通常具

[①] 戈登·伍德:《革命人物:是什么使建国者与众不同》(Gordon S. Wood, *The Revolutionary Characters: What Made the Founders Different*),纽约2006年版,第7—11页;《建国者的相关与不相关:戈登·伍德的〈革命人物:是什么使建国者与众不同〉》("The Relevance and Irrelevance of the Founders: *Revolutionary Characters: What Made the Founders Different* by Gordon S. Wood"),《哈佛法律评论》,第120卷第2期(2006年12月),第619—626页。

有跨大西洋的特征,殖民地的派别领袖亲自赴伦敦进行游说,以达到修改政策或撤换总督的目的;但是到了1740年左右,殖民地派别领导人影响英国政治的能力下降,于是转而向内寻求政治资源,也就是大力动员本殖民地的选民,利用民选的议会下院来对抗王家总督,无意中开启了民众进入政治领域的大门;在民众进入政治领域之后,选举的竞争性增强,不同的政治团体提出各自的政纲,并建立核心小集团和政治俱乐部,雇用小册子写手来抨击对手;原来封闭的下院也愈益关注公共意见,编辑出版法令集成,以便让选民了解他们在公共事务上的投票情况,并开放议会辩论供人旁听,其目的在于争取民众的支持。伍德写道:"于是,民主在美国的开端并不是人民自动奋起的产物,也不是从底层争取一份政治权威的喧嚷的结果。相反,民主最初是从上面创造出来的。人民是受到诱骗、劝导、有时甚至是威吓才进入政治的。"不过,"人民一旦被动员起来,就不容易再压制下去了";他们争取选举权和平等,挑战精英的社会优势,从而推进了美国政治的民主化。① 美国革命的一个意义至为深远的后果,就是促成了新型民主社会的诞生,这也是革命精英调动民众所带来的一个意外产物。就其本意而言,建国精英希望建立的是一个基于"绅士美德"的共和主义社会,而19世纪初期出现的那种追逐物质利益的平等而平庸的民主社会,非但不是建国精英追求的目标,而且让他们深感失望。具有反讽意味的是,最终造成这种民主社会的并不是少数精英,而是千千万万的普通人;美国民众正是"令人不快的物质主义和商业主

---

① 伍德:《美利坚的理念》,第195—198、200—203页。

义"的"实际根源"。① 伍德对这种民主社会的到来并不感到欢欣鼓舞,而是流露出一种托克维尔式的失落感,因为他觉得民主难免导致智性和思想的平庸化。他用略带遗憾的笔调写道:"我们不得不为民主付出的一个代价就是,美国政治生活中的智性品质下降,并最终出现观念和权力的分离。随着革命后几十年间普通人掌握权力,不可避免的后果便是那些非普通人、也即有思想的精英贵族的权力被取代。"②

伍德重视精英,并以精英主义路线来解释美国早期的社会变革,但不能轻率地把他划为政治上的保守分子。从美国政治史的整体格局来看,伍德的工作具有多方面的意义。最近几十年的美国史学包裹在浓烈的意识形态氛围中,用特定的政治取向改造历史叙事的做法十分盛行,特别是为了突出普通民众的作用而刻意把精英边缘化,甚至完全抹杀精英的历史作用。伍德肯定精英的影响和作用,意在强调尊重过去实际,展现美国社会和政治变动的复杂性。而且,关注精英也有助于扭转平民主义史观的片面性,既不把精英和平民简单地对立起来,也不像以往史家那样单纯重视精英的作用,而是力图通过精英和民众的互动来解释政治变迁。更有意思的是,伍德似乎从美国建国史中发现了一种欧·亨利小说式的反讽:结果出人意料地嘲弄甚至颠覆动机。精英为了自己的利益而动员和利用民众,而民众参与政治的结果又斩断了精英的社会优势与政治权力之间的纽带,压缩了他们获取权力的渠道;建国之父力图

---

① 伍德:《意识形态与自由主义美国的起源》,第 635、639 页。
② 伍德:《革命人物》,第 10—11 页。

建立一个理想的共和主义社会,可是受到共和主义理想激励的民众一旦行动起来,却把美国变成了一个强调平等和重视私利的民主社会。

除了坚持精英主义,伍德的史学观念中还有某种"美国例外论"的成分。近期美国史学中出现了一种新趋势,不妨称作"去美国化"。越来越多的史家倡导大西洋视野乃至全球视野,力图把美国历史置于更大的时空范围内,借助比较和联系来探讨美国发生的事件与国际事态的关联,打破以民族国家为中心的美国史,抛弃那种强调美国特殊和例外的史观。伍德虽然重视大西洋两岸,特别是英美之间在政治文化上的交流和影响,但他同样欣赏美国经验的特殊性和示范意义。他的《缔造》旨在讨论美国革命如何塑造了一种既不同于欧洲、也不同于历史上一切时代的政治思维方式和政治理论,也就是他所说的"美利坚政治科学"。《激进主义》所着力描述的是,在一个其他地区还沉浸在中世纪乃至古代的余晖当中的时代,美国人突然转变为世界上"最为开明、最为民主、最具商业头脑和最为现代的人民"。他借用杰斐逊的"自由的帝国"来命名自己的另一部著作,也是意在凸显美国在一个不自由的世界中的特殊形象。《美利坚的理念》一书把美国革命的特殊性强调到无以复加的程度,把它说成是美国政治文化的特殊性和"美利坚人"的特殊含义的源头。这种对美国革命独特性的过度强调,也许会让人联想到某种文化优越论。

伍德就历史写作方式所做的思考和尝试,可能也带有扭转史学风气的意图。针对美国史学的碎片化和过度专业化的困境,伍德呼吁写作面向大众的综合性历史著作。他感到史学确实存在危机,这种危机的主要表征是孤芳自赏,脱离大众,史学著作沦为在专业圈内消费的奢侈品。他把这种局面归咎于新史学,特别是新社会史,因为新史学一方面发掘了以往遭到忽略的群体的经历,另一方面也导致史学过度专业化,史学著作的读者愈益稀少,变成了专家之间的技术性对话。他对学术性历史与大众历史之间的鸿沟耿耿于怀,十分怀念20世纪50年代那些同时为学者和大众两种读者群体写史的大家,感叹当今美国缺少理查德·霍夫斯塔特、阿伦·内文斯、埃里克·戈德曼、丹尼尔·布尔斯廷、C.凡·伍德沃德这样的学者。他对后现代史家倡导的"解构""去中心化""文本性""本质主义"之类的主张十分反感,指责他们把学术性历史写得像文学批评论著一样深奥艰涩,有违史学的旨趣。①

伍德当然不仅只是说说而已,而且身体力行地做尝试,写了几种兼顾大众阅读趣味的著作。他深感为大众写史意义重大,有助于破除一般读者观念中的历史迷误,打破那种未经专业训练的业余写手引领大众阅读兴趣的状况。他在谈到《本杰明·富兰克林的美利坚化》的写作意图时说,历史上的富兰克林在"许多重要的方面"与"我们继承的通行了解"是很不一样的;大众意识把富兰克林作为勤劳、节俭、发财、善于经营和自我成就的代表,体现了资本主义的核心价值,而真实的富兰克林则重视慈善活动,为了公益放弃了生意,为宾夕法尼亚和合众国做了许多奉献,其经历和表现具有多面性和复杂性;而且,富兰克林并非生来就是一个革命者,而是在复杂的历史情势中变成一个革

---

① 伍德:《过去的目的》,第2、9页。

命者、成为一个美利坚人的。这也就是"富兰克林的美利坚化"的含义所在。① 这本书确实写得浅显易懂,富于可读性。但对伍德这样一位一流史家来说,追求可读性似乎有着过于高昂的代价:为了迎合大众的阅读趣味,不得不放弃学术的繁复和精湛。

苛刻的读者可能会略感遗憾,因为伍德在长达近半个世纪的学术生涯中,仅仅写出了《缔造》这一部宏博而精深的著作。其实伍德还是十分幸运的,他终究写出了一部足以传世的"大书"。长期以来,美国史学是在探索和争论中发展的,表现出强烈的趋新求变的冲动,加上碎片化和多样化渐成常态,因之缺少长久为人诵读的经典,甚至连影响超出狭小专业领域的著作也不多见。伍德的《缔造》虽然受到各种史学新潮的反复冲刷,其光泽和成色难免有所减损,但它已然跻身于经典的行列,看来是不会为史学史所遗忘的。而且,从美国史学的总体格局来看,伍德所代表的史学理念和治史方式固然略显迂阔,但仍有助于营建一种良性平衡的学术生态。史学的园地中当然不能只有社会史和文化史这两株新花,政治史若能老树发新枝,无疑也能增添不同的景观;重大题材与细微题材本来具有互补性,如果偏废一端,难免带来局限性;精英主义与平民主义之间存在博弈的关系,需要有一种竞争性的平衡;从大西洋和全球的视野来探究美国历史,并不仅仅是为了淡化美国的独特性,也是为了更深入地认识美国的个性;学术性写作和大众阅读兴趣之间有着天然的

---

① 戈登·伍德:《本杰明·富兰克林的美利坚化》(Gordon S. Wood, *The Americanization of Benjamin Franklin*),纽约2004年版,第 ix、1—16 页。

对立，当今史家如何协调这两种大相径庭的需求，也是一个严峻的挑战。对于所有关于这些问题的思考和探索，伍德史学的得失多少都有一点启迪的意义。

2013 年写于北京

埃里克·方纳笔下的美国自由

埃里克·方纳是美国哥伦比亚大学历史系德威特·克林顿讲座教授,曾于2000年夏天来中国访问讲学。当时,他的《美国自由的故事》出版不久,在他和中国同行的交流中,这部新著及其主题就成了一个重要的话题。时隔两年多之后,这部著作的中译本便告问世①,并且在读书界引起了相当热烈的反响。以往美国史译作的影响通常限于史学界,而这次的情形却颇不一样。这本书讨论的是一个能引起广泛兴趣的重要问题,作者又是曾任美国历史学家组织和美国历史协会这两大学术团体主席的知名学者,受到较大范围的关注自在情理之中。不同专业背景和不同阅读兴趣的读者,对于这部美国自由史可能有不同的解读;我本人专治美国史,出于专业的癖好,更关心的是方纳对美国自由的历史特性的把握,更重视他的研究方法和对相关文献的使用,也想梳理其思想和学术的渊源。当然,我还要补充一句:这个"方纳版"的美国自由的故事,只是美国自由的一种历

---

① 埃里克·方纳的《美国自由的故事》于1998年由纽约的诺顿公司出版,中文版由方纳的学生、宾夕法尼亚印第安纳大学历史系教授王希翻译,于2002年由商务印书馆出版。

史阐释,不能将它等同于美国自由的历史本身。

一、什么是"美国自由"

《美国自由的故事》叙述的是自由的观念在美国生活中不断演化的历史。① 方纳在引言中对全书的主旨和思路做了交待,提要钩玄,言简意赅。他要讲述的美国自由的故事,不是关于一套超越时间的概念的历史,也不是自由的观念朝着某种先定的目标演进的过程,而是一个充满辩论、意见分歧和斗争的自由的故事。据他看来,在美国历史中,作为"观念"的自由并非一个固定的理念,而是一个在各种社会条件作用下不断变动、不断被重新界定的概念;作为"经验"的自由也不是一路凯歌行进,少数种族和女性群体为争取自由而抗争,不同阶级之间围绕自由的定义权和谁可以享有自由而开展斗争,这不仅推动美国自由的定义发生变动,而且促成了享有自由的范围不断扩大。因此,他的叙述围绕自由的含义、自由得以实现的社会条件和自由的边界(即哪些人应当享有自由)这三个主题展开,着重讨论政治自由、公民自由、个人自由和经济自由这四个自由的"要素"在历史时空中的形成和演化。

自由首先是美国生活中的一种主导性价值,是一个深刻影

---

① 美国学术界以自由为主题来讨论美国政治史和思想史的著作为数不少,影响较大者有路易斯·哈茨的《美国自由主义传统》(Louis Hartz, *The Liberal Tradition in America: An Interpretation of American Political Thought Since the Revolution*, New York, 1955)等;方纳研究的是美国人生活中的自由观念的演变,而不是自由主义思潮的历史。

响美国历史进程的核心观念。从方纳讲述的"故事"中,读者可以得到一个明确无误的印象:没有任何其他观念、没有任何其他词汇可以超过"自由"在美国历史和美国生活中的重要性;把握了自由的历史,就找到了一条认识美国社会文化及其演变的有效途径。

方纳没有对美国自由的起源做更远的追溯,而从殖民地时期英美政治文化中的自由谈起。殖民地时代的自由虽有明显的局限,但已经是一种广泛存在的观念和随处可见的现实。到了革命时期,自由成为"爱国者"的指路星辰,他们"都为自由发疯了"。① 作为革命成果集大成的《联邦宪法》,明确声称其基本目标就是要保障人民得享"自由的赐福"。废奴派反对奴隶制的有力武器,就是美国人对"自由的崇奉"。对于黑人而言,内战是一场"争取自由的战争"。随后的重建,旨在将获得解放的"前奴隶"纳入"自由的范围"。在工业社会争取改善劳工处境和保障工会权利的改革派,大声疾呼"工业自由"。在罗斯福新政中,自由的定义得到更新,经济保障和自由之间建立了直接的联系。美国之参加两次世界大战,其目的都是"为自由而战"。在冷战年代,美国政府所宣称的对外政策的主旨,乃是率领"自由世界"反击"极权主义国家"的扩张。长期以来,妇女抗议运动的诉求涉及政治自由和处置自己身体的自由。黑人在民权运动中发出的最强烈呼声是,"现在就要自由"(freedom now)。甚

---

① 埃里克·方纳:《美国自由的故事》(王希译),商务印书馆2002年版,第37页。以下凡未注明出处的引文,均出自该书。引文均与原文进行了核对,某些译法同中译本略有出入。

至对消费市场的参与,也是以自由的名义而提出来的。到里根当政时,自由逐渐被自由派和左派所抛弃,而成为保守派的旗帜。可见,"自由"的确贯穿于美国历史的始终,渗透在美国生活的各个方面。因此,方纳说"不了解自由在美国演变的历史,一个人便无法真正地懂得美国社会",这并不是一种广告词式的夸张。

然则,美国历史中的"自由",并不是学者和理论家在书斋里冥思苦想、在沙龙中津津乐道的思想理念,而是一种存在于美国各阶层人们意识中的根深蒂固的观念,或者毋宁说是一种深入到大众"潜意识"层面的"情结"。用方纳的话说,美国的自由是"一种价值复合体和通过法律和公共政策来实施的经验"。可见,方纳讨论的是美国大众观念中自由概念的演化史。大众意识中的自由不是一种自成系统、逻辑严密的理论,而是人们所理解和向往的具体权利,以及为这些权利的合理性提供支持的各种观念和想法。从方纳的叙述中可以看到,从出入白宫和国会山的政治精英到边疆地区胼手胝足劳作的普通民众,从享受"自由劳动"成果的白人到处于奴隶制枷锁中的黑人,从争取"生存工资"的工人到反抗性别歧视的妇女,所使用的都是"自由的语言"。正是他们对自由的理解和对权利的诉求,丰富了自由的内涵,扩大了自由的范围。通过村镇会议的辩论、街头巷尾的议论、高大的自由女神像、"自由列车"展览、通俗的宣传画和各种文艺作品,自由在大众观念中的深度得以不断显示。自由的含义之所以具有不确定性,正是因为对自由进行界定的乃是处于不同时代、不同情势中的大众;自由的观念之能深刻影响美国历史进程,也正是由于它深入到大众意识中,成为一种不证自明的真理,一种检验人间行为的合理性的天然尺度。

不过,大众观念中的自由包含的内容十分丰富和驳杂,因为在不同的历史时期,自由的含义并不一样,对于不同的人,自由代表着不同的、甚至是相互冲突的东西。方纳深刻地揭示了美国自由的这种变动不居、错综复杂的历史特性,这正是《美国自由的故事》在学术上的最大创获。例如,在19世纪30—40年代争取自由土地运动的人看来,"土地的自由"将使劳动者从"工资奴隶制"中"解放"出来;19世纪的妇女奋力争取的自由,主要是参与公共事务的权利,这将有助于她们打碎"性别奴隶制"的枷锁。但是,处于奴役之中的黑人,对于"工资奴隶制"和"性别奴隶制"的说法都不以为然,因为"自由劳动"、婚姻和家庭,正是他们求之不得的东西。在20世纪,自由的含义和范围仍在不断发生变动。经过"大萧条"所带来的不安全感的冲击之后,"经济保障"成为自由的中心内容。到20世纪50年代,"消费自由"成为时髦观念,单门独户的郊区住宅和私人汽车,都成了自由的标志。在50—60年代始于街头、成于最高法院判决的"权利革命",则"完成了美国自由的一种转化,自由从一套主要由白人男性享有的限制性权利转化为一种包含平等、社会承认和自决权的非限制性权利"。从历史上看,有的群体侧重政治自由,有的群体则强调经济自由;在有的时期个人自由居于核心位置,在另一些时期则以公民自由为主要诉求。

关于这种大众自由观念的起源,则是另一个复杂的故事,方纳在书中未加详述。但他反复强调一点:自由概念的演变是通过一系列辩论和斗争而实现的。实际上,每一次斗争和辩论的结果,都将自由的观念更深地楔入大众意识的深处。自由不断突破各种限制而扩展到大众生活的各个角落,在这个过程中,美国自由逐渐形成了自身的特征。哈耶克曾说过,众人长期积累的经验要多于一个人拥有的经验;有效制度的形成并非通过人为的设计,而是许多人的分别行动和相互交往的自然产物;因此,自由的价值主要在于它能为未经有意设计的东西提供生长的机会;自由的社会所能提供的只是可能性,而非必然性。① 从这种观点来看待美国大众自由观的演变,可以得到一点意味深长的启示:美国自由不是天才和圣贤的教诲,而是大众的想法与经验的融汇和凝聚;美国社会允许不同的自由概念和权利诉求展开竞争和较量,这才是美国作为"自由社会"的根本特征;而不同的自由概念和权利诉求"自由地"竞争和较量的结果,使美国自由的内涵得以不断丰富。

诚然,有的自由主义理论反对将自由和权利划等号,但自由作为美国历史中的一种经验,的确是通过转化成具体的、实在的权利与豁免而得到体现的。在美国社会的演进中,通过对个人权利的张扬和保护,将强制和压迫减少到较低的程度,使个人的自主性得到了充分的发挥。由此可见,要了解英美自由主义,不能仅从自由主义的理论典籍着眼,而要从权利在英美等国的历史演化中去寻找,从大众所理解、所追求、所不断重新界定的自由观念中去探求。如果采取"理论优先"的立场,将阐释自由的自由主义理论视为自由的经典形态,认为只要掌握了洛克、孟德斯鸠、伯克、贡斯当、哈耶克、罗尔斯等人的理论,就把握了西方

---

① 弗雷德里希·奥古斯特·哈耶克:《自由宪章》(杨玉生等译),中国社会科学出版社 1999 年版,第 81—106 页。

自由主义的精髓,只要构建出自由的理论就可以造就一个自由的社会,这实际上是一种本末倒置。方纳在《美国自由的故事》中,没有着力梳理西方思想中关于自由的学理性认知,而通盘叙说不同时期的不同群体和个人对自由的理解,以及他们对自由的定义权的争夺。这与那种以理论代替历史、以思想覆盖知识的倾向,形成了鲜明的对照。方纳的这部美国自由史,是实证而非超验的,是辩证而非机械的,它对于中国思想界如何把握西方自由主义思想,具有毋庸置疑的启迪意义。

同时,方纳也没有忘记提醒读者,美国自由的故事"不是一部有着预先设定的开端和结局的神话般的英雄史诗,而毋宁是一部成功和失败交织的、没有确定结局的历史"。也就是说,美国"自由的历史"并不是"一种直线式的进步",它是一个并不完美的故事,充满着各种缺失和局限。方纳特别强调美国自由观念演变和自由范围扩展的曲折性和复杂性,对自由的历史采取了一种辩证的态度,这对各种美化或理想化美国自由的倾向,具有某种针砭作用。

在美国历史上,对于"自由"的体验往往只是一部分美国人的经历,享有自由的范围长期存在局限。自由曾是一种基于种族、性别和财产的特权,许多人被权力、法律和习俗排除在"自由的范围"以外;对自由的享有曾被附加许多限制性的条件,如理性、财产、爱国、血缘、身份、性别等等,不能满足这些附加条件的人,就被自动剥夺了享有自由的机会。而且,一些人享有的自由,有时是以其他人的不自由为代价的;一些人所宣称的自由,正是对其他人的自由的漠视甚至否认。另外,自由还时常处于权力的威胁之中,特别是当自由的定义权和政治权力掌握于同一批人手中时,他们就可以任意将他们需要的东西加进自由的定义,将他们不喜欢的东西排除在自由的定义以外,从而剥夺他们所憎恶的人或组织的权利。从美国的历史经验看,政府利用自由的定义权固然促进了自由范围的扩大,同时也造成了自由的丧失;如果没有民间的自由定义权的制约和抗衡,政府完全可能经常以自由的名义来侵害自由。

还有一个事实同样鲜明地体现了美国自由的局限性,这就是"美国人"的定义给自由带来的民族排他性。在美国历史上,享有自由的范围一直是和美国人的定义联系在一起的。美国人口在种族和族裔方面存在突出的多样性,随着新移民群体的不断涌入,"谁是美国人"这一个问题就一再引起社会的关注。"美国人"不是一个单纯的国籍范畴,也不是基于人种或民族而界定的,它包含着丰富的文化和历史的内涵,往往与特权意识和自豪感紧密联系在一起。在历史中逐渐形成的"美国人"的认同标志中,"自由"居于核心的地位。路易斯·布兰代斯大法官曾经宣称,"自由已将我们编织在一起而成为美国人";一位参与民意调查的无名人士也认为,"当一个美国人就意味着做一个自由的人"。方纳在论述中也诉诸"美国人"的定义,例如,他在谈到革命时代黑人对自由的理解时,说他们"由此变成了真正的美国人"。可见,"美国人"定义的第一个要素是"自由的"人,是应当享有自由的人;因而自由就变成了美国人的特权,懂得享受自由也就成了美国人特有的禀赋。以此为标准,那些"不自由"或"不配享有自由"的人,就被排除在"美国人"之外;反过来,既然不是"美国人",不能享有自由也就成为一种可以理解、可以接受,甚至值得想望的事情。从这种意义上说,美国自由承袭了不列颠自由中的民族主义和排斥外国人的成分,而美国人也继承了当年"英国臣民"将自由视为自己的特权的习惯。随着多元文化主义逐渐兴起,"美国人"的范围在扩大,"应当享有自由"的群体也在增多。另一方面,既然享有自由乃是美国人特有的品质,向外输出自由,或者去解放那些"不自由"的民族,也就顺理成章地成了美国人的"责任"。

虽然美国自由的定义在不断变动,但定义的方式却有一贯的特点,就是通过假想的或真实的对立面来界定自由。在内战以前,自由往往是通过与奴隶制的对照而加以强调的,奴隶制甚至被认为有助于培养南部的"自由精神",使白人的自由成为可能。在工业时代,自由与垄断、财富专权处于对立状态。在第二次世界大战中,自由的敌人主要在大洋的另一边,即法西斯及其所象征的暴虐和极权。冷战时代的自由,自然将共产主义推到了对立面。方纳对这种定义自由的"二元对立论"表示不满,认为它"在揭示一部分真实的同时,掩饰了其他的部分,此外还模糊了看起来相互排斥的观念事实上存在思想意识方面的彼此联系的程度"。但问题还不止于此。由于美国人把自由视为人的基本价值,如果通过对立面来界定自由,那么享有自由的人就成为高贵者,而处于奴役或不自由状态的人,通常是因为他们不具备享有自由的品质或禀赋。于是,自由就成为"自由者"的应得之物,成了一种按地位、种族、性别和国籍而分配的部分人的特权。根据这种逻辑,使用契约仆、奴役黑人、将妇女置于依附地位、推行海外扩张、倡导文化霸权,都不仅与自由毫不矛盾,而且还可以用自由的名义进行。国内学者有时对美国一些价值观念表面的矛盾性感到困惑,在难以得到学理上的确切理解时,就将这种矛盾归结为"资产阶级价值观"的"虚伪性"。从自由概念的界定方式来看,这种矛盾性正是上述"二元对立"的思维方式的产物。

在方纳讲述的"美国自由的故事"中,读者还可以看到美国自由的其他面相。在美国生活中,自由是一个无可替代的核心观念,被作为一种标准,甚至被视为生活的目的和意义之所在。这表明美国人对于自由的确有一种价值上的崇奉。但是,美国历史中的自由有时还被当作一种全能的工具,被用于"多种多样的目的"。方纳指出:"正如从废奴主义者到当代的保守主义者这些群体所意识到的一样,'抓住'像自由这样的词,就等于在政治冲突中取得一个具有威慑力的位置。"南部奴隶主集团曾运用自由话语来论证奴隶制的合理性,甚至宣称,"没有奴隶制,自由将是不可能的"。于是,一个存在大量没有基本权利的人口的国家,可以被毫无疑义地称作"自由的帝国"。关于两性的理论和家庭与公共领域分离的观点,长期支持着对妇女政治权利的限制。契约自由的观点曾经是否定和限制工会权利的重要工具。自由的历史经常被官方和某些团体当作"爱国主义"的教材。自由还被商家用作广告词汇:"没有商品的自由交换,就不会有拥有自由的人民。"美国的对外政策也往往借自由之名而行扩张之实;冷战年代的国际关系,更被纳入自由与极权的斗争框架之中。学者们看到这种情形,不免抱怨自由遭到了滥用。[①] 但这正是自由的工具性所带来的弊端,而且这类弊端必然损害自由作为一种价值的真实性。

---

① 哈耶克:《自由宪章》,第 21 页。

二、思想与学术的渊源

方纳在《美国自由的故事》的引言中,简略回顾了他本人的治学道路和最近三十年美国史学的发展,为了解《美国自由的故事》的由来提供了一些线索。但是,只有从更宽阔的背景中来看待方纳的写作,才能准确把握《美国自由的故事》在学术和思想上的渊源。

方纳对于美国自由的理解,既体现了他本人的思想倾向,也反映了美国最近数十年舆论气候的变动。方纳对于美国自由史中的缺失和局限的揭示,与传唱已久的美国自由颂歌显得很不合拍,表现了一个真诚的知识分子所具有的历史洞察力和社会批判意识。方纳出生于纽约一个左派犹太知识分子家庭,他的父亲和叔父都曾因立场激进而受到迫害,这种家庭背景与方纳后来同情社会弱势群体的倾向,可能存在一定的联系。方纳曾谈到,他的父亲对他的美国史观发生过影响,使他较早注意到一大批被正规历史教科书过滤掉的美国历史事件、思想和人物。① 同样重要的是,方纳在学术成长的历程中,经受了民权运动、反正统文化运动、反战运动和新左派思潮的冲击和感染。这些运动在思想主张、斗争策略和目标各方面均有种种差别,但它们有一个共同点,就是对主流价值观和长期默认的习惯、制度提出挑战。这种倾向所营造的思想氛围,并没有随运动的沉寂和思潮

---

① 王希:《方纳:一个并非神话的故事》,见方纳:《美国自由的故事》,附录,第514—515 页。

的平息而消散,而是继续对学术界的思想取向发生潜移默化的作用。方纳的"美国自由的故事"挑战了正统版本的自由史。他反复强调,美国自由的故事不是一部凯歌高奏的英雄史诗,而是既有胜利和成功,也充满失败和缺陷。他揭示了不同人群争取自由的历程的曲折性,展现了自由内涵的复杂性、有争议性和不确定性。他还明确提出,目前在美国生活中"占主导地位的自由观绝不是美国传统中唯一的自由观",并否认美国思想中存在一种经典的、正统的自由观念。这也许是该书出版后引起强烈反响的一个重要原因。[①] 他所借以重新审视美国自由的资源,主要来自20世纪中期以来美国思想和学术的发展。此外,方纳在最近的一次访谈中谈到,他的写作还受到了20世纪90年代美国国内政治倾向和冷战后的思想氛围的影响。[②] 这为把握方纳的写作意图提供了一个新的线索,也有助于了解他对美国自由的理解是如何形成的。

最能反映方纳的思想倾向的地方,是书中关于激进劳工组织和美国共产党与美国自由的关系的论述。劳工激进分子和社会主义者曾被主流思想认定为"反美"和"非美"的群体,但在方

[①] 在美国学术界,从学术上对《美国自由的故事》提出批评或商榷者不止一人,而历史学家西奥多·德雷珀同时还从思想倾向方面对方纳的写作进行质疑。他认为,方纳忽略了普通美国(白)人对自由的感受,而过于关注那些受到极度压迫的群体,涉及的大多是自由的阴暗面,其大部分内容乃是充满失意和挫折感的"美国不自由的故事"。见西奥多·德雷珀:《自由及其不满者》(Theodore Draper, "Freedom and Its Discontents"),《纽约书评》,1999年9月23日,第59—61页。

[②] 埃里克·方纳、汪晖、王希:《关于〈美国自由的故事〉的对话》,《读书》,2003年第6期,第58页。

纳的笔下,他们同样是美国自由故事的参与者。他认为,在19世纪末和20世纪初,社会主义运动正是在自由的旗帜下获得了很大的进展;世界产业工人协会"争取公开表达意见的权利的战斗,为言论自由的观念注入了新的含义"。在他看来,美国共产党也根本不是美国自由的对立面,美共同样参与了美国自由的界定,促进了人们对于公民自由的理解。于是,方纳就在美国激进主义传统和自由主义传统之间架设了一道桥梁,将自由主义视为激进主义的资源。① 这种观点如果不是横生旁出的"异端"之见,也应当说带有明显的左派色彩。

在美国社会和学术界风行了数十年的多元文化主义,也给《美国自由的故事》打下了明显的印记。美国传统史学注重历史的连续性和直线式演进,将美国历史等同于盎格鲁—撒克逊居民的经历,而对于参与历史运动、或被动卷入历史运动的其他种族和族裔群体,则很少从正面着笔。随着多元文化主义在史学界的影响日益扩大,美国文化的纯一性和统一性遭到了分解,那些长期受到排斥的少数种族和族裔群体,逐渐成为美国历史的重要角色,不仅他们的经历被整合到美国历史的框架中,而且出现了越来越多的从他们的视角阐释美国历史的论著。如果按照传统史学的路径,美国自由史的主角无疑是盎格鲁—撒克逊白人,少数种族和族裔不会有一席之地。但方纳在讲述"美国

---

① 参见詹姆斯·奥克斯:《激进的自由派和自由的激进派:美国政治文化中的持异议传统》(James Oakes, "Radical Liberals, Liberal Radicals: The Dissenting Tradition in American Political Culture"),《美国史学评论》,第27卷第3期(1999年9月),第503—511页。

自由的故事"时则反其道而行之,写出了一部包容性更广的美国自由史。在这部历史中,黑人、新移民和妇女这些以往被认为和美国自由不相干的群体,对扩展自由的含义、拓宽自由的范围发挥了关键性的作用。"自由"不仅是国会山辩论的主题,也是种植园奴隶和城市贫民窟中新移民的热望;不仅是西进移民的指路星辰,也是民权斗士的旗帜。方纳感到,"过去30年来的学术发展已使当代史学家要比霍夫斯塔特以及他同时代的历史学家更为明显地认识到,在任何美国史写作中,必须包括不同美国人的不同观点和声音"。因此,在《美国自由的故事》中,涉及黑人和其他少数族裔群体的内容占有相当大的篇幅;各种非盎格鲁—撒克逊人群的"观点和声音",是推动自由的定义不断变化的重要因素;民权运动和其他少数族裔的斗争,对改变美国自由的内涵具有尤其突出的意义。这样一种自由史,在30年前完全是不可想象的。

当然,《美国自由的故事》的上述特点,也是美国史学近期发展趋向的反映,甚至可以说,美国"新史学"的不断成熟,为方纳的写作营造了一种适当的学术氛围。方纳不仅大量吸收了"新史学"的研究成果,而且采用了"从下向上"看历史的视角,以大众的自由观为核心内容,注重普通人争取自由的斗争对美国自由史的意义。他用较多的笔墨描述了底层人群的自由理想和权利诉求,并且明确指出:"自由的含义的建构,并非仅是通过国会辩论和政治论文而进行的,它同样也发生在种植园里、罢工纠察线上、住房前庭和卧室之中";"推动自由在美国历史上扩展的动力,正是来自这些被排斥的群体按照自己对自由的理解而不断开展的争取享有完整的自由的斗争"。这种自由史的写法,与传统的思想史有很大的区别。在方纳的老师理查德·霍夫斯塔特看来,"美国政治传统"的缔造者是从本杰明·富兰克林到富兰克林·罗斯福这样的政治精英人物①;而在方纳的"美国自由的故事"中,则有"一批背景丰富多彩的角色",既有政治精英,也有产业工人,既有政论作者,也有家庭主妇。按照方纳的论说理路,如果真有所谓"美国自由主义传统",其缔造者的队伍必定十分庞大,而且成分复杂多样。不过,研究普通人的自由观,必然受到缺乏思想史资料的制约,往往显得不够清晰和具体;特别是在涉及黑人的自由观念时,仍不得不倚重黑人精英人物的言论。

方纳在论述美国自由的演变时,大量运用了"种族""性别"和"阶级"这三个分析范畴。这同样体现了"新史学"的影响。美国史学在最近几十年的发展中,分析范畴变得愈益丰富多样,除原来的"阶级""地域""利益集团"等之外,"种族""性别"成了两个得到广泛运用的概念。这些概念所具有的强大的分析功能,使许多老问题显现出了新的意义,尤其是进一步揭示了美国历史的多样性,使许多遭到忽略、压缩乃至删除的历史记忆得以恢复,使原来居于边角的史事产生了中心的意义。方纳运用"种族""性别"和"阶级"等分析范畴,将黑人、少数族裔、新移民、妇女和工人的自由观熔铸到"美国自由的故事"的框架中,视之为界定和重新界定"美国自由"的重要资源。他尤其关注黑人、妇女等群体在美国历史的关键时期对自由观念变动所发

---

① 参见理查德·霍夫斯塔特:《美国政治传统及其缔造者》(Richard Hofstadter, *The American Political Tradition and the Men Who Made It*),纽约1973年版。

挥的影响。他还涉及了黑人妇女和劳工妇女对于自由的理解,从而将"种族""性别"和"阶级"这三个范畴紧密地结合起来。

方纳声称要讲述"一个能够连贯而生动地表现美国政治文化以及它特有的政治语言本身演进的故事",这表现了他的另一个学术雄心:针对美国史学"碎片化"的弊端,他要以自由观念的演变为中心构筑一种综合性的历史叙事。20世纪五六十年代以来,美国史学在专题化方面取得了举世瞩目的成就,但与之俱来的是日益严重的"碎片化"问题。美国历史学家对这种状况的不满由来已久。方纳的老师霍夫斯塔特,在去世前曾试图以政治文化为中心写一部综合性的美国史;赫伯特·古特曼生前也大声呼唤"新的综合"。方纳作为美国新一代史家的代表人物,在宏观综合方面颇有建树。他的《重建:美国未完成的革命》[①],乃是重建史领域的扛鼎之作。不过,写作一部贯通整个美国历史的自由的故事,显然是一项难度更大的工程。一方面,这种时间跨度大的综合叙事,需要一条具有极强的一致性和黏着力的主线,从而使许多看似不相关的史事呈现内在的联系,形成一个彼此联结、易于理解的整体;另一方面,这一综合研究需要对数量巨大而分散繁复的第二手论著加以梳理,从中提炼出可在自己的叙事框架中产生意义的材料和论点。事实证明,方纳具有敏锐的学术眼光和思想洞察力,他抓住了作为历史形态的自由观念所表现出的大众性、多样性、包容性、有争议性和

---

① 埃里克·方纳:《重建:美国未完成的革命》(Eric Foner, *Reconstruction: America's Unfinished Revolution 1863-1877*),纽约1988年版。该书长达700页,是20世纪中期以后少见的大部头史学论著之一。

不确定性,以此来组织"美国自由的故事",从而将建国之父和黑人奴隶、知识精英和家庭主妇编织在同一个"故事情节"中,并且使"那些与主流思潮相悖的声音、被否决了的立场以及遭到排斥的理论"产生了不能忽视的意义。同时,方纳在梳理和吸收史学界的研究成果方面,所下的功夫也可堪称道。在美国学术界,自由和权利历来是一个颇受关注的课题,关于各个时期的自由观念及其历史演变的专题论著,可谓"汗牛充栋",有些还是难得的传世佳作。方纳对数千种不同性质的研究文献做了得体的处理,体现了一个成熟的历史学家驾驭材料的深厚功力。

《美国自由的故事》还是对史学过度专业化趋向的一种反拨。19世纪末美国史学成为一个专业性的学科以后,基于档案研究的脚注繁复的专题著述,成为主导性的历史写作方式。专业化固然是史学在学术上走向成熟的必要途径,但过度专业化则使之不断远离大众,成为纯粹专家之间的对话。方纳作为美国史学界的前沿学者,对这种局面自然不能无动于衷。他的《美国自由的故事》虽然同样包含专深的知识,但他有意写成一部可以激发大众阅读兴趣的作品。仅看书名,就可体会方纳这方面的用意。他没有采用"美国自由史"(A History of American Freedom)一类的标题,而巧妙地借用了"故事"这个字眼。历史(history)本来就是一种故事(story),历史学家本是"讲故事"(story-telling)的能手,这样才能展现史学的魅力。方纳用他那种清晰流畅的文笔、简洁明快的叙述方式和深入浅出的理论阐释,讲述了一个以大众体验为中心线索的美国自由的故事。当然,他对大众性的追求,并不是以牺牲学术性为代价的;相反,书中那种平实中性的行文和翔实丰厚的参考文献,乃是方纳在学术上执着和真诚的标记。

另外,《美国自由的故事》也可视为方纳学术生涯中一个水到渠成的阶段性小结,是他在美国史领域长期探索的结果。有的中国学者注意到,一些西方发达国家的"一流历史学家"的学术生涯,通常是"从微观探究起家",最终走上"高水平综合思考的升华性的学术道路"。① 方纳走的正是一条这样的道路。本书译者王希在"译后记"中,简要而系统地介绍了方纳的治学之路和史学成就。② 从《自由土地、自由劳动和自由的人》③到《重建:美国未完成的革命》,再到《美国自由的故事》,方纳大致用了三十年时间走过了从专家到大家的成长道路。他的这部美国自由史,已经超越西方学术史上的许多类似著作。英国历史学家阿克顿立志要写一部《自由史》,可是出于种种令后人揣摩不透的原因,他最终没有完成这一计划。④ 法国作家贡斯当讨论过"古代人的自由和现代人的自由"的差别,字里行间透出历史的意蕴,但毕竟不是系统的历史著述。⑤ 方纳的著作以自由观念的演变为经,以不同时代的权利状况为纬,是一部比较系统的美国自由史,可以作为了解西方自由的一种富有价值的史学文献。

---

① 时殷弘:《历史研究的若干基本问题》,《史学月刊》,2001年第6期,第12页。
② 方纳:《美国自由的故事》,第513—534页。
③ 埃里克·方纳:《自由土地、自由劳动和自由人》(Eric Foner, *Free Soil, Free Labor, Free Men: The Ideology of the Republican Party before the Civil War*),纽约1970年版。该书是方纳在霍夫斯塔特指导下完成的博士论文,出版时他年仅28岁。
④ 阿克顿:《自由与权力》,商务印书馆2001年版,第11页。
⑤ 邦雅曼·贡斯当:《古代人的自由与现代人的自由》,商务印书馆1999年版,第23—48页。

尽管如此,若用理想化的眼光来看,方纳的这本书很难称得上是一部宏博精深之作。作为思想史,它缺少佩里·米勒的《新英格兰思想》那种深邃的思辨;作为大众历史,它又没有丹尼尔·布尔斯廷的《美国人》那种引人入胜的故事性和斐然可读的文采;作为纯正的学术著作,它也不像霍夫斯塔特的作品那样具有典雅庄重的风格。① 诚然,要求一个学者同时具备其他同样优秀的学者的禀赋,实在近乎苛求;不过,对待方纳这样一位"当代美国最有影响力的历史学家"的著作,读者难免会采用更加严厉苛刻的评判标准。② 实际上,将他的著作和美国其他史学名作加以比照而进行评论,反映出人们对他在美国史学史上的地位怀有更高的期待。

三、若干值得探讨的问题

方纳所讲述的"美国自由的故事"不是一个圆满完美的童话,而他作为讲述者也并非做得十全十美而无可挑剔。由于方

---

① 美国历史学家加里·纳什在一篇关于《美国自由的故事》的评论中指出,自由是一个很大的题目,方纳的书只是一种综述性的考察,而不是要开辟新的领域;因此,这本书在更大程度上是一本面向普通读者、而非专业历史学家的著作。见加里·纳什:《评方纳著〈美国自由的故事〉》(Gary B. Nash, Review of *The Story of American Freedom* by Eric Foner),《美国历史杂志》,第 87 卷第 1 期(2000 年 6 月),第 182 页。

② 诚如王希教授所说,上述几种著作的写作背景、读者对象各不相同,而且都存在这样或那样的缺失;而《美国自由的故事》也具有以上作品所无法比拟的优点。本文将方纳的书和这些作品对比,意在说明,一部优秀的史学著作在学术、写作和风格各个方面均应具有出色的品质。

纳所掌握的文献和知识实在大大超出一般人所能把握的程度，要从学识的角度全面评论他的这本书，以一人之力是根本办不到的；但是，如果从该书所包含的思想观点和采用的写法着眼，或许能够发现一些值得进一步讨论的问题。

任何历史学家在面对一个研究对象时，必须依据一定的标准进行取舍；正是这种对问题和材料的选择性，保证了他所写出的历史既能表达他对历史的认识，也可以让读者理解和接受。方纳在阐释美国自由的历史时，虽然在时间上贯通整个美国历史，但其内容的安排则带有很强的选择性。他的叙述围绕某些关键时期和某些重大问题而展开，侧重自由观念的内涵以及不同时期的不同人群对自由的理解。至于自由的观念如何支持或制约人们对自由的追求、如何影响人们的行为方式和生活态度，方纳并未加以深入讨论。伯纳德·贝林在《美国革命的意识形态起源》一书中，用较大篇幅论述了美国革命前夕和革命过程中的自由观念，同时也揭示了观念对革命的起源和进程的影响。①《美国自由的故事》中缺少这样的点睛之笔。书中对作为"观念"的自由讨论得相当深入，同时却掩盖了对作为"经验"的自由的把握。对读者来说，印象最深的可能是自由的定义的变化，而对自由的实际形态的演变则不甚了然。从这个意义上说，方纳讲述的只是半个"美国自由的故事"。

就各个历史时段而言，方纳在详略安排上当然是自有考虑的，但他对于美国革命时期的自由观念却未加充分讨论，不足以

---

① 伯纳德·贝林：《美国革命的意识形态起源》(Bernard Bailyn, *The Ideological Origins of the American Revolution*)，马萨诸塞州坎布里奇1967年版。

让读者深入了解美国自由的诞生。从人类历史的经验来看，某些关键时期形成的观念和制度，经过后人的改造和神化，往往具有某种经典性，成为后来相应的观念与制度的合理性的源泉。美国革命时期的自由观念及相关制度，在后来的美国历史中就具有这种效应。从方纳的书中可以读到，不同时期的不同群体都不约而同地引述《独立宣言》《联邦宪法》以及建国之父的言论，以强化自己的自由定义的说服力，这表明革命时代的自由观的确具有经典意义。方纳虽然提到"美国自由诞生于革命之中"，但仅用了一个小节的篇幅来叙述这个诞生过程，这种分量的分配和这段历史的重要性显然是不相称的。诚然，以往的相关研究已经相当充分，但并不妨碍方纳从本书的主旨着眼来做一番重新考察。例如，在革命时期的自由观念中，哪些内容后来积淀为自由定义的经典成分？哪些内容经过后人的误读和改编而融入了自由的新定义之中？这样的问题应当很有研究的价值。另外，方纳将革命时期自由和权利观念的转变称作"自由的民主化"，似有超历史之嫌。革命时代的民主概念和后来的理解有诸多不同，革命领导人对于民主大多怀有相当复杂的感受。在这种情况下，用"民主化"来描述自由从"英国人的权利"向"普遍人权"的转化，看来是可以商榷的。

方纳声言要在书中探讨三个"相互关联的主题"，实际上，他对"自由的含义"和"自由的边界"论述甚为详尽，而关于"自由得以实现的社会条件"的讨论，虽然他既有明确的意识，也有很好的构想，但未能抓住问题的要害。他曾谈到，自己比较关注"思想和经验之间"的"复杂关系"，但在本书中他未能在作为观念的自由和作为实践的自由之间建立清晰的事实关联。他注意到,"美国国内的社会政治斗争""不断地主导了自由含义的变化",但他涉及的主要是思想和观念的交锋,而且对于这种交锋何以"使自由成为可能"也语焉不详。他也曾提及,关于自由的辩论直接导向诸如"种种公共制度、经济与社会关系将如何影响到那些个人所能获得的选择的性质和范围"这样的问题,但读罢全书,对此仍没有一个十分明确的印象。译者王希在关于该书的评论中提出了一些发人深省的问题:"非主流自由观如何转化成为具体的法律和公共政策,方纳并没有作详细的讨论。如同方纳自己所强调的,现实中的自由是通过法律和公共政策来体现的,那么,这个转换是怎样发生的?通过什么机制和渠道?"①方纳对这类问题的忽略,大大影响了《美国自由的故事》的学术深度。

同时,从《美国自由的故事》中可以看出,自由在美国文化中不仅是一种普遍价值,同时又是一种"实用的"工具,某些群体的代言人往往根据当前的利益要求来定义自由,然后将他们定义的自由转换为具体的权利,再将这些权利当作争取的目标,经过这样一番循环转化之后,他们的特定要求和具体目标就变成了普遍的自由,从而具备不容置疑的合理性和神圣性。② 这种策略使抽象的自由概念变得无关紧要,也使自由的定义变动不居。对于美国历史中围绕自由观念的分歧和辩论以及由此产

---

① 王希:《自由:一个尚未结束的美国故事——读埃里克·方纳的〈美国自由的故事〉》,《美国研究》,2002年第2期,第128页。

② 参见安东尼·德·雅赛:《重申自由主义》,中国社会科学出版社1997年版,第58—59页。他对将目标转化为权利的做法持批评态度。

生的自由的不确定性,方纳在书中做了充分阐述,表明他对美国自由的上述特性深有感悟。但是,他对自由观念中的一致性未能给予充分的注意。自由的概念的确在不断发生变动,但其中是否有某些不变的内涵？不同群体对于自由的理解除了存在差异乃至冲突之外,是否还有一些共通之处？如果历史中的自由观念中根本不存在不变的和共通的成分,那么不同时期的不同群体使用同一种"自由的话语"来争取和扩大权利,就是一件不可思议的事情。

方纳之所以没有充分揭示自由观念中的不变的和共通的成分,可能和他未能深入探究精英思想和大众观念之间的互动有一定的联系。精英思想中的自由观念,与欧美思想界的自由主义理论有着更直接的联系,在某种意义上乃是他们对于生活中的自由经验加以提炼的结果。同时,精英思想往往具有更宽阔的传播途径,能够渗透到大众思维中,成为大众自由话语的重要资源。从精英思想到大众观念的这一转化过程,不妨叫做"自由主义的常识化"。① 当然,大众观念也可能作用于精英思想,影响到他们关于自由的界定。精英思想和大众观念的这种互动,可能是促成自由观念变动不居的一个因素。从理论上说明这一点并不困难,但要从纷繁的史实中找出两者之间的实际关联,就不是一件容易的事情。例如,黑人奴隶关于自由的理解,通过何种方式、在何种程度上受到了精英思想的影响？移民工人和农场佃户的权利诉求,如何融入了关于自由的主流定义？

---

① 李剑鸣:《美国独立战争爆发前的政治辩论及其意义》,《历史研究》,2000年第4期,第84—87页。

不同时期的妇女运动活动家,是如何运用"经典的"自由话语来争取特定的目标的?富兰克林·罗斯福的四大自由在美国的"自由主义传统"中占有何种地位?妇女和黑人争取权利的实践对自由观念的最大影响,是否表现为将传统自由主义理论认为与自由不相容的平等观念整合进了自由的内涵?对这些问题的探讨,显然可以进一步深化关于美国自由的理解。

方纳在书的"引言"中提到了"自由和政治体制的关系",但他侧重的是政府权威与自由的实现之间的关系,而没有对自由和民主的关系加以深入论述。欧美有的自由主义理论否认自由和民主具有天然的亲和性:自由的社会可以是非民主的,而民主的国家则可能很少甚至没有自由;民主的政体完全可能危害乃至剥夺人民的自由。但从美国的历史经验来看,自由和民主在整体上保持了一种相辅相成、齐头并进的趋势,自由实际上成为了民主的目的。这或许是美国民主的最大特色。这是一个值得深入研究的问题,但方纳在书中只是偶尔涉及,而没有加以深究。从思想史的角度说,自由和民主在美国历史中所表现出的亲和性,是否和美国人特有的"自由情结"以及他们对自由和权力的关系的理解有较大关联?美国的自由观念有一个经久不变的特征,就是将自由视为没有或较少政府强制的状态,"一种免于权力和他人控制的状态"。在革命和建国时代,人们普遍倾向于将自由和权力对立起来,认为权力具有"邪恶的本性",乃是自由的天敌;因此,保障自由的有效方式就是通过宪法,特别是"权利法案"来限定权力的合法范围,使其不得入侵"自由领地",并用"有限政府"和分权制衡机制来制约权力,防止或减轻权力对自由的危害。诚然,在后来某些历史时期出现过调和自由与权力的关系的思潮,主张借助权力来维护和争取自由;但这种思潮始终受到质疑和抵制。权力在某些从前属于私人的领域发挥的作用的确有所扩大,但并没有冲毁"自由领地"的边界。而且,官方自由话语不断遇到民间自由话语的挑战,普通公民经常和权势人物争夺自由的定义权,这也抑制了民主对自由造成伤害的可能性。另一方面,自由观念乃是美国不同群体和众多主张的"交叉重合的共识"(overlapping consensus)①,正是这种"交叉重合的共识",使众多的群体能够同在民主的框架内采用合法手段来争取和维护各自的权利。在美国这样一个利益高度多元化、因而充满冲突的社会,如果没有自由这个"交叉重合的共识",民主是不可能平稳运行的。

另外,中国读者在阅读《美国自由的故事》时,可能还会不自觉地在内心发问:为什么美国人如此钟情于自由?自由为什么能够成为美国文化的一种核心价值?美国自由和英国自由、法国自由存在什么差异和一致性?这样一些问题来自于中国读者的特有关切,因为人们在阅读时难免和本土文化及本国历史加以对比,随之产生种种联想。而且,从学理上说,要深刻理解自由在美国生活中的意义,也的确需要运用比较的方法。方纳虽然提到"自由的历史是一部实实在在的国际史",但他在书中仅仅涉及不同历史时段之间的纵向比较,而没有在不同国家之

---

① 这个术语借自约翰·罗尔斯,但含义与他的界定有所不同。见约翰·罗尔斯:《政治自由主义》,译林出版社 2000 年版,第 141—183 页(本文的译法与该书中译本有所不同)。需要说明的是,"自由观念"作为美国社会各种冲突的见解和利益的"交叉重合的共识",并非人为的"建构",而是在历史中逐渐形成的。

间进行对比。既然自由并非为美国所独有,就完全可以进行显性或隐性的比较。即便某些社会没有英美意义上的自由概念,也谈不上作为历史经验的自由,但基于差异性的比较,也有助于加深对美国自由的认识。当然,治学须有侧重,著述须有选择,方纳讲述的是"美国自由"的故事,比较研究乃是另一种类型的课题。这里提到的比较,毋宁是中国学者在研究美国自由史时应当重视的问题。

实际上,中国学者向来十分关注美国历史中的自由和权利问题,已经出版的论著不止一种。中国学者大多强调美国自由的阶级性和矛盾性,注重美国历史中那些侵害自由或不自由的现象,对没有自由的群体争取自由的斗争着墨尤多,而超历史的思想观念对于主题的选取和史实的剪裁有着支配性的影响。其实,中国学者注重的问题在方纳的书中多有涉及,但不同的是,方纳更注重历史的"语境",在细节上更加准确,持论更具有历史感;而且,方纳的眼界更加开阔,讨论问题时也更具有学理的深度。

2002 年写于天津

在现实关怀与学术追求之间
——中国美国史研究的成绩和问题(1989—2000)

中国学术界对美国史的介绍和研究,经历了几个各具特点的阶段。在20世纪前半叶,中国学者对美国历史的学术性介绍,虽然大多带有编译的性质,但亦已显示关注重点和解释框架方面的特色。在1949—1978年间,一些学者在美国史研究中做了许多基础性的工作,但由于受到政治权力、意识形态、现实需要和苏联学术的支配性影响,也存在突出的局限。1979年以后,虽然史学界在"思想解放"、观念转换和探索勇气方面,较之其他学科显出许多不足,但受"改革开放"政策和中美关系正常化的推动,加上国际学术交流所带来的冲击,美国史领域也逐渐发生了明显的变化。① 如果以1989年为界将1979年以来的美国史研究分成两个阶段,则前一阶段乃是一个风气初变的时期,在后一阶段方出现了突飞猛进的发展。就总体特征而言,这个

---

① 关于20世纪中国美国史研究的一般情况,参阅张友伦:《美国史研究百年回顾》,《历史研究》,1997年第3期;杨玉圣:《学术苦旅的足迹——兼评〈美国史研究百年回顾〉》,《美国研究》,1998年第1期;杨玉圣:《美国史研究:回顾与思考》,载杨玉圣:《学术批评丛稿》,辽宁大学出版社1998年版,第188—195页。

时期的美国史研究同以往相比,有一个突出的共同点:研究者怀着对中国现实问题的极大关切来探讨美国历史经验,力图用自己关于美国史的知识和解释来服务于中国的社会发展与国际交往。这种特点也可见之于世界史的其他领域,而在美国史研究中表现得尤为显著。

一、概况分析

关于国内美国史研究者①的数量,一时很难做出精确的统计。中国美国史研究会的会员一直保持在三百人左右,有的学者据此估计,"现在全国从事美国史教学与研究者约有四五百人,其中大多数具有高级职称"。② 不过,在对研究者的人数做出估算之前,必须对有些情况加以说明。首先,并非所有从事美国史研究的人都加入了中国美国史研究会,而该研究会的许多会员也不是职业的研究者,其中有不少人是业余爱好者和研究生。研究生尤其是一个变动不居的群体,他们在就学期间结合专业学习而发表习作,但多数人在毕业后便不再从事美国史研究。其次,在专门从事研究的人员中,有一些是研究美国外交史和中美关系史的学者,有少数人兼跨几个领域。还有一些则是世界近现代史方面的教学人员,在美国史方面不过是偶一为之。

---

① 本文所说的美国史研究者不包括美国外交史和中美关系史的研究人员;文中所有论著数目均不涉及美国外交史和中美关系史(特别注明者除外);另外,书评、短论、随笔、研究状况述评和学术信息报道等均未计入。
② 杨玉圣:《美国史研究:回顾与思考》,第189页。

另外，如果要对研究者的人数做出相对准确的估计，必须尽可能地对 1989—2000 年间发表美国史论著的作者的情况进行调查和统计。就目前所收集到的 59 种美国史专著、教材和文集而言，其作者仅为 41 人（指第一作者或主编者），也就是说，这十余年间仅有 40 余人出版了美国史方面的书籍。另据上海图书馆编《全国报刊索引（哲学社会科学版）》所收录的论文目录统计，在 1989—2000 年间发表过美国史论文的作者达 585 人。不过，只发表了 1 篇论文的作者有 440 人，占 75%；发表 2 篇以上者为 145 人，占 24%；发表 3 篇以上者为 94 人，占 16%，发表 5 篇以上者为 30 人，占 5%；发表 10 篇以上者只有 5 人，仅占 0.8%。据核查，发表 5 篇以上者，绝大多数也是前文提到的 59 部著作的作者。在发表 2 篇以下的作者中，大致包括如下几类人：一是研究生，在学期间发表过论文，毕业以后没有继续本领域的研究；二是从事世界近现代史教学的人员，偶尔发表 1—2 篇美国史论文；三是从事美国外交史和中美关系史的研究者，不时旁及美国史方面的课题。还有一种情况是，少数人在此期间集中精力于写作专著或其他工作，发表的论文数量相对较少。当然，《全国报刊索引》的收录有明显的遗漏，而且不包括论文集中的文章，故以上统计自然是不完全的。总之，通过对各种情况的考察，可以得出一个比较谨慎的估计：在此期间经常发表美国史研究成果的人不会超过一百人。当然，就单一的国别史研究而言，这个数字已经十分可观了。

经常发表美国史论著的人，在地域分布上相当集中。长春、北京、天津、济南、南京、上海、武汉和成都等城市的研究者较多，尤其是在东北师范大学、北京大学、北京师范大学、中国社会科学院世界史研究所、中国社会科学院美国研究所、南开大学、山东师范大学、南京大学、华东师范大学、武汉大学、四川大学等院校和研究机构,均曾有过3人以上的研究群体。东北师范大学美国研究所、南开大学美国史研究室[①]、山东师范大学美国史研究室、中国社会科学院世界史研究所欧美史研究室和武汉大学美国史研究室,一度在人员上具有整体性优势。自1989以来,人员分布发生了一些变化。东北师范大学美国研究所的专职研究人员变动很大。北京大学和北京师范大学原来都有一个较强的研究群体,目前均只有一名教师专门从事美国史研究。武汉大学的美国史研究室曾经是一个十分活跃的机构,由于老教师的退休和年轻学者赴美未归,实际上已经停止了活动。四川大学原来是西南地区的美国史研究基地,20世纪90年代初研究人员逐渐减少,目前已不再有专门的人员。南京大学的研究梯队也陷入难以为继的局面。人员相对稳定的是山东师范大学和南开大学的研究群体,成员始终保持5—6名以上。近期厦门大学成立了一个美国史研究所,成员现有3名。杭州师范学院也设有美国文化研究所。另外,设在九江师范专科学校的江西美国史研究中心,经过美籍华裔学者王霈和万心蕙夫妇多年的苦心经营,在藏书方面颇有特色。

  研究人员的地域分布与学术成果的质量和数量有着直接的关联。就国内的条件而言,研究者基本上只能依赖本地的资源,因此所在单位的资料状况、学术积累和交流渠道,对其研究工作

[①] 2000年改建为南开大学美国历史与文化研究中心,为系级的学术建制,行政上隶属该校历史学院;现有专职人员7名,从美国聘请兼职教授和客座教授各1名。

具有关键性的影响。相对而言,长春、北京、天津、济南、南京、上海和武汉等地的美国史藏书比较丰富,而且能不断补充新书,国内外学术交流比较频繁,这为当地的研究者提供了相当的便利。在1989—2000年间发表重要研究成果的作者,就集中于以上这些城市。例如,《历史研究》这期间刊载美国史论文共计28篇,按作者写作时的所在地计算,长春有6篇,北京有6篇,天津有8篇,武汉有1篇,济南有4篇,旅美学者有2篇,其他地区只有1篇。又如,《世界历史》刊登美国史论文79篇,其作者所在地的分布情况是:长春8篇,北京25篇,天津6篇,上海2篇,南京5篇,武汉8篇,济南6篇,旅美学者7篇,其他地区12篇。另外,前文提及的59部美国史著作的作者分布情况是(以写作时计):长春6部,北京16部,天津13部,上海3部,南京3部,武汉4部,济南5部,旅美学者5部,其他地区4部。

另外,还有两个值得特别提及的研究群体。20世纪80年代以后陆续到美国留学和执教的中国学人,有些人不时在国内发表美国史论著,其中比较活跃的有王希、满运龙、洪朝辉、王政和令湖萍等人。与国内同年龄层次的研究者相比,他们的长处在于学术训练更加系统和严格,对美国史学的规范和传统有更具体和直接的了解,而且在资料、理论和学术史等方面也有明显的优势。特别是他们中有些人密切关注国内的学术动向和社会状况,能够将他们在美国获取的学术资源和作为中国人所具有的现实关怀紧密结合起来,从而得以用独到的视角来研究美国历史。他们在国内发表的论著,大多体现了中文世界对同类问题研究的最高水平。至于研究生,特别是博士研究生,则是国内美国史研究中一个比较特殊的群体。目前,国内有十余所院校招收美国史研究生,其中东北师范大学、北京大学、南开大学、南京大学、华东师范大学和厦门大学招收博士研究生。研究生围绕学位论文选题发表的阶段性研究成果,大多具有一定的学术质量;而最终完成的学位论文,在选题、资料和论点上通常都有出新之处。① 遗憾的是,大量的学位论文没有发表或出版,无法在更大范围交流传播,其学术价值未得到充分发挥。这无疑是美国史研究中一种严重的资源浪费。

从年龄结构来看,研究者可大致分为3个层次:1949年以前在美国或国内接受大学教育的老一代学者;20世纪50—60年代在苏联或国内接受大学教育的中老年学者;1978—1990年间年进入大学的中青年学者。20世纪90年代以后进入大学的新生代,尚处于学术的成长期。② 不同年龄层的研究者,在知识结构、学术素养、思想取向和选题偏好等方面均有差别。他们在学术上扬长避短,优势互补,对于本学科的发展是一件十分有益的事情。在这个时期,老一代学者仍然十分活跃,他们不时在学术刊物发表论文,有的还有多种著作问世。第二代学者更是骨干力量,他们在学术研究和人才培养方面做了大量工作;不过,他们中有不少人已经退休或即将退休。有一个值得注意的现象

---

① 参见《美国史硕士、博士论文题录(一)》,《美国史研究通讯》,2000年第1期,第60—65页;《美国史硕士、博士论文题录(二)》,《美国史研究通讯》,2000年第2期,第56—65页;《美国史硕士、博士论文题录(三)》,《美国史研究通讯》,2001年第1期,第58—62页。

② 杨玉圣在《美国史研究:回顾与思考》一文中,将研究人员分成"德高望重的前辈学者""承前启后、兼跨中老年的学者""年富力强的中年专家""青春正富的年轻学者"四个年龄层。见杨玉圣:《学术批评丛稿》,第189页。

是,20 世纪 50 年代以后出生的年轻学者迅速崛起,有不少人进入了本领域的前沿,得到了学术界广泛的承认,还有数人具有指导博士生的资格。在 1996 年中国美国史研究会第 8 届年会选举的 31 名理事中,属于这一年龄层次者有 19 名,占 61%;在秘书长以上的 6 名主要负责人中,属于这个年龄层次的有 4 名,占 66%。① 根据《全国报刊索引》统计,1989—2000 年间发表论文在 5 篇以上的 30 人中,有 16 人属于这个年龄层,占总数的 53%。与国内其他国别史研究人员的年龄结构相比,这无疑是一个十分可喜的现象。

总之,虽然某些以美国史研究著称的高校和研究机构的专职人员明显减少,但动态的研究者数量仍比 1989 年前庞大,而且他们中多数人受过相对正规的学术训练,和国外史学界保持较为密切的联系,其学术潜力得到了更有效的发挥。这就是何以人员看似减少、而论著数量仍在增加的主要原因。不过,稳固研究者的人数规模,进一步强化学术训练以提高其学术素质,增强其学术规范意识,仍然是美国史研究走向成熟的关键所在。

1989 年以来,国内美国史学界举办了不少重要的学术活动。中国美国史研究会召开了 4 届年会暨学术讨论会,其中 2 次为国际学术会议;还有一些地方性的或小型的学术研讨会。此外,中国美国史研究会还举办了一届中国美国史优秀论文评奖和两次"万心蕙奖学金"优秀硕士博士论文评奖活动。

1990 年 11 月,在河南大学和黄河大学召开了中国美国史

---

① 在 19 名年轻理事中,有 5 名是专治美国外交史的学者;在 4 名年轻的秘书长以上人员中,有 2 人是专治美国外交史和中美关系史的学者。

研究会第六届年会暨学术讨论会。这是一次规模很大的美国史学术会议,到会代表123人,提交论文69篇,会期6天。代表们围绕美国外交史、改革与美国社会发展、美国社会与文化、近代美国史诸问题等主题,分成4个小组进行学术讨论,气氛十分活跃。会议还首次采用理事长主旨报告的形式,对1986年兰州年会以来美国史研究的进展作了简要的评述。1993年8月在山东威海召开了国内首次美国史国际学术研讨会。会议的主题涉及当时国内最热门的现代化问题,着重讨论美国现代化的历史经验。与会的国内外代表80余人,包括前国务院副总理兼外交部长黄华和曾经担任美国历史学家组织主席、后来又当选美国历史协会主席的乔伊斯·阿普尔比教授等知名人士。会议收到论文60篇。除大会报告外,还按"美国现代化与经济发展""美国现代化与政治生活""美国现代化与社会文化""美国现代化与外部世界"等主题分成4个小组,进行了热烈的讨论和交流。中国美国史研究会在会后编成了《美国现代化历史经验》一书,由东方出版社于1994年出版。1996年8月在长春召开了以中美城市化比较为主题的第二次美国史国际学术研讨会。到会代表60余名,分别来自中国大陆、美国、德国、瑞士和中国香港。提交会议的论文40余篇。小组学术讨论围绕"中美城市发展比较""美国的城市化和郊区化""中国的城市化"等问题展开。会后出版了论文集《城市社会的变迁》①。1998年5月,由上海外国友人研究会和华东师范大学历史系共同主办的"19世纪下半叶华人开拓美国西部的历史贡献国际学术研讨会"在上海召

---

① 王旭、黄柯可主编,中国社会科学出版社1998年版。

开,到会代表40余人,提交论文30余篇。1999年10月中国美国史研究会第九届年会暨学术研讨会在南京举行,到会代表60余名,收到论文50余篇,议题涉及20世纪美国外交和国际战略、美国政治史、美国社会经济和文化史、美国史学史等领域,会期不长,但紧凑而富于成效。另值得提及的是,1990年《世界历史》编印了一期中国留美历史学者的论文专集,其中有6篇美国史专题论文。这些论文无论在选题取向、史料占有、学术立场和言说方式各方面,均和国内当时的史学规范和学术风气迥然不同,给国内美国史研究带来了一定的震动。但这个专栏没有引起足够的重视,那些文章所导入的学术空气很快消散于无形。

从总体上看,1989年以来美国史研究取得了值得称道的成绩。第一,1989—2000年间美国史论著数量较此前的10年大为增加。根据不完全统计,1978—1988年间出版的美国史学术著作(不含译著)17种,其中专著11种,教材2部,文集3部;而1989—2000年间出版的美国史学术著作(不含译著)60余种,其中教材4种,文集6部,其余均为专著,还包括两种在美国用英文出版的著作。[①] 另外,这期间尚有大量美国史硕士论文和博士论文没有出版,其中不乏高水平之作。就论文数量而言,据杨玉圣、胡玉坤所编《中国美国学论文综目(1979—1989)》,这10年间发表的美国史论文365篇,如果加上包含在美国政治、

---

① 高春常:《重建时期的非洲裔美国人》(Gao Chunchang, *African Americans in the Reconstruction Era*),纽约2000年版;吴金平:《弗雷德里克·道格拉斯与黑人解放运动》(Wu Jinping, *Frederick Douglass and the Black Liberation Movement*),纽约2000年版。

美国经济、美国社会、美国军事和美国科技等专题中的史学论文,总数在 500 篇左右①;而根据"表三"的数据,1989—2000 年间发表的美国史论文为 976 篇②,接近前一个十年的 2 倍。

第二,美国史论著在数量上可能超过其他单一的国别史。这一点可以从三个方面来加以说明。一,1989 年以来的《中国历史学年鉴》中关于世界史研究的概述,仅有美国史作为一个国别史门类单独列出(偶尔也有其他国别史栏目出现,但只有美国史为常规栏目)。二,在 1989—2000 年间,国内最具权威性的史学刊物《历史研究》共发表世界史论文 180 篇,其中美国史 28 篇(美国外交史 19 篇未计入),英国史 27 篇(关于英国外交史的论文不多),法国史 16 篇,德国史 5 篇,俄国史(含苏联史)2 篇,日本史 9 篇(见表一)。三,《世界历史》在 1989—2000 年间发表的论文中,美国史 79 篇(不包括美国外交史论文 35 篇),英国史 49 篇,法国史 33 篇,德国史 22 篇,俄国史(含苏联史)36 篇,日本史 45 篇(见表二)。美国史论文数量较多的原因不外三点:一是美国是当今世界最重要国家,其历史自然受到相应的重视;二是国内从事美国史研究的人员较多,提供的稿源比较充足;三是与美国的学术交流比较频繁,获得资料和信息的渠道比较畅通。当然,以上所做的仅仅是量的比较,不能说明学术质量方面的差别。

---

① 杨玉圣、胡玉坤编:《中国美国学论文综目(1979—1989)》,辽宁大学出版社 1990 年版,第 27、108—148、150、278—300、321、344、418 页。在这个数目中剔除了 1989 年发表的论文,但包含部分外交史论文。

② 该刊收集的篇目显然没有杨玉圣等编《中国美国学论文综目(1979—1989)》完整,影响了两个数字的可比性。但即便如此,后 10 年的论文仍大大超过前 10 年。

表一　1989—2000年《历史研究》所刊登的国别史论文统计（篇）

类别 年代	世界史论文总数	美国史	美国外交史	英国史	法国史	德国史	俄国史（含苏联史）	日本史
1989	15	3	1	0	8	1	0	0
1990	15	2	0	3	1	2	0	2
1991	16	2	2	4	1	1	0	0
1992	18	5	2	1	0	0	0	1
1993	15	4	1	2	0	1	0	1
1994	17	3	2	3	1	0	0	0
1995	13	0	3	5	0	0	0	0
1996	17	2	3	1	1	0	0	2
1997	10	3	1	3	0	0	0	0
1998	8	1	1	2	1	0	1	1
1999	14	1	2	1	0	0	0	1
2000	16	2	1	2	1	0	0	1
合计	174	28	19	27	14	5	2	9

表二　1989—2000年《世界历史》所刊登的国别史论文统计（篇）

类别 年代	美国史	美国外交史	英国史	法国史	德国史	俄国史（含苏联史）	日本史
1989	11	1	8	2	3	3	3
1990	8	3	5	2	1	4	4
1991	11	3	3	5	3	1	6
1992	4	2	4	4	1	4	4
1993	6	1	5	7	1	6	5
1994	7	2	6	4	1	4	6
1995	3	7	1	4	1	3	1
1996	6	5	4	2	1	4	4
1997	2	5	2	0	4	2	2
1998	7	3	4	1	3	1	4
1999	7	2	2	2	1	1	2
2000	7	1	5	3	2	3	4
合计	79	35	49	33	22	36	45

第三,从论著数量的分布可以看出(见表三),研究领域①有所扩大,特别是此前尚未引起人们充分注意的社会史、文化史和城市史等领域,已经有了一定数量的论著,其中不少具有一定的学术质量。在移民史、黑人史、印第安人史、妇女史和史学史等领域,研究视角和深度也发生了明显的变化。即便是在传统的政治史课题上,也有某些新的进展。但是,论著数量在各个领域的分布很不均衡,政治史,特别是关于一些传统课题的论文数目庞大,占总数的34%;而经济史、社会史和文化史等领域相对薄弱,三个领域的论文相加也只占总数的22%。除了数量的差别外,在各个领域所达到的深度以及各种论著的学术价值,都有很大的不同。如果按照时段划分,在所收集到的976篇论文中,早期史131篇,占13%;19世纪史190篇,占20%;20世纪史322篇,占33%;其余为综合性论文,占34%。可见,20世纪美国史是研究的热点,这显然和研究者出于现实关怀而奉行"厚今薄古"原则有一定的关系。

表三 1989—2000年国内学术刊物和大学学报刊登的美国史论文数(篇)

年份\领域	1989	1990	1991	1992	1993	1994	1995	1996	1997	1998	1999	2000	合计
政治史	26	32	28	37	31	18	14	28	17	35	30	32	328
经济史	7	10	9	5	8	10	5	8	7	8	10	10	97
现代化	0	0	0	0	1	0	1	1	2	1	0	1	7

---

① 《美国历史杂志》的"近期学术成果"栏目对美国史成果的类别划分十分细致,按照时期、专题、地域和研究类型分成40多个子项。本文采用专门史的划分法,以简化分类,便于评介。

续表

年份\领域	1989	1990	1991	1992	1993	1994	1995	1996	1997	1998	1999	2000	合计
城市史	3	1	1	5	1	1	4	3	7	11	6	6	49
区域史	3	1	2	1	1	1	3	2	1	7	3	5	30
社会史	4	5	7	2	2	4	2	6	9	17	8	11	77
文化史	1	2	3	3	5	4	1	3	4	2	4	5	37
移民史	1	2	2	1	5	3	0	2	8	4	3	0	31
劳工史	0	0	4	4	0	0	0	0	0	0	0	1	9
黑人史	2	7	5	4	2	5	1	4	3	6	6	6	51
印第安人史	1	2	3	2	3	3	3	2	1	0	3	0	23
华人史	0	0	0	0	0	1	0	1	1	1	3	0	7
妇女史	1	3	3	2	2	0	0	0	1	4	1	0	17
军事史	6	1	1	2	3	3	6	4	3	5	1	3	38
教育史	4	3	4	3	10	8	4	6	3	4	4	4	58
科技史	2	0	0	1	2	0	0	0	3	2	0	0	12
史学史	5	8	9	7	6	4	2	7	4	4	6	3	65
宗教史	1	3	5	2	4	1	0	0	3	0	2	1	22
其他	2	1	1	1	1	3	0	0	1	5	1	2	18
合计	69	81	87	83	87	67	49	79	74	113	97	90	976

说明：1. 根据上海图书馆编《全国报刊索引（哲学社会科学版）》统计，数据不完全。

2. 所计入的全部为中国学者撰写的关于美国历史问题的学术论文，不包括其他类型的文章。

第四，从选题和论点来看，研究者的观念和思想取向发生了一些变化。在1989年以前，曾经有几次反响强烈的争论，如关于林肯是否废奴主义者的讨论，关于罗斯福"新政"若干问题的论辩。这类争论的意义，只有考虑到当时特定的政治环境、思想氛围以及学术条件,才能得到恰如其分的理解。最近十余年,在美国史领域很少发生引人注目的学术讨论。由于课题的多样性和分散性,从事同一问题研究的学者甚少,因而缺乏展开争鸣的基点和机会;同时,随着思想观念的变化,人们在学术上更具包容性,大多不愿轻易对自己不赞同的观点发难。虽然美国史选题比其他国别史在政治和思想意识方面更具有敏感性,不免使解释带有较强的政治化倾向,但就一般情况而言,配合暂时政策需要的选题越来越少,而以中国社会发展的整体需要为参照的论著增多,出于纯粹学术追求的选题也受到某种程度的重视。在具体论说中,强势政治话语的出现频率趋于下降,人们在使用习惯性的概念术语时也显得更加慎重。年轻一代学者更注重学术的纯粹性,他们当中有人呼吁:"在美国史研究中,要尽量减少非学术性因素(如中美政治关系、国内国际政治气候等)的干扰;应严格区分学术研究与政治宣传、学术研究与对策报告的不同。学术研究无禁区,应允许自由讨论学术问题。"[①]虽然这种愿望有时和现实发生冲突,但毕竟有越来越多的人在朝着这个方向努力。这可以说是中国美国史研究在学术上走向成熟的一个征兆。

第五,美国史领域的学术批评呈现十分活跃的局面。这里所说的学术批评,包括书评、评论和学术随笔等多种形式。这些文章就研究中取得的成绩和出现的问题,特别是学风问题,及时加以总结、评点和警示,对于美国史学科的健康发展起到了重要的推动作用。考虑到目前的社会风气和人际关系,开展正常的

[①] 杨玉圣:《美国史研究:回顾与思考》,第194页。

学术批评是一件相当困难的事,非学识与勇气兼备者难以为之,故书评界普遍存在的是所谓"栽花现象"。惟其如此,真正的史学评论才显得难能可贵。在这十余年中,杨玉圣、黄安年、任东来和周祥森等人发表了较多的评论文字,他们的文章激活了国内美国史学界的学术气氛,使更多的人意识到学术规范和学风问题的重要性。与外国史的其他领域相比,这可以说是美国史研究的又一个显著特点。

二、成果扫描

鉴于美国史论著为数甚多,加以选题相当分散,故细致而具体地介绍各项研究成果,乃是单篇文章所无法完成的任务。本文只能选择一些重要的研究领域,对部分论著做一个粗略的评介。

政治史一直是国内美国史研究的重点,成果的数量遥遥领先于其他任何一个领域。最近十余年间问世的论文有 300 多篇,专著近 10 种,涉及美国史上的政治制度、政党、政治思想和重大政治事件。从选题、思路、资料和方法来看,这些论著大多属于传统政治史的范畴。

在 1979 年以后的一个时期,国内学者对于美国政治制度史的研究,仍然受到政治气候和意识形态的影响,阶级定性分析乃是一种常用的手法,政治化的批评覆盖甚至取代了学理性的探讨。在最近几年出版的论著中,这种倾向趋于弱化;即便一些曾经对美国制度持强烈批判态度的人,立论也变得较为温和。张定河的《美国政治制度的起源与演变》①,是继曹绍濂的《美国政治制度史》②之后一部比较系统的美国政治制度史专著。作者没有采用简单的政治批判取向,也力图超越脱离具体历史时空条件而作意识形态评判的做法,对美国的宪法、分权制度、国会制度、总统制、司法制度、两党制度和公民权利等问题的渊源、特点和运作方式进行了探讨。作者固然提到了美国制度的阶级属性和为资本主义经济服务的本质,但在具体论述中仍考虑到了美国社会利益多样化和利益集团活动的影响。张友伦、肖军和张聪合著的《美国社会的悖论:民主、平等与性别、种族歧视》③,从美国民主制的形成和演进着眼,着重考察印第安人、黑人、妇女和华人等弱势群体在美国政治演进中的处境和地位变迁,以及由此带来的对民主制的挑战。该书的主要作者张友伦在一篇文章中强调,美国民主乃是美国人民的选择,应当得到尊重;但它存在缺点,只可借鉴,不可照搬,更不能作为一种衡量民主化程度的准绳。④ 这种持论显得比较冷静和公允。同样的态度也反映在对美国政治理念和价值观念的理解方面。何顺果在一篇文章中指出,美国的"立国精神"不限于《独立宣言》所表述的精神,而应包括美国整个建国过程中赖以立国的各项主要原则以及贯穿于这些原则中的哲学思想;虽然美国未能在立国时有效

---

① 中国社会科学出版社1998年版。
② 甘肃人民出版社1982年版。
③ 中国社会科学出版社1999年版。
④ 张友伦:《美国民主制度的形成、发展和问题》,《历史研究》,1996年第2期,第118—133页。

地实行这些原则,但不等于这种原则或理想本身无效。①

　　一些研究美国政治史的旅美学者,在思想观念上束缚较少,也很少受国内政治的感染,对美国政治制度的形成和演进、美国政治运作的方式以及所涉及的具体情势,有着不同于国内学者的领会和把握。在他们的论著中看不到国内惯常使用的概念术语和分析范畴,这反映了他们在学术训练、思维方式和知识背景方面的特点。洪朝辉在1990年发表的一篇文章,以《宅地法》的立法进程为个案,考察了19世纪中期以前美国政治的运作及其特征,着重指出,政治是一种斗争,更是一种妥协,判断美国议会政治是否健全与正常的重要标志,"是社会利益集团的意志能否充分、自由地在议会中表达,以及各方利益能否有效地相互制约和平衡"。② 当国内学者尚在为"斗争"和"妥协"孰是孰非而争辩时,这种见解出现在《世界历史》上,无疑导入了一股新鲜的空气。在10年后出版的王希的《原则与妥协:美国宪法的精神与实践》③一书中,对美国政治的理解有了新的进展。作者采用多元互动的利益观代替二元对立的利益观,从不同利益群体的谈判与妥协的角度来看待美国宪法原则的形成、适用、重新界定和自我更新,有力地说明了美国宪法何以成为一部有生命力的"活着的宪法"。就学术理念、叙事方式、史实梳理和具体解释而言,这部著作可以说是当前国内最新的一部美国宪法史。

---

　　① 何顺果:《略论美国的立国精神》,《历史研究》,1993年第2期,第128—141页。

　　② 洪朝辉:《经济转型时期的政治冲突与妥协——关于美国〈宅地法〉立法进程的历史思考(1785—1862)》,《世界历史》,1990年第6期,第4—17页。

　　③ 北京大学出版社2000年版。

满运龙侧重对美国殖民地时期的政治制度进行个案研究,他的《马萨诸塞政治体制的确立》一文,借助丰富的档案文献,细致入微地论述了马萨诸塞殖民地政治的演进以及所涉及的复杂情势和人际关系,概括了马萨诸塞政治制度在形成中的阶段性特征。① 这种研究视角、论述方式和语言表达,和国内学者的有关论著形成强烈对照。

宗教和政治的关系,在美国历史上是一个十分重要的问题,但研究时有很大的难度。研究者必须对美国宗教和政治均有深入的了解,同时又能把握两者之间的微妙关系,才能做出恰当的解释。学者们比较关注早期史上的清教与新英格兰政治、政教分离和信仰自由原则的确立等问题。毕健康的《清教对殖民地初期马萨诸塞政治的影响》②、刘鸿举的《略论美国独立革命中宗教自由和政教分离的实现》③等论文,从不同侧面探讨了宗教和政治的关系。董爱国的《清教主义与美国民主》④一文,否认清教主义和美国民主之间存在直接的联系,但在对清教及清教与政治之关系的理解,以及对资料的占有和解读方面,似乎不及此前的某些论文。董小川在《美国政教分离的历史思考》⑤一文中提出,20世纪80年代以来的一些迹象表明,"美国似乎在从政治宗教走向宗教政治;不是要使宗教政治化,而是要使政治宗

---

① 满运龙:《马萨诸塞政治体制的确立》,《历史研究》,1992年第5期,第163—176页。
② 《世界历史》,1991年第5期。
③ 《世界历史》,1993年第1期。
④ 《世界历史》,2000年第1期。
⑤ 《历史研究》,1998年第4期。

教化"。① 这无疑是一个大胆而可能引起争议的见解,不过,由于国内从事这类课题研究的人不多,目前尚无人对他的论点做出回应。

长期以来,人们在论及美国政治制度时,通常将美国政府的特点表述为"三权分立",而且对分权体制的意义和功能颇有疑问和误解。要改变这种状况,需要对各个权力部门的演进史进行专门研究。蒋劲松于 1992 年出版的《美国国会史》②,在这方面具有真正的"填补空白"的意义。这部 40 万言的著作,对美国国会制度的起源和演进、国会与其他政府部门的关系、国会内部制度和机构的形成演变,以及其他相关问题进行了细致的评述,对于了解国会制度的运作方式和功能,具有很大的实用价值。如果能够循此写出诸如《美国总统职位史》《美国最高法院史》和《美国政党史》一类的作品,与之形成系列,一定能极大地深化对美国政治制度的认识。

就单一的政治事件而言,"新政"无疑是一个学术兴趣持续最久的课题。从 20 世纪 80 年代初期开始,就陆续有论著发表,而且还出现过一场具有学术史意义的大讨论。③ 1989 年以后出版了两种对以往研究加以总结的著作:一种是刘绪贻主编的《富兰克林·D. 罗斯福时代 1929—1945》,另一种是胡国成的《塑造美国现代经济制度之路》。这两部著作均以"新政"为核

---

① 董小川:《美国政教分离制度的历史思考》,《历史研究》,1998 年第 4 期,第 116 页。

② 海南出版社 1992 年版。

③ 关于这场讨论的介绍,参见张友伦:《美国史研究百年回顾》,《历史研究》,1997 年第 3 期,第 162—163 页。

心内容,而视角、侧重点和论述方式则各有不同。前一书着眼于富兰克林·D.罗斯福时代在美国历史上的重要性,借鉴列宁有关垄断资本主义向国家垄断资本主义过渡的理论,注重发掘"新政"在美国现代社会发展中的地位及其世界历史意义。在该书作者看来,"新政"最突出的历史意义在于,"大力加强向国家垄断资本主义的过渡"以"延长垄断资本主义的生命"。正是基于这种认识,作者将二战后的美国资本主义命名为"罗斯福'新政'式的国家垄断资本主义"。[①] 胡国成的著作侧重讨论美国经济制度的演变,对国家在经济中的作用进行了历史的考察,视罗斯福"新政"为美国现代经济制度形成的标志。他强调指出,"从资本主义经济发展史的角度来看,国家垄断资本主义应该看作是垄断资本主义的一种常规形态,而不是垄断资本主义的一种特殊类型"。[②] 按照这种观点推演,"新政"的历史作用就在于推动美国垄断资本主义完成了向常规形态的过渡。在这两部著作出版后,虽然关于"新政"的论文仍不时见诸报刊,但有学术影响者寥若晨星。

迄今为止,国内的劳工史研究实际上等于工人运动史,在选题、方法和观点上和政治史有着明显的联系。张友伦和陆镜生是国内研究美国工人运动史的两位主要学者。他们合作在20世纪80年代中期完成了一部近60万字的《美国工人运动史》,1993年由天津人民出版社出版。这部著作得到了前辈学者黄

---

① 刘绪贻主编:《富兰克林·D.罗斯福时代 1929—1945》,人民出版社1994年版,第1—5章,特别是第5章。

② 胡国成:《塑造美国现代经济制度之路》,中国经济出版社1995年版,第11页。

绍湘的肯定和好评。① 该书参考了大量中外文资料,对第二次世界大战结束前的美国工人运动做了系统而详细的叙述,特别是对有组织的劳工的政治活动和经济斗争进行了深入分析,力图在破除"美国例外论"的同时,解释美国社会的特殊性及其对工人运动的影响,并对美国传统劳工史学者提出的"职业意识论"和新劳工史学的思想取向进行了辨析,强调指出:"我们承认美国工人运动的特殊性,但不承认它是一种例外。"② 张友伦在同一年出版的《当代美国社会运动和美国工人阶级》,实际上是前一著作的续篇。该书涉及二战以后美国工人阶级内部的变化和工人运动的进程,着重论述了工人状况、工人运动与美国社会变动的关系,关于战后美国工人阶级结构的变化及其对工人运动的影响的分析,尤其深入而独到。③ 这两部著作以及两位作者的相关论文,贯穿着一种在理论和历史之间寻找平衡的努力,同时也多少反映了工人运动史学的某种困惑。

有的研究者试图摆脱这种困惑。蒋劲松在他的一篇论文中,借用社会学的"社会化"概念,对新政时期美国劳工运动的变化进行了解析,指出,劳工运动的"社会化"就是"无产阶级、资产阶级、政府在新的条件下不断适应和再适应各自的社会角色地位,不断调整其相互关系";这种"社会化"实际上是无产阶

---

① 黄绍湘:《〈美国工人运动史〉评介》,《历史研究》,1994年第6期,第183—188页。
② 张友伦、陆镜生:《美国工人运动史》,天津人民出版社1993年版,第2页。
③ 张友伦:《当代美国社会运动和美国工人阶级》,天津人民出版社1993年版,第243—263页;张友伦:《二次大战后美国工人阶级结构的变化》,《历史研究》,1994年第2期,第162—177页。

级通过承认资本主义来增进自己的利益,是无产阶级"反对资产阶级的阶级斗争的一种道路,而非阶级调和的途径"。① 这种立论的基本概念和思路仍然来自传统的工人运动史学,但对于工人运动的"非社会主义"取向采取了正面的评价,表明作者开始从美国社会的具体情况和美国工人的利益取向来看待工人运动,是对美国工人运动史框架的一种突破。所可惜者,近年来工人运动史的论著并不多见,以致劳工史成为美国史研究中最为沉寂的一个领域。

在美国相对短暂的历史中,经济的迅速崛起是一个令人注目的现象。在中国政府开始重视经济建设以后,美国经济史很自然地受到了研究者的重视。张友伦指出:"1978 年以后,首先引起我国学者关注的是美国经济的发展。大家希望从中探寻有益的经验教训,为我国的经济建设提供借鉴。"②1989 年以来,这种关注依然没有改变,只是论著的数量和美国经济史的重要性仍不成正比,在选题、资料和观点上也未取得重大的突破。徐玮的论文《略论美国第二次工业革命》,对 19 世纪末 20 世纪初以电力为标志的"第二次工业革命"的起因和后果作了评析。③ 胡国成运用马克思的理论分析了 20 世纪 30 年代经济大危机的原因,认为大危机持续 10 年的关键在于缺乏国家干预。④ 黄安年

---

① 蒋劲松:《论新政至二战时期美国劳工运动的社会化》,《世界历史》,1991 年第 1 期,第 72—80 页。
② 张友伦:《美国史研究百年回顾》,《历史研究》,1997 年第 3 期,第 157 页。
③ 徐玮:《略论美国第二次工业革命》,《世界历史》,1989 年第 6 期,第 20—29 页。
④ 胡国成:《美国三十年代经济大危机及其持续的原因》,《世界历史》,1990 年第 4 期,第 35—44 页。

的文集《美国社会经济史论》,收入作者的 37 篇文章,其中大多数为评述美国不同时期的经济政策、政府改革和影响经济发展的各种因素的文章,而研究具体经济史问题的论文为数不多。[①] 因此,从总体上看,中国学者主要关注的是美国经济发展的条件和原因,而不是历史上的经济现象本身;在研究视角上更多是对经济现象加以政治史的诠释,和纯粹的经济史有明显的差别,与美国经济史学者的研究更有霄壤之异。这种研究取向反映了中国学者对于中国经济和社会发展的关注,他们选题的参照主要不是课题在美国经济史上的重要性,而是它对中国经济建设的启示和借鉴意义。相比之下,何顺果的《美国"棉花王国"史——南部社会经济结构探索》[②]较具经济史的特征。该书从区域经济和社会变迁的角度,以奴隶制种植园经济为核心,探讨南部社会经济的变动,并就南部的财富占有状况、棉花生产中的劳动力供应、奴隶制种植园经济的效益及历史作用等问题,发表了自己的见解。

从表面上看,对美国现代化的研究似乎是 1989 年以后出现的一种新的学术气象,其实这种"新"仅是相对的,有些论著实际上是应用现代化的理论或框架来处理传统的问题和资料。同是研究美国现代化的论著,在视角上往往有明显的差别,有的侧重经济史,有的侧重政治史,有的则是一种综合研究。视角的不同与研究者对现代化的定义不同有关。李庆余、周桂银等著《美国现代化道路》和洪朝辉的《社会经济变迁的主题:美国现

---

① 黄安年:《美国社会经济史论》,山西教育出版社 1993 年版。
② 中国社会科学出版社 1995 年版。

代化进程新论》,在视角、内容和立论上各有千秋。李庆余等学者认为,现代化"就是借助最新的技术与生产形式创造财富,并通过日益合理的体制分配财富的过程","财富、权力和价值构成现代化过程中的三个主体对象"。故该书的主体就是"围绕财富的创造与分配这一中心,重点阐述财富、权力、价值及其体制的演变"。[①] 该书的内容相当丰富,从美国的传统与国情、工业化和城市化及其社会反响、社会政治改革和权力运作、价值观念和社会生活、外交等各个层面,探讨美国现代化的进程和特点,在时段上自建国前后一直延伸到克林顿当政时期。全书的叙述和评论相对客观中性,第六、七两章比较精彩。洪朝辉的书用了"社会经济变迁的主题"这样一个容易引起读者误解的主标题,而实际上,作者认为"现代化是全方位的社会革命,工业化不是现代化的全部"。[②] 作者从经济发展、社会改革和政治变迁等不同的侧面,阐发了自己对美国现代化历程的理解。这本25万字的书征引了大量史料及美国学者的论著,其视角之新奇,论点之犀利,更是给读者留下了深刻的印象。作者对国内长期流行的历史解释框架和概念体系提出挑战,对现代化作了不同于社会形态理论的界定,强调要用价值中立的立场来看待社会制度、经济体制以及政治制度,视之为经济发展的工具,不应对它们作价值上的好坏之分,而应注重其效能的强弱。[③] 虽然

[①] 李庆余、周桂银等:《美国现代化道路》,人民出版社1994年版,"前言",第1—2页。

[②] 洪朝辉:《社会经济变迁的主题:美国现代化进程新论》,杭州大学出版社1994年版,第81页。

[③] 洪朝辉:《社会经济变迁的主题》,第15—16页。

书中的一些论点可以见之于美国的各种论著中,但经作者吸收和梳理,用一种明确而有力的语言集中表述出来,在20世纪90年中期,仍可产生振聋发聩的效果。但不知何故,该书并未引起国内学界的充分注意,许多本来可能引发争议的论点,也未激起应有的反响。张少华的《美国早期现代化的两条道路之争》,从现代化和发展研究的视角,重新审视杰斐逊与汉密尔顿的分歧和斗争,一反过去那种扬杰抑汉的倾向,不仅高度评价了汉密尔顿对美国早期工业化的贡献,而且认为,杰斐逊和汉密尔顿所提出的建国方略,都对美国的早期发展和以后的现代化进程"产生了不可磨灭的影响"。①

如果说关于美国现代化的研究多少带有宏观性和印象式的特点,而美国城市史研究则已深入到了相当具体细微的层次。在一定意义上说,这主要是王旭、黄柯可等学者及东北师范大学的研究群体多年努力的结果。王旭的《美国西海岸大城市研究》一书,对美国西海岸大城市兴起和发展的历程进行了深入探讨,揭示了西部城市发展过程中的各种因素和经验,分析了中心城市在其所在地区的经济和社会发展中的作用。书中关于西部开发与西海岸城市兴起的部分最可称道,探讨西海岸大城市崛起为与东海岸大城市并驾齐驱的经济中心的原因和影响的章节,亦颇有分量和特色。② 王旭的另一部著作《美国城市史》,以体系完整、线索清楚和叙述流畅而给人以深刻印象;其中关于

---

① 张少华:《美国早期现代化的两条道路之争》,北京大学出版社1996年版,第3、184页。

② 王旭:《美国西海岸大城市研究》,东北师范大学出版社1994年版。

"城市化"和"大都市区化"的区分及相关的描述,有助于澄清国内有关研究中的概念含混问题;而对于城市化和大都市区化的经济意义、社会后果和政治反响的分析,则凸显了该书的学术价值和现实意义。① 另外,王旭还对美国中西部和中国东北部工业城市的发展周期和衰落现象进行了对比研究,为中国东北工业城市的改造提供了一种思路。② 何顺果有文章分析了西部城市起源的特点,将西部新兴城市分为"作为'投机企业的市镇'""采矿城镇""牛镇"和"铁路城镇"4 种类型,认为中小城镇在西部的"都市化"过程中所起的作用更为重要。③ 黄柯可也指出,美国城市化的特色在于,工矿业和铁路建设加速了城市化进程。④

与城市史密切关联的人口流动问题,也成为一个重要的研究对象。黄柯可著文探讨农村人口向城市转移和外来移民进入城市对城市化的影响,指出,工业革命带动了城市化,工业对劳动力的需求是吸引农村人口和移民的主要因素,而且农村人口向城市的流动最初往往局限在本地区,后来逐渐出现了跨地区流动的特点;这种人口流动改变了以往美国地域经济发展不平衡的局面,推动了地区经济的发展。⑤ 她在另一篇文章中,还对

---

① 王旭:《美国城市史》,中国社会科学出版社 2000 年版。
② 王旭:《工业城市的周期性及其阶段性特征:美国中西部与中国东北部比较》,《历史研究》,1997 年第 6 期,第 93—105 页。
③ 何顺果:《美国西部城市的起源及其类型》,《历史研究》,1992 年第 4 期,第 3—15 页。
④ 黄柯可:《试论美国近代城市化的特点》,《世界历史》,1994 年第 5 期,第 28—35 页。
⑤ 黄柯可:《人口流动与美国城市化》,《世界历史》,1996 年第 6 期,第 29—38 页。

美国农业劳动力向城市转移的特点进行了分析。① 梁茂信则对二战以来美国人口流动的特点和影响作了概括性很强的评说,认为,"战后美国人口迁移保持着由东向西、由北向南、由乡村到城市、由市区到郊区、由腹地向水域附近的趋势,呈现出多层面、多方位、纵横交错的壮观场面";这种人口流动造成经济中心的大转移和政治区域中心的重大变化,对城市结构也带来了影响。②

在中国实施"西部开发战略"以后,关于"中美西部开发比较"的各种议论时有所闻,美国西部史的研究成果也引起了社会的重视。何顺果在1992年出版的《美国边疆史:西部开发模式研究》一书于2000年重印,这对一部专业性很强的学术著作来说,是一种难得一遇的机缘。该书从"西进运动"及相关问题、西部开发进程及原因、西部与美国区域关系、西部社会的变迁等方面考察了西部开发的历史,提出所谓西部开发模式即"按照纯粹资本主义的方式去开发和利用其土地"所建立的独具特色的经济模式。③ 在该书的新版中,作者进一步将美国西部开发模式概括为"自由土地开发模式",并总结了这一模式所具有的"开放性""多元性"和"投机性"的特点。④ 黄仁伟的博

---

① 黄柯可:《美国农业劳动力向城市转移的特点》,《世界历史》,2000年第3期,第12—20页。

② 梁茂信:《当代美国的人口流动及其区域性影响》,《世界历史》,1998年第6期,第16—23页。

③ 何顺果:《美国边疆史:西部开发模式研究》,北京大学出版社1992年版(2000年重印),第1页。

④ 何顺果:《美国边疆史》,第341—350页。

士论文《美国西部土地关系的演进:兼论"美国式道路"的意义》于1993年出版,乃是国内第一部研究西部土地问题的专著。这本篇幅不大的书征引的文献相当丰富,对西部土地关系的演变及其对西部开发的影响作了系统的分析,用具体史实阐释了列宁提出的农业资本主义发展的"美国式道路"的内涵和意义。① 该书印数不多,流传范围有限,没有引起多大反响。此外还有许多研究西部史的具体问题的论文②,前文列举的一些关于美国西部城市化的论文,也可纳入西部史的范畴。

真正意义上美国社会文化史研究,一直是中国的美国史学中的一个薄弱点。在1989年以前,这方面的论著屈指可数。此后虽然没有出现根本性的突破,但毕竟有几种著作相继问世。黄兆群的《纷然杂陈的美国社会:美国的民族与民族文化》,运用作者此前提出的美利坚民族"一元多体"特征的论点,对美国各种族和族裔群体("民族")的经历、处境和文化特征进行了介绍,并对美利坚民族的概念、形成过程和特征作出了评论。该书虽然引用的文献比较有限,但乃是从民族和文化的角度评述美国社会演进的第一部著作。③ 王锦瑭根据其授课讲义编撰的

---

① 黄仁伟:《美国西部土地关系的演进:兼论"美国式道路"的意义》,上海社会科学院出版社1993年版。
② 邹桂芬:《美国横贯大陆铁路的修建及其对西部开发的历史作用》,《东北师范大学学报》,1989年第4期;周钢:《怀俄明家畜饲养者协会的历史作用及其衰落的原因》,《东北师范大学学报》,1995年第5期;周钢、李军:《美国西部"牧羊帝国"的崛起》,《世界历史》,1999年第4期。
③ 黄兆群:《纷然杂陈的美国社会:美国民族与民族文化》,内蒙古大学出版社1994年版。

《美国社会文化》一书,是第一部比较系统的美国文化史教程。该书首先对美国社会文化的历史背景、整体特征进行了评述,然后分章介绍美国的"软文化"。众所周知,文化史研究通常会为文化的定义所困扰,而且文化包罗甚广,内容的取舍和安排也至为繁难。本书作者显然也没有很好地解决这方面的问题,所涉及的主要是所谓"WASP"文化,强调要用阶级分析法来评判美国文化中的"好"和"坏"的成分,具有鲜明的政治立场和现实取向。① 庄锡昌的《二十世纪美国文化》介绍的是传统意义上的"精神文化",如宗教、教育、电影、文学、音乐等,并涉及禁酒、女权等社会运动。② 评述20世纪60年"反主流文化"运动的论文有若干篇,但学术特点比较鲜明、研究具有相当深度的文章,当首推赵梅的《美国反文化运动探源》。作者综合运用文献和口述史料,对导致"反主流文化运动"兴起的各种因素及其复杂性给予了中肯的分析。③

董小川在他的《儒家文化与美国基督新教文化》一书中,用比较研究的方法就一个富于新意而极为复杂的课题进行了有益的探索。中国文化和美国文化差异甚大,在起源、形态、核心观念和社会功能等各方面都有霄壤之别,如何建立一个比较的基点和适当的解释框架,其难度自不待言;而且,中国儒家文化以其源远流长、体系博大和典籍浩繁而不易把握,美国基督新教文化则因艰深繁复、支派众多和流变不居而难以解读,要在充分理

---

① 王锦瑭:《美国社会文化》,武汉大学出版社1996年版。
② 庄锡昌:《二十世纪美国文化》,浙江人民出版社1993年版。
③ 赵梅:《美国反文化运动探源》,《美国研究》,2000年第1期,第68—97页。

解两种文化的基础上做出对比,当然需要很大的勇气和丰富的学识。作者主要借助于中美学术界的研究成果,从传统、宗教、伦理和政治等方面比较了两种文化的共性与差异,并对两种文化的危机和未来走向进行了评说,提出了不少予人以深刻印象的论点,如"美国基督新教文化体用结合、包罗万象,它是西方文化的代表";如"儒家文化是把对传统的解释权留给祖宗,美国基督新教是把对传统的一切解释权留给了自己";等等。① 书中的许多评论可能会在相关领域的研究者中引起不同的反应,但它作为第一部从整体上比较中美(主流)文化的专著,其难能可贵是毋庸置疑的。

以上列举的几部关于美国社会文化史的著作,基本上没有涉及美国文化的多元性问题;而在美国学者中间,多元文化主义自20世纪80年代以来就一直是一个备受关注的重大政治和学术议题。国内学者开始注意这个问题,是在20世纪90年代初;但当时人们对于多元文化主义(multiculturalism)和文化多元主义(cultural pluralism)的差别并不十分清楚,在评论中不免发生概念错乱。② 此后,一些论著偶尔提及多元文化问题,但系统论述美国多元文化主义的形成、内涵和影响的文章,则仅有王希的《文化多元主义的起源、实践与局限性》。文章指出,不同领域所涉及的"多元文化主义"在内涵上有所差异,作为"意识形态"的多元文化主义,对美国社会有着重要的正面影响,但同时也存

---

① 董小川:《儒家文化与美国基督新教文化》,商务印书馆1999年版,第1、5页。
② 高鉴国:《试论美国民族多样性和文化多元主义》,《世界历史》,1994年第4期,第2—10页。

在严重局限,不具备挑战现行世界权力体制的理论和政治基础。①

美国史学界受多元文化主义的影响,对历史上的弱势文化群体进行研究,在黑人史、土著美国人史和其他族裔的历史文化等领域创获甚丰。国内学界对黑人史、印第安人史和华人华侨史的研究,也有论著陆续问世。在1989年以前,黑人史研究的重点是奴隶制和黑人运动,在印第安人史方面则着重叙说其不幸的历史遭遇;此后发表的论著,在选题、立意、资料和解释各方面,都发生了不小的变化。

高春常和吴金平在南开大学完成的博士论文,均以中文和英文两种版本同时在纽约和北京出版,两书的主题都属于黑人史领域。高春常的《文化的断裂:美国黑人问题与南方重建》,是一部以思辨性和理论性为特色的著作。该书追溯了美国针对黑人的种族主义的起源,对重建中的种族关系、权力冲突和观念交锋作了深入的剖析,突出强调了"解决"美国"黑人问题"的艰巨性,认为"道德改造方案"("软性方案")较之"实力威慑方案"("硬性方案")有明显的优势,其实施可以消除黑、白两个种族之间存在的问题,达到"种族和解""携手并进"的境界。② 吴金平的《自由之路:弗·道格拉斯与美国黑人解放运动》,评述了道格拉斯在废奴运动、内战、重建及其他相关事件中的作用,

---

① 王希:《多元文化主义的起源、实践与局限性》,《美国研究》,2000年第2期,第44—80页。

② 高春常:《文化的断裂:美国黑人问题与南方重建》,中国社会科学出版社2000年版,第341—343页。

称其为"美国黑人的杰出领袖"和"美国历史上出类拔萃的人物";将其思想的精髓归纳为"黑人解放的合法主义改革战略思想",并认为它是"美国黑人解放事业"迄今为止的唯一可行的现实选择。① 这和过去那种强调以革命和斗争手段解决"黑人问题"的观点大相径庭,反映了学术界在"黑人解放运动"问题上的认识发生了很大变化。张聚国研究杜波伊斯的论文,也反映了这种思想取向。他着重论述了杜波伊斯一生中在争取黑人平等权利策略上的变化,并对布克·华盛顿和杜波伊斯在思想和策略上的异同进行了比较,认为两人在"解决黑人问题"的方案上相互补充,缺一不可。② 时春荣在一篇文章中评析了二战后美国黑人文化复兴的原因、成绩及其社会影响,认为这种文化复兴意味着"黑人开始逐渐融入美利坚民族之中","推动了黑人的解放事业"。③ 姬虹撰文考察了最近40年来黑人政治意识的觉醒,分析了黑人参政的情况,认为,"黑人的政治地位已明显改善,但做到真正当家做主还相差很远"。④ 1992年发生在洛杉矶的种族骚乱,也引起了历史学者的注意,有文章对其历史根

---

① 吴金平:《自由之路:弗·道格拉斯与美国黑人解放运动》,中国社会科学出版社2000年版,第307—327页。

② 张聚国:《杜波依斯对解决美国黑人问题道路的探索》,《史学月刊》,2000年第4期,第93—101页;《杜波依斯与布克·华盛顿解决黑人问题方案比较》,《南开学报》,2000年第3期,第63—74页。

③ 时春荣:《论当代美国黑人文化的复兴》,《历史研究》,1991年第2期,第168—180页。

④ 姬虹:《民权运动与美国南方黑人政治力量的兴起》,《美国研究》,2000年第2期,第109—142页。

源进行了探讨。①

其他少数种族和族裔的历史也成为国内学者关注的选题。有些学者探讨了美国犹太人的同化进程及其民族凝聚力的盛衰②,一些学者发表了探讨美国政府对印第安人的政策、印第安人和白人的文化关系等问题的论著③,还有若干关于美国华人历史的论文和专著。④ 另外,美国政府针对少数族裔和妇女而实施的"肯定性行动计划",也引起了一些学者的研究兴趣,专题论文已有数篇。⑤

自1979年以来,美国的移民和移民政策就一直受到重视,最近十余年中更是出版了几种有影响的专著。邓蜀生的《美国与移民——历史·现实·未来》⑥,对移民与美国社会变迁、美

---

① 聂万举:《1992年洛杉矶骚乱历史根源探析》,《史学集刊》,2000年第2期,第69—75页。

② 邓蜀生:《美国犹太人同化进程初探》,《世界历史》,1989年第2期,第28—37页;李晓岗:《战后美国犹太人民族凝聚力的盛衰》,《历史研究》,1997年第3期,第90—101页。

③ 李晓岗:《美国政府对印第安人的重新安置及其城市化》,《世界历史》,1992年第4期;李剑鸣:《文化的边疆:美国印第安人与白人文化关系史论》,天津人民出版社1994年版;吴洪英:《试论美国政府对印第安人政策的轨迹》,《世界历史》,1995年第6期;李胜凯:《论早期美国政府对印第安人的"开化"政策》,《烟台大学学报》,1997年第3期。

④ 张庆松:《美国百年排华内幕》,上海人民出版社1998年版;丁则民:《美国中央太平洋铁路的修建与华工的巨大贡献》,《史学集刊》,1990年第2期;黄安年:《中央太平洋铁路的建成与在美华工的贡献》,《河北师范大学学报》,1999年第2期。

⑤ 任东来:《肯定性行动与美国政治》,《太平洋学报》,1995年第2期;华涛:《约翰逊政府与美国"肯定性行动"的确立》,《世界历史》,1999年第4期;张爱民:《美国"肯定性行动计划"述评》,《南开学报》,2000年第3期。

⑥ 重庆出版社1990年版。

国移民政策的演变、某些少数族裔的历史命运等问题进行了考察。梁茂信的《美国移民政策研究》是一部系统的美国移民政策史,考察了从殖民地时期至1990年这一时段的移民政策演变轨迹,着重论述了自由移民政策、移民归化与公民资格授予政策、移民限额制度等重要政策的来龙去脉,旁及排外主义、难民政策和非法移民等问题,对于移民政策演变的整体趋向及制约因素有深入的分析,对各项具体措施的出台经过和社会反响也作了比较透彻的说明。① 戴超武在《美国移民政策与亚洲移民》一书中,以美国移民政策的整体演进为背景,探讨了19世纪中期到20世纪末美国对亚洲移民政策的演变,认为:对亚洲移民政策的变化取决于美国社会经济和国内政治的发展变化,也取决于其国际政治斗争的需要,其最终目的乃是服务于美国的国家利益。② 这种研究不同于以往关于移民与美国经济发展的宏观议论,进入了具体而微的层次。

在以往较少受到注意的妇女史、军事史和教育史等领域,这期间也出现了一些研究成果。在美国妇女史方面,留美学人王政的《女性的崛起:当代美国的女权运动》③,依据丰富的文献资料,对当代美国女权运动的由来、历程、得失和影响进行了深入的研究。另一位旅美学人令湖萍的《金山谣:美国华裔妇女史》④,叙述了华裔妇女在美国的经历。胡玉坤的《妇女地位、女

---

① 梁茂信:《美国移民政策研究》,东北师范大学出版社1996年版,第419—423页。
② 戴超武:《美国移民政策与亚洲移民》,中国社会科学出版社1999年版,第246页。
③ 当代中国出版社1995年版。
④ 中国社会科学出版社1999年版。

性意识、妇女观:关于妇女与美国独立前后社会变迁的探讨》①和周祥森的《美国妇女就业发展与妇女地位变迁》②等文章,也各有特点。陈海宏的《美国军事史纲》③和《美国军事力量的崛起》④,是中国学者撰写的为数不多的美国军事史著作。关于美国教育史的研究,可以举出滕大春的《美国教育史》⑤、王英杰的《美国高等教育的发展与变革》⑥等书籍。从事教育史研究的通常是教育学领域的学者,历史学者的著述比较少见,张聚国的《美国师范教育体制的历史演变》⑦,乃是出自史学专业研究者手笔的凤毛麟角之作。侯文蕙在美国环境思想史方面作了许多开拓性的工作,她的《征服的挽歌:美国环境意识的发展》⑧和《20世纪90年代美国的环境保护运动和环境保护主义》⑨等论著,拓宽了美国史研究的领域。

在这个时期,美国史学史的研究也取得了引人注目的进展。各种西方史学史著述均对美国史学有所涉及⑩,有关专业刊物

---

① 《世界历史》,1991年第4期。
② 《中国人文社会科学博士硕士文库·历史学卷》,浙江教育出版社1998年版,第2305—2336页。
③ 长征出版社1991年版。
④ 内蒙古大学出版社1995年版。
⑤ 人民教育出版社1994年版。
⑥ 人民教育出版社1993年版。
⑦ 载王振锁、张聚国编:《亚太主要国家历史与文化初探》,天津人民出版社2001年版,第302—327页。
⑧ 东方出版社1995年版。
⑨ 《世界历史》,2000年第6期。
⑩ 例如,中国留美历史学会编《当代欧美史学评析》(人民出版社1990年版)一书中,就有不少评介美国史学的文章。

不时发表评述美国史学动态的文章①,有分量的专题论文也不在少数。李世洞撰文评述北美殖民地时期的史学,以1700年为界,将这个时期的史学演变划分为两个阶段。② 杨生茂的近作《论乔治·班克拉夫特史学》,与他以往的史学史论文有明显的不同:在学术功力愈益深厚的同时,评判心态也更趋平和。该文以美国史学的流变为背景,通过对班克罗夫特和其他史学家的对比,对这位19世纪美国史学中最重要人物的思想轨迹、史学观点和学术成就进行了深入评析,并就美国史学史的宏观脉络、历史学的功用、评判杰出史学家的标准、吸收外来文化的策略等一系列问题阐发了自己的精辟看法,其学术意义和思想价值超出了一般的史学史论文。③ 王寅的《霍夫施塔特与美国改革史观》,将理查德·霍夫斯塔特的"改革史观"称作"多元史观"。④ 满运龙的一篇文章评介了美国当代史学的新进展,他参照美国史学界的提法,把伯纳德·贝林、约翰·波科克、戈登·伍德等史学家归入"共和修正派",从美国思想史学的演进着眼,对这

---

① 史明正:《美国城市史学的回顾与展望》,《国外社会科学》,1989年第3期;张广勇:《论美国史学的理论取向》,《史林》,1996年第4期;刘军:《政治史的复兴——当前美国政治史学发展述评》,《史学理论研究》,1997年第2期;黄柯可:《美国城市史学的产生与发展》,《史学理论研究》,1997年第4期;刘军:《美国妇女史学的若干理论问题》,《世界历史》,1999年第1期;罗凤礼:《当代美国史学新趋势》,《史学理论研究》,1999年第2期。

② 李世洞:《北美殖民地时期史学综论》,《武汉大学学报》,1994年第3期,第103—108页。

③ 杨生茂:《论乔治·班克拉夫特史学——兼释"鉴别吸收"和"学以致用"》,《历史研究》,1999年第2期,第131—141页。

④ 王寅:《霍夫施塔特与美国改革史观》,《世界历史》,1992年第2期,第93—100页。

些学者的学术贡献加以充分肯定,并对他们在方法论上的特点进行了深入评析;他还预言,共和修正派史学和新社会史学的交互促进,将促成美国史学的又一次大发展。①

在美国历史人物的研究方面,除许多论文以外,更有若干种篇幅可观的传记。刘祚昌的《杰斐逊传》是一部受到广泛称誉的著作,其特点是研究透彻、叙事生动和富于学术个性。该书主要论述了杰斐逊的成长历程和思想内涵,对杰斐逊在美国建国时期的作用给予了很高的评价,并将其思想和孔子的某些观点进行对比,认为其民主思想带有浓厚的人文主义色彩和"非资本主义"的倾向。② 余志森的《华盛顿评传》③也是一部不可多得的学术传记,曾多次重印。邓蜀生的《罗斯福》一书以叙事流畅、富于文采见称,1985 年面世后受到不少读者欢迎;1997 年浙江人民出版社推出了该书的修订版。另外还有几种研究性或通俗性的人物传记,它们所面对的读者群并不一样,在学术质量和写作水平方面也参差不齐。④

1989 年以来,美国通史的编纂同样有前所未有的收获。此前,通史类著作仅有黄绍湘的《美国通史简编》《美国早期发展

---

① 满运龙:《共和修正派与当代美国思想史学》,《历史研究》,1990 年第 4 期,第 180—192 页。
② 刘祚昌:《杰斐逊传》,中国社会科学出版社 1990 年版,第 2 页。
③ 中国社会科学出版社 1990 年版。
④ 如李剑鸣的《伟大的历险:西奥多·罗斯福传》(世界知识出版社 1994 年版)、司美丽的《汉密尔顿传》(中国对外翻译出版公司 1999 年版)、罗永宽的《罗斯福传》(湖北辞书出版社 1996 年版)和刘文涛的《伟大的解放者林肯》(中国社会科学出版社 1999 年版)等。

史》《美国史纲(1492—1823)》等为数不多的几种。在最近十余年中,通史性的著作不断问世。单本的美国史教科书有杨生茂和陆镜生的《美国史新编》①、余志森的《美国史纲——从殖民地到超级大国》②、顾学稼等的《美国史纲要》③等数种。黄安年的《美国的崛起》④和《二十世纪美国史》⑤两书,合起来也是一部完整的美国通史。由杨生茂和刘绪贻主编、人民出版社陆续推出的"美国通史丛书",则是国内美国史学界集体协作编纂的一套研究性多卷本通史。按照主编者最初的设想,"丛书共6册,每册可自成一书,但又相互联系,6册成为一个整体"。目前丛书中的4册已正式出版,其余2册也已交稿,可望于近期出版。⑥ 不过,上面列举的几种单卷本美国史教科书大多编写于20世纪80年代,其体系、框架、知识和解释均受到当时国内的政治气氛和研究状况的制约,局限和不足日益明显。从美国史教学和知识传播的角度看,根据国内外最近研究进展来编写一部或几部新的美国通史教科书,乃是一项十分急迫的工作。

这期间还出版了若干部美国史学者的个人文集,其中收录的

---

① 中国人民大学出版社1990年版。
② 华东师范大学出版社1992年版。
③ 四川大学出版社1992年版。
④ 中国社会科学出版社1992年版。
⑤ 河北人民出版社1989年版。
⑥ 已出版的4册分别是刘绪贻主编的《战后美国史》(1989年)、丁则民主编的《美国内战与镀金时代(1861—19世纪末)》(1990年)、张友伦主编的《美国的独立和初步繁荣(1775—1860)》(1993年)、刘绪贻主编的《富兰克林·D. 罗斯福时代(1929—1945)》(1994年);即将出版的两册是余志森主编的《崛起与扩张的年代(1898—1929)》和李剑鸣著《美国的奠基时代(1585—1775)》。

文章不少曾经在国内学术界产生过较大的影响。邓蜀生的《美国历史与美国人》①、黄安年的《美国社会经济史论》、杨玉圣的《美国历史散论》②、罗荣渠的《美洲史论》③、张友伦的《美国社会变革与美国工人阶级》④、杨玉圣的《学术批评丛稿》等,都是作者多年治学心血的结晶。杨玉圣、胡玉坤所编《中国美国学论文综目》,是第一部公开出版的与美国史有关的论文索引,为研究者提供了很大便利,得到广泛好评。

三、思考与前瞻

通过检视最近十余年中国的美国史研究状况,可以得到一个突出的印象:研究者大多具有十分强烈的现实关怀,希望通过对美国历史的探讨,帮助国人了解美国,力求对中国的社会发展、经济建设、政治决策乃至外交活动有所助益,从而体现其研究的社会价值和现实意义。这种研究取向和国内长期以来对史学(也包括其他学科)的功能定位,是完全一致的。"学以致用",为现实服务,一直是指导学术走向的一个基本原则。杨生茂指出,历史研究具有"温故知新、应答现实和启迪未来"的功能,因此,研究外国史的目的在于"外为中用"。⑤ 华庆昭也说,美国历史不长,而

---

① 人民出版社1993年版。
② 辽宁大学出版社1994年版。
③ 中国社会科学出版社1996年版。
④ 中国社会科学出版社1997年版。
⑤ 杨生茂:《我对美国史研究的一点看法——为南开大学美国史研究室成立30周年而作》,《世界历史》,1995年第1期,第101—102页。

国内研究的人很多,"原因大概还是在于我们研究历史主要不是为了发思古之幽情,而是为了社会的需要"。① 于是,各个研究者根据本人对于"社会需要"的理解,力图使自己的论著有一定的用途。另一方面,各种研究基金的课题指南、有关学术刊物和出版部门,也通过其对现实需要的界定,对研究选题发挥某种导向作用。如1992年国家教委的国际问题研究专项课题中,就有"美国历史上的人权问题""美国历史上的种族关系"这样的课题,这和当时中美外交斗争形势有着密切的关联;教育部2001年的"十五"规划指南中,将"二战后美国的对外文化政策"列入重点课题,也反映了对美国文化外交和世界文化多元化问题的关注。不过,相对而言,研究者个人的自觉意愿更能反映其现实关怀。多数研究者在确定选题时,并不单纯是为了申请某种研究基金,也不是为了投合出版部门的脾胃,而主要是一种个人的自主选择。这种现实关怀的影响,在选题偏好、解释(评价)框架、史料取舍、言说立场和写作方式各方面都有鲜明的体现。这是中国美国史研究的一个突出特点。

近十余年国内学者关注的许多课题,都和当时的社会现实有明显的联系。就政治史研究而言,多数研究者希望通过对美国政治制度和政治生活的探讨,或揭示美国民主中可以借鉴的经验,或揭露美国民主的弊端和虚伪性。许多论者并不掩饰自

---

① 华庆昭:《"洋为中用"与美国史研究》,载南开大学美国史研究室编:《美国历史问题新探:杨生茂教授八十寿辰纪念论文集》,中国社会科学出版社1996年版,第24页。

己研究的出发点。一位研究美国政治制度的学者写道:"美国的政治制度是在反对英国殖民统治的资产阶级革命中确立起来的,因而具有鲜明的民主意义,又经过无数次调整与变革,已发展成为一种相对稳定和成熟的国家管理体制,其中许多构成要素与变革经验,对我们不乏启示和借鉴作用。"① 这是一个抱着正面意图进行研究的例子。有不少论著对美国历史上在民主和人权等方面的弊端进行了揭露,以配合中国和美国在人权领域的外交斗争。1991 年有一篇文章提到,在帝国主义时代,美国的民主党和共和党都是垄断资产阶级的政党,它们轮流执政比一党执政更有利于维护资产阶级的统治,因为两党制为统治阶级巩固政权提供一个"安全阀",同时又可排斥进步党和一切不代表统治阶级利益的政党掌权。② 另有文章借水门事件来揭露美国民主制的虚伪性。③《美国人权政治:理论和实践的历史考察》一书征引了大量历史文献和美国学者的研究成果,对美国的人权观念和实际权利状况的历史演变作了细致的剖析,批判和揭露了美国在人权问题上的弊病,认为"美国人权政治的历史是维护资产者特权的历史,也是美国普通人民、黑人和其他少数民族以及妇女被剥夺权利的凄楚的历史,也是他们和同情支持他们的仁人志士一起,前赴后继进行斗争并夺得部分他们应

---

① 张定河:《美国政治制度的起源与演变》,第 3—4 页。

② 黄柯可:《美国两党制与美国式民主》,《世界历史》,1992 年第 3 期,第 32—40 页。

③ 王玒琳:《从"水门事件"看美国民主制度的虚伪性》,《世界历史》,1989 年第 5 期,第 18—26 页。

享有权利的历史"。① 显而易见,只有置于当时中国国内政治和中美政治关系的背景下,上述立论方式才能得到恰当的理解。

研究其他问题的学者,也同样以现实需要来观照自己课题的意义。"他山之石,可以攻玉",这是许多研究者在说明其课题的现实功用时常用的一句成语。有一位研究美国城市史的学者感到,自己有"不可推卸的责任"用新的研究成果来"适应城市化研究和我国对外改革开放的实际需要"。② 一位评介美国企业文化的作者在自己的文章中写道:"对于反映资本主义生产关系性质的东西,我们必须批判,不能盲目引进,但对那些反映现代化大生产过程中科学的经验和方法,只要有利于发展社会主义生产力,有利于提高人民的物质文化水平,我们就可以大胆借鉴和利用,以利于我国企业文化建设。"③《当代美国的社会保障政策》一书的作者强调,研究美国社会福利保障制度,"对于正在深入进行分配制度和社会保障制度改革的我国借鉴其经验和教训,具有参考价值";在书的结束语中,他还提出了建设"富有中国特色的社会主义保障制度"时所要注意的十个原则问题。④

显然,这种现实关怀反映了研究者的强烈的社会责任感,也体现了一种强化学科价值的急迫愿望。由于美国是当今最强大

---

① 陆镜生:《美国人权政治:理论和实践的历史考察》,当代世界出版社1997年版,第2页。
② 王旭:《美国城市史》,"后记",第363页。
③ 王锦瑭:《美国企业文化述评》,《世界历史》,1995年第1期,第29页。
④ 黄安年:《当代美国的社会保障政策》,中国社会科学出版社1998年版,第2—3、532—535页。

的"西方发达国家",其快速发展的经验和教训,对于中国当前的发展具有毋庸置疑的借鉴意义,这是许多人研究美国史的出发点。另一方面,美国又是中国对外经济贸易、政治关系和文化交流的一个主要对象,研究者们深信,任何有助于深入了解美国的研究课题,都具有现实意义。美国史何以能比其他国别史吸引了更多的研究者,这或许是最主要的原因。

但是,现实关怀不可避免地包含着学术上的风险,有时甚至可能付出牺牲学术价值的代价。为了直接服务于现实需要,研究者往往过于注重发掘历史现象的意义,以致对事实的意义的重视甚于对事实本身的重视,在不经意中背离了史学的基本规范。一些论著在匆匆交代基本的史实之后,就迫不及待地阐发其中可能对现实有用的意义,其结果是,事实本身既不可靠,其意义不免沦为虚妄。更重要的是,现实变幻不定,现实需要往往是短期需要,这和学术研究的长期性和积累性是一个很突出的矛盾。为了屈就现实需要,有时甚至不惜采取非历史主义或非学理的态度来对待美国历史问题。在 20 世纪 90 年代,一些以批判为基调的美国政治史论著相继面世,所涉及的主要是美国民主的实质、政党制度的性质和功能、人权的理论和实践等问题,以配合当时的国际和国内政治需要。这类论著主要借助社会上通行的政治观念作为分析的参照,沿用长期以来形成的意识形态话语展开论说,其论点往往超越具体的历史时空和语境,对于历史现象的复杂性采取了一种相对简单化的处理,在材料的取舍和解释上往往服从于先定的意图,导致论说和史实彼此游离乃至乖违。另一个值得深思的现象是,有的学者为了响应现实要求,随意涉足自己并不熟悉的领域,或轻易改变自己的研究方向。在2000年一年中,各种报刊上发表了近40篇论及美国西部开发的文章,但多数都不是出自专门研究美国西部史的专家之手。如果在史实和解释上没有权威性,所得出的"启示"是否具有价值,就难免令人生疑。因此,学者们必须在关注现实需要的同时,要注意保持现实关怀和学术规范的平衡,避免因重视现实意义而损害学术价值,不要将现在的意义注入历史而导致对历史的扭曲,也不能因为追求现实功用而不断变换选题或涉足并非自己所擅长的研究领域。

随着领域的拓展和研究的深入,中国的美国史研究中存在的方法论局限,也显得越来越突出。首先,研究者大多具有较强的理论取向,希望通过理论的阐发来弥补原始文献的不足,从而展示研究的特色;但是,史学的学科特性规定了史实的首位性和理论的从属性,片面倚重理论,容易导致"史""论"脱节乃至彼此龃龉。例如,研究20世纪美国社会发展史的论者,大多将"新政"以来的美国经济乃至整个社会定性为"国家垄断资本主义",但这种观点和许多具体现象扞格不入。罗斯福"新政"以来,在国家干预不断强化的同时,企业的自我调节能力也在不断增长;在大企业崛起的过程中,中小企业同样十分活跃;"生产资料"的占有形式变得多样化,混合经济的特点日益突出;新经济异军突起,经济和社会的关系正在发生重大变化。如果不对上述问题进行深入研究,"国家垄断资本主义"的提法就会成为虚悬之论。

其次,长期沿用的"阶级分析方法",在探讨美国历史问题时也日益显得捉襟见肘。传统的阶级理论倾向于将一个社会划分为若干彼此对立的阶级,注重其相互间的矛盾和斗争对历史运动的重要性。然而,美国社会始终存在多样性,并逐渐形成了多元性,众多政治和利益群体在宪政框架内的互动呈现十分复杂的局面,多元文化背景中的国家认同也变化不定,如果简单套用"阶级分析方法",将各种制度、事件和观念贴上阶级的标签,就无法解释美国社会发展中的复杂性和独特性。早在20世纪90年代初,就有学者提出要用"利益集团"作为分析美国社会的基本范畴;1997年有一篇研究麦迪逊政治思想的论文,将"社会利益多元体制"视为美国宪政体制稳定的第一块基石[1];2000年出版的《原则与妥协》一书,采用多元利益互动、各种利益群体相互谈判和妥协作为研究美国宪政的基本框架,提出了一种理解美国社会的新思路。这些尝试庶几可以弥补"阶级分析方法"的缺陷。

另外,忽略历史的时空和语境,缺乏对研究对象的"了解之同情",也限制了对美国历史的理解。研究者对于历史中的行为、事件和观念所赖以发生的时空条件缺乏了解,单纯依据研究者的"后见之明"来下断语,不免误解史实,或是无的放矢。有一位作者撰文质疑亚历山大·汉密尔顿是君主主义者的说法,在分析了汉密尔顿对共和制和"混合型政府"的认识后指出,汉密尔顿以加强中央政府权力为核心的政体观,切合当时的实际需要。[2] 这种看法本身并非不能自圆其说,但不久有人撰文指出

---

[1] 夏立安、万尚庆:《美国宪政稳定的第一块基石——麦迪逊的社会利益多元体制论》,《湖北大学学报》,1997年第5期,第78—80页。

[2] 樊书华:《略析亚历山大·汉密尔顿的政体观》,《世界历史》,1991年第5期,第38—42页。

了这篇文章的缺失;汉密尔顿是否君主主义者的说法,在美国历史上和史学史上几经变化,已非美国史学中的主流观点;对汉密尔顿关于"民主"和"共和"的概念理解有偏差,没有把握其思想的核心;脱离当时的时代思潮,将当时一些普遍的看法和理论归于汉密尔顿一人,有的地方夸大了汉密尔顿的作用,有的地方又忽略了他的独特贡献。这位作者还提出了一个值得重视的方法论问题:"分析历史人物的思想,理应将人物的言行置入其生活的时代思潮之中,这样才有可能把握人物思想的真实含义,看出他(她)与同时代其他人物的异同。"①也就是要采用深入历史时空内部的分析法,以期比较准确地解析史实的本来意义。

在考察国内的美国史研究时,自然无法回避文献资料不足的问题。史学是一种依赖于史料的学问,在国内研究美国史,许多人都感到,原始文献的缺乏和专题著述的不系统,乃是制约学术水平的主要因素。由于受到研究经费的限制,许多研究者不可能最大限度地收集与自己的课题相关的资料,对于那些文献积累比较薄弱的地区的研究者,这个困难更加难以克服。但是,从一些论著也可以看出,某些能够接触较多文献资料的研究者,也并未尽最大努力占有资料,所引用的文献似乎是随机获取的,缺乏系统性和选择性。于今有许多途径来弥补原始文献的缺乏。越来越多的人有机会到美国进行学术访问和从事研究,按理应当尽力搜求相关的原始文献,可是,由于长期以来习惯于使用第二手资料,有人即便到了美国,也将收集的重点放在研究性

---

① 满运龙:《汉密尔顿政府思想的共和原则和君主倾向》,《世界历史》,1993年第3期,第103—107页。

著作上面。另外,随着互联网在学术研究中的作用日趋扩大,许多人可以直接从美国相关的网站下载原始文献。从目前的情况看,研究外交史的学者通常能够比较充分地利用网络资料。

史料在量上的不足仅是问题的一个方面,同样重要的是对待史料的态度。一些作者对于引用的文献没有经过仔细比较鉴别,在专题研究中大量引用百科词典或通史著作,有的甚至引用国内大学使用的世界史教科书。另外,有的作者往往不肯下功夫查找某一资料的原初出处,例如,人们喜欢引用香港出版的或赵一凡编选的《美国的历史文献》,而对这两种文献选本的母本,即亨利·斯蒂尔·康马杰编的《美国历史文献》,即便能够见到,也不去核对查证。其实,康马杰所编文献集,只是美国大学美国史教学的配套用书,在研究中使用这种资料集已属无奈,何况由它派生出的其他选本?这并不是否认中文选本的价值,而实在是因为历史文件必须尽可能直接使用最完整和最原始的文本,经过节选或翻译的文本,总有某种局限性。在国内最权威的世界史刊物《世界历史》所刊登的美国史论文中,有一些在资料方面或多或少存在上述不足;甚至在《历史研究》所刊载的美国史论文中,也有主要依靠中文材料写出的文章。这并不是说不能使用中文资料,而是因为就任何美国史方面的选题而言,中文文献不过是九牛一毛,不借助原文资料,实际上无法开展研究。而且,经过翻译的资料,无论译者如何高明,都会损失原文的信息,自然不如直接阅读和引用原文可靠。如《陕西师范大学学报》1996年第2期登载的《论进步运动的动力》一文,大量引用理查德·霍夫斯塔特的《改革时代》的中译本,可是该译本存在许多错漏,而使用这样的文本,其学术的可信度不免要打折扣。

另一个相关的问题乃是对史料的解读。在外国史研究中，对史料的解读包括三个环节：一是借助相当的语言能力和相关的知识来理解史料的本来意义；二是根据相应的理论参照发现史料的隐含意义；三是准确地迻译为畅达可信的中文。这是研究外国史所不能回避的特殊困难，故一个优秀的外国史研究者，同时必须是一个出色的翻译家。对许多研究者而言，完善地处理解读史料的三个环节，一直是一个需要努力去实现的目标。有人指出，一篇论述汉密尔顿政体思想的文章误解和误用了一条史料[1]，这只是被注意到的一个例子。又如，一篇研究美国殖民地时期土地问题的论文，在资料的理解和翻译上也出现了不该发生的错误。[2] 有些缺失可能是能力的局限所致，有的则是学风不够严谨的结果。对于美国史这样一个正在成长中的学科，固然不能求全责备，但意识到这方面的问题和挑战，绝不至于带来多大的坏处。

在有些论著中，还可以发现这样一种情况：论者对自己的课题缺乏史学史的研究，未能妥善处理学术的继承和创新的关系，使读者无法判定其学术的价值，也导致选题重复和缺乏新意。同时，由于不了解某一领域的学术源流，难以清楚地鉴别关于同一问题的不同见解，在引用材料时往往将观点彼此冲突的论著烩于一锅。另外，对前人成果的漠视，容易造成学术上的倒退，

---

[1] 满运龙：《汉密尔顿政府思想的共和原则和君主倾向》，《世界历史》，1993年第3期，第103—107页。

[2] 李剑鸣：《土地问题在英属北美殖民地社会的重要性》，《南开学报》，1999年第6期，第136页。

对于一些前人已经厘清的问题,反而产生了新的误解和混乱。这也许不是一个纯粹的学术规范问题,还和学术道德有着密切的联系。现在有的学术刊物明确要求,来稿必须说明本课题的研究状况,否则不予刊用。这在一定意义上是借助刊物所拥有的学术权力来推行学术规范,在学术规范和学术道德内化为学者的素质以前,这也许是一种必要的举措。

另一个需要引起重视的问题是选题的取向。许多论著的选题,包括一些硕士和博士学位论文的选题,往往过大过泛,其内容远非一篇论文所能容纳。选题偏大是资料限制带来的一个后果,也和研究者的选题意识有关。不少人怀疑过于细微的选题是否具有研究的价值,还有人则以国内读者接受的程度来确定选题的规模。然则历史研究有不同的层次之分,不同层次的研究成果相互之间有着依赖性:没有细微具体的探讨,宏观综合的研究就会成为无源之水。另外,许多研究者受各种因素的影响,不断变换研究领域,甚至离弃刚刚涉足的领域而另开生荒,从学术的整体积累而言,这无疑是一种资源的浪费;从研究者个人的学术发展来说,则难以建立坚固的"学术根据地"。因此,像东北师范大学的研究群体那样长期专注于美国城市史和移民史的研究,是一种难能可贵而富有成效的选题策略。选题重复则是另一种形式的资源浪费。许多地方刊物和院校学报所刊登的文章,无论在选题、资料还是论点、表述各个方面,均缺乏新意,有的完全是一种低层次的重复。即便是《世界历史》这样的大刊,所发表的文章偶尔也有明显的重复,如 2000 年第 5 期刊登的《简论汉密尔顿对美国宪法的贡献》一文,和该刊 1993 年第 3 期发表的《汉密尔顿政府思想的共和原则和君主倾向》一文相比,在基本论点方面并没有新的突破。

最后一个、也许是最为重要的一个问题是,中国的美国史研究能否和如何形成自己的特色。有一种说法称,美国学者研究美国史,虽然有史料上的"近水楼台"之便,但难以摆脱"身在庐山"的困惑与褊狭;而中国人研究美国史,固然受到资料的限制,但能够从美国以外的超然立场来研究,能够克服偏见和护短倾向,再加以"理论上的优势",完全可以产生有中国特色的美国史研究成果。还有人相信,既然一些美国研究中国史的学者可以写出令中国学界注目的著作,为什么中国人不能在美国史方面做出让美国学者刮目相看的成绩呢?

关于这个问题,有必要做一些具体的分析。对于史学这种建立在史料基础上的学科,如果在史料上存在巨大的限制,不能全面掌握国内外已有的研究情况,如何能够取得可信的研究成果呢?如果不能开展原创性的研究,又怎能谈及学术特色呢?中国人研究美国史,固然不能在史料方面和美国人较短长,但必须要对美国学者已经做出的研究有足够的了解,在此基础上方能寻求新意。美国史学名家理查德·霍夫斯塔特,自己很少作原始档案方面的研究,而是在总结他人研究的基础上,借助自己的理论素养和学术敏感,发现他人所未能看到的意义,写出了一些影响颇大的著作。这对中国人研究美国史或许是一种富于启发的模式。但是,这种研究和著述方式首先需要出色的学术眼光和出众的驾驭能力,同时还要有条件对相关研究做出全面深入的检视和合理恰当的吸收。以目前国内的研究条件和研究人员的素质,产生霍夫斯塔特式的著述尚有待时日。而且,中国学者研究美国史可能具有的优势,必须在相应的条件下才能真正发挥作用,丰富充足的资料、切实可用的理论资源和自由开放的学术环境缺一不可,否则难以取得让美国同行承认的成绩。总之,在多数领域和课题上,中国学者还不具备和美国学者、乃至其他国家的研究者对话的能力。在这种意义上说,目前中国的美国史研究的特点,更多的乃是不成熟性的表现。

而且,中国学者对美国史是否必然比美国学者较少偏见,也值得推敲。偏见和局限不一定单纯是民族观念或文化惯性的产物,而可能是多种因素综合作用的结果,政治气候、意识形态、外交需要和个人局限,都可能造成理解的偏差和态度的偏颇。认为美国学者在客观性方面存在局限,主要是认定他们不能从中性的立场来看问题。姑且不论美国学者是否普遍存在这种缺陷,难道中国学者真的都能采取客观中性的立场?从1989年以来的研究状况看,真正立场中性的论著并不多见。现实关怀、政治观念和理解能力等各种因素所造成的偏见和误解,渗透在许多论著之中。因此,排除"非学术因素的干扰",在今天仍然是一项紧迫而艰巨的任务。

此外,学风问题也和中国的美国史学能否形成特色息息相关。学风不正的极端表现,就是抄袭和剽窃,这种事例在中国美国史学界并非绝无仅有。① 一般说来,抄袭或剽窃中国学者的成果比较容易被识别,而照搬或改编外国学者的论著,就难以被人发现,因为不专门研究某一问题的人,通常不会注意有关的外

---

① 参见杨玉圣:《沉重的思考——评〈移民与近代美国〉》,载杨玉圣:《美国历史散论》,第26—43页;《"博士论文"与"文抄公"——一种值得注意的非学术现象》,《中华读书报》,1996年11月20日。

文论著;而且抄袭或剽窃的内容经过翻译或编译,具有某种隐蔽性。在这种情况下,研究者的学术规范意识和道德自律精神,就成为防止这类行为的主要屏障。

正是由于存在这样或那样的不足,中国的美国史研究才是一个大有可为和前景广阔的领域。对于美国史这样一个年轻的学科,如果研究者能够很好地处理现实需要和学术特性之间的关系,既不片面追求短期效应,也不随美国学界而亦步亦趋,而是不断积累图书文献,强化学术训练,吸收和消化各种有益的思想和学术资源,调整选题取向和规模,经过若干年的努力,或许能够建成"具有中国特色"的美国史学。在具体的领域和课题方面,不仅要扩展视野和开拓生荒,而且要对传统课题进行新的探讨;在选题上不必全面出击,只要重点突出和特色鲜明,就会对推动中国的美国史学有所裨益。再过 10 年,当人们回顾这期间的美国史研究时,可能会十分欣慰地发现,上文所指出的许多不足已经得到弥补,许多问题已经获得解决,中国的美国史学已经成为一个成熟而繁荣的学科。让我们共同向这一前景迈进吧。

2001 年写于天津

改革开放以来中国的美国史研究

我们常说,中国的美国史研究是一个年轻的学科,而"年轻"则往往意味着不成熟。其实,中国人接触美国史知识的时间并不算晚,只是最初的一些出版物大多属于"编译"的性质。1949年以后,中国史学界对外国史的重视重度,较以前大为提高;关于美国史的文章、教科书和专题小册子,在数量上也有所增加。但这些读物主要不是中国学者独立研究的成果,而是对苏联和美国"进步学者"论著中的材料和论点进行扩充和加工的产物,并且带有"紧密配合当时的政治"①的痕迹,至多属于"编写"的范畴。按照通行的说法,1978年以来中国步入改革开放的时代;国内(仅指大陆地区)的美国史研究和其他学科一样,也出现了过去不曾有过的发展势头。在以往30年里,这个学科逐渐摆脱了意识形态②的支配,艰难地突破了"编译"和"编写"的局限,正在发展成为一个真正的学术探索的领域。虽然

---

① 刘绪贻:《中国的美国史研究概况》,《史学月刊》,1986年第5期,第98页。
② 一个社会通常存在多种样的意识形态,如政治性的、文化性的、社会性的、官方的、民间的,等等。此处所说的"意识形态",系指政治性的意识形态,即由政治权力所塑造以有利于自身运作的一整套观念、信仰和禁忌。

它至今还远远谈不上兴旺发达,但前景确实越来越鼓舞人心。

一、基本趋势和主要成绩

美国史研究的转折性发展,始于1978—1979年间。这期间发生了两件大事,为美国史研究的发展提供了契机。据几位对中国美国史学科建设有着突出贡献的学者后来回忆,中共十一届三中全会的召开和中美两国的正式建交,可以说是"我国美国史研究突飞猛进的起点"①,标志着它"迎来了自己的春天"②,从此"沿着健康的道路迅速发展,欣欣向荣"。③ 美国史研究本来是一种学术事业,为什么会受到国内国际政治变动的决定性影响呢?

在1978年以前的二十多年里,中国的史学并不是一桩学术性事业,而受到政治权力和意识形态的主导和支配,"在那样的环境下,没有人可以不受到影响"。④ 美国史自不例外。研究人员"常常感到一种'紧跟'的负担",研究什么,如何研究,都受到政治气候和权力意志的制约;对美国历史的基本认识,也必须遵循某种"公式"。⑤ 在这种情况下,即使资料、信息和其他条件都

---

① 杨生茂、杜耀光:《中国美国史研究四十年(1949—1989)》,原载肖黎主编《中国历史学四十年,1949—1989年》(书目文献出版社1989年版),收入杨生茂:《探径集》,中华书局2002年版,第106页。

② 张友伦:《美国史研究百年回顾》,《历史研究》,1997年第3期,第154—155页。

③ 刘绪贻:《中国的美国史研究概况》,《史学月刊》,1986年第5期,第100页。

④ 李慎之:《痛失良史悼荣渠——〈美洲史论〉序》,见罗荣渠:《美洲史论》,中国社会科学出版社1997年版,第2页。

⑤ 刘绪贻:《20世纪30年代以来美国史论丛》,中国社会科学出版社2001年版,"序"第2页。

很齐备,也不可能开展独立而自由的研究,而缺乏独立和自由,也就谈不上真正的"学术"。1978年以后,中国党和政府开始调整路线和方针,政治环境渐趋宽松,"思想解放"运动同时兴起于政治和学术领域。史学界在"文革"的"思想暴政"中受害很深,这时乘势提出了"实事求是""打破禁区""勇于创新"的口号,对"文革"史学进行反思和清算,开启了走向学术化的大门。① 美国史研究作为中国史学的一部分,也因时顺势地进入了迅速发展的时期。不过,此后的政治气候仍有阴晴寒热的变化,而美国史研究对这类变化似乎异常敏感。因此,在较长一个时期里,"解放思想""实事求是"并不仅仅是一种应景的口号,而的确是许多人打破禁区、敢讲真话的旗帜,并且在自己的观点遭到政治性质疑或批判时,还有某种保护和减压的功效。

中美关系对美国史研究同样有着直接的影响。1949年以后,中美两国长期没有外交关系,而冷战的形势又加剧了双方的敌对,这使得中国人了解美国的渠道很不畅通,而且也不存在公正了解的可能性。因此,那时关于美国历史的有限知识,许多都是扭曲性的。1979年两国正式建交,为**真正的**美国史研究创造了许多不可或缺的条件。缔交以后,两国都有相互了解的需要;就中国而言,更需要了解美国。正如罗荣渠教授当时所说,"为了促进中美两国人民之间的真正相互认识和了解,历史学科工作者肩负着特殊重要的任务,因为如果对于一个国家的历史缺

---

① 参见洪认清:《20世纪70年代末史学界的思想解放与学术创新》,《淮北煤炭师范学院学报》,第25卷第1期(2004年2月),第31—36页。

乏正确了解,想要正确认识一个国家是根本不可能的"。① 而且,敌对状态结束以后,过去那种以揭露、批判和攻击为取向的美国史写作,就有可能向学术性和知识性的方向转变。再者,政治关系的确立推动了两国间的学术交流,使美国史研究的学术条件也逐步得到改善。

与此同时,改革开放和中美建交还给美国史研究带来了新的"现实需要"。经济建设、政治改革和社会发展被视为头等大事,"现代化"成了举国上下的急切追求。人们需要了解先行国家的经验和教训,作为必要的参照和借鉴;而美国作为一个现代化程度很高的国家,其迅速发展的历史经验,自然就引起了广泛而热烈的兴趣。这种兴趣触发了美国史研究者的激情,他们也热切地希望用自己的研究成果,来服务于他们所理解的"现实需要"。另外,中美交往增加,需要知己知彼,对当前美国真实状况的了解,有助于制定适当的对美政策,而关于美国历史的准确知识,正是了解当今美国的基础。出于这样一些"现实需要",研究美国史,特别是研究20世纪的美国史,就不再是为了批判和揭露"敌人",而是旨在寻求借鉴,增进理解,有利于交往。

国际学术交流的开展,对美国史研究同样具有深远的意义。通过学术交流,中国学者有机会了解美国的社会状况和学术动向,并且在材料、方法、理论和写作方式等各个方面,都获得了可资借鉴的资源。学术交流的方式是多种多样的。1979年以来,不断有美国学者来华访问讲学,其人次难以精确统计。其中菲利普·方纳、赫伯特·古特曼、迈克尔·坎曼、奥斯卡·汉德林、

---

① 罗荣渠:《美洲史论》,第1页。

埃里克·方纳和入江昭等美国史学名家的学术讲演,在中国同行中间产生了良好的反响。另有不少美国史学者作为富布赖特教授在国内大学长期授课,对国内专业人员的培养颇有助益。更重要的是,越来越多的中国学者到美国访学,有机会了解美国社会和学术,并且收集研究所需的材料。青年学生也源源不断地到美国大学攻读学位,虽然学成归国者为数不多,但他们中不少人关注国内学术,通过回国讲学、发表中文论著、参加国内学术会议等方式,对国内的美国史研究和教学发挥有益的影响。另外,自 1987 年以来,国内先后举办了至少 7 次专题性的美国史国际学术会议。译介美国史学著作的工作也一直未曾间断,虽然所译多属一般性著作,而且偏于陈旧,但较之以往仅仅翻译苏联和美国"进步学者"的著作,已经是一种很大的改进。

  对于美国史学科的发展来说,另一件至关重要的事情是研究生的培养。1978 年以来,国内大学的研究生教育逐步改进,不少学校设立了美国史硕士点,南开大学、东北师大和中国社科院还较早开始招收美国史博士生。20 世纪 90 年代中期以后,培养美国史博士生的高校有所增加,目前已达近十所。老一代学者对于研究生培养有奠基之功。南开大学的杨生茂教授,不仅较早开始培养美国史研究生,而且对研究生培养方式有比较系统的思考。他特别强调处理好"博"与"约"的关系,用"鉴别吸收""外为中用"的态度对待国外学术成果,倡导采用"讨论班"作为研究生的基本授课方式。[①] 东北师大的丁则民教授,作

  [①] 杨生茂:《博与约的关系及其他》(原载《世界历史》,1986 年第 4 期),见杨生茂:《探径集》,第 270 页;杨生茂:《读书、思索、对话和创新——关于研究生培养工作的体会》(原载《天津高教研究》,1987 年第 1 期),见杨生茂:《探径集》,第 289—294 页。

为国内"杰出的美国史教育家",亲自指导了 13 名博士研究生和 18 名硕士研究生,并对"授人以渔"的教学有独到的经验。[①] 我们的研究生训练固然不够完善,但如果离开了它,美国史领域就不可能出现薪火相传、赓续不绝的局面。当前活跃在美国史研究第一线的人员,绝大多数是 20 世纪 80 年代以来陆续获得学位的研究生。

在改革开放之初,有条件开展美国史研究和教学的单位为数不多,即使是条件最好的地方,也存在图书资料严重匮乏的问题。后来,情形逐步好转。特别是 1995 年以来,随着国家对教育和研究的投入大幅度增加,高等院校的图书资料状况得到改善,各类研究基金的资助力度增强,复印费用降低,扫描技术兴起,这一切使得资料的购买、复制和流通愈益便利。尤其是最近十余年来,网络技术迅速发展,学术性数据库不断增多,特别是网上美国史原始资料大增,对这个学科的进步更具有革命性的意义。

在最近 30 年里,还陆续成立了不少专门的研究机构和学术团体,这对美国史研究也有了积极的推动作用。1978 年以前,仅有武汉大学和南开大学设有专门的美国史研究机构,此后有十多所高校设立了类似机构或美国研究中心。[②] 机构一旦成立,编制和经费随之而至,使美国史研究和教学的专业队伍得以

[①] 高嵩:《丁则民教授学术成就和史学思想述评》,载梁茂信主编:《探究美国——纪念丁则民先生论文集》,东北师范大学出版社 2002 年版,第 407—408 页。

[②] 关于美国史及美国学研究机构的设立情况,可参见杨生茂、杜耀光:《中国美国史研究四十年(1949—1989)》,杨生茂:《探径集》,第 106 页。

形成,并能保持基本的规模。此外,中国美国史研究会、中华美国学会相继成立,除了举办学术会议、交流学术信息等常规工作外,前者组织编纂了迄今为止规模最大的一部美国通史,后者则运作实施了由福特基金会赞助的出版补贴计划,帮助出版了数十种美国史专著。

目前,国内绝大多数美国史研究人员都是中国美国史研究会的会员。这个民间学术团体的创建者,是新中国第一代美国史专家。他们出生于20世纪最初二十年,大多有留美的经历,在1949年以前就已学成,到1978年已是知名学者。他们在年富力强的时期,受到政治运动的冲击,无法专心进行研究工作;而1978年以后又进入年迈体衰的晚年,但他们老当益壮,不仅不断发表新著,而且在相当艰难的条件下,使美国史研究和教学走上了正轨,培养了一大批新生代的研究人员。[①] 20世纪30、40年代出生的一代人,大多在1966年以前毕业于国内的大学,1978年时正当盛年,在研究和教学中充当骨干力量。目前正处在学术高产期的第三代人,大多出生于20世纪50、60年代,多数是经第一、二代学者指导而毕业的研究生。20世纪70年代以后出生的一代新人也在成长,并开始崭露头角。严格地说,这四代研究人员只是一种基于年龄和教育背景的划分,他们在学术历程上则多有重合。2008年5月,在武汉举行了中国美国史研究会第十二届年会,一时少长咸集,数代同堂,呈现出代代相传、后继有人的可喜局面。

---

① 参见刘绪贻:《20世纪30年代以来美国史论丛》,"序"第1页;杨生茂:《探径集》,第1页。

经过几代研究人员的努力,过去 30 年里发表的美国史论著为数可观。就论文而言,1979—1989 年约有 820 余篇;1989—2000 年约有 1500 余篇;2001 年以来的数目尚无可靠统计,估计不会少于 1000 篇。① 美国史图书(不含译著)的数量,在 1978—1988 年间为 17 种,1989—2000 年间为 80 余种②,2001 年以来约有 70—80 种。③ 仅就数量而论,1978 年以来取得的成绩不可谓不大。

　　当然,数量只是一个相对次要的指标,更重要的是学术质量。长期担任《美国历史杂志》特约编辑的黄安年教授,多年来对中国美国史论著的情况进行跟踪观察和统计,他在 1998 年大陆发表的美国研究论文中,发现"极大部分属于普及性质的,真正有质量的文章并不算很多",以致在向《美国历史杂志》推荐

---

　　① 1979—1989 年的论文数量据杨玉圣、胡玉坤编《中国美国学论文综目(1979—1989)》(辽宁大学出版社 1990 年版)所列篇目统计;1989—2000 的论文数量据李剑鸣《1989 年以来中国的美国史研究》(载胡国成主编《透视美国:近年来中国的美国研究》,中国社会科学出版社 2002 年版)和王晓德《1989 年以来中国的美国外交史研究》(载胡国成主编《透视美国》)中的相关数据计算。另据"中国学术期刊全文数据"的检索结果,2001—2005 年的美国史论文达到 600 篇。

　　② 李剑鸣:《1989 年以来中国的美国史研究》,载胡国成主编:《透视美国》,第 8 页;王晓德:《1989 年以来中国的美国外交史研究》,载胡国成主编:《透视美国》,第 95 页。

　　③ 据黄安年《1990—1995 年中国美国史研究的成果及其国际比较》(《世界历史》,1997 年第 3 期)介绍,1979—1989 年大陆地区出版的美国史著作 170 部,平均每年 15 部;1990—1995 年大陆出版的美国史著作 144 部,平均每年 24 部。这两个数字与笔者的估算出入甚大,可能是选取的标准不同所致。本文所说的"美国史论著"是指中国学者写作的严格意义上的美国历史书籍和论文,而不是与美国相关的所有图书和论文。

"高质量文章"时"选择余地显得不大"。① 把这种观察推广到整个 30 年的美国史研究,也大体是中肯的。以讨论林肯对奴隶制的态度的文章为例,1978—2008 年间发表于各种学术期刊的这类"论文"接近 30 篇,但所依据的材料大多来自于相同的几种中英文书籍,内容重复,持论泛泛,30 年间看不出什么进步。我本人在 20 世纪 80 年代曾连续发表几篇关于西奥多·罗斯福与进步主义改革的文章②,在主题、材料、内容和论点等方面重复颇多,这样的"论文"数量也没有什么意义。

但这并不是说,30 年来美国史研究的水平没有任何提高。实际上,这期间美国史研究的领域大有拓展,课题不断扩充和更新,论著的整体质量逐步上升,其中有些达到了较高的学术水准。在整个 20 世纪 80 年代,政治史、外交史、劳工史和西部史是美国史研究的主要领域;20 世纪 90 年代初以来,经济史、城市史、现代化、法律史、文化史、宗教史、环境史等领域,逐渐受到重视。特别是城市史研究,在这 30 年间从无到有,发展迅速,目前已经是一个比较成熟、水准较高的领域。环境史还是一个新兴的领域,经济史、法律史和宗教史等领域也有待进一步发

---

① 黄安年:《改革开放与中国美国学的发展——以 1998 年发表的文章为个案分析对象》,《学术界》,2000 年第 2 期,第 226 页。

② 《二十世纪初美国联邦政府的社会改革》,《南开史学》,1988 年第 1 期;《西奥多·罗斯福当政时期在美国历史上的地位》,《湘潭大学学报》,1988 年第 2 期;《论西奥多·罗斯福当政时期的国内政策》,载世界历史编辑部编《欧美史研究》,华东师大出版社 1989 年版;《评西奥多·罗斯福》,载张友伦等主编《日美问题论丛》,天津教育出版社 1989 年版。

展。① 在政治史和外交史等传统的领域,也出现一些新的气象,例如,关于政治文化、意识形态与外交政策、文化外交等方面的研究,都萌发了良好的苗头。劳工史则在20世纪90年代初以来急剧衰落,多年来没有产生有影响的论著。

正是由于30年间美国史研究发生了很大的变化,因而对不同时期的论著不宜采用同一种标准来衡量。如果以每十年为一个时段,从中找出能代表各时段研究水平的论著,或许可以比较准确地反映30年中美国史研究取得的成绩。

在通史的编纂方面,黄绍湘的《美国通史简编》(人民出版社1979年版)、杨生茂、陆镜生的《美国史新编》(中国人民大学出版社1990年版)、刘绪贻、杨生茂主编的六卷本《美国通史》(人民出版社2002年版),分别是三个时段的代表作。

在论文方面,第一个十年可以举出刘祚昌的《略论托马斯·杰弗逊的民主思想》(《历史研究》,1980年第4期)、冯承柏的《美国工厂制确立年代质疑》(《历史研究》,1984年第6期);第二个十年有何顺果的《略论美国的立国精神》(《历史研究》,1993年第2期)、满运龙《马萨诸塞政治体制的确立》(《历史研究》,1992年第5期);最近十年有杨生茂的《论乔治·班克拉夫特史学——兼释"鉴别吸收"和"学以致用"》(《历史研究》,1999年第2期)、崔丕的《美国经济遏制战略与高新技术转让限制》(《历史研究》,2000年第1期)和王立新的《意识形态与美国对华政策:以艾奇逊和"承认问题"为中心的再研究》

---

① 韩铁教授近年来发表的法律史和经济史论著,提升了国内这两个领域的研究水平。

(《中国社会科学》,2005年第3期)。

在专著方面,1978—1988年间数量有限,仅可列举刘祚昌的《美国内战史》(人民出版社1978年版)、刘绪贻主编的《当代美国总统与社会》(湖北人民出版社1987年版)和资中筠的《美国对华政策的缘起和发展1945—1950》(重庆出版社1987年版)。1989—1998年间,可选的著作明显增加,其中影响较大者有时殷弘的《美国在越南的干涉和战争》(世界知识出版社1993年版)、刘祚昌《杰斐逊传》(中国社会科学出版社1990年版)、杨生茂主编《美国外交政策史》(人民出版社1991年版)。1999年以来,高质量的专著更趋增多,其中反响较大的有王旭的《美国城市史》(中国社会科学出版社2000年版)、王晓德的《美国文化与外交》(世界知识出版社2000年版)、齐文颖主编的《美国史探研》(中国社会科学出版社2001年版)、陶文钊的《中美关系史》(上海人民出版社2004年版)、梁茂信的《美国人力培训与就业政策》(人民出版社2006年版)、王金虎的《南部奴隶主与美国内战》(人民出版社2006年版)和王立新的《意识形态与美国外交政策》(北京大学出版社2007年版)等。

二、问题来源与意义指向

在改革开放以后的最初十余年里,中国学者研究美国史的问题意识,主要产生于对中国现实和美国现状的关切与思考。这种透过现实来介入历史研究的路径,一度被当作美国史研究的正途。在1978年以后,研究人员最初大多从政治的角度思考问题,以政治意义来界定学术价值。当时美国史研究中最为迫切的需要,并不是如何在理论、材料、方法和观点的层面来实现突破,以取得原创性的成果(以当时的研究条件而论,也不可能做到这一点),而是要转变对美国历史的基本态度,即承认美国有"自己立国的特长",承认美国历史并非都是黑暗面,要"从历史的实际出发,全面地、一分为二地、实事求是地去进行研究"。① 这一方面反映了此前政治权力和意识形态对学术的损害和扭曲是何等严重,另一方面也预示着此后美国史研究的困难是何等艰巨。

如果要"从历史的实际出发"来看美国历史,首先遇到的一个问题是,20世纪初以来美国社会的变动趋势,与马克思主义经典作家的某些论述和结论并不吻合;过去人们深信不疑的某些观点,无法得到历史事实的支持。这一反差在学术界引起了困惑,也激发了讨论的热情。在"思想解放""实事求是"的旗帜下,这方面的问题成为关注的热点。刘绪贻教授在20世纪80年代中期写道:"我们的理论界与学术界长期以来流行这样一种看法:帝国主义正迅速走向没落,即使是头号帝国主义国家美国也是如此。但是,历史发展的事实似乎比这个简单的结论复杂得多。"面对这一"严肃的挑战",他认为一方面应当相信"马列主义基本原理是正确的",另一方面要"结合历史发展的具体过程"来发展这些原理,而不能受经典著作中的"个别词句、个别论点"的束缚。也就是说,要把"基本原理"和"个别结论"区别开来,在采用经典作家的话语体系的前提下,对具体历史问题进行重新表述,从而"寻绎出某些列宁逝世后美国垄断资本主

---

① 罗荣渠:《美洲史论》,第17、21页。

义发展的新规律",帮助"解答为什么帝国主义到今天还腐而不朽、垂而不死;为什么高度发达资本主义国家到今天还未实现共产主义革命等等问题"。① 讨论这类问题的另一个目的,是要"摆脱教条主义的影响,尽可能实事求是地、全面地论述美国历史,帮助读者了解美国历史的真实面目"。② 在当时的政治和舆论氛围中,讨论这些问题存在一定的风险,因而需要"有点勇气","不能计较个人得失"。③

与此密切相关的一个问题,是学术上的"拨乱反正"。1949年以后,特别是"文革"期间,国内史学界对美国历史形成了一整套政治批判式的表述,对具体问题则以特定的政治标准进行评判,形成了许多带有"极左"色彩的观点。在改革开放、"解放思想"的大气候中,几乎所有问题都有重新审视的必要,有许多"翻案文章"要做。关于罗斯福新政的评价,就是其中一个很受重视的问题。当时关注的重点不是如何追踪美国史学界对罗斯福新政的前沿研究,也不是讨论新政所牵涉的具体历史问题,而是从政治的角度对新政重新定性。这很鲜明地反映了这个时期美国史研究的特点:问题意识不是产生于历史本身,而是历史所牵涉的现实政治。以往对新政大体是否定的,或至少没有加以充分的肯定;于是,在20世纪80年代的美国史研究中,出现了

---

① 刘绪贻主编:《当代美国总统与社会——现代美国社会发展简史》,湖北人民出版社1987年版,第1—2页。

② 刘绪贻主编:《战后美国史》,人民出版社1988年版,第1页;其他各卷的"著者说明"中都有同样的词句。

③ 刘绪贻主编:《当代美国总统与社会》,第2页。

一股重新评价罗斯福新政的热潮。① 类似的"拨乱反正"工作，直到20世纪末期还没有结束。一位研究弗雷德里克·道格拉斯的学者认为，"我国学术界过去受极左思潮的影响"，虽然承认道格拉斯在美国黑人史上的贡献，但又指责他"革命不彻底"，其思想"与黑人解放暴力革命的方向相左"，这种出自"极左思维"的论点亟待纠正。②

如果说"实事求是""拨乱反正"提出的要求，主要是从政治的角度重新审视美国历史问题，那么探索美国迅速发展的经验以服务于中国的现代化建设，则是一种更为实际的现实需要。在党和政府把工作重点转向经济建设以后，中国面临一个尽快发展的问题，而美国经济高速发展的原因和条件，一度成为中国学者关注和思考的热点，有关论著纷纷面世。③ 到了20世纪90年代，美国现代化的历史经验开始进入研究的视野。1993年8月在山东威海举行了第一次美国史国际学术会议，其主题是"美国现代化的历史经验"。据会议论文集的"编者说明"称，"有所裨益于中国的现代化事业"，乃是编选这部论文集的"更为远大的目标"，因为美国现代化的历史经验，可以作为"'攻'中国现代化之'玉'的'他山之石'"。④ 在此前后还产生了一批

---

① 具体情况参见杨生茂、杜耀光:《中国美国史研究四十年(1949—1989)》，载杨生茂:《探径集》，第113—114页；张友伦:《美国史研究百年回顾》，《历史研究》，1997年第3期，第162—163页。

② 吴金平:《自由之路:弗·道格拉斯与美国黑人解放运动》，中国社会科学出版社2000年版，第7页。

③ 具体情况参见张友伦:《美国史研究百年回顾》，《历史研究》，1997年第3期，第157—158页。

④ 中国美国史研究会编:《美国现代化历史经验》，东方出版社1994年版，第2页。

关于美国现代化的专题研究成果。① 在中国实施"西部大开发"战略以后，又出现了关注美国西部史和"中美西部开发比较研究"的兴趣，仅2000年一年，报刊上发表的这类文章就有近40篇。

马克思主义经典作家的有关论述，也给美国史研究者带来了很多的启发，在美国农业史、西部史和工人运动史等领域尤其如此。列宁提出的农业资本主义发展的"美国式道路"的命题，不仅为中国学者讨论美国西部史、农业史和土地制度史提供了解释框架，而且还是选题的直接来源。一部研究美国农业发展史的著作提出，列宁关于农业资本主义的"美国式道路"的论述，是研究美国农业资本主义的理论根据；美国农业资本主义的发展乃是"生产关系和生产力的变革"历程，其最终的结果是"宗法式的小农转变为资本主义农场主"。② 一位研究西部土地制度的学者提出，列宁的理论虽然在总体上"至今仍具有科学性"，但他的某些概括"与美国历史的实际进程仍有一定距离"，研究者不能拘泥于"原有的结论"，而应"进一步阐明并丰富'美国式道路'的深刻内涵"。他在"美国式道路"的框架内，对西部土地所有权关系的变化及其在"农业资本主义"发展中的普遍意义，进行了富于理论性的探讨。③ 一部论述美国西部开发史的著作，其主旨在于"着重阐述这样一条原理：农民愈自由，受

---

① 洪朝辉：《社会经济变迁的主题：美国现代化进程新论》，杭州大学出版社1994年版；李庆余、周桂银等：《美国现代化道路》，人民出版社1994年版；张少华：《美国早期现代化的两条道路之争》，北京大学出版社1996年版。

② 张友伦：《美国农业革命》，天津人民出版社1983年版，第2—3、7、10页。

③ 黄仁伟：《美国西部土地关系的演进——兼论"美国式道路"的意义》，上海社会科学院出版社1993年版，第115页。

农奴制残余的压迫愈少,他们的土地整个来说就愈有保障,而农民的分化就愈厉害,农场企业主阶级的形成就愈迅速,农业资本主义发展的速度也就愈快"。① 这显然是对"美国式道路"的另一种表述。另外,在美国工运史的写作中,马克思主义经典作家相关论述的影响更为直接,引用经典作家言论的频率也高出其他课题的著作。②

中国学者在选择研究课题时,还受到了美国史学界相关研究的启发,带有填补国内研究空白的意图。中国的美国史研究起步较晚,积累单薄,因而没有人涉及的领域和课题比比皆是。所谓"研究空白",通常是参照国内的研究状况来界定的:任何一个问题,不论美国史学界已有多少研究成果,只要中国学者没有涉猎,或者美国学者的观点和价值取向不合中国的需要,就被作为"空白"对待。刘祚昌教授谈到,他"决心写杰斐逊传的首要原因"在于,杰斐逊是一个"杰出的人物",在美国具有"巨大的影响",而当时国内还没有一本"中国人自己写的杰斐逊传记"。③ 张友伦教授也说,他在 1978 年以后之所以研究美国工人运动史,除了这一领域与他以往从事的国际共运史存在联系外,同时还感到,在美国"那样的资本主义国家",工人史也是一个受到重视的领域,而中国这样的社会主义国家,如果完全没有

---

① 何顺果:《美国边疆史:西部开发模式研究》,北京大学出版社 1992 年版(2000 年重印),第 1 页。

② 陆镜生:《美国社会主义运动史》,天津人民出版社 1986 年版;张友伦:《当代美国社会运动和美国工人阶级》,天津人民出版社 1993 年版;张友伦、陆镜生:《美国工人运动史》,天津人民出版社 1993 年版。

③ 刘祚昌:《杰斐逊传》,中国社会科学出版社 1990 年版,第 1—2 页。

人研究美国工人史,就是很不正常的。① 吴金平教授选择弗雷德里克·道格拉斯的生平和思想作为自己的博士论文题目,主要是考虑到国内史学界对此"尚缺乏专门研究和论述","这与道格拉斯在美国黑人历史上的地位显然不相称"。②

近期一些相对年轻的学者在选择研究课题时,比较注重这一问题在特定历史语境中的意义,以及问题与史料的关联程度,而主要不是透过"中国的需要"或"美国的现状"来确定研究的必要性。王晓德教授谈到,他之所以研究美国文化对外交政策的影响,是因为他感到"我们研究国际关系和各国外交的发展变化,视角往往集中在政治、经济、军事、战略以及它们之间的相互关系和作用上。……可是我们较少研究文化在国际关系中的作用,而文化背景往往是影响国际关系的一个重要方面"。③ 也就是说,文化与外交的关系,本身就是历史中一个值得关注而又未受到充分关注的问题,作者选取这样的课题,首先是缘于对外交史研究的学术史的把握,而不是受到当前美国外交动向的启发。较近的一本讨论美国早期土地制度的专著,没有用"美国式道路"这样的宏观理论来组织解释框架,而侧重土地问题本身在美国早期历史中的重要性。④ 有的学者在谈到研究美国黑人政治思想的动机时,只是简略地交代说,国内学术界对此"关

---

① 张友伦:《美国社会变革与美国工人运动》,中国社会科学出版社1997年版,第2页。
② 吴金平:《自由之路:弗·道格拉斯与美国黑人解放运动》,第6页。
③ 王晓德:《美国文化与外交》,世界知识出版社2000年版,第2、562页。
④ 孔庆山:《美国早期土地制度研究》,中山大学出版社2002年版,第1—35页。

注不多",而他本人一直对此有浓厚的"学术兴趣"。① 在"现实需要"之外补充"学术兴趣",这似乎意味着一种"纯学术"意识的觉醒。

当然,这绝不意味着美国史研究者忘记了现实需要,放弃了自己的现实关怀。实际上,过去30年里,无论在领域、课题和路径方面发生了什么变化,"现实需要"和"现实关怀"始终是影响美国史研究的核心因素。中国人为什么要研究美国史?"并不是为了发思古之幽情,而是为了社会的需要。"②我们的研究人员在界定"社会的需要"时,可能会参照国家领导人的讲话、《人民日报》的社论或有关部门的指示,但更多地是基于自己对社会现实的理解和判断。这种理解和判断往往来自于研究者的"现实关怀"。就美国史研究而言,"现实关怀"通常由两个相互联系的方面所构成:一是通过对美国历史某些问题的研究,为理解和处理当前中国面临的类似问题提供借鉴和参考;二是通过对美国过去的了解以更准确地了解今天的美国,从而有助于开展与美国的交往,更好地处理中美关系。

杨生茂教授在1989年观察到,"随着改革和开放的深入,(中国美国史研究会年会论文的)选题的现实感逐渐增强"。③这种现象不独限于某次学术会议,许多研究人员在界定选题的

---

① 王恩铭:《美国黑人领袖及其政治思想研究》,上海外语教育出版社2006年版,第Ⅲ页。

② 华庆昭:《"洋为中用"与美国史研究》,载南开大学历史研究所美国史研究室编:《美国历史问题新探》,中国社会科学出版社1996年版,第24页。

③ 杨生茂、杜耀光:《中国美国史研究四十年(1949—1989)》,杨生茂:《探径集》,第108页。

价值和意义时,首先考虑的是对现实的作用。刘绪贻教授在谈到编纂六卷本《美国通史》的背景时写道:1979年参与编写计划讨论的学者一致认为,"美国是世界上两个超级大国之一,在国际事务中具有重大影响,改革开放以来,特别是1979年两国关系正常化以后,中美两国的经济、政治、军事等关系和文化、教育交流日益发展,正确地、全面地、理性地认识和对待美国,对我国四个现代化事业将有重大影响和意义。这种形势,就使得能够帮助国人科学地、深入地、系统地了解美国历史以至现状的《美国史》成为迫切的需要"。① 这种阐述研究工作的现实意义的思路,同样见之于其他许多论著的前言或后记中。杨生茂教授编纂美国外交史,丁则民教授研究美国西部史,刘祚昌教授研究殖民地史和撰写《杰斐逊传》,都带有某种强烈的"现实关怀",都以某种"重要的现实意义"来界定自己著述的价值。②

年轻一代学者对于自己研究的现实意义,同样抱有很高的期许,甚至觉得针对某种现实需要来进行研究,乃是一种社会责任。王旭教授在解释自己何以撰写一部美国城市史时说,国内关于城市问题的研究不断升温,但对于外国城市史却不甚了然,误解颇多;这使他感到自己作为专攻外国城市史的学者,对推进

---

① 刘绪贻:《6卷本〈美国通史〉诞生记》,《世界历史》,2004年第1期,第135页。
② 参见杨生茂、王玮、张宏毅:《关于撰写美国外交史的几个问题》,《南开学报》,1988年第2、3期,见杨生茂:《探径集》,第131页;杨生茂主编:《美国对外政策史》,人民出版社1991年版,第1页;高嵩:《丁则民教授学术成就和史学思想述评》,载梁茂信主编:《探究美国》,第393页;刘祚昌:《我是怎样研究美国史的》,《文史哲》,1986年第2期,第38页;刘祚昌:《杰斐逊传》,第3页。

城市化研究、满足改革开放的实际需要,"有着不可推卸的责任"。① 任东来教授在谈到他何以从美国外交史转向美国宪政史研究的动因时表示,"美国宪政史和法治史在国内是个亟待开拓的领域",而"没有对美国宪政的一定理解,对美国外交政策的解释和美国国际关系理论的评析是很难深入下去的";同时,"作为身处一个法制远非健全、人治常常代替法治社会中的观察家,我将努力寻求一个法治相对健全、宪法为其立国之本社会的法治精粹和宪政经验"。② 在这里,对学术现状和社会现状的双重"现实关怀",成为促使他调整主攻方向的主要动因。

即便是身在美国的华裔学者,在看待自己著述的意义时,也没有忽视与中国现实的关联。执教于美国的王希教授在他的中文著作中谈到,深入研究美国宪法史,对于中美两国交往中的"知己知彼""建立真实持久的深层关系"具有重要的意义;而且,只有在对美国宪法有了"比较清楚而准确的认识"以后,才能从中获取有益的历史启示。③ 旅美的韩启明先生著有一本叙述美国经济建设和城市发展历程的专著,他希望自己的书能够"启发、开阔我们从事国家经济建设的视野和思路"。据他自述,全书的主旨和各章内容的安排,大多源自他回国的见闻以及

---

① 王旭:《美国城市史》,中国社会科学出版社2000年版,"后记",第363页。
② 任东来等:《美国宪政历程:影响美国的25个司法大案》,中国法制出版社2004年版,第605、607页。
③ 王希:《原则与妥协:美国宪法的精神与实践》,北京大学出版社2000年版,第4、5页。

由与美国对比而引起的思索。①

对于许多学者来说,"现实关怀"的最终指向,乃是为政府的相关决策提供参考或施加影响。黄安年教授谈到研究美国社会福利保障制度的意义时,明确表示要为中国的分配制度和社会保障制度改革提供参考和借鉴。② 王崇兴博士研究内战后美国南部社会的变迁,认为真正对中国的西部开发具有借鉴意义的不是美国西部史,而是南部开发和发展的经验,因为美国的南部和中国的西部都是落后地区,两者的重新开发具有某些共同之处,前者可以为后者提供借鉴。他在书的结论中,基于对美国南部开发经验的阐述,就中国的西部开发提出了若干建议。③ 陈奕平教授研究美国当代人口问题,其主要着眼点在于理解当今美国社会,为中国的相关决策提供参考。④ 有的时候,社会对某些美国史论著的现实意义的诠释,可能出乎作者本人的意料之外,这种诠释反过来又影响到作者对于自己研究的意义的认知。资中筠研究员谈到,她在撰写关于美国公益基金会的著作时,"并没有想到在当下有现实的借鉴意义";但书出版后,"不但在学术界,而且在广泛的社会各界也引起了注意"。这一情

---

① 韩启明:《建设美国:美国工业革命时期经济社会变迁及其启示》,中国经济出版社2004年版,第1—5页。

② 黄安年:《当代美国的社会保障政策》,中国社会科学出版社1998年版,第2、508—509页。他在结束语中还就如何在借鉴"西方国家的经验和教训"的基础上进行中国的社会福利保障体制建设,提出了10条建议。见该书第533—535页。

③ 王崇兴:《制度变迁与美国南部的崛起》,浙江人民出版社2002年版,第271—274页。

④ 陈奕平:《人口变迁与当代美国社会》,世界知识出版社2006年版,第1—2页。

况促使她在再版时补写了一个长篇后记,着重阐述了研究美国基金会对于中国慈善事业的"他山之石"的功效。①

不过,强烈的现实关怀有时也是一把双刃剑。其正面意义自不待言,正如王立新教授所说,现实关怀是推动中国美国史研究向前发展的积极力量。他以六卷本《美国通史》的出版为例说,中国的美国史学之所以能够取得"如此辉煌的成就","除研究者自身的努力外,最重要的是现实需要对史学家提出的要求以及由此带来的研究者强烈的现实关怀";而且,这种现实关怀"同时也是使中国的外国史研究具有中国特点,并因此在国际学术界产生影响的前提"。② 但另一方面,现实关怀也可能带来"借史议论"的消极后果。所谓"借史议论",是指研究人员"在草草陈述史实之后,便十分心切地阐发自己的见解,并且相信这些见解能对中国有所裨益";但这样做的效果"却十分可疑:不仅使历史研究偏离了学术规范,而且由于缺乏坚实的实证研究,所发议论也多流于泛泛,甚至谬以千里"。③ 这显然不利于研究水平的提升。

三、思想取向与方法探索

1949 年以后,在中国史学界,甚至在所有离不开价值判断

---

① 资中筠:《财富的归宿:美国现代公益基金会述评》,上海人民出版社 2006 年版,第 1—3、321—350 页。

② 王立新:《现实关怀、中国特色与美国史研究》,《史学月刊》,2003 年第 9 期,第 6 页。

③ 李剑鸣:《民主的考验和考验中的民主》,《读书》,1999 年第 2 期,第 26 页。

和道德判断的知识领域,都形成了某种具有时代特征的意识形态话语。美国史研究除了受意识形态的支配外,还受到中美之间的敌对状况以及冷战格局的影响。这样一来,研究美国史就主要不是一种学术工作,而是一种政治行为,几乎所有关于美国史的作品都带有醒目的政治色彩。政治权力和意识形态不仅塑造了解释美国历史的基本框架和评判具体问题的标准,而且促成了某种思维方式和话语体系。这种高度意识形态化的美国史写作方式,在1949年以后逐渐形成,及至"文革"后期趋于登峰造极。因此,自1978年以来,美国史研究中的一个最为艰巨的任务,就是摆脱意识形态的束缚,摈弃把政治话语当作学术话语的做法,在尊重美国历史的前提下,构建新的话语体系和表述方式。

美国史写作中的意识形态化表述方式,主要有以下几个来源:一是经过过度政治化解读的马克思主义理论,特别是经由苏联人复述的马克思和列宁的思想;二是中国政治领导人的言论和政治性报刊的社论;三是美国"进步史家",如威廉·福斯特、菲利普·方纳、赫伯特·阿普特克等人著作中的材料和论点;四是苏联的美国史和世界史论著的相关内容。在当时的政治权力的作用下,前两个来源渗透到了所有的人文知识领域;而美国"进步史家"的论著,则主要是一个材料、史实和具体论点的来源。相对而言,对中国的美国史基本框架最为深巨的影响,无疑是来自苏联史学。

中国的美国史写作的话语元素和褒贬准则,有不少直接取自苏联的美国史著述。20世纪50年代后,多种苏联学者的美国史著作被相继被译成中文;在中文美国史读物十分稀少的年代,这些书籍就成为任何想要了解美国史的人的必读书。这些书大致体现了苏联史学界对美国历史的基本认识:"历史科学"是一种"党性的科学",美国史研究承担着揭露和批判"美帝国主义"的任务;美国是一个资本主义国家,经历了从自由资本主义向垄断资本主义的转化;内战和重建结束以前为资本主义上升时期,此后资本主义转入腐朽和垂死的"帝国主义"阶段;阶级矛盾和阶级斗争构成美国历史的主线,美国社会的"弊端"乃是资本主义制度固有矛盾的表现,美国历史上取得的进步和成就乃是"人民大众忘我革命斗争的结果";美国政府乃是资本家的代理人,其内外政策都是为"资本"服务的。① 苏联的这种美国史解释模式和话语系统,不仅见之于专门的美国史论著,而且通过世界史教科书和其他史学著述渗透到中国史学当中。当时中国的意识形态与苏联有着根本的一致性,这使得中国学者可以不必辨析就接受苏联史学的观点。据刘祚昌教授回忆,他刚开始研究美国史时,"好像初学走路的婴儿一样,是靠苏联的研究成果(观点和体系)这个拐杖搞研究的——当时对于苏联的东西,是亦步亦趋,不敢越出它的藩篱一步"。② 刘绪贻教授也谈到,在20世纪60年代研究美国史,能够得到的图书资料"大都是受过苏联教条主义的影响的"。③ 虽然在中苏交恶以后,对

---

① 祖波克:《美国史纲》(苏更生译),三联书店1959年版;叶菲莫夫:《美国史纲》(庚声译),三联书店1962年版;谢沃斯季扬诺夫主编:《美国近代史纲》(易沧、祖述译),上下册,三联书店1977年版;谢沃斯季扬诺夫主编:《美国现代史纲》(桂史林、祖述、易沧译),上下册,三联书店1978年版。

② 刘祚昌:《我是怎样研究美国史的》,《文史哲》,1986年第2期,第38页。

③ 刘绪贻:《我研究美国史的经历》,《书屋》,2007年第2期,第4页。

苏联史学已有怀疑乃至批判，但这主要是不同政治和外交立场之间的分歧，而不是学术性讨论。因此，苏联史学话语在中国的根基并未动摇。刘祚昌教授表示，他的《美国内战史》完稿于20世纪70年代中期，虽然他已"越来越清楚地看出苏联史学中的严重缺点"，但书中"也可以看出苏联教条主义的某些影响"。①

　　这种经过意识形态所改造的美国史知识，旨在肯定和维护某些特定的政治信条，在表述上与当时通行的政治话语具有亲缘性和同一性，同领导人讲话、官方文件及报刊政论几乎没有差别。有的学者批评中国学者关于美国革命史的叙述中存在贴标签的现象，用"一些在中国政治文化中流行的词汇和术语来构建美国革命的历史叙述"。② 其实，这种现象当年曾普遍存在于中国的美国史写作当中。而且，问题的症结还不仅仅在于用政治语汇来表述或曲解史实。更为严重的是，经过意识形态的长期熏染，许多人头脑中形成了某种思维定式，只要谈到美国历史上的任何问题，都必定要插入一些自认是"政治正确性"或"政治安全"所必需的"套话"。这样的"套话"大多直接取自通行的意识形态话语体系，无需论证，也不容置疑。有时，具有这种思维方式和表述习惯的人，还可能用排他性的眼光看待一切与自己话语系统不一样的说法，以政治标准划线，对别人的论著进行意识形态化的批评。

　　具体说来，意识形态化的美国史话语体系，是以若干公式化的表述为支撑的。这些公式化表述通常采取"独断论"的方式，

---

① 刘祚昌：《我是怎样研究美国史的》，《文史哲》，1986年第2期，第39页。
② 盛嘉：《走出中国美国史研究的困境》，《史学月刊》，2008年第2期，第20页。

把所涉及的概念、术语和标准从具体的历史语境中剥离出来,将复杂多样的历史事实砍削得简单整齐和条理清晰。例如,美国历史上的各种危机与弊端,都是资本主义制度的必然产物;改革乃是"资本主义的自我调整",旨在维护资产阶级的根本利益;美国社会的问题"是不可能从根本上消除的"①;任何"统治阶级的代表人物"的主张和措施都是"以维护资本根本利益为目标的";他们的"缺点"或"失败"不过是"资产阶级的局限性"的表现②;美国宪法第一条第八项中所提到的"镇压内乱",其实就是"镇压人民革命运动"。③ 对于美国史学论著的评价和取舍,也往往依据这类公式进行:凡与这些公式相悖的东西,都属于"资产阶级史学";任何与这些公式不符的说法,则是"错误的结论"或"不健康的观点"。④

而且,在政治权力和意识形态的"一统天下"里,学术和政治的界线变得模糊不清,学术问题经常变成政治问题,政治权力被公然用来干预和规范历史研究。在这种情况下,历史学的学术品质降低到了极限,复杂的历史被简单化和公式化,高度概括的政治语汇充斥史学论著,"言必有据"、事实关联等治史规则

---

① 李剑鸣:《大转折的年代——美国进步主义运动研究》,天津教育出版社1992年版,第7、311页。
② 李剑鸣:《伟大的历险——西奥多·罗斯福传》,世界知识出版社1994年版,第9、348页。
③ 张定河:《美国政治制度的起源与演变》,中国社会科学出版社1998年版,第66页。
④ 黄绍湘:《开创美国史研究的新局面》,载中国美国史研究会编:《美国史论文集1981—1983》,三联书店1983年版,第8—13页。

被弃之不顾,精微而复杂的历史判断被简单而绝对的政治评价所取代。这样写出的历史,自然谈不上对历史的真实意义的把握,甚至连基本史实都受到了歪曲。

"文革"结束以来,中国社会不断发生巨大而深刻的变化,意识形态的内涵也在调整,其对学术的支配性影响逐渐减弱,学术风气也随之出现了许多新的特点。这一切都对美国史研究的思想取向发生了明显的影响。

要摆脱意识形态的支配,首先必须摒除教条主义。教条主义问题在1949年以后即已出现,在"文革"时期发展到无以复加的程度,即便在1978年以后也没有完全绝迹。许多人把对经典作家语录的熟悉程度,简单地等同于"理论水平"的高低;坚持马克思主义就意味着只有一种正确的理解,而谁的话语权大,谁的理解就是正确的,凡与之不合的就是反马克思主义;采取"寻章摘句"的方式对待经典作家的著作,而不是从马克思主义理论中寻求思想和方法的启示;忽视具体语境,把经典作家具有特定所指的说法泛泛地运用于一切情况;直接采用经典作家的词句作为论述具体问题的证据,或者直接作为自己的结论。高频率地引用经典作家的词句,根本不考虑语录和研究内容的相关性,这是当时许多美国史论著的共同特点。有的书平均每5页就有一条经典作家语录;还有的书中1/3的引文为经典作家的语录。不少研究人员逐渐意识到,如果不抛弃教条主义,就不可能获得对美国历史的真实认识。但要消除这些偏向,无疑是一项十分艰巨的工作,以致到了1993年,罗荣渠教授还在感叹,"由于'左'的影响,在前些年的中国史特别是世界史教学与科研中,马克思主义被简单化和教条化的倾向比较严重"。①

对于多数学者来说,摆脱意识形态的支配并不是一个自觉和自主的过程,而是受到政治环境和思想风气变化的裹挟或推动。李慎之先生谈到,罗荣渠教授的治学道路以 20 世纪 70 年代末为分界线,有明显的"转折的痕迹"。② 其实,对于许多在 1978 年以前开始涉足美国史领域的学者来说,在 20 世纪 90 年代还经历了另一次转折。对比他们发表于两个不同时期的论著,就可以清楚地看出某种转折的迹象。1982 年,杨生茂教授发表了一篇讨论特纳及其学派的论文,取材广泛,构思精巧,视角别致,但表述方式和立论带有当时意识形态的烙印,侧重从"资本主义向帝国主义的过渡"来解释特纳假说产生的社会背景,认为特纳假说是为"为垄断资本服务"的。③ 1999 年,他又推出了构思多年的《论乔治·班克拉夫特史学》一文,以美国史学和思想的流变为背景,以纯粹学术的话语对班克罗夫特的思想轨迹、史学观点和学术成就进行了深入评析,并就美国史学史的宏观脉络、历史学的功用、评判杰出史学家的标准、吸收外来文化的策略等一系列问题阐发了自己的见解。④ 刘祚昌教授在

---

① 参见刘绪贻:《美国现代史丛书序》,见韩铁:《艾森豪威尔的现代共和党主义》,武汉大学出版社 1984 年版,第 1—6 页;杨玉圣:《如何改革我国的美国史研究——从〈美国史纲〉谈起》,《九江师专学报》,1991 年第 2 期,第 48 页;罗荣渠:《历史学要关心民族和人类的命运》,《世界历史》,1993 年第 3 期,第 3 页。

② 李慎之:《痛失良史悼荣渠——〈美洲史论〉序》,见罗荣渠:《美洲史论》,第 2 页。

③ 杨生茂:《试论弗雷德里克·杰克逊·特纳及其学派》,《南开学报》,1982 年第 2、3 期,见杨生茂:《探径集》,第 19—68 页。

④ 杨生茂:《论乔治·班克拉夫特史学——兼释"鉴别吸收"和"学以致用"》,《历史研究》,1999 年第 2 期,见杨生茂:《探径集》,第 1—18 页。

1978年讨论美国内战的著作中,反复使用了"革命战争""革命成果""革命传统""资产阶级""唯心主义""反动""伟大真理"这样的词汇,写作带有当时常见的政论风格。① 在12年后,他的《杰斐逊传》问世,从中看到的不再是意识形态的词汇、语式和评论,而是具有人文色彩和道德情感的评价方式。② 张友伦教授分别发表于20世纪80年代初期和90年中期的两篇关于美国农业发展史的论文,其内容和行文都判然有别:前者基本上依据列宁关于"美国式道路"的论述,后者则未引用一条经典著作语录。③ 在短短十余年的时间里,这几位学者对类似问题的处理方式和表述话语有如此显著的不同,说明这期间中国的政治环境和思想风气发生了翻天覆地的变化。

不过,这种"去意识形态化"并不是一个凯歌行进的过程,而是充满了艰难和曲折。有些研究人员早已养成某种难以摆脱的思维方式和表述习惯,并且怀有某种寻求政治保险的本能。一旦政治气候出现变化,或是中美关系发生波动,他们就会表现得过于敏感,立即拿出自己的"研究成果"来迎合他们所理解的政治和外交需要。直到21世纪初年,在有些美国史论著中,"文革"式意识形态话语的痕迹依然清晰可辨;直接写"学术论文"来呼应某种政策主张的做法,也不时见于美国史研究界。

在"去意识形态化"缓缓推进的过程中,理论多样化的大门

---

① 刘祚昌:《美国内战史》,人民出版社1978年版。
② 刘祚昌:《杰斐逊传》。
③ 张友伦:《美国农业资本主义发展道路初探》,《世界历史》,1982年第2期;张友伦:《美国农业的两次大突破及其基本经验》,《美国研究》,1996年第2期;见张友伦:《孔见集》,中华书局2003年版,第298—331页。

也逐渐打开。1978年以后,国内的社会科学逐渐兴起,译介国外社会科学著作的热情高涨,美国史研究也由此获得了越来越多的理论资源;吸收社会科学的相关理论,并运用于具体课题的研究当中,也就慢慢变成了学者们的自觉意识。王旭教授在自己的著作中提到,他在采用"传统治史方法"的同时,借鉴了"经济学和地理学方面的有关理论与方法"。① 戴超武教授力图在自己的博士论文中"运用社会学、经济学、地理学和人口统计学的理论和方法进行多学科的全面研究"。② 王立新教授借助人类学、社会学、政治学中的"想象""他者""国家构建""国家身份"等理论和概念,解析了美国不同历史时期各界精英对中国的认识,阐释了这些关于中国的想象在美国国家身份构建中的意义和作用。③ 不过,由于中国的社会科学和其他相关学科缺乏成熟的本土理论和研究范例,中国学者就只能取法于欧美学术界。例如,王立新教授的《意识形态与美国外交政策》,从文化的视角考察美国外交史,把国家作为一种文化体,探讨一个国家的"记忆、梦想、态度和价值观"如何反映在政府的对外政策中,他承认这种研究取向受到了美国历史学家入江昭的启发。④

从方法论的角度说,美国史研究中长期存在的一个问题,就是缺乏历史主义意识。所谓"历史主义意识",就是要把过去的

---

① 王旭:《美国西海岸大城市研究》,东北师范大学出版社1994年版,第3页。
② 戴超武:《美国移民政策与亚洲移民1849—1996》,中国社会科学出版社1999年版,"前言",第4页。
③ 王立新:《在龙的映衬下:对中国的想象与美国国家身份的建构》,《中国社会科学》,2008年第3期,第156—173页。
④ 王立新:《意识形态与美国外交政策》,北京大学出版社2007年版,第29—30页。

人和事放在具体的历史时空中看待,在具体的历史语境中理解史实的意义。这本来是历史研究的基本守则,但在政治权力和意识形态的强势支配下,"历史主义意识"居然成了历史研究中的稀缺之物。在1978年以后相当长一个时期,许多研究人员对于史学著述与政论时评的界线仍然没有清醒的认识,在讨论具体问题时根本不考虑特定的历史时空条件,把"借史议论"当成了治史的正途。例如,在美国革命史研究中,论者预先设定"彻底的资产阶级革命"的标准,再用它来"套"美国革命,结果发现美国革命时期没有废除奴隶制,没有实行成年男子普选权,没有赋予妇女选举权,没有承认印第安人的公民权,也没有实行无偿分配公地的政策,于是就把它定性为一次"不彻底"的"资产阶级革命"。再如,20世纪80年代那场关于林肯与废奴主义的热烈讨论,在今天看来,其起因就是某些论者不顾历史语境,用特定的历史名词"废奴主义者"来泛指所有主张废除奴隶制的人,并且把"进步"和"积极"的政治价值附着其上,从而提出了"林肯是不是废奴主义者"这样一个"非历史"的问题。①

---

① 主要有刘祚昌:《论林肯》,《开封师院学报》,1978年第1期,第9—23页;霍光汉、郭宁秋:《关于林肯的评价问题——与刘祚昌同志商榷》,《世界历史》,1981年第2期,第82—85页;黄绍湘、毕中杰:《关于林肯评价问题的商榷——兼论评价美国历史人物的几点意见》,《社会科学战线》,1982年第1期,第144—153页;黄颂康:《关于林肯评价问题的讨论》,《世界历史》,1982年第1期,第69—73页;严钟奎:《林肯是废奴主义者吗?》,《世界历史》,1982年第1期,第73—76页;李青:《林肯不是废奴主义者》,《世界历史》,1982年第1期,第76—79页;王洪慈:《林肯是废奴主义者》,《世界历史》,1982年第1期,第82—85页;罗徽武:《林肯与废奴主义》,《四川师院学报》,1982年第4期,第105—109、88页;蒋劲松:《林肯最终成了坚定的废奴主义者》,《益阳师专学报》,1985年第1期,第30—33、36页;杨蕙萍、霍震:《林肯与〈解放宣言〉》,《辽宁大学学报》,1979年第3期,第37—42页;李青、夏晓蓉:《关于林肯对奴隶制和废奴主义态度问题的再讨论》,《杭州师范学院学报》,1991年第2期,第117—122页。

最近十余年来,美国史研究和其他史学领域一样,出现了历史主义方法论的回归。这就是强调历史学的学科自主性,重申历史研究的基本范式,坚持用第一手材料进行实证研究,遵循"有一分材料说一分话"的基本守则,分析问题时考虑具体的历史时空条件,不再沉溺于过度政治化和道德化的浮泛议论。在以往的美国史写作中,长期流行以"积极"和"消极","进步"和"反动"这种抽象的政治标准来为历史人物分类,对于"反面人物"往往痛加指责和抨击。现在,这种情况愈益少见。以美国内战史研究为例,在以往的论著中,南部奴隶主只是一个配角,他们不仅是战争的罪魁祸首,而且还是道德上的罪人,他们发动内战乃是"螳臂当车"的狂妄之举,他们的失败则是其应得的历史惩罚。① 王金虎副教授的新著打破了这一范式。他在书中不仅以南部奴隶主为主角,对他们何以走上战争之路,以及战争的手段一步一步损害战争的目的给他们造成了何种痛苦,进行了细致的描述和分析,而且把他们视为"战争的最大受害者"。② 这种对历史上的"道德罪人"和"失败者"的"了解之同情",可以说是历史主义意识趋于成熟的反映。较之简单的政治或道德的是非评判,设身处地地理解历史人物的难度要大得多。

另外,还有学者在具体的研究方法上做了有益的尝试。王立新教授的《意识形态与美国外交政策》可以说是一个典型。他采用社会科学的意识形态概念,并吸收了政治学、国际关系理论中关于自由主义和民族主义的理论,借助文化人类学和社会

---

① 刘祚昌:《美国内战史》,第611—612页。
② 王金虎:《南部奴隶主与美国内战》,人民出版社2006年版,重点参见第357—378页。

学的概念工具,"把国家看作文化体,把国家间关系视为文化体之间的关系,把现代民族国家的对外关系视为传播情感、价值观和实现民族理想、追求的过程","把意识形态纳入政治过程,通过行为主义政治学的认知理论以及决策过程的分析更精确地描述意识形态对美国外交政策,特别是对华政策的影响";并采用社会科学中常用的个案研究方法和模式分析方法,通过"意识形态透镜模式""路线图模式"和"跷跷板模式",讨论了意识形态对美国核心外交理念的塑造以及对具体外交举措的影响。这本书的研究视角和理论预设也有别于传统方式,它不是把意识形态仅仅作为现实世界的反映或投影,而把它视为现实世界的一部分,认为它对现实世界的行动者及其具体行动有着直接的甚至是支配性的作用。这种理论预设来自于现代文化人类学理论,特别是格尔兹的文化理论。书后的参考书目中,列入了本尼迪克特·安德森的《想象的共同体》、克利福德·格尔兹的《文化的解释》、汉斯·摩根索的《国家间政治》等20世纪社会科学的经典著作,反映了作者对社会科学理论和方法的借重。①

四、史料利用和资源积累

杨生茂教授在1987年提到,要重视资料的占有,重视资料的质量和数量,特别强调广泛占有第一手资料。② 这些话在今天已属常识,但在当时却似乎是一种超前的主张。本来,基于丰富的原始材料进行实证研究,乃是治史的基本要求,但在美国史

---

① 王立新:《意识形态与美国外交政策》,重点参见第1—43页。
② 杨生茂:《探径集》,第271—273页。

研究中,由于资料匮乏,加以研究者长期奉守"不和外国学者拼史料"的信条,这种实证研究就始终无法真正开展起来。20世纪90年代初期,时殷弘教授在《美国在越南的干涉和战争》一书中,当解释为什么选取1954—1968年作为研究时段时写道:"这是美国对越干涉史上最基本、最重要的一段时期,也是可以依据业经解密和公布的美国政府档案文件、用较严格的历史学方法加以研究的时期。关于1968年以后的美国对越政策史,目前尚无类似的第一手史料供学者利用。"①这一段简短的文字表明,作者意识到只有那些既具有历史重要性、同时又有基本的原始文献可供利用的问题,才可以进入选题的范围;只有从材料出发,从大量第一手文献中发现问题及其答案的方法,才是"较严格的历史学方法"。但在20世纪90年代初期的外国史研究风气中,这种说法更像是一种"别调"。《世界历史》为纪念创刊100期,曾于1993年第3期刊发一组笔谈,参加者多为当时知名的世界史专家,但所有文章都关注史学观念的转变和发挥世界史学科的作用,没有一篇文章谈到如何根据历史学的特性,在广泛占有原始资料的基础上,开展具体而深入的实证研究,以提升世界史学科的学术水平。这说明翔实占有史料和遵循"严格的历史学方法"等方面的问题,还没有引起世界史学界的重视。

这并不是说学者们不愿意利用第一手材料。在改革开放以后相当长一个时期,研究条件仍然十分恶劣,可以找到的原始资料寥寥无几,如果强调只有基于原始材料才能进行研究和写作,

---

① 时殷弘:《美国在越南的干涉和战争(1954—1968)》,世界知识出版社1993年版,第1页。

那么许多人就只能放弃研究工作。对于多数研究人员说，能够引用英文的二手甚至三手材料，就已属难能可贵。于是，使用原始材料的问题就由于"不现实"而遭受忽视。1983年出版的《美国史论文集1981—1983》收录文章28篇，涉及美国历史的各个时段，作者多为当时国内美国史领域最为活跃的学者，可以说代表了当时美国史研究的水平。所有文章的注释共计1341条，引用具有原始资料性质的书籍、报刊共79种（其中约30种为中国史和中外关系史资料），在引文中所占比例很低；而绝大多数引文来自马列著作、一般性美国史书籍和论文，包括教科书和工具书。这种情况当然主要是反映了研究条件的限制。

不过，也确有一些研究人员没有意识到原始材料的重要性，反而相信中国学者以先进的理论来指导美国史研究，比片面注重史料的美国学者更有优势。这种观念妨碍了对原始资料的搜求和利用。于是，许多人就以所谓的理论优势来掩盖材料的贫乏，借助一套不同于美国史学的话语和概念，对美国学者阐释过的史实加以筛选，或重新排列，或另作诠释，甚至还把这种做法说成是中国人研究美国史的一个特色。20世纪80年代以来，获得各种资助到美国从事研究的学者越来越多，但许多人回国以后所发表的论著，在材料方面并没有显出重大的变化，所引用的仍然是二手材料，不仅原始文献甚少，即使是二手材料也没有对其质量加以甄别，里面夹杂着许多过时而平庸的东西。从20世纪90年代中期开始，在国内获取原始资料的条件大为改善，但是，许多论著却远远没有穷尽国内所能找到的相关材料，甚至连一些许多图书馆都有收藏的基本史料也未加利用。例如，有的论著在讨论美国宪法的制定时，不去参考麦迪逊的记录以及批准宪法的各种文献,而主要依靠一般性的资料选集或通论性的书籍。其实,在最近十来年里,在国家图书馆、北京大学、南开大学和南京大学,都可以找到不少关于美国制宪的基本材料。

尽管如此,原始材料的利用在整体上还是趋于改善。在这方面引领风气的是研究美国外交史的学者。早在20世纪60年代初期,罗荣渠教授在论述门罗主义的起源和实质的文章中,就引用了不少原始文献。① 到20世纪80年代中期,时殷弘教授的《尼克松主义》提供了一个更好的范本。这是一部只有100页的小册子,引用政府公文和外交文件集13种,当事人回忆录和著述8种,当时的报纸和期刊13种。② 这种对原始文献的重视和大量利用,在当时是相当少见的。进入20世纪90年代,《美国外交文件集》以及其他政府公文,在美国外交史论著的注释中出现的频率越来越高。其中,崔丕教授在2000年出版的《美国的冷战战略与巴黎统筹委员会、中国委员会(1945—1994)》一书,引用了多种当时已经解密的美国和日本的外交档案、已刊外交文件和其他政府公文,并对不同来源的原始文件加以比对和鉴别,还在书后附有国家安全委员会文件的分类目录,以利于其他学者使用。③ 除了利用公开出版的外交文件和缩微胶卷,还有学者直接到有关档案馆进行研究。华庆昭教授为了写作《从雅尔塔到板门店》一书,专门到美国和英国的档案馆从

---

① 罗荣渠:《门罗主义的起源和实质——美国早期扩张主义思想的发展》,《历史研究》,1963年第6期。

② 时殷弘:《尼克松主义》,武汉大学出版社1984年版。

③ 崔丕:《美国的冷战战略与巴黎统筹委员会、中国委员会(1945—1994)》,东北师大出版社2000年版(中华书局2005年再版)。

事研究,广泛收罗了杜鲁门图书馆、美国国家档案馆、美国国会图书馆、英国国家档案馆以及相关大学图书馆所藏官方资料和个人文件。① 他所收集到的原始材料,不仅构成自己著作的基础,而且还为一些年轻的学者所分享。他的著作是中国学者实质性地利用原始材料写出的第一部美国外交史著作,其英文版在美国出版后,引起了国际学术界的广泛关注。在这种风气的带动下,最近几年出版的美国外交史博士论文,在第一手文献的利用方面都有长足的进步。②

相形之下,在美国史其他领域,对原始文献的利用就显得相当滞后。许多研究人员既缺少外交史学者那样强烈的史料意识,也没有像他们一样想方设法搜求原始材料。在多数外交史论著或多或少地引用原始材料之时,其他领域的研究还处在基本上依靠二手或三手文献的境地。在一些论述华盛顿生平事迹的论著中,往往看不到出自华盛顿个人著述的引文,更遑论其他同时代人物的文件或著作;许多专论林肯的文章,也没有引用林肯文件集或著作集中的材料;有些讨论美国宪法的制定和批准的文章,连麦迪逊的制宪会议记录也未利用。在 1978 年以后的近 20 年里,这种情况并不是个别现象。直到 21 世纪初年,局面才出现了较大的改观。

造成这一重大变化的主要因素,首先是获取原始材料的途

---

① 华庆昭:《从雅尔塔到板门店》,中国社会科学出版社 1992 年版,第 249—254 页。
② 刘国柱:《美国文化的新边疆——冷战时期的和平队研究》,中国社会科学出版社 2005 年版,第 302—309 页;罗宣:《在梦想与现实之间——鲁斯与中国》,人民出版社 2005 年版,第 430—451 页;杨卫东:《扩张与孤立:约翰·昆西·亚当斯外交思想研究》,中国社会科学出版社 2006 年版,第 350—361 页。

径变得愈益宽广。近年来,最具革命性意义的是网络资源的急剧增加。美国在网络技术发展和数字化资料开发方面,一直引领潮流,尤其是着力于历史文献的整理和发布,美国以外的学者也得以分享这些便利。最近几年,有若干高校和研究机构购置了一些原始文献数据库,常见的有 Early English Books Online (EEBO)、Eighteenth Century Collection Online (ECCO)、Early American Imprints、American Historical Newspapers、Declassified Documents References System (DDRS) 等。此外,免费的网上资源也越来越丰富,获取越来越便捷。如美国国会图书馆的免费数据库、archive.org、liberty online 等。有些大学还建有专题性史料数据库,也可以免费获取。对于网络技术所带来的研究条件的极大改善,许多学者都表现了高度的敏感和炽热的兴趣。王旭教授在 2000 年出版的《美国城市史》中,用附录形式列举和介绍了有关城市史资料的网站[①];韩宇副教授和罗宣副教授发表专文,介绍网络资源的重要性及其使用方法[②];南开大学、厦门大学等院校还为研究生开设了相关的课程。

其次,研究人员的史料意识普遍增强。特别是年轻一代学者,由于接受了比较正规的史学训练,大多重视原始材料的收集和利用。王金虎副教授在写作《南部奴隶主与美国内战》时,使用了北卡罗来纳大学在网上发布的"美国南部史文献"以及美

---

① 王旭:《美国城市史》,第 360—362 页。
② 韩宇:《网上美国史资源概述》,《史学集刊》,2002 年第 4 期;罗宣:《网络时代史学研究手段的革新——试论学术性数据库在史学研究中的应用》,《史学集刊》,2003 年第 4 期。

国国会图书馆相关数据库中的《南部邦联国会日志》。作者在谈及研究体会时写道:"历史研究成果的质量高低,除了取决于历史学者个人的治史能力外,还直接受制于史料的数量和价值的高低。"①可见,他关注的不仅仅是史料的数量,而且还特别强调其质量,也就是原始材料对于解决核心问题的价值。另据朱卫斌博士自述,他前后用了10余年的时间专门研究西奥多·罗斯福当政时期的对华政策,但一直对史料状况感到不满意,因为"缺乏一手资料,论文的质量及篇幅都受到了相当的限制"。直到后来,他获得了到香港和美国进行研究的机会,致力于收集原始材料,对博士论文进行修订增补,才得以写出一部史料翔实、立论可信的专著。② 与此同时,有些学者开始关注史料的多样性和不同史料的对比鉴别。秦珊副教授研究威尔逊时期的对华政策,她写道:"本书重视原始资料,也特别重视原始资料的鉴别,弄清哪一种原始资料是可靠的,哪一种可能有漏误。"她使用的方法是"不断地进行交叉检查,将一种原始资料与另一种原始资料对比,英文史料与英文史料对比,中文史料与中文史料对比,英文史料与中文史料对比"。③ 不论她在书中实际落实得怎样,仅是抱有这样的想法,就足以说明美国史研究者的史料意识发生了可喜的变化。

翻检最近几年出版的美国史论著,的确可以看到第一手文

---

① 王金虎:《南部奴隶主与美国内战》,第13页。
② 朱卫斌:《西奥多·罗斯福与中国——对华"门户开放"政策的困境》,天津古籍出版社2004年版,第10—12、293页。
③ 秦珊:《美国威尔逊政府对华政策研究》,中国社会科学出版社2005年版,第12页。

献的分量大有提高。以美国西部土地问题的研究为例,20世纪80、90年代的论著,一般都引用本杰明·希巴德的《公共土地政策史》(1924年出版)以及几种西部史著作,有的甚至依靠一般美国史教科书和美国经济史中的相关材料,很少有人研读过西部土地法令的原文和国会的相关辩论材料。2003年出版的《美国早期土地制度研究》一书,则利用了大量美国早期的政府文献和私人通信,特别是所有相关法令的文本以及国会相关的辩论记录,梳理了相关法律条文的内涵和意义,校正了许多理解上的偏差。作者从中体会到,"直接以原文为基础进行研究,同从第二手甚至第三手的资料进行研究有很大的区别。从别人的著作中间接得来的材料,容易受别人的影响,而且可能被误导"。① 在其他课题上,使用原始材料的状况也有很大的变化。例如,梁茂信教授的《都市化时代》(东北师大出版社2002年版)所列原始资料有72种,他的《美国人力培训与就业政策》(人民出版社2006年版)书后所列政府文献更多达100种。又如,陈奕平教授的《人口变迁与当代美国社会》(世界知识出版社2006年版)一书,主要依据从网络获取的人口统计数据和分析报告写成。更值得一提是韩铁教授的《福特基金会与美国的中国学》(中国社会科学出版社2004年版)。这部著作完全依据原始材料写成,其中包括福特基金会档案、口述史材料、政府公文以及多种手稿。作者在美国接受过系统的学术训练,这本书就是在他的博士论文的基础上翻译整理而成的。这表明,只要条件具备,而且肯于钻研,中国学者完全可以利用具体而翔实的原始材料,写

---

① 孔庆山:《美国早期土地制度研究》,中山大学出版社2002年版,第16页。

出具有新意的论著。

不过,上面列举的著作,在近年的美国史研究中仍属凤毛麟角。就原始材料在研究中的意义和作用而言,可以分为点缀性利用和实质性利用两种情况。所谓"点缀性"使用原始资料,是指原始资料仅仅作为二手材料的补充,或仅用于讨论枝节问题,对于主旨的阐述并不起关键的作用。另外,引用原始材料来复述已经清楚的史实,或者论证前人提出的结论,也属于这一范畴。所谓"实质性"使用原始资料,是指研究的问题来自于原始材料,并通过深入钻研原始材料而提出新的结论。迄今为止,国内的美国史论著大多属于第一种情况。在美国史研究的起步阶段,点缀性地使用原始材料已属不易;但若长期停留于此,就难以取得原创性的成果。

此外,在美国史写作中还长期存在一种现象,就是在专著和论文中引用美国史教科书,甚至国内出版的世界通史教科书中的材料。教科书反映的是一般性知识和观点,主要依据史学界的各种专门研究成果编纂而成;如果专著和论文反过来引用教科书,显然是一种违背史学写作常规的做法。在资料极端匮乏的情况下,不得不引用教科书乃是可以理解的;而近年来资料条件大为改观,如果依然轻率地引用教科书,就是一种对自己的研究不负责任的行为,无异于"自贬身价"。不仅教科书中的材料不能引用,而且其中的观点也不能作为商榷和讨论的对象(指出教科书中明显的错误和疏漏不在此列),因为这种层次的讨论不属于真正意义上的学术探讨。

在原始材料的利用方面,还存在语言和文化上的难题。研究美国史的人能熟练运用英语已属不易,但仅有英语还不足以满足研究的需要,因为有些课题需要利用多种文字的史料。即便是使用英文文献,在遇到文化含量大而语境复杂的材料时,也容易发生误读、曲解和误译。① 有些论著使用原始材料较多,但难以避免曲解和误用史料的情况。这表明,在材料趋于丰富以后,如何准确地解读材料和恰当地运用材料,就成了一个很突出的问题。这需要加强史料学、语言学和历史语义学的训练,增强语言能力,提高语境意识,丰富相关知识。另外,翻译的能力和质量也直接关系到研究的水平。研究外国史的人在一定程度上应当是一个好的翻译家,因为任何材料都不能原文照录,而必须译成中文方能引用。除了翻译的畅达之外,还需要考虑引文与作者整体文风的协调问题。就目前美国史研究的状况而言,语言和文化方面的局限,对研究水平的提高是一种更深层的制约。

此外,中国学者越来越重视美国史学界的相关研究,在二手

---

① 例如,北美殖民地抵制英国征税时提出的"No taxation without representation"的口号,国内许多论著译作"无代表不纳税"或"无代议士不纳税",就是扭曲史料原意的一个突出例子。当时英美双方关注的核心问题并非应不应当纳税的问题,而是谁有权征税的问题。英国政府认为征税权乃是议会主权的一部分,是英国对殖民地管辖权的象征;而北美殖民地则坚持认为,只有他们自己选出的本地议会才有权征税,殖民地在英国议会没有代表,因此英国议会无权向殖民地征税。可见,对殖民地来说,征税权实质上是一个自治权的问题。同时,征税权也体现了殖民地居民对权力和权利的关系的理解:合法的权力须经过人民的同意,并以不侵害人民的权利为限度;英国议会向殖民地征税的法令,并没有得到殖民地居民的同意,因而不是"权利之法"(act of rights),而只是"权力之法"(act of power)。只有在这种历史语境中,才能理解为什么征税问题会成为引发殖民地与英国激烈冲突的导因。另外,就语义而言,"taxation"指的是"征税"(the act or system of taxing)或"被征税"(the fact of a taxpayer or commodity being taxed),而不是"纳税"(paying taxes)。可见,"No taxation without representation"应译成"无代表不得征税",才符合其原意。

文献的利用方式上也出现了一些变化。在20世纪90年代以前,多数研究者利用二手文献的方式是转引其中的材料,而对其主旨、论点和方法则不够重视。有些与美国学者进行商榷的文章,实际上是任意选取某些论点加以反驳,而没有考虑这些论点所产生的学术语境,也不关心美国史学界是否就此展开过讨论。近期越来越多的学者开始重视自己课题的学术史,在前言或注释中评介以往的研究,借以明确自己探讨的方向和重点。早在20世纪80年代,时殷弘教授就在《尼克松主义》一书中,用注释的形式就"美国著作界对尼克松主义的研究"进行评述。① 刘祚昌教授在《杰斐逊传》的"自序"中,对于美国学者整理杰斐逊文献以及撰写杰斐逊传的情况,做了细致的介绍和评论,指出了其中的局限和缺点,进而提出了自己的研究思路和写作构想。② 20世纪90年代以来的变化更加显著。石庆环的《二十世纪美国文官制度与官僚政治》在序言中详细列举相关书目,并对重要的论著进行评介。③ 王崟兴的《制度变迁与美国南部的崛起》对美国南部史的大致脉络进行了梳理。④ 梁茂信的《美国人力培训与就业政策》在前言中对相关重点著作进行评述,指出其长短利钝,并说明了自己的研究思路。⑤ 韩铁教授在一篇关于

---

① 时殷弘:《尼克松主义》,第2页及各章注释。
② 刘祚昌:《杰斐逊传》,第4—11页。
③ 石庆环:《二十世纪美国文官制度与官僚政治》,东北师范大学出版社2003年版,第4—12页。
④ 王崟兴:《制度变迁与美国南部的崛起》,第15—18页。
⑤ 梁茂信:《美国人力培训与就业政策》,人民出版社2006年版,第15—24页。

美国早期法律变迁的论文中,对美国史学界关于殖民地时期社会经济性质的论述,以及与法律演变相关的研究,做了清晰的梳理和评论,再在这个基础上展开自己的论述。① 一些以博士论文为基础而成书的论著,大多有相当的篇幅评述相关的研究状况。②

总之,经过最近几十年的积累,美国史研究已经具备了初步的基础。由于材料、方法、理论和视角等方面的限制,我们的多数论著同美国的同类成果相比并没有多少新意,但它们作为国内美国史研究发展中一个阶段的见证和记录,已经成为我们的学术积累的一部分。即便是那些基于二手文献写成的论著,也是国内美国史研究发展的必要铺垫。随着积累的不断增厚,我们的美国史研究也可能产生具有原创性的成果。困难无疑还很大,因为本土的学术和思想的资源还相当薄弱。但大家都在朝着好的方向努力,研究水平也在逐渐提高。

五、最新动向与前景展望

综观以往 30 年的美国史研究,其最大的缺陷在于,选题过于宏阔,材料过于浮泛,研究不够专深,热衷于讨论长时段、大范围的问题。对这种欠缺,一位曾在中国任教的美国学者也有所

---

① 韩铁:《英属北美殖民地法律的早期现代化》,《史学月刊》,2007 年第 2 期,第 61—80 页。
② 孙群郎:《美国城市郊区化研究》,商务印书馆 2005 年版,第 2—10 页;秦珊:《美国威尔逊政府对华政策研究》,第 4—10 页。

观察,并提出了善意的批评。① 中美两国史学的发展经验都表明,一个领域要进步,就必须从一个一个具体的课题着手,进行深入而彻底的研究。美国史学在19世纪末进入专业化的阶段,那时正是专题研究兴起的时期。在中国史学开始向现代转型之际,也有学者倡导开展"窄而深的研究"。当然,选题的规模要适度,要切合中国美国史学的实际。题目过大,论述难免浮泛,不能保证学术质量;题目太小,又无法找到足够的资料,同样不易操作。比较可取的策略是,长期致力于一个具体的领域,从中选择条件成熟的问题做深入而精微的研究。做好小题目并不是一件容易的事,需要有大的视野,要做到"小题大做""因小见大",这样才能取得专精的成果。许多专精的成果汇聚起来,就会从根本上改变美国史研究的面貌。

选题较小还有另一个好处,就是便于把研究真正建立在原始材料而不是二手材料的基础上。不能详赡地占有资料,不从原始材料出发进行研究,就不可能产生有价值的专题研究成果。近年来,国内的美国史资料建设工作取得了很大的进展,史学电子资源日趋丰富,使用也愈益便捷。我们现在不仅要重视传统的纸质文献,而且要大力利用网上史学资源。就史料的占有而言,有必要强调"基本史料"的概念。也就是说,基于目前的研究条件,在具体课题上即便不能网罗到全部的史料,也必须掌握关系到核心论点的史料,否则就不可动笔写作。在原始材料的使用方面,我们目前还无法达到美国学者的程度,但可以向国内

---

① 阿伦·库利科夫:《中国学者在美国早期史研究中即将做出的贡献》,《史学月刊》,2008年第2期,第13页。

的冷战史学者看齐。目前中国冷战史研究产生了一定的国际影响,主要得益于使用较多的苏联、美国和中国的档案资料。我们确实需要有一种强烈的意识:如果不能直接占有和研究原始材料,就永远不会有突破和创新。借用顾炎武的比喻,原创性的研究必须要"采铜于山",而不能一味地"买旧钱充铸"。① 在材料比较丰富的情况下,还要注意甄选和鉴别,力求史料的多样性,用多种材料来相互参证。

做好专题研究,还需要具备敏锐而独到的问题意识,要以问题来引导论述。一篇论文如果缺乏问题意识的支持,或没有理论的观照,提不出有思想冲击力的新见解,就难免沦为"始末记"。在中国研究美国史,如果要求单纯地就新课题进行"史实重建"的工作,的确是强人所难;就目前的研究条件而言,比较成功的例证是借助新的问题意识,从新的视角来探讨老课题,从而取得富有新意的成果。王立新教授的《美国对华政策与中国民族主义运动(1904—1928)》(中国社会科学出版社 2000 年版),中美关系史专家陶文钊研究员称之为"给人耳目一新的感觉"。他解释说:"说它新,不是说这一段中美关系先前没有多少成果。实际上这一时期中美关系中的很多重要事件都有人研究过,可以说成果是相当之多的。但本书作者找到了一个很好的切入点,从一个全新的角度对这些事件进行重新研究。……确实深化了我们对这一时期中美关系的认识,也使我们对本来

---

① 顾炎武撰,黄汝成集释:《日知录集释》,上海古籍出版社 1985 年版,上册,第 28 页。

已经熟识的事情产生了一种新的感受。"①从新的理论视角来审视已有的研究,用新的解释框架来处理老的问题,这可能是中国美国史研究创新的一条重要途径。

美国史研究要不断进步,还需要补充新的研究人员,而他们必须通过完善的研究生训练体制来培养。因此,进一步改进研究生培养不仅十分重要,而且是当务之急。有的学者提出,"未来中国的美国史研究要有新的突破,取决于在多大程度上能够改变目前中国大学的研究生教学和培养方式",因为"到目前为止,中国的美国史研究生的培养仍然缺少一套按照严格的学术标准和史学原则制定的方案。学生知识结构的偏差和学术视野的狭窄是一个普遍存在的问题"。他建议在教学中要引导学生多读专著和史料,培养学生查找、解读史料的能力,以及运用史料从事独立研究的能力。② 一位了解中国研究生教学欠缺的美国学者也认为,采用经欧美经验证明是行之有效的"研讨班"教学方式,是提高研究生培养质量的必由之路。③ 这些意见都深中肯綮,富于建设性。除了教学形式和方法的改革外,还应当强化相关学科的训练,使研究生具备较为宽阔的理论视野,形成具有洞察力和创造性的理论思维能力。

之所以强调加强相关学科的训练,主要是因为理论薄弱一

---

① 王立新:《美国对华政策与中国民族主义运动(1904—1928)》,中国社会科学出版社 2000 年版,"序言"第 1—2 页。

② 盛嘉:《走出中国美国史研究的困境》,《史学月刊》,2008 年第 2 期,第 23 页。

③ 库利科夫:《中国学者在美国早期史研究中即将做出的贡献》,《史学月刊》,2008 年第 2 期,第 13—14 页。

直是一个掣肘的因素。虽然在美国史研究中初步形成了理论多样化的局面,但整体说来,理论在具体的研究中还不具备真正的方法论意义。也就是说,理论还没有成为思考和提问的发动机,没有成为培育新见解的温床。研究人员普遍过于关注理论的实用性,急切地借用一些有助于解决当前问题的概念和术语,注重能在具体研究中发挥引导或启发作用的理论观点,而忽略理论素养的培养。诚然,在"全球化"的语境中,学术和理论的民族性趋于淡化,更加具备"天下公器"的特性,中国学者可以借用各种来自域外的理论资源,滋养和支撑自己的学术思维。但是,如果完全依靠外来理论,中国学术如何能够在视角、方法和解释框架上形成自己的特色呢?说到底,中国的美国史研究的进步,有赖于中国学术的整体发展。

另一方面,当前学术共同体越来越具有国际性质,中国学者不能闭门造车,而必须关注国际史学的新趋向,积极参与国际学术对话。最近 20 年来,欧美史学中最为突出的新趋向,乃是"新文化史"的兴起。传统史学偏好宏大的题材,擅长讲述以精英人物为主角的故事;"新史学"侧重研究群体、制度、结构和趋势,强调社会、习惯和制度对人的塑造和制约,带有技术性写作的倾向;而"新文化史"对这两种取向都有所纠正。它比较重视普通人的生活体验,注重人的思想和感知在历史中的意义。这种从"人"出发的研究路径,提升了史学的人文性。我们以往的美国史研究,也带有明显的"非人化"取向,过于强调制度、技术、阶级、时势的作用,而忽略具体历史角色的经历和思想。我们可以从"新文化史"这种人文性的复归中获得启示,校正我们看待历史的眼光。同时,"新文化史"还开辟了新的史料来源,在以往重视的政府公文、国会辩论、书信、日记、报刊文章、地方史料、公私账簿、财产清单和选举记录等材料之外,又把电影、绘画、雕塑、照片、日常用具、日历、课本、家具、歌谣、故事、儿童读物、小说、广告和演讲等资料,统统变成了"身价倍增"的史料。我们在研究中固然不能忽视传统史料,但也要留意新材料的价值,不必等到几十年以后再回头来加以重视。

欧美史学中另一个值得关注的新动向,是理论取向和研究视野的变化。"新文化史"在理论和方法上带有某种后现代主义的倾向,从"后结构主义"文学研究和人类学理论中吸取养分,而不再像"新社会史"那样借重社会科学的理论。如何对待后现代主义对史学的冲击,如何从文化人类学和文学理论中吸收有用的理论资源,也是值得我们思考的问题。我们不仅要留意欧美的新理论和新概念,也要关注国内理论界提供了什么可以利用的资源。我们既不必盲目地追赶理论时髦,也不能对新理论的价值视而不见。另外,随着"全球史"兴起而出现的"全球视野",拓展了历史学家的研究视野,增加了认识历史的复杂性和多样性的维度。视野开阔,考虑的因素较多,肯定有助于深化对具体问题的认识。如何在研究中实现"以大观小"和"因小见大",我们可以从"全球视野"中得到一些启示。

我们还注意到,近期的欧美史学并不是"新文化史"的一统天下。实际上,最近几年"新文化史"著作在史学新著中所占的比例并不很大,而政治史、社会史、经济史以及其他"传统的"课题,仍然有大量论著问世。以美国政治史研究为例,近来有美国学者呼吁"回到某些基础性的政治史"①,政治史的影响正处于上升之中。当前处在"复兴"中的政治史,受到了"新社会史"和"新文化史"的影响,侧重探讨美国的"民主历程",精英和大众并重,制度和文化互补,并在政治叙事中增添新的分析范畴,视野更加开阔,解释也富于活力和多样性,在美国史学中的声望开始回升。② 对于多数中国的美国史研究者来说,政治史和社会史是值得研究、而且是有条件研究的领域,相关的资料比较容易获得,可供选择的课题较多。另外,我们还可以用社会史、文化史的视角和方法来处理外交史、城市史、环境史、妇女史和史学史等领域的课题。

当然,在文化氛围、思想倾向和社会状况各个方面,中国和欧美国家都大不一样,史学的趋向和研究的旨趣也有差别,因此,我们不可能亦步亦趋地追随欧美学者的研究路径。在我们当前的美国史研究中,模仿"新文化史"或"后现代取向",既脱离实际,也没有必要。再者,欧美史学的种种新变化,只有置于欧美理论思潮和史学的整体格局中,才能得到确切的理解。例如,后现代主义是对启蒙运动以来流行的现代主义知识论和认识论的反拨;对多元文化互动的重视,意在扭转美国史学长期突出盎格鲁—撒克逊文化的偏颇;对底层阶级历史的关注,是对以往精英史学取向的弥补;强调"全球视野",也只有在国别史研

---

① 《意见交流:历史学的实践》("Interchange: The Practice of History"),《美国历史杂志》,第 90 卷第 2 期(2003 年 9 月),第 609 页。

② 参见梅格·雅各布等编:《民主的实验:美国政治史的新方向》(Meg Jacob, et al., eds., *The Democratic Experiment: New Directions in American Political History*),普林斯顿 2003 年版,第 1—19 页。

究高度成熟的条件下才有意义。不过,这并不等于说,我们可以对欧美史学动向漠不关心。相反,美国史研究要提高水平,必须积极参与国际史学对话。在这个"全球化"和"信息化"的时代,"自说自话"的学术是肯定没有前途的。对话首先需要有相对接近的研究水平,需要了解通行的话语和言说方式,娴熟地掌握对话的工具,还要有对话的渠道。我们在选题、材料和立论上,都要充分考虑国际学术界的研究进展,参照本课题的前沿动向来确定探讨的方向。只有这样,中国学者在国际史学论坛上才能有自己的声音。

但是,参与国际学术对话,争取成为国际学术共同体的成员,是否与我们一直以来关注的"本土化"背道而驰呢?从表面看,"国际化"和"本土化"之间的确存在张力,但两者是属于不同层面的问题:"国际化"更多地涉及学术的操作,而"本土化"则主要关乎学术的品质。中国人研究外国史,"本土化"是一个无法回避的问题。我们的外国史研究,必须是**中国史学**的组成部分,而不是**研究对象国史学**的补充。就美国史研究而言,我们的材料来自于美国,在问题的提出、解释的构建、论点的形成各个环节上,都难免受到美国史学的影响,很容易步人后尘,人云亦云,如果没有"本土化"的意识,我们可能会完全失去学术身份。"本土化"的关键在于,一方面要深入探讨美国历史,另一方面则要依托中国史学的整体积累。我们要关注中国社会和思想学术的状况,留意中国史研究的动向,勤于向中国史同行请益和取法。当前,中国社会史、地方史和环境史的研究颇有进展,民间史料受到重视,内外因素的互动、基层社会、制度变迁成为重要的研究视角。这些变化对于我们研究美国史都是具有启发的。中国学者研究美国史,既要深入美国历史语境,又要体现本位文化意识。在写作的逻辑、表述和文辞各方面,都要符合中文的要求,切合中国读者的阅读和思维习惯。从根本上说,中国美国史研究的发展,取决于中国史学的整体进步。如果中国史学不能在研究范式、理论取向、研究方法和问题指向等方面取得突破性进展,不能在国际学术界取得一席之地,中国的外国史研究,包括美国史研究,也就难以形成真正的学术品格,无法产生广泛的学术影响。

论及"本土化",自然会牵涉到美国史研究的"中国特色"问题。长期以来,不少学者都很关注这个问题。刘祚昌教授在谈到自己的研究设想时说,要"写出有自己独到之处的、有中国特色的著作"。① 黄安年教授认为,"中国学者撰写美国史的主要对象自然是中国读者,它的世界影响则要求充分体现中国特色"。② 杨玉圣教授也谈到,"中国的美国史研究特色"可以从两方面来体现,一是"必须在论著中体现出中国人对美国历史的独到见解",二是"应特别加强中美两国关系史(包括人民之间的往来史)的考察和论证"。③ 在美国工作的韩启明先生在谈到自己著作的意图时说,要提供一种"从中国人的角度看美国"的美国经济史读物④;王希教授也表示,在美国宪法史领域,还期

---

① 刘祚昌:《我是怎样研究美国史的》,《文史哲》,1986 年第 2 期,第 40 页。
② 黄安年:《读黄绍湘新著〈美国史纲(1492—1823)〉——兼谈美国早期发展历史的几个问题》,《世界历史》,1988 年第 2 期,第 150 页。
③ 杨玉圣:《如何改革我国的美国史研究——从〈美国史纲〉谈起》,《九江师专学报》,1991 年第 2 期,第 49 页。
④ 韩启明:《建设美国》,第 1 页。

待着"一部由中国人写的、结构完整、史料翔实、分析深入、结论中肯的美国宪法史"。① 但是,如何才能取得具有"中国特色"的研究成果呢？王立新教授提出了两条途径："一是利用中国本土的理论资源提出不同于美国学者的理论框架和解释；二是用中国学者独特的眼光和视角来切入美国历史问题,从而发现美国学者无法看到的历史面相和历史意义"。但他同时又感到,中国可利用的"本土的理论资源""少之又少"；因而只有借重中国学者的"独特的眼光和视角"。但是,这种"独特的眼光和视野",并不是自然而然地来自中国人这一身份,而需要深谙中国自己的文化传统,并有"对中国现实的关切"。② 可见,如果美国史研究的"中国特色"是一个有效的命题,而要形成"中国特色",肯定是一件难度很大的事情。

  总的说来,改革开放以来的 30 年,是中国美国史研究快速成长、不断进步 30 年。它已成为一个富有生气、蓬勃向上的领域,尤其是最近几年的进展,格外令人欣喜和振奋。一代学术新人正在成长。他们大多是最近几年毕业的研究生,在学期间获得了比较系统的学术训练,尤其在博士论文的研究和写作中,他们在导师的指导下,从选题、文献阅读、史料收集和解读,到论文的写作和修改,在研究流程的各个环节都接受了系统的训练,掌握了基本的研究方法和学术规范。较之二三十年前的一代人,他们的学术起点无疑要高得多,而且他们还赶上了一个政治环

---

① 王希：《原则与妥协》,第 3—4 页。
② 王立新：《现实关怀、中国特色与美国史研究》,《史学月刊》,2003 年第 9 期,第 6 页。

境愈益宽松、经济持续增长、研究条件不断改善的时代,待到他们在学术上成熟的时候,中国的美国史研究应当呈现真正的欣欣向荣的景象。再过 30 年,他们中或许有人会写一篇令人欣慰的回顾文章,来总结美国史研究的巨大变化和出色成绩。

2007 年写于天津

中国的美国早期史研究

晚清士人在接触美国历史之初,就曾言及早期的重要事件和人物。魏源在《海国图志》中提到了美国立国的历史;徐继畬在所著《瀛环志略》中,则对乔治·华盛顿和美国建国史做了一些介绍。到20世纪初年,美国革命、华盛顿和《美国宪法》的名称以及相关史事,不时出现在中国改革派和革命家的政论时评当中。[①] 不过,关于美国早期史的学术性探讨,却是相当晚近的事情。从20世纪初到1978年的3/4世纪里,中国的世界史教学与研究处在草创时期,美国史也不例外。除了一般通史性著作中涉及美国早期的史事以外,专门的早期史著述可谓凤毛麟角。[②] 1978年以后,情况发生了明显的变化:虽然早期史领域的专著寥寥可数,但论文的数量已然相当可观,涉及的课题逐渐增多,研究的条件大为改善。与此同时,未来早期史研究的重点和

---

① 杨玉圣:《中国人的美国观》,复旦大学出版社1996年版,第12—20、43—72页。
② 1978年以前中国学者撰写的美国早期史著作有:商务印书馆编译所《美国独立战争》(上海商务印书馆1912年版)、胡伯恩《美国独立》(上海开明书店1936年版)、刘祚昌《美国独立战争简史》(华东人民出版社1954年版)、黄绍湘《美国早期发展史》(人民出版社1957年版)、郭圣铭《美国独立战争》(商务印书馆1973、1984年版)等;专题论文仅有几篇论述早期奴隶制、独立战争和"谢斯起义"的文章。

走向,也逐渐变得清晰明朗起来。

一

　　这里所说的美国早期史,是指 1815 年以前的美国史。① 在中国大学历史专业本科的世界史教学中,美国早期史占有相当重要的地位。一般的世界史教科书,通常用一章的篇幅讲述北美殖民地和美国革命的历史。② 但在我们的美国史研究界,早期史却并不受重视。在研究者中间似乎存在一种未曾明言的看法,觉得北美殖民地的历史只是美国建国的背景,而建国初期的美国也不过是一个无足轻重的"蕞尔小国";研究美国史,应当以内战后、特别是 20 世纪已然强大的美国为重点。更令人惊异的是,在内战以来的美国史中,外交史又格外受青睐,研究人员和研究论著的数目,几乎相当于美国史其他所有领域的总和。③ 与此形成强烈反差的是,专门研究美国早期史的人,包括研究生

---

　　① 这里的"美国"换成英文应当是"America",而不是"The United States"(合众国)。它不是一个国名,所涵盖的时空范围比"合众国"要宽泛和模糊;殖民地时期没有"合众国",但仍是"美国史"的一部分,而不仅仅是"合众国史"的背景或前奏。
　　② 在吴于廑、齐世荣主编的《世界史·近代史》(高等教育出版社 1992 年版)一书中,美国殖民地时期和革命时期所占篇幅为 44 页,而此后直到 20 世纪初的美国历史分散在各章,合起来所占篇幅为 20 页左右。
　　③ 在 1989—2000 年间,发表过美国史(不含美国外交史)文章的作者有 585 人;而同期发表过美国外交史(不含中美关系史)文章的作者,就接近 400 人。见胡国成主编:《透视美国:近年来中国的美国研究》,中国社会科学出版社 2002 年版,第 2、87 页。

在内,可能不到 20 人。直到目前,这种局面也没有太大的改变。比较不同时期性质相近的专题的文献数量,同样可以说明早期史相对不受重视的状况。在 1979—2007 年的中文期刊文章中,标题中含有华盛顿之名的文章有 77 篇,含有杰斐逊之名的文章有 71 篇;而含有林肯之名的文章有 186 篇,含有富兰克林·罗斯福之名的文章更多达 366 篇。在同期的期刊文章中,标题中含有"独立战争"(或"美国革命")字样的文章,只有 108 篇,而含有"内战"(或"南北战争")字样的文章,则达到 170 篇。① 可见,从一定意义上说,早期史成了某种"思想偏见"和"学术势利眼"的受害者。

其实,中国的美国早期史研究的起步,并不晚于美国史的其他领域。老一代学者对此无疑有开拓之功。黄绍湘教授、丁则民教授、张友伦教授等前辈学者,都曾发表过美国早期史方面的论著。特别是黄绍湘教授在 1957 年推出的《美国早期发展史》,可以说是这个领域的一部奠基性著作。② 全书叙述 1492 年哥伦布到达美洲直至门罗宣言发表约 300 余年的美国历史,内容涉及"北美殖民地的历史背景",殖民地的政治、经济和社会,独立战争,制宪会议,以及早期共和国时期。作者以"美国资本主义的发展为线索"来构筑美国早期史的框架,对 1823 年以前美国历史中的各种重要事件和趋势作了叙述和评论;重视

---

① 据 2007 年 3 月 26 日在"中国学术期刊全文数据库"中检索的数据计算,其中 2007 年的数据不完整。另,本文所引中文论文,除出自论文集的以外,均系从"中国学术期刊全文数据库"下载,以下不一一注明。

② 黄绍湘教授后来对该书做了修订和扩充,更名为《美国史纲 1492—1823》,于 1985 年由重庆出版社出版。

"人民群众"在早期历史中的作用,认为人民群众是推动独立和革命、争取民主的最坚定力量,同时对建国一代领导人也给予了积极的评价。作者参考了早期史各个领域的多种代表性著作,并利用了若干种基本史料集和历史人物文集;在当时的研究条件下,这可算是一部资料翔实、内容丰富的著作。尤其值得肯定的是,书中附有历史图片、地图、大事年表、参考书目、译名对照表和索引,便于读者阅读,而这一点正是后来许多学术书籍所不及的。

在老一代学者中,专门研究早期史的有刘祚昌教授和齐文颖教授。刘祚昌教授是中国的美国早期史研究的主要奠基人。他在20世纪50年代出版了一部160页的美国独立战争史[1];20世纪70年代末以来,他更是集中研究美国早期史,在殖民地时期的政治制度、奴隶制的起源、美国革命和杰斐逊的研究方面,发表了许多有分量的论著。[2] 他在20世纪80年代初期关于美国革命的成就和影响的论述,挑战了美国学者50、60年代的观点,弥补了国内研究的不足,至今仍具有重要的学术价值。他关于托马斯·杰斐逊民主思想的论述,引起了美国学者的关注,被

---

[1] 刘祚昌:《美国独立战争简史》,华东人民出版社1954年版。

[2] 代表性的论文有:《独立战争与美国人民争取民主改革的斗争》,《山东师院学报》,1979年第2、4期;《略论托马斯·杰斐逊的民主思想》,《历史研究》,1980年第4期;《美国奴隶制的起源》,《史学月刊》,1981年第4、5期;《美国殖民地时代的议会制度》,《历史研究》,1982年第1期;《论美国第一次革命的成就》,中国美国史研究会编:《美国史论文集1981—1983》,三联书店1983年;《论北美殖民地政治结构中的民主因素》,《文史哲》,1987年第3、4期;《杰斐逊与美国现代化》,《历史研究》,1994年第2期。

译为英文发表。他于1990年出版《杰斐逊传》①,2005年又推出了长达百万余字的《杰斐逊全传》。② 后者是目前国内最有分量的美国早期史著作。这部巨著不仅体现了深厚的文史功力,而且反映了一个中国学者对美国早期史的独到认识。他在研究和写作中着力追求外国史研究的"本土化":一方面比照中国历史人物和传统价值观念来诠释杰斐逊的思想和人格,同时在表述中采用古雅流畅的文字,体现了一种鲜明的本土文化特色。对于这种尝试,美国史同人可能会见仁见智,但他探索外国史研究"本土化"的良苦用心,无疑是令人感佩的。

齐文颖教授不仅在殖民地时期教育史和美国革命史方面有独到的建树,而且在北京大学建立了一个美国早期史硕士点,为国内早期史研究人员的培养开启了先河。她自20世纪80年代初期以来,先后指导了10余名早期史研究生,其中一些人后来到美国深造,在学术上有了更大的发展。这些研究生的毕业论文涉及的问题包括:弗吉尼亚殖民地议会、切萨皮克地区的烟草种植业、马萨诸塞海湾殖民地的清教、宾夕法尼亚的教友派、北美的"光荣革命"、殖民地的"代役租"、殖民地时期的妇女、英国与殖民地的关系、英国"文艺复兴"与北美殖民地移民等。③ 这些问题都属于美国建国以前的时期,而这个时期在中国以往的美国史教学和研究中,并没有独立的意义,仅仅被视为美国革命

---

① 刘祚昌:《杰斐逊传》,中国社会科学出版社1990年版。
② 刘祚昌:《杰斐逊全传》,齐鲁书社2005年版。
③ 这些论文的缩写或从中派生的论文,大多收入齐文颖主编《美国史探研》(中国社会科学出版社2001年版)。

的背景。她倡导研究殖民地时期的历史,就是要突破这种"旧框架"。① 同时,她在北大进行了以早期史为重点的美国史学科建设,与外国学者建立了广泛的学术联系,先后邀请美国和英国的早期史名家奥斯卡·汉德林、斯坦利·卡茨、迈克尔·坎曼、玛丽·诺顿、J. R. 波尔到北大讲学;她主持收集了大量图书资料,至今仍然在研究和教学中发挥重要作用。

自1978年以来,中国的美国早期史研究经历了一个逐渐发展的过程。从20世纪70年代末到80年代末,可视为一个真正起步的阶段。在这个时期,涉猎早期史的作者增多,发表的论文约有150篇。② 多数论文属于政治史领域,涉及美国早期的主要制度、重大政治事件和建国先辈等,具体包括早期奴隶制、"契约奴"、清教、议会制度、美利坚民族的形成、独立战争、1812年战争、华盛顿、富兰克林、杰斐逊、亚当斯、托马斯·潘恩、汉密尔顿、麦迪逊等。1990年以来,早期史研究的题材没有发生明显的变化,仍然集中于前述重要的事件、制度和人物,特别是殖民地政治、美国革命、联邦宪法、1812年战争和华盛顿、富兰克林、杰斐逊、汉密尔顿和潘恩等人物。突出的变化表现在三方面:第一,论文数量显著增加,17年间的论文总数达到310篇左右③,以10年平均计算,大大超过此前的任何一个10年;第二,研究水平有所提高,探讨的问题相对比较具体,使用的原始文献

---

① 齐文颖主编:《美国史探研》,"前言",第1页。

② 据杨玉圣、胡玉坤编《中国美国学论文综目 1979—1989》(辽宁大学出版社1991年版)所列篇目统计(不含研究生学位论文)。

③ 据2007年3月25日在"中国期刊全文数据库"中检索的数据计算(2007年的数据不完整;不含研究生学位论文)。

有所增加；第三，观点和解释越来越具有开放性，教条化的独断论语式开始淡出早期史的写作。这表明，虽然专门的研究人员并没有明显的增加，但论著的数量和质量都有一些可喜的变化。

在讨论美国早期史上的各种问题时，中国学者表现了鲜明的政治立场和理论取向。他们所运用的概念和分析工具，基本上来自马克思主义经典作家。但其间有一个比较明显的变化：在20世纪90年代以前，马克思、恩格斯、列宁、斯大林和毛泽东著作的词句，往往作为直接引语出现在许多文章中，甚至是作为论据使用；在20世纪90年代以来，马克思主义理论更多转化为一种方法和分析工具，或者内化为建构解释框架的一种要素。黄绍湘教授在20世纪50年代撰写的《美国早期发展史》，运用当时所理解的历史唯物主义原理，梳理了美国早期历史的脉络，并运用生产关系一定要适合生产力性质的原理，来解释早期史上各种事件和制度的性质与意义。例如，独立战争被视为"北美殖民地资产阶级""要求建立适合当时蓬勃发展着的生产力的、独立的资本主义国家"的斗争。① 马克思主义的阶级理论，在早期史中也经常得到运用。例如，美国北部的工商业者被称作"资产阶级"；美国革命被定性为一场"资产阶级革命"；美国革命所建立的政体，被称作"资产阶级民主共和制"；下层民众与社会精英的冲突，被视为"人民群众"同"资产阶级"之间的斗争。在20世纪80年代初期，还有学者试图用毛泽东的"持久战"理论来解释美国独立战争的进程，认为战争必然经历"武装起义""战略防御""战略相持""战略反攻"四个阶段；美国的胜

---

① 黄绍湘：《美国早期发展史》，人民出版社1957年版，第1页。

利是不可避免的必然性所致。① 由于相信"人民群众是历史的真正动力"的理论,中国学者比较注重普通民众、黑人和妇女在独立战争中的作用。②

　　20世纪90年代以来,有些中国学者尝试吸收和借鉴社会学、文化人类学、政治学的理论概念,对早期史的相关问题进行研究。有一篇博士论文尝试运用国家构建理论来分析邦联国会的运作及其意义,力图说明美国早期国家构建的阶段性和连续性,充分肯定了邦联作为美国最初国家形态的地位。③ 有的学者试图借助政治文化的概念来研究早期政治思想,以突破片面关注精英文本的局限,将普通人的政治观念和见解,纳入政治思想史研究的视野。④ 还有学者利用社会学和宗教学的理论,并从"跨大西洋视野"来研究北美奴隶制和黑人文化的变迁。⑤ 当然,这类尝试大体上处在"初级阶段",还存在明显的局限和不足。由于中国本土的社会科学理论不够发达,中国学者所能借助的理论资源大多来自欧美学术界。如何借助外来的理论资源

---

　　① 李世雅:《试论美国独立战争进程的内在逻辑》,杨生茂等编:《美国史论文选》,天津人民出版社1984年版,第60—68页。
　　② 刘祚昌:《北美独立战争胜利的原因》,《历史教学》,1957年1月号,第25—31页。
　　③ 雷芳:《邦联国会与美国早期国家建构》,博士学位论文,南开大学,2006年。
　　④ 李剑鸣:《美国独立战争爆发前的政治辩论及其意义》,《历史研究》,2000年第4期;《美国革命时期马萨诸塞立宪运动的意义和影响》,《历史研究》,2004年第1期;《美国革命时期民主概念的演变》,《历史研究》,2007年第1期。
　　⑤ 高春常:《英国历史传统与北美奴隶制的起源》,《历史研究》,2001年第2期;《大西洋视野中的北美黑奴宗教:一种文化混合体》,提交2006年8月"从国际视野重新审视美国历史"国际学术研讨会。

而取得具有"中国特色"的研究成果,仍然是一个需要认真思考和努力探索的问题。

在美国早期史研究中,资料的缺乏曾经是一个巨大的难题。中国的美国史研究起步较晚,资料积累严重不足,早期史领域的资料尤其匮乏。因此,多数学者在写作时主要依靠从美国和苏联学者的著作中摘引史料。黄绍湘教授在20世纪80年代初期写道:"布尔斯廷的《美国人——殖民地时代的经验》一书,对殖民地时期政治、战争、宗教、科学、出版、语言风格、医药、艺术各方面的情况如数家珍,在我们研究殖民地时期美国历史时,这些具体史料,还得参考、择优选用。"①以严格的标准来看,布尔斯廷的这部书属于通论性著述,转引其中的史料须极为慎重;但在当时的条件下,能看到布尔斯廷著作的原文,乃是一件令不少研究者羡慕的事。在研究美国宪法的制定时,能够使用麦迪逊的《1787年联邦会议辩论记录》和海因曼等人编辑的《美国建国时期政论集》,就已经难能可贵了。美国建国先辈的个人文件集,在国内一些图书馆能够找到,但大多不完整。另外,由于条件的限制,当年许多研究人员没有经过正规的美国史研究训练,对于利用原始文献的重要性缺乏认识,解读史料的技能也存在局限,因而有些在国内能够获取的第一手文献,也没有得到有效的利用。

20世纪90年代以来,中国学者获取美国早期史资料的渠道逐渐拓展,美国史文献资料的建设不断取得进步,利用史料的

---

① 黄绍湘:《开创美国史研究的新局面》,中国美国史研究会编:《美国史论文集1981—1983》,三联书店1983年版,第12页。

条件得到了明显的改善。例如,刘祚昌教授关于杰斐逊的研究,充分利用了多种版本的杰斐逊文件集和著作集;研究汉密尔顿的文章,大多引用了汉密尔顿的文件集和著作集。近年来,随着网络技术的发展和普及,以及各高校数字化资料建设的进展,借助网络获取早期史资料和研究文献的途径,变得越来越便捷,这对于提升研究水平具有难以估量的意义。南开大学等高校图书馆连续开通了里德克斯(Readex)公司的"美利坚档案"系列数据库、盖尔(Gale)公司的"18 世纪文献"数据库和"早期英文图书"数据库,以及"JSTOR""EBSCO""ProQuest"系列数据库。此外,还有大量免费数字化文献网站可供利用。于是,研究者可以相对方便地利用各种史料,及时掌握相关的研究信息。最近,一个研究约翰·温斯罗普的博士生,通过多种渠道找到了温斯罗普著作的各种版本,以及马萨诸塞海湾殖民地和一些村镇的档案汇编;一个研究邦联国会的博士生,从网上获得了全套《邦联国会日志》和全套《邦联国会成员通信集》。她们都没有机会到美国去做研究,但在资料工作上能达到这种程度,在数年以前乃是无法想象的。可见,从一定程度上说,早期史和外交史一样,已成为国内美国史研究中资料条件最好的领域,其发展潜力确实是鼓舞人心的。

二

长期以来,中国学者比较关注美国早期史上的若干重大问题,关于这些问题的讨论,在过去几十年里取得了不少成果,也存在明显的局限与不足。梳理关于这些问题的主要观点,能较具体地看出美国早期史研究的路径,了解其进展与欠缺,并可从中洞察半个多世纪以来中国社会、政治和学术风气的变化。需要说明的是,下面将要提到的种种不足与局限,主要是具体的政治环境和研究条件的制约所造成的,我们对此要抱一种"了解之同情"。

美国历史的开端,曾是中国学者关心的问题。一般的美国史教科书,都会用一定的篇幅叙述欧洲移民达到以前印第安人的分布及其社会状况。但是,土著居民的历史与美国历史之间究竟是一种什么关系呢?它仅仅是美国历史的一个背景,还是美国历史的有机组成部分?大致在美国史学界明确提出以不同文化交汇作为美国历史起源的同时,中国学者也认真地讨论过这一问题。20世纪70年代末期,在一次美国史研讨会上,中国学者讨论了如何看待北美殖民地建立以前的印第安人历史这一问题。有的学者提出,美国历史的上端是与欧洲的"封建社会"相连的,因而印第安人的历史不能算作美国历史的开端;另一种意见认为,印第安人的历史应当作为美国的古代史,而殖民地建立以后的历史,只能算作美国的"近代史"。黄绍湘教授为此专门撰文,对这个问题进行了系统的阐述。她认为,从社会形态演进的连续性、人口的人种和血统联系、美国文化的渊源等各个方面来看,"印第安人的原始社会"与美国历史的关系都不密切,因此,美国历史的开端只能以殖民地的建立为标志,而此前印第安人的历史属于"世界古代史",而不能视为美国的古代史。①

---

① 黄绍湘:《北美印第安人的原始社会,不是美国的古代史》,《社会科学》,1980年第4期,第133—140页。

这一论断反映了中国学者对这个问题的主流看法,一般的教科书正是基于这一观点来处理印第安人的历史:叙述和介绍殖民地建立以前印第安人的状况,以作为殖民地建立的背景;在考察"美利坚民族"和"美利坚文明"的形成时,通常不把土著居民这个因素考虑在内。

不过,如果仅仅把印第安人的存在作为欧洲裔居民经历的背景来处理,就容易过滤掉美国早期历史和文化的多元性与复杂性。近二三十年来,美国学者对早期土著居民的历史、早期黑人的历史和不同文化之间的接触与融合做了深入细致的研究,进一步探明了美国历史和文化起源的复杂性。① 这类研究成果,对于我们重新认识印第安人历史与美国历史开端的关系,是一种有益的参照。

"美利坚民族"的形成,乃是中国学者长期关注的一个问题。占主流地位的观点是,在独立战争前后"美利坚民族"已经形成。这个判断的依据来自斯大林的民族定义:共同的语言(英语)、共同的地域(北美)、共同的经济生活(统一的内部市场)和共同的心理素质(以求实精神为主的民族性格和资产阶级民族文化)。② 至于具体的形成时间,则有不同的看法。一种意见认为,"美利坚民族"在反《印花税法》时期就已经形成,因此,独立战争就很自然地是一场争取"民族独立"的运动,是一

---

① 在这些问题上,美国历史学家加里·纳什(Gary Nash)、科林·卡洛威(Colin Calloway)、菲利普·摩根(Phillip Morgan)、艾伦·泰勒(Alan Taylor)等人的研究成果,尤其值得重视。

② 黄绍湘:《美国早期发展史》,第 157—179 页。

场"殖民地反民族压迫"的"资产阶级革命"。① 另一种看法是,"美利坚民族"的形成始于殖民地的建立,经历渐进时期、急进时期和跃进时期,而1776年《独立宣言》的发表,则是美利坚民族形成的标志。② 这种认为"美利坚民族"形成于独立战争以前的观点,后来受到了质疑。有的文章从经济角度考察"美利坚民族"的形成,认为在独立战争以前,"美利坚民族"并不是一个"既存事实",而只是处在正在形成的趋势当中,这个过程直到"南北战争之前"或经过"南北战争"才完成。③ 还有的文章提出,不仅独立战争前没有形成"美利坚民族",独立以后直到1812年战争时期,美国人还有"与英国民族认同的意识";"美利坚民族的整体意识和精神"直到重建时期才形成。④ 还有论者质疑斯大林的民族定义及其关于"美利坚民族"形成的论述,梳理了国内学者的相关论述,并以"民族自我意识"为主要指标,把"美利坚民族"的"雏形"形成的时间确定为18世纪60、70年代。⑤

---

① 黄绍湘:《美国早期发展史》,第214、280—281页。
② 颉普:《关于美利坚民族的形成问题》,《兰州大学学报》,1981年第2期,第32—41页。
③ 盛浩:《北美经济的发展与美利坚民族的形成》,《历史教学问题》,1999年第2期,第37—40页;熊锡元:《试论美利坚民族共同心理素质》,《思想战线》,1988年第6期,第56—63页。
④ 张小兵、张彬:《论美利坚民族意识的形成》,《延边大学学报》,1999年第3期,第67—72页。
⑤ 黄兆群:《美利坚民族形成刍论》,《烟台师范学院学报》,1990年第4期,第35—39页;《也谈美利坚民族的形成问题》,《民族研究》,1991年第4期,第28—36页。

关于"美利坚民族"形成的这些讨论，基本上停留于理论思辨的层面，而缺少对具体问题的实证性研究。多数文章的论述策略是，首先确立"民族"的某些标志，然后从历史教科书中选取与这些标志相吻合的事例，最后提出一个结论。这种论述方式类似理论性和概念性的论辩，与历史学的研究范式相去甚远。此外，多数论者没有考虑民族学、政治学和社会学关于民族概念的研究，对美国早期史的相关研究成果也缺乏透彻的了解，尤其是几乎无人涉猎有关"美利坚民族"形成的具体问题："美利坚人"在早期的具体含义及其变化，种族和文化交汇对于"美利坚人"共同体意识形成的影响，英格兰人对于"美利坚人"的认知及其与"美利坚人"共同体意识形成的关系，冠以"美利坚"名称的社团的主旨和活动对于"美利坚人"形成的意义，等等。① 在美国早期史研究的起步阶段，出现这种状况固然不难理解；但长期停留于这个层次，就不能不说是一种缺憾了。

现在看来，所谓"美利坚民族"的形成，是一个理论色彩比较浓厚的"非历史"问题。为什么中国学者会如此热衷于讨论这样一个问题呢？其中可能牵涉到这样一个因素："美利坚民族"的形成，同独立战争的起因和性质有着直接的关联。在20世纪90年代以前，中国学者普遍将独立战争视为"资产阶级民族解放战争"②或"殖民地解放战争"，"属于殖民地革命的类

---

① 在所有关于"美利坚民族"形成的讨论中，只有张涛的《英法对北美整体性的认可与美利坚民族的形成》一文（《世界历史》，2003年第1期）带有实证研究的性质。

② 李世雅：《试论美国独立战争进程的内在逻辑》，杨生茂等编：《美国史论文选》，第51页。

型"。① 如果在独立战争以前并不存在所谓"美利坚民族",这种立论显然就难以成立。中国学者通常用亚、非殖民地与欧洲列强的关系模式,来看待北美殖民地与英国(殖民地居民称作"母国")的关系,认定是英国的"殖民压迫"导致了殖民地的反抗。② 他们对于"帝国学派"的观点,一般是持批评态度的。③而且,他们相信,正是反对"殖民压迫"的"正义性",决定了美国在独立战争中最终必然"以弱胜强"。④

显然,这种立论方式忽略了一个重要的问题:世界历史上出现过不同类型的殖民地,英属北美殖民地乃是英国人控制、英国人居住的海外领地,它的独立显然不同于"二战"后的"非殖民化"运动。《独立宣言》诉诸的逻辑,乃是政治共同体内部人民反抗不公正统治的权利,而不是反殖民主义或民族解放的思想意识。于是,自20世纪90年代末以来,陆续有人撰文对独立战争的性质提出了新的见解。有一篇文章从民族意识形成的角度,否认了独立战争是"民族独立战争"的说法。⑤ 还有文章从殖民地的性质、殖民地居民的法律地位、英国殖民地政策的后果、"新殖民地政策"及其反响、殖民地独立的内在逻辑等问题

---

① 罗荣渠:《美洲史论》,中国社会科学出版社1997年版,第44、54页。
② 刘祚昌:《北美独立战争胜利的原因》,《历史教学》,1957年1月号,第25—31页。
③ 丁则民:《关于十八世纪美国革命的史学评介》,《美国史论文集1981—1983》,第49—51页。
④ 李世雅:《试论美国独立战争进程的内在逻辑》,杨生茂等编:《美国史论文选》,第51页。
⑤ 张小兵、张彬:《论美利坚民族意识的形成》,《延边大学学报》,1999年第3期,第69页。

着眼,提出了独立战争并没有反殖民主义的思想特征,也不是"民族解放战争",而只是英帝国内部的政治分离运动。①

中国学者对于美国早期"民主"也颇为关注。多数学者相信,殖民地的政治结构中存在若干"民主"的因素,清教思想中包含着"民主"的因子,议会制度乃是"民主"的体现;在美国革命中,由于"人民群众"和"民主派"的斗争,"民主化"得到进一步推进,初步建立了"资产阶级民主制度"。美国革命通常被定性为"资产阶级民主革命",在此期间,存在一场"美国人民争取民主的斗争",一直持续到 1787 年宪法制定。② "民主"被视为美国革命的主导性诉求,"民主"的思想意识渗透到美国革命的各个层面。黄绍湘教授在 20 世纪 50 年代提到,《独立宣言》"阐明了资产阶级民主主义的原则",是"人民民主主权的宣言书"。③ 刘祚昌教授在 20 世纪 80 年代初期撰文,批评罗伯特·布朗等"新保守派"史家的观点,认为美国革命不仅赢得了独立,而且取得了"丰硕的民主成果";而这些"民主"成果的取得,乃是人民群众在"资产阶级民主知识分子"的领导下进行斗争的结果。美国革命时期的政治力量,可以分成"民主派"(代表农民、边疆拓荒者、工匠、工人、小店主以及黑人的利益)和"保守派"(主要由富商、大种植场主、收入丰厚的律师、圣公会及公

---

① 李剑鸣:《英国对殖民地的政策与北美独立运动的兴起》,《历史研究》,2002 年第 1 期。

② 丁则民:《关于十八世纪美国革命的史学评介》,《美国史论文集 1981—1983》,第 48 页。

③ 黄绍湘:《美国早期发展史》,第 219 页。

理会的牧师组成),而争取"民主"的斗争,就是两派之间的较量。①

从方法论的角度看,这些关于美国早期"民主"的讨论表现出两个鲜明的特点。第一,宽泛地使用"民主"一词,把"民主"作为涉及"人民"的一切事物的总称。例如,1787年宪法中的分权机制,被理解为体现了"民主政府的原则"②;宪法没有包含"权利法案",被说成是"完全忽视了人民群众的民主权利"。③ 早期政治人物批评"民主"的言论,往往被当成一般意义上的"反民主"观点;而共和党和联邦党的冲突,则被理解为"民主"与"反民主"的斗争。④ 第二,用当前的民主概念看待美国革命时期的"民主",或者把美国民主视为一种从诞生到现在并未发生多少变化的事物。研究者一般采用当前流行的某种"民主"的定义,来观察殖民地和革命时期的政治制度与政治生活,若发现其中有与之相合者,就确定为"民主因素"或"民主雏形"。正是基于这种方式,1619年弗吉尼亚议会的召开,被解释为"美国资产阶级民主政治的发轫"⑤;而革命者若没有做到当前民主政治所要求的事情,即被判定为革命的"局限性"。⑥

---

① 刘祚昌:《论美国第一次革命的成就》,《美国史论文集1981—1983》,第16—22页。
② 罗荣渠:《美洲史论》,第39页。
③ 丁则民:《关于十八世纪美国革命的史学评介》,《美国史论文集1981—1983》,第67页。
④ 黄绍湘:《美国早期发展史》,第374—384页。
⑤ 同上书,第87页。
⑥ 刘祚昌:《论美国第一次革命的成就》,《美国史论文集1981—1983》,第37—40页。

国内外学者近几十年的研究表明,美国早期"民主"问题可能远比我们想象的复杂。如果缺乏历史主义意识,脱离具体的历史语境来理解史料,就会对它做出简单化的处理。以杰斐逊为例,他通常被称作一个"伟大的民主主义者",他所推动的废除长子继承制、实现宗教自由的措施,被视为"民主改革"。① 但实际上他所推崇的不过是"德才兼备"的"自然贵族"的统治,这是一种"共和主义"的精英政治观,并不是任何意义上的"民主思想"。杰斐逊长期未从正面意义来使用"民主"或"民主派"等词汇,他后来被塑造成"民主"的倡导者,一方面反映了美国早期民主观念的转变,同时也与杰斐逊本人晚年改变了对民主的态度有关。又如,美国宪法中的人民主权、有限政府、分权与制衡、文官控制军队等原则,被笼统地称作"资产阶级民主制的基本原则"。② 其实,这些原则的起源和形成,非但与民主无关,而且大多是"非民主",甚至"反民主"的。他们本是君主制和贵族制的产物,后来之所以成了美国民主制的基本原则,与革命期间对民主的重新界定和重新构建有直接的关系,也离不开19世纪初期以来美国政治的非精英化趋势的发展。如果不考虑美国历史上民主概念的演变和政治生活的变化,不假思索地用当前的观念反观历史中的某些因素,就会导致"非历史"的看法。

1787年制宪会议和美国早期宪政,也是中国学者重点研究的课题。最初的论著大多集中于讨论美国宪法的性质和制宪者

---

① 刘祚昌:《杰斐逊与弗吉尼亚社会的民主改造》,《山东师大学报》,1988年第3期,第19—29页。

② 李巍:《略论美国宪法的形成》,《山东大学学报》,1988年第2期,第45页。

的动机。在1949年以后的很长时期,中国学者用"进步""反动""资产阶级""统治工具"一类概念范畴,来看待美国联邦宪法的制定及其意义;费城制宪会议和1787年宪法的生效,一般没有包括在美国革命的范畴之内,而被视为是对革命的反动或倒退。黄绍湘教授在20世纪50年代认为,制宪会议"由资产阶级反动派所把持",宪法肯定和保护奴隶制,而且条文中包含不少"关于镇压劳动人民反抗的规定";因此,"美国宪法不过是资产阶级强化国家机器以保障他们的权益和维护有利于他们的社会秩序的工具而已",是"实现两大剥削阶级——北部的商人和南部的奴隶主的意志的法律,它的目的是加强资产阶级专政和警卫资本主义制度,巩固剥削制"。① 在"文革"爆发前两年,萨师炯先生发表文章讨论美国宪法,认为它是对"包含有某些民主内容"的《独立宣言》的"否定";其制定程序不民主,甚至也不合法;其最大缺陷是"没有包括保障人民基本权利的条款",却反而保护奴隶制;所谓分权与制衡只是虚伪的装饰,是左手和右手之间的分工与牵制。② 这种看法在1978年以后仍然长期流行。有的文章虽然肯定美国宪法的"进步性",但仍然强调它是"资产阶级专政的工具"。③

---

① 黄绍湘:《美国早期发展史》,第316、318—320、321页。近30年以后,黄绍湘教授仍持大致相似的看法,认为美国宪法在本质上"是保障资产阶级专政、巩固雇佣劳动制、保障剥削者有剥削与压迫广大劳动人民的权利的工具"。见黄绍湘:《美国史纲1492—1823》,第389页。

② 萨师炯:《从一七八七年美国宪法及其发展论资产阶级民主制的实质》,杨生茂等编:《美国史论文选》,第69—108页。

③ 余志森:《华盛顿与美国宪法》,《世界历史》,1983年第5期;宋子海:《简评一七八七年美国宪法》,《贵州大学学报》,1985年第2期;徐玮:《略论一七八七年美国宪法》,《学习与探索》,1986年第5期。

随着中国社会的变动和政治改革诉求的强化,史学界关于美国制宪史的看法也在发生悄然的变化。刘祚昌教授在1978年撰文,认为美国宪法是"反人民的宪法",其制定是"保守派对民主力量的反扑"。① 但到20世纪80年代初期,他的观点发生了明显的变化,认为1787年宪法是美国革命的一个"重大成就",并称之为"保守派的业绩";它虽然体现了"保守派"的要求和主张,但同样包含了"大量的民主要素",带有"浓厚的民主色彩"。② 在纪念美国宪法制定200周年时,罗荣渠教授撰文,对美国宪法做了热情洋溢的褒扬,说它"为近代资产阶级民主制提供了第一份政治现代化的草图"。③ 2001年,有一篇文章虽然采用阶级范畴来看待美国宪法的性质,但提出了一种与以往略有不同的说法:美国宪法虽然是"有产者"制定的,但它不仅有利于他们自己的利益,也有利于"一般群众的利益"。④ 2004年,有一篇综合评述美国制宪史的文章,则完全脱离了原来那种阶级分析的路径,而从社会政治和宪政理念的演变着眼,来考察美国宪法的形成及其渊源。⑤ 这种评价的变化,既反映了中国政治和意识形态方面的某些变化,也表明中国学者力图超越各

---

① 刘祚昌:《独立战争与美国人民争取民主改革的斗争》,《山东师院学报》,1979年第2期,第48页。
② 刘祚昌:《论美国第一次革命的成就》,《美国史论文集1981—1983》,第30、33—36页。
③ 罗荣渠:《美洲史论》,第41页。
④ 杜明才:《论美国宪法制定之政治动因》,《襄樊学院学报》,2001年第6期,第62页。
⑤ 任东来:《美国宪法的形成:一个历史的考察》,《社会科学论坛》,2004年第12期。

种限制,从学术的要求出发来认识美国宪法的制定及其意义。

从总体上说,20世纪90年代以前关于美国宪法的研究,大体上停留在一般性评论的层次上。论者比较关注推动制宪的一般性因素,比较集中地讨论华盛顿、杰斐逊、汉密尔顿等人在制宪中的作用和对宪法的态度。① 关于制宪时期复杂的政治思想和利益诉求的分歧,则缺少具体而深入的研究。显然,简单化的阶级分析和浮泛的议论方式,限制了对美国宪法形成的复杂性及其真正意义的认识。改变这种研究方式,既是中国政治状况变化的结果,也是学术性研究本身的要求。20世纪90年代以来,制宪的具体过程和批准宪法的斗争,开始受到较多的关注。"联邦党人"和"反联邦党人"的立场分歧和政治交锋,革命期间各州立宪运动与联邦宪法的关系,美国宪法的共和主义思想特征,美国宪法与英国普通法传统的联系,"权利法案"及其思想渊源,都成了研究的题材。② 但这些研究仍然存在明显的不足:所利用的材料不够丰富和精良,某些文章的立论基本上追随美

---

① 余志森:《华盛顿与美国宪法》,《世界历史》,1983年第5期;刘祚昌:《杰斐逊与美国宪法》,《山东师大学报》;1988年第1期;司美丽:《汉密尔顿对美国宪法的贡献》,《世界历史》,2000年第5期。

② 侯学华:《1787年〈联邦宪法〉批准程序的辩论及其意义》,《世界近现代史研究》(第一辑),中国社会科学出版社2004年版;褚乐平:《〈美国宪法〉批准史探》,《美国研究》,2003年第1期;褚乐平:《联邦党人与反联邦党人关于宪法批准问题的争论》,《史学月刊》,2003年第7期;李剑鸣:《美国革命时期马萨诸塞立宪运动的意义和影响》,《历史研究》,2004年第1期;万绍红:《美国宪法的共和主义原旨解读》,《浙江学刊》,2006年年第5期;任东来:《美国宪法的英国普通法传统》,《美国研究》,2002年第4期;杨树扬:《美国联邦宪法权利法案述论》,《惠州师专学报》,1992年第1期;赵凤岚:《关于美国"权利法案"的几个问题》,《南开学报》,1997年第4期。

国学者,或者说在一定程度上只是美国某些论著中相关内容的转述。

三

中国的美国早期史研究起步既晚,存在局限和欠缺也就不足为怪。其中有不少突出的问题值得我们关注。在研究领域和选题方面,长期存在极不合理的偏向。早期政治史是最受青睐的题材。在1979—2007年发表的约460篇论文中,论述早期政治制度、政治事件和政治思想等"传统"课题的文章,大约有110篇;以早期政治精英人物的行迹和思想为主题的文章有170篇左右;两者相加约为280篇,占这个时期论文总数的60%。与此形成对照的是,讨论经济史和早期奴隶制的文章只有20余篇,社会史、宗教史、文化史方面的论文同样寥寥可数,地方史研究则几乎是空白。可见,研究题材的分布很不均衡,选题的偏向十分严重。同样严重的问题是,在内容、材料和观点方面大体相同和相近的文章为数甚多,而真正具有学术创新价值的论著寥寥无几。为什么会出现这种选题的偏向呢?一方面,多数研究者可能怀有这样的看法:中国人对于美国早期史,首先需要了解的是重大的事件、基本的制度、核心的观念和杰出的人物;另一方面,也可能牵涉到研究资料的状况,因为涉及政治史课题的基本材料较多,而且在一般的书籍中也能找到相关的内容。

前文提到,资料问题始终是制约早期史研究的基本因素。我们的早期史论著,绝大多数是以二手甚至三手材料为基础的,而且数量有限,通常没有包括相关专题的全部代表性著作。有的文章引用了一些原始材料,也不过是点缀性的。真正基于原始材料而进行的原创性著述,实在是为数寥寥。许多讨论宪法批准问题的文章,根本没有参考艾略特编的《各州批准宪法大会辩论集》、斯托林编的《反联邦主义者全集》和詹森等人编的《美国宪法批准的文献史》等资料集。在论文中大量引用教科书的情况相当常见;更有甚者,有些文章所引用的材料几乎全部来自为数不多的几种中文通史性著作。还有一些文章,一方面对某些外国论著中的观点提出激烈批评,同时又大量转引其中的材料;或者把不同时期、不同学派的论著中的材料不加区分地糅合在一起。这类情形的出现,并不完全是材料的匮乏所致,可能与有些研究人员不重视材料有关,可以说有"偷工减料"的嫌疑。

近年来,早期史研究的史料状况逐渐改善,利用基本史料进行研究的论著愈益多见,特别是一些博士论文,其材料基础相当扎实,有的甚至穷尽了本课题的基本史料。但在史料增多的同时,另外一些问题又逐渐显现出来了。首先是研究者缺乏足够的问题意识,不能通过对史料的研读而提出具有新意的问题,所论大多是老题目,或是经国内外学者反复探讨已是题无剩义的问题。有些论文根本没有中心问题,通篇只是叙述(而且可能是转述)事件始末,或堆砌原始材料,而没有提供新的知识和观点。其次是对史料的理解不够准确,运用不够贴切。早期史的材料在用词和语法方面均与当前英语有所区别,特别是许多名词的含义与今天不尽相同,史料产生的语境具体而复杂,因而要准确理解这些材料,不是一件容易的事情,需要在语言、知识和方法各个环节狠下功夫。另外,外文史料在引用时首先要将它译成畅达的中文,这对研究者理解原文的能力和中文表达的水平,也是一种过硬的检验。检视已发表的各种论著,可以看到不少误用和误译史料的情况。①

在材料的利用方面,还有一个同样值得重视的欠缺,那就是未能充分掌握和利用第二手文献。随着"JSTOR"等数据库在许多学校的开通,检索和收集第二手文献的条件大为改善。在此之前,多数高校没有或很少订阅外文史学期刊,即使在美国史外文刊物较多的北京大学和南开大学,有些刊物也颇不系统,卷、期不全的现象很常见。现在,研究者可以比较便捷地从多种数据库中查找自己所需要的论文。不过,另外一个困难还没有缓解,就是专著仍然不易获取。在美国,许多课题的相关文献十分丰富,而且每年都有新书出版,而国内图书馆的藏书和购书都有限制,因此,要把相关专著收集齐全并不容易。另一方面,我们的研究者对于第二手文献的学术史价值向来不够重视,研究一个问题,通常不去全面检索和掌握国内外已有的研究文献,而仅仅依据随意获取的有限材料来判断研究状况。有些作者甚至根本不肯费力收集和阅读相关的第二手文献,写文章时用到研究性文献,也不过是为了摘引其中的材料。忽视第二手文献的利用,对于学术的进展产生了极大妨害。首先,没有确切地把握研究状况,也就不能为自己的课题找到一个明确的探索方向,难免发生重复和撞车,往往以陈言为创见;其次,割断了学术研究的继承与创新的联系,造成一种"平地起高楼"的假象,而实际上

---

① 我本人在《美国革命时期民主概念的演变》一文中,粗心地将塞缪尔·亚当斯写给约翰·亚当斯的信误作约翰·亚当斯致塞缪尔·亚当斯的信,并对信中一段话的含义做了错误的诠释。见《历史研究》,2007 年第 1 期,第 139、147 页。

可能是给前人已有深入研究的问题增添误解和混乱;最后,由于没有以往研究成果的铺垫和支持,不能准确理解和充分发掘史料的意义,以至误读、误用甚至滥用史料。

尽可能全面、准确地了解已有的研究,清楚地梳理出学术史的脉络,原本是研究一个课题时要做的第一件工作。但是,在我们的不少早期史论文中,看不到对相关研究文献的梳理和评述;常见的做法是,把自己文章所要涉及的内容,武断地判定为国内外研究中的欠缺。不少人喜欢用"缺乏深入研究"或"见木不见林"之类的词句,来对相关研究状况做大胆而笼统的评判;而支持这些断语的根据,往往不过是寥寥几种相关论著。实际上,美国史学界在早期史领域有着相当深厚的积累,几乎每一个比较重要的问题,都有为数众多的专著和论文,如果不花费很大的心力去搜集和阅读这些文献,就根本不可能真正了解相关的学术脉络和研究状况。但肯下这种功夫的研究者,目前连"屈指可数"的程度都达不到。最近有一篇讨论"美国法律的早期现代化"的论文,是一个难得一见的正面范例。作者对美国史学界关于殖民地时期社会经济性质的论述,以及与法律演变相关的研究,做了清晰的梳理和评论,再在这个基础上展开自己的论述。[①] 与此完全相反的例子则不胜枚举。有一篇讨论"美国民主建立的基础"的文章,开篇就提出了一个重要的判断:"西方学者们"对于美国民主的"渊源""赖以产生和存在的基础"从不

---

① 韩铁:《英属北美殖民地法律的早期现代化》,《史学月刊》,2007年第2期,第61—80页。

深究,"即便涉及,也是轻描淡写"。① 言外之意是,本文乃是关于这些问题的首篇"深究"之作。可是,"西方学者"研究美国民主的论著真可谓"汗牛充栋",一个人穷毕生精力也未必能够读完。而这篇文章几乎没有提到任何具体研究美国民主的著作,却敢于做出如此肯定的判断,实在匪夷所思。研究一个问题,固然不可能将相关文献"一网打尽",但总应该先了解基本情况再发表意见。关于美国民主的"渊源"和"基础","西方学者"难道真的"从未深究"吗?托克维尔的《美国的民主》和布赖斯的《美利坚共和国》,难道不是"深究"上述问题的专门论著吗?如此漫不经心地对待第二手文献,其"论文"能有多大的学术价值,不免要打一个很大的问号。

理论和方法的局限同样很突出。现代史学的每一突破性进展,都离不开理论的参与,特别是"新社会史"和"新文化史"的兴起,更是得益于相关理论的启迪和支持。但我们的研究者可以利用的本土理论资源严重不足,而以往经常利用的某些理论,又陷于教条化的境地。对于欧美的各种理论,我们需要下更大气力来对待,在深入了解的基础上取精用宏,为自己的研究服务,因为从选题取向、问题意识,到解读史料、提炼论点,都离不开理论的作用。我们过去经常批评外国学者"就事论事",但实际上,我们的不少论著连"就事论事"的层次都达不到,通篇充斥着似是而非的议论。我们过去经常不加思考把美国早期经济说成是"资本主义性质的",但又有多少人认真钻研过中外学者

---

① 邓峰、张鹏:《试论美国民主制度建立的基础》,《黑龙江社会科学》,2000 年第 5 期,第 61 页。

关于资本主义的理论著述呢？真正的理论修养,同摆弄一些理论词句是有着天渊之别的。我们过去习惯于"定性分析",而实际上不过是套用一些理论性的词句,而不是去深入钻研史料和探究史实,也缺乏必要的历史主义意识,忽略史事发生的具体环境和条件,纯然用后设的理论概念来评论过去的事件和人物,难免形成各式各样的独断论式的看法。我们的外国史研究,一度受到国内史学界的轻视,这种"以议论代替实证"的写作方式是难辞其咎的。因此,从方法论的角度说,我们必须用经验性的研究彻底取代思辨性的议论。

总之,我们在美国早期史领域取得了不可忽视的进步,但还面临很严峻的挑战。我们首先需要重新认识早期史在美国历史中的地位,明确界定早期史研究在中国的美国史学中的重要性。我们只有深入研究欧洲文化、美洲土著文化和非洲文化三种迥然不同的文化体系,如何在17、18世纪北美大陆这一特定的时空中接触和交汇,才能真正了解美国历史和文化的渊源与发端,才能明了此后美国社会演变的走向和特征。17、18世纪也是北美移民社会向本土人社会转化的时期,是美国基本的制度和观念形成的时期,是"合众国"这个新国家的开端时期。我们大家都懂得,研究一个问题必须追根溯源;而研究一个国家的历史,同样需要从它的开端时期着手。如果忽视对美国早期史的研究,我们如何能够清楚而准确地把握美国历史的真实意义呢？只有切实加强对美国早期史的研究,我们才能在中国建立一个完整而成熟的美国史学科。

从具体的层面来说,我们同样有许多工作要做。我们要加强专业研究人员的培养。目前国内高校的美国史博士点,只有南开大学和北京大学有博士生以早期史论文申请博士学位。但这些为数不多的博士生毕业以后,受工作市场的制约,大多没有继续从事早期史方面的研究。一个研究领域要取得发展,必须投入较多的人力。我们需要利用美国和国内在早期史史料整理和开放方面的优越条件,激发更多研究人员对早期史的兴趣,投入精力来潜心研究。在理论和方法上,我们要持开放的心态,认真向中国史学传统学习,从史料学、史源学和考证学当中汲取营养,丰富自己的研究方法和技能;同时还要取法于欧美史学,了解前沿研究进展,借鉴可用的理论和方法。我们必须树立强烈的实证研究意识,要"上穷碧落下黄泉",不遗余力地收集和占有材料,包括相关的研究文献和史料,一定要在把课题所涉及的相关知识弄清楚的前提下,借助经过考辨和梳理的史料来进行实证性研究。这样我们就必须进一步推进资料建设,综合利用纸质文献和数字化文献,以期在尽可能详赡地占有资料的基础上,提升我们的研究水平。

美国早期史确实是一个大有可为的领域,值得研究的课题真是指不胜屈。目前,关于早期经济史、社会史、文化史和地方史的具体研究,几乎处于生荒状态,如果有人肯下功夫搜集材料,苦心钻研,必能取得引人注目的成绩。即使在相对比较"繁荣"的早期政治史研究中,有待探讨的问题也是俯拾即是。关于早期的精英人物,虽然相关论文甚多,但相对集中于某几个人。我们目前还没有任何关于约翰·科顿、威廉·佩恩、罗杰·威廉斯、本杰明·富兰克林、约翰·亚当斯、詹姆斯·麦迪逊和托马斯·潘恩等人的材料丰富、立论新颖的传记。关于另外一些重要的人物,如詹姆斯·威尔逊、埃德蒙·伦道夫、乔治·梅森、亨利·诺克斯、约翰·汉科克,以及独立战争时期英美双方众多的将领,连介绍性的文章也难以找到。就重大事件的研究而言,我们正在期待一部有分量的美国革命史,一部美国立宪史,以及一部联邦政府成立史。关于早期政治思想,我们还有许多观念和思想的源流没有弄清楚。在早期政治制度的研究方面,对于早期选举制度、联邦国会和最高法院的早期运作、邦联时期和联邦初期的各州政治,几乎无人涉猎。此外,我们不能总是把目光固定在精英人物身上,还需要细致观察普通民众、边缘群体和少数族裔在早期历史中的经历,把他们的想法、行为和日常生活纳入我们的研究范围。如果我们不再把有限的人力和资源用于讨论那些空泛的大问题,每个研究者都像刘祚昌教授那样,穷数十年的心力来研究一个人物或一个具体问题,集众人之力,积数年之功,我们的早期史研究就会产生一批有分量、有价值的成果,这个领域也就会逐渐变得成熟起来。

2007 年写于天津

探索中国美国史研究的路径

近年来,美国史领域的几位前辈学者相继出版了自己的文集。这些文集不仅集中展示了他们个人的治学业绩,而且在一定程度上反映了中国美国史学的发展历程。杨生茂教授的《探径集》[①]就是这样一本书。《探径集》主要收录了杨先生自60年代以来发表的大部分论文、随笔、书评和序跋,体现了他在史学上的重要建树,可以从中看出他的研究重点和治学风格。他将这本文集定名为"探径集",原意是谦指他个人在学术上的探索;实际上,他的"探径"活动对中国的美国史研究和教学,同样具有重要的意义。

一、"探径"的足迹

杨先生早年熟读经籍,打下了厚实的旧学基础;后入燕京大学就读,不久又负笈远赴美国,浸淫"西学"有年。中西教育的合璧,造就了他在治学功力上的突出优势。他的文章不仅知识

---

① 杨生茂:《探径集》,中华书局2002年9月版。该书为"南开史学家论丛"首辑之一种。

和思想含量丰富,而且文字典雅凝练,值得反复诵读。他对历史文献的掌握,对美国史事的了解,对文章之法的运用,更令后学满怀仰止之感。我不禁联想,杨先生若治国史,以他的学问功力,必成一代大家。他在美国史领域虽然卓有建树,但终因政治环境、整体学术条件和外国史的特殊困难等因素的制约,其才华未得充分施展。不过,反过来看,如果杨先生果真去研究中国史,美国史这个领域就会缺少一位奠基性的人物。

与当今许多高产的学者相比,杨先生在著述上并不以量多见称。他主编了一些大部头著作,但个人论著并不多,而且多数是他在60岁以后的作品。他治学严谨,不肯轻易落笔,这固然影响了论著的数量。更重要的是,他在盛年遭遇社会动荡和政治纷扰,能用于治学的有效时间,真可谓少之又少;当他能安心开展学术工作的时候,却已经进入了多病的老年,他虽然老当益壮,争分夺秒,但终究有力不从心之感。他在《探径集》的前言中写道:"解放后,主要精力花在多头教学和没完没了的开会和'运动'中。坐下来,全力搞科研始于1964年。……但不久又开始了'文革'运动。'文革'后的1978年恢复了研究室工作,但好景不长,多次接到'病危'通知书。……这近10年,主要'工作'是跑医院,只在休息时写点随笔类文章。"①在这种淡然的语气中,究竟包含着多少辛酸、无奈和惋惜,外人可能难以体察。

其实,论著的数量只是检验学术成就的一个指标,而且是一个相对次要的指标。在美国史学史上,有因著作等身而成名的

---

① 文中凡未注明出处的引文,均出自《探径集》。

学者，也有仅凭几篇论文而开宗立派的大家。杨先生修身克己，惜墨如金，文章虽然不多，但篇篇掷地有声。在国内美国史研究还不得不依靠苏联学者和美国左派史家的著作之时，杨先生即已大量利用英文文献。他的《林肯与美国黑人的"解放"》一文写于20多年以前，所用外文资料之丰富，较之今天的许多论文也毫不逊色。《试论弗雷德里克·杰克逊·特纳及其学派》一文发表于20世纪80年代初，字数不过4万，征引的文献却多达80余种，每页下端脚注繁复，真正做到了言必有据，充分体现了杨先生掌握文献资料的能力和功夫。捧读这种扎实严谨的文章时，任何在学术上取巧偷懒、想寻求终南捷径的念头都失去了容身之所。上乘文章自是多多益善，但在一个"以字数论英雄"的时代，像杨先生这样"以一当十"的治学之道，反倒值得好好效法。

收在《探径集》中的文章，不仅显示了杨先生的学问功力和研究特色，而且包含着深邃的学术思想。我曾写过几句诗来形容杨先生的学术境界："风云过眼余一笑，今古留心积万言；道悟浑圆成妙笔，身临高岭小群峦。"这绝不是礼节性的颂词，而是要表达我长期近距离观察杨先生治学的感触。虽然他没有专门就某个理论问题发表长篇大论，但从他各类文章的字里行间，可以感受到他思考的力量和思想的深度。研究历史而取得成就的人何止万千，但是否有自己的思想，乃是区分史学家和一般学者的重要标志。

杨先生对历史和史学有整体性的看法。他承认并且重视历史的相对性，但不赞同相对主义。中国史学家长期讳言历史的相对性，以为它是认识历史真相的障碍，谈论这样的问题容易沾染相对主义的嫌疑。但杨先生对相对性的看法,含有很浓厚的辩证法意味。他说,"重视历史的相对性,则会鼓励历史学家去不断探索,不断修正偏误,不断前进,不断激发自强心、自信心和自尊意识"。他认为,历史学家固然要有客观精神,但纯粹的客观是根本不存在的,任何学术观点的形成,都与作者的"审视角度、学识厚度、社会阅历和思维方法"有密切的联系。这是造成历史认识具有相对性的主要因素。如果每一代人都能在前人认识的基础上继续探索,就能推动史学的不断发展。杨先生同时又看到,如果从相对性走向相对主义,就会导致主观随意性,难免发生"看风转舵"和"曲意编织"的现象。因此,历史学家一定要"慎于判断,力戒主观臆测"。可见,在杨先生的观念中,对历史的相对性的认识,是与既勇于探索、又严谨治学的学风联系在一起的。

具体到外国史研究,杨先生更有独到的心得。他提出了"中外关系"和"古今关系"这两个在外国史研究中具有重要意义的范畴。所谓"中外关系",就是如何对待外来文化和如何吸收外国史学成果的问题。他强调指出,中国人研究外国史,"应不断吸收国外史学家所提出的有价值的新知识,特别要注意他们的有价值的史学方法论";但是,"吸收"必须以"消化"为前提,既不能"唯洋是尊"和"全盘照搬",也不可"夜郎自大"和"自我封闭"。他将对待外来文化的策略高度概括为"鉴别吸收"四个字。在论及美国的乔治·班克罗夫特和中国的雷海宗的学术成就时,他都肯定了他们对外来文化"善于鉴别吸收"的长处。他认为,"鉴别吸收"是一种"硬功夫",首先要"弄懂外国文化",因为"正确理解是最根本、最起码的条件";同时又要以本土文化作为参照和根据。对中国学者来说,"鉴别吸收"的目的在于"弘扬本族文化,丰富和提升世界文化"。于是,在外国史研究中如何对待外来资源的问题,就与世界范围内的文化关系、特别是中国文化的前途这样宏大的问题联系起来了。杨先生说的"古今关系",则是一切历史研究都必须面对的问题。他认为,"历史总是当代人对过去的探究、思索和辨析",今天的历史学家在面对遥远的过去时,必须采取"科学历史主义"的态度。如果"只以当时看法评说古人","则历史人情事理十全十美";如果"只以今人的认识去要求古人","则历史皆非"。因此,必须将两者结合起来,一方面要理解古人,同时又要保持今人的认识和立场,这样才能"透视历史的发展趋势"。这种看法和陈寅恪所说的"心通意会""了解之同情"的治史心法,可谓异曲同工。

关于具体的研究方法,杨先生多次谈到比较(对比)的重要性。在他看来,"同类事物之间的对比是历史研究中的重要方法之一",因为"历史不能重演,要正确认识历史,就须比较";"纵向"和"横向"都须比较;比较的目的在于"分析鉴别,去伪存真"。虽然杨先生在有的场合谈到要"加强比较史学的研究",但他所提倡的"比较",并不是一个领域,而主要是一种方法,是一种可以用于包括外交史在内的各种课题研究的方法。他还谈道,要做好"比较",就"不但要通古今,还须通中外"。可见,比较方法的运用还涉及博与约的关系。这是一种方法论上的真知灼见,反映了史学的学科内在规定性。实际上,对许多历史问题的解释,都离不开比较,只是有时是"显性"比较,有时则是"隐性"的对比。

在《探径集》的编选中,杨先生特意将几篇史学史论文放在前面,可见他对这些文章是比较看重的。我读《探径集》,对这组文章也尤为喜爱。我以为,杨先生在美国史学史领域的最大创获,也体现在研究方法上。他研究史学史的主要方法,是选择有代表性的史家来梳理美国史学演进的脉络。史学史的撰写有多种途径,且各有短长。杨先生的办法是将史家、流派、著作和史学思想结合在一起,通过对各个重要时期的有代表性的史家的研究,来解析史学流派的形成、史学思潮的兴替、史学社会功能的变化等问题。他对特纳史学的研究用功最深,也最能反映他的这种研究方法。《试论弗雷德里克·杰克逊·特纳及其学派》一文,对特纳史学形成的学术渊源和社会背景、特纳史学的社会影响、边疆学派的衰落和适应性发展的论述,大含细入,丝丝入扣,清晰地梳理了19世纪末到20世纪中期美国史学的一个重要趋向。杨先生还特别重视史学发展的社会背景以及思想、学术的渊源。他对班克罗夫特史学的论述,以班氏吸收欧洲文化、继承美国本土思想的基础上所进行的创新为重点,探讨了唯一神论、浪漫主义、民族主义和民主党人的审视角度对他考察美国历史的影响。在评述威廉·阿普曼·威廉斯的外交史学时,杨先生着重阐释了威廉斯思想和新左派的关系,指出了威廉斯思想的复杂性,认为其中既有马克思主义的成分,又有乌托邦主义色彩;威廉斯对美国外交政策持批评立场,在内政上又是胡佛思想的追随者。杨先生这种注重建立不同思想资料之间的事实关联的方法,体现了一种真正的历史主义的精神。

在美国史学史的研究中,杨先生同样关注史学与社会的关系,强调史学对社会现实的作用。杨先生认为,历史学家多有为现实服务的主观愿望,希望自己的著述能够对社会发挥影响;同时,史学可以为社会所用,对现实具有说明或辩护的功能。他由此提出了评判一个伟大史家的标准:一个史家只有在自己的研究领域既有继承、又有创新,既能应答时势、又能启迪未来,才配得上"杰出"二字。实际上,杨先生本人就是一个有很强现实关怀的学者。他不仅关注现实,而且主张"学以致用"。在他看来,史学之"用"主要表现在"温故知新、应答现实和启迪未来";史学如不能"致用",就会导向"历史无用论"。他曾谈到,撰写美国外交史的目的,就是要"应答时势的需要,为有志于研究和了解美国外交政策的读者服务","了解美国对外政策中是如何实现其国家利益的"。当然,外国史的"用"之于中国,不能生搬硬套和曲意迎合,而应在尊重历史的前提下加以考虑。例如,他在论述特纳的史学时,"联想到我国广大的西部土地";但同时又敏锐地意识到,中国的西部发展,绝不可能走美国"西进运动"的道路。

读《探径集》,还可以感受到杨先生那种深厚的文章修养。他在写作时讲究谋篇布局,注重起承转合,虽经反复运思和不断修改,而全文仍能浑然一体,如一气呵成。他的《论乔治·班克罗夫特史学》一文,我以为乃是历史写作的典范之作。全文15000余字,未分节,但段段相属、环环相扣、层层递进,并无半点罅隙;开篇如高屋建瓴,气势不凡;结尾则似绕梁琴音,意味绵长。杨先生在遣词造句上也相当考究,或融古文修养与现代意识于一体,或冶学术理念和文学笔法于一炉。他在评论雷海宗的《西洋文化史纲要》时,称《纲要》"点击要人、要事、要文、要书",一连用了四个"要"字来突出其书的特征,不仅呼应书名,而且凝练中肯;他还恰到好处地借用了"点击"这个网络时代的新词,形象贴切而饶有现代气息。他接着用生花妙笔描述了《纲要》的特色:"从纵向看,所述史实如千条长河倾泻而下,有时奔腾急驰,骇浪拍岩;有时冲过险滩巨坝,迂回转流,一往无前。……从横向看,犹如高山峻岭,万仞沟壑,旷野浩瀚,苍绿无际……"文笔之苍劲,文采之焕然,着实令人叹服;字里行间所赋予读者的想象空间之大,决非一般的文章所能企及。

二、"架桥铺路"的贡献

读《探径集》时,我不由得想到杨先生等老一代学者在中国美国史学发展中所起的作用。杨先生曾谈道:"我这辈人只能起一种架桥和铺路的作用。假如美国研究需要几代人努力方能攀上峰巅的话,我辈人恐怕正是人梯的最底层。"这段话固然带有自谦的意味,但也确实形象而精当地点出了老一代学者的历史贡献。

在1949年以前,用中文出版的美国史书籍大多是翻译或编译的作品。那时大学里的外国史教学,大抵以"西洋史"为主;美国这种"年轻的国家",通常被认为没有"历史"可言,专门的研究人员甚少,研究性的论著自然成了凤毛麟角。在20世纪40、50年代,杨先生这一代学者大多刚刚从美国学成归来,因时顺势地成为国内高校美国史学科的创建者和探路人。他们当时没有什么本土资源可以借助,几乎是白手起家地开始进行学科的建设,做了许多开拓性和奠基性的工作。如果没有他们"架桥和铺路",中国的美国史学就不可能走上迅速发展的道路。

他们所做的第一件工作,就是进行基础条件的建设,主要是图书资料的引进。他们利用各种渠道添置图书资料,长期苦心经营,铢积寸累,使所在单位的外文文献逐渐增加。在南开大学,美国史的图书文献主要由两部分构成:一是原经济研究所收集的有关美国社会和经济的图书,大多为半个多世纪以前的出版物,其中虽不乏有价值的材料,但整体上已经老旧过时;二是1964年美国史研究室成立以后逐渐添置的书籍,目前已达数万册之多。后一部分图书的积累由杨先生启动,经过几代人持续不断的努力,逐渐形成了现在的规模。武汉大学、东北师大、山东师大、北京大学等院校的美国史藏书,大多也是老一代学者打下的基础。他们在引进外文图书的同时,发现国内多数研究和教学人员无法接触原文资料,或者不能阅读域外文献,便主持开展了专题性文献资料的整理、翻译和出版工作。杨先生就主持编辑过美国外交史、美国内战史和美西战争史等专题的资料集,并写下了富有启发性的引言。于今各地的研究条件有了很大的改善,研究者可以通过许多途径直接获得原文图书和原始资料,这类翻译的资料集似乎不再具有多大的价值;可是,在20余年以前,它们曾经为美国史和世界近现代史的教学、研究提供了巨大的便利,可以说功不可没。

更艰辛的工作是学术上的探索。老一代学者开始研究时,中国史学界在美国史领域尚无基本的体系。他们首先要做的工作,就是建立中国学者自己的叙述和解释美国历史的基本框架。这一工作对于中国美国史学科的建立和发展,更具有奠基性的意义。他们当时主要借助了三个方面的资源:一是苏联学者的研究;二是美国左派史学家的著作;三是中国史领域的研究取向。老一代学者综合利用这些资源，经过"鉴别吸收"，为中国的美国史研究构筑了基本的框架。在今天来看，这个框架在理论取向和史实取舍方面都存在明显的局限，但是，对90年代以前成长起来的几代研究者来说，正是这样一个框架提供了学习美国史的门径。收集在《探径集》中的论文，有不少就属于这种构筑框架的类型。例如，关于特纳边疆假说及其影响的论文，关于如何评价林肯的论文，对相关领域的研究来说都有"探径"的性质。杨先生还在美国通史的编纂方面耗费了很大的心力。从20世纪70年代末期开始，他和刘绪贻教授一起主持"美国通史丛书"的编写，用了四分之一世纪的时间，最终完成了一套长达300万字的《美国通史》。在80年代后期，他与人合撰了一本美国史教科书，至今仍是本科教学和研究生考试的必备读物。

就具体的研究领域而言，杨先生是美国外交史研究的当之无愧的奠基人。杨先生在斯坦福大学随美国史学名家托马斯·贝利专攻美国外交史，回国以后在这个领域用力颇多。他研究的重点并不是外交史上的具体问题，而是致力于建立中国人自己的美国外交史的基本体系。他之所以选取这种研究路径，据我揣测，可能是出于两方面的考虑。外交史具体问题的研究必须基于档案文献，如果不能进行档案研究，就难以取得有原创价值的成果。在20世纪90年代以前，中国学者很少有利用美国外交档案的机会，因而"炒剩饭"的现象在外交史领域相当严重。杨先生对这一难点想必是了然于胸的，因此，他没有将专题研究作为重点。更重要的是，中国的美国外交史研究尚处于起步阶段，更急迫的事情是建立一个基本的解释框架和教学体系。杨先生用了多年时间来组织编纂一部美国外交政策史。结合这一工作,他撰写了《关于撰写〈美国外交史〉的几个问题》和《美国外交政策史三论》两篇重要论文,阐述他关于美国外交史的框架思想。他从国际关系史上国家利益的运行模式入手,分析了美国外交政策中实现国家利益的主要方式,指出了决定美国外交政策的基本因素,并对美国外交政策的演变做了分期,同时概括了各个时期的主要特征。他认为,扩张乃是贯穿美国外交政策的主线,从这一点出发,可将美国外交政策的演变划分为大陆扩张、海外扩张和全球称霸三个时期;与之相应还有三大政策口号,即孤立主义、"门户开放"和遏制政策。通过这个整体框架,原来那些看似互不相关的政策和史事之间显现了内在的联系,美国外交政策的本质特征和演变特点便鲜明地凸显出来了。可见,这个框架不仅完整而自足,而且具有很强的解释功能,奠定了国内美国外交史研究和教学的基础。

　　毫无疑问,杨先生的论著在思想观点上带有时代的印记,只有将它们置于具体的"语境"中,才能得到确切的理解。在1949年以后很长一个时期,中国并不存在一个独立的学术界,意识形态和思想学术之间界线模糊,学者们主动或被迫接受流行的政治话语,根据政治观念和政策意图的要求进行学术写作。史学作为现实政治的重要工具,所受的政治影响尤为强烈。而且,苏联的美国史学具有明显的泛政治化倾向,中国学者也难免受到感染。因此,这个阶段的美国史论著,通常带有明确的政治倾向和浓厚的意识形态色彩。1980年以后,中国社会发生了深刻的变化,学术的特性不断发育成长,美国史研究的学术性也逐渐显现出来。杨先生的论著同样反映了这种变化。《探径集》中有几篇成稿于不同时期的美国史学史论文,从中可以把握时代演进的脉搏。《"新边疆"是美帝国主义侵略扩张政策的产物》写于 1964 年,其题旨乃在于从史学史的角度揭示肯尼迪的"新边疆"的政治含义,带有那个时代特有的政治批判倾向;《试论弗雷德里克·杰克逊·特纳及其学派》问世于 80 年代初期,虽然评价标准中仍然带有政治因素,但对特纳史学及其学派的得失兴衰的评论,则基本上是学术性的;发表于 90 年代末期的《论乔治·班克罗夫特史学》,则从"鉴别吸收"和"学以致用"的观点出发,以史学与社会的关系、学术与时代精神的互动为中心,深入地评说了班克罗夫特的思想和学术,乃是一篇高水平的史学史论文。这也说明,杨先生在学术上和思想上从未止步不前。

对于美国史学科的建设来说,杨先生在研究人员培养方面所做的工作,与他在学术领域的建树具有同样重要的意义。他创建了南开大学的美国史硕士和博士学位授权点,作为国内最早的美国史研究生导师,培养了若干名硕士和博士,并且初步建立了研究生专业训练的体系。他于 1978 年开始招收美国史硕士研究生,1984 年又获得了博士生导师的资格,如果没有杨先生的学术影响和个人努力,南开的美国史教学就不可能有今天的气象。80 年代前期,他还一度兼任中国社会科学院研究生院的导师。他招生时筛选甚严,奉行宁缺毋滥的原则,所指导的研究生数量不多,但他的学生中有人出国深造,在耶鲁、伯克利和哈佛等美国名校获得博士学位,毕业后在美国和香港等地执教;在国内高校一些主要的美国史学科点,他的学生大多成为学科带头人或学术骨干。

现在,美国史研究生的培养遍布众多高校,这一发展得益于杨先生等老一代学者当年筚路蓝缕的开拓。当 70 年代末恢复研究生制度时，国内多数院校都缺乏研究生教学的经验，从课程设置、教学方法、教材选择到论文写作、毕业答辩各个环节，都须从头摸索。我猜想，杨先生当初可能是根据自己早年在国外接受研究生训练的体会，挖掘埋藏在记忆深处的经验，凭借"干一番事业"的劲头，在摸索中逐步建立了美国史研究生的培养体系。杨先生根据自己的教学实践，结合对美国、英国和希腊等国高校历史教育的考察，就研究生培养问题专门进行了理论上的探讨，先后发表了几篇文章，都收录在《探径集》中。在总的指导原则上，他强调要根据不同专业背景的学生的特点因材施教，加强基本功的训练，鼓励学生读书、思考和实践，以培养其独立判断的能力，打好学术的基础。他在教学方法上十分重视学生参与和师生对话的互动式教学，特别推许"讨论班"的授课方式。这类意见在今天大抵已是常识，但当年研究生教学尚在草创之际，这样的思考带有很强的探索性和开创性。目前，南开的美国史研究生课程体系已经相当完备，但在教学方法和培养思路上，离杨先生当年的设想似乎还有不小的距离，还需要付出很大的努力。

杨先生那一代学者对中国美国史学的开创之功，还表现在学术组织工作和开展国际交流方面。他们发起成立了中国美国史研究会，对国内的研究资源进行了挖掘和整合，编印了许多资料专辑和图书目录，并在有关院校和研究机构之间开展了合作和交流，获得了显著的效益。他们借助对外开放的形势，与国外同行及有关机构建立了经常性的学术联系，交流活动相当活跃。杨先生在南开大学曾邀请和接待过数十名欧美知名学者，他自己先后出访过英国、希腊、美国和日本等国，为南开的美国史开辟了对外交流的渠道。90年代初以来,他和另外两名学者一起,担任《美国历史杂志》的海外特约编辑,为扩大中国美国史研究的国际影响做了许多有益的工作。在中国美国史学的发展中,国际学术交流发挥了不可低估的作用,举凡资料积累、观念更新、学术规范建设和人员培养各个方面,都从国际学术交流中获得了很多的裨益。

三、"传薪信有后昆在"

用《探径集》中包含的学术思想来看待中国美国史学的现状,思考美国史研究的未来走向,可以获得不少有益的启示。作为后学,我们应当在老一代学者奠定的基础之上,"取则伐柯","薪火相传",不断推进美国史的研究。

在过去数十年中,沿着杨先生等老一代学者铺就的道路,中国的美国史学不断发展,于今已是成果斐然,成为国别史中研究人员众多、论著数量较大、学术活动频繁的一个领域。研究范围逐渐扩大,专题研究不断深入,资料积累趋于雄厚,学术规范意识日益强烈,这都是十分可喜的进展。但是,面临的挑战同样也不能忽视。现今最突出的问题可能是,较之美国和其他研究水平较高的国家,中国的美国史研究还有较大的差距,在国际史学界还没有什么地位可言。诚然,史学是一个需要长期积累才能产生重大成就的学科,而美国史在中国还处于起步阶段,真正学术意义上的研究不过20余年,因而不能对它的水平抱有过高和过急的期待。然则,我们必须着眼于未来,并采取切实可行的策略,以期在某些领域和专题上取得突破,为逐步建成具有中国特色的美国史学而努力。

为了保证美国史研究的健康稳步的发展,目前仍然很有必要加强学术规范的建设。杨先生虽然没有在他文章中使用"学术规范"一类字眼,但他的很多见解,对于学术规范的建设具有启迪意义。在 90 年代初期以来的学术规范讨论中,一些美国史研究者扮演了积极的角色,并通过十分活跃的学术批评来推动学术规范的建设。学术规范是一套要求学者加以遵循的外在准则,但只有经过学者的理解和实践,逐渐将它内化为一种素质,才能对学术发展起到更大的推动作用。

学术规范的根本要求在于创新。学术研究在选题、资料、观点和写作各个环节,都要力图出新,要有原创性。在国内研究美国史,创新确实是一件"说时容易做时难"的事情。几乎每个我们想得到的课题,美国史学界都有详尽的研究,相关的史料也得到了充分的利用,进一步探讨的余地并不太大。而且,即使要全面掌握美国史学界的研究状况,也有很大的难度。可见,中国人研究外国史,如果不充分发挥自己的长处,就几乎寸步难行。一般说来,历史学家的学识、修养和立场,他所感受到的时代思潮和民族精神,都会对历史的解释和重构发生影响。我们研究美国史的时候,在"还原"历史"情境"的基础上,如果能借助中国文化的底蕴和对中国现实的观照所形成的视角,便有可能提出不同于美国学者的解释,发现他们所未能或不可能发现的意义。当然,追求"中国特色"并非刻意标新立异,而是要突破现有研究的局限,发现新的问题,提出新的观点。

学术道德和技术性规范等方面的问题也须重视。对前人的研究不够尊重,甚或剽窃和抄袭他人的成果,这类严重的违规行为在美国史领域早已屡见不鲜。除直接抄袭中文论著外，还有一些更隐蔽、更具有欺骗性的手法，如还将外文文献的有关论述加以编译和缩写，置于自己的文章中而不加注释；或将转引自外文论著中的资料伪装成直接引用。可见，外国史研究者尤应分清正当引用和故意抄袭之间的差别，要通过严格的道德自律和正当的学术批评，来对付各种形式的剽窃和抄袭。完善技术规范也是一项紧迫的工作，因为技术规范乃是推动学术创新、防范抄袭剽窃的有力工具。从研究、写作、审稿、发表到评价各个环节，都需要有一套完善的技术规范。现在人们谈论学术规范，经常是以美国为参照。美国学术虽然没有欧洲那么久远的传统，但在技术规范方面却有比较系统的建树，特别是在引文、注释、参考书目和索引编制方面，确有其长处。80年代以来留美学人甚多，为引进美国的学术规范开通了渠道。美国史研究者接触美国学术的机会相对较多，理当在这方面发挥较大的作用。

同时，我们要密切关注美国史学的最新进展，通过"鉴别吸收"而提高自己的研究水平。美国史研究具有一个突出的特殊性，就是美国史学界对于本国历史的研究十分发达，新成果层出不穷，给人以"山阴道上，目不暇接"的感觉，如果不密切关注美国史学的新动向，我们的研究就会受到极大的限制。

最近二三十年来，美国史学领域发生的变化真称得上"日新月异"。新课题、新方法不断出现，观点和解释更趋多样化；社会史早已成为主流，政治史处于复兴之中，叙事性重新受到重视；专题研究向纵深发展，宏观综合也略见起色。某些前沿领域的进展尤其引人注目。妇女史的影响不断扩大，"社会性别"（gender）成了一个基本的分析范畴。文化史越来越成为一股热潮,不少学者运用从法兰克福学派到后现代的各种理论,把文化现象作为文本进行研究,解读其中反映的大众生活经验,"形象"(image)、"话语"(discourse)、"表现"(representation)、"想象"(imagination)、"记忆"(memory)等概念,成为主要的分析工具。另外,所谓"语言学转向"(linguistic turn)在历史研究中,特别是思想史领域受到更大的关注,社会现实通过语言而被理解和体验的方式、意义的产生和传播、交流方式的变化,以及交流方式如何反映普通人对日常生活的体验等等,都是十分新潮的课题。同时,国际化也是一种新的趋势,历史学家热烈讨论民族国家在历史研究中的意义,提出了一些发人深省的问题:以国家来划分历史的边界是否可取?国家是不是一个天然的、封闭的和排他的历史分析单位?民族立场在历史解释中具有何种地位?不少学者倡导打破美国例外论或美国中心论,努力从比较和国际的视野来看待美国史,注重美国历史和其他国家历史的关系,主张在更大的范围、从不同的角度探讨美国历史问题。

看待美国史学的最新发展,我们要有一种"辩证"的眼光。如果不停地追随美国史学的前沿趋势,不仅难以赶上,而且有"邯郸学步"的风险;如果对新的研究动向漠然置之,又会陷入"不知有汉"的隔绝状态。这两种倾向都要力加避免。杨先生在《探径集》中多处谈到了解外国史学进展的重要性,主张通过"引进""消化"和"对比"的办法,"为我所用",达到创新的目的。对待美国史学的新成果,也应采取这种态度和策略。另外,日本、德国、法国、俄国、英国和意大利等国的美国史研究,各有其独到的地方,如果对此有一定的了解,也肯定有益于我们的研究。

选题的取向也有调整的余地。杨先生反复强调"学以致用",其中自有深意;但我觉得,"纯学术"的研究也应受到重视。中国历来要求学术为现实服务,"无用"之学受到讥诮和鄙弃,没有形成纯粹求知的传统。一个社会无疑需要一批关注现实、直接介入社会的学者,其研究成果可以发挥快速的、直接的现实功用;然而,纯粹追求知识和智慧的研究,则代表着一个社会对知识和智慧的热爱程度,可以检验人类发挥自己才智的限度。美国史长期被定位为直接服务于现实的学科,学者们和社会都以此为预期,因而现实关怀主导着选题的取向。统观20世纪80年代初以来发表的论文和专著,可以看出一个显著的趋势:20世纪美国史较受重视,与中国的现实有着某种相似性或相关性的课题受到关注,美国的外交政策一直是研究的热点;而早期史相对受到冷落,社会史和文化史也较少有人涉足。另外,各种研究基金的选题指南就像一个巨大的磁极,将研究者的注意力引向与现实有关的问题。但是,美国史和其他史学领域一样,有着自己的体系和内在要求,如果完全按照现实需要来确定选题,就会影响这个学科的学术性的成长,制约研究水平的提高。

从选题的层次来说,我们要坚持以专题研究为重点。杨先生在《探径集》中谈到了"资料—专题—通史(或专史)"的研究程序,主张从资料积累入手,多做专题研究,在大量专题论文的基础上,再对某一领域进行宏观综合。这是一条符合史学特性的合理的学术路径。近年来,专题研究取得了明显的进展,形势甚为可喜。从史学的特性来看,只有在专题研究方面有了深厚的积累,才能谈得上宏观综合;就研究者个人的学术发展而言,也只有先在某一点上做过精深的研究,才可以驾驭较大题目。

美国史学界固然存在过度专题化的问题，国内学者经常批评他们"见木不见林"；但这并不意味着我们可以绕过专题研究来进行宏观综合。如果连"木"都看不清，又何谈"见林"呢？

文献资料的利用也是一个需要高度重视的问题。现在，获取文献资料和信息的途径大为开阔，手段也更加多样化，完全有可能改变原来那种片面依靠第二手文献进行研究的局面，消除论文无"论"、专著不"专"的现象。但是，在此同时又要注意两方面的问题：要对外来文献进行鉴别和选择，要利用学术价值更高的文献；还要不为资料所困，不能犯堆砌资料的毛病。在这点上，我觉得有必要重温杨先生说过的话："目前我们在材料上尚不足与外国学者相比量"，故不能片面追求资料的数量，"不能为资料而资料"，而要"加倍审慎精思，尽力在准确上下功夫"；如果资料很丰富，必须提防钻进资料堆里出不来。

我们还要花大气力提高历史写作的水平。杨先生不仅自己深得文章三昧，而且强调写作的重要性，认为，"文史虽然分家了，但治史者不应不重视著作的文采"。实际上，中国和欧洲的传统史学原本注重写作，在文史不分的时代尤其如此。美国史学家当中也不乏一流的文章高手。乔治·班克罗夫特那部卷帙浩繁的《美国史》，虽然在学术上早已失去了光泽，但其文采斐然的叙事，于今读来依然琅琅上口；丹尼尔·布尔斯廷的文学派笔法，对读者也有很大的吸引力。但是，随着史学日益向社会科学靠拢，人文色彩不断淡化，研究者的写作能力也有所下降，许多论著读来味同嚼蜡。历史写作不仅仅是一个文笔问题，其首要的要求乃是准确和清晰，因而与资料、思想和方法等环节相辅相成，也涉及谋篇布局、起承转合、文理文气各个方面。历史写作需要专门的训练,需要与基本功、方法和理论的训练同步进行。中国学者的美国史论著,如果通篇充满欧化的语言、生硬的概念和枯燥的表述,如何能够赢得读者呢?

学术训练更关系到美国史研究的未来,因而必须加强。按理说,研究某国历史的学者,最好要到所研究的对象国去深造;可是,1980年以来赴美的留学生学成后大多没有归国,在国内从事研究的人则主要靠国内高校自己培养。如果不把研究生的学术训练提到关乎中国美国史学兴衰的高度加以重视,这个学科的前景是甚可担忧的。美国史领域的研究生教育从70年代末起步,至今已有20多年的积累,杨先生等老一代学者和后来的几代教师都付出了很大的努力。不过,欧美国家在史学专业训练方面已有百余年的经验,相形之下,中国在史学训练的体系和方法上都不够成熟。高校办学大多以研究为重,不甚重视教学,加上研究生培养的体制很不合理,资源严重不足,从而导致学术训练上存在许多局限,故需要大力加以改进。首先,培养体制需要调整,改变硕士、博士培养脱节的状况,以增强学术训练的连贯性和系统性。其次,要建设系统而合理的课程体系,突出研究素质和能力的培养,加强理论和方法的训练。第三,要改进教学方法,杨先生倡导的"讨论班"和"对话式"教学,仍然不失为有效的方法。第四,要通过多种渠道设立博士论文研究基金,使博士生有可能获得较多的研究资源。第五,要重视学术规范意识的培养。从美国史学科的现状看来,目前迫切需要的是具备解读原始文献的能力、富有从事档案研究的经验、具有敏锐的学术悟性和熟练掌握写作技能的研究者。

总之,中国的美国史学要在国际学术界占有一席之地,就必须形成"特色"。原初形态的历史乃是不可移易的"客观实在",但由于这个"客观实在"具有不可再现、不可直观验证的特点,故历史学家对它的重建就必定是多角度、多侧面和多层次的;具有不同文化背景、处于不同时代的学者,都拥有很大的创新的空间。只要能够克服急功近利、急于求成的心理,严格遵循学术规范,在处理好现实需要和学术特性的关系的前提下,加强资源积累,拓展研究领域,充分占有资料,深化专题研究,经过若干代人的努力,中国的美国史学一定能够成长为一个成熟的、有影响的学科,杨先生等前辈学者所期盼并为之奋斗的局面,就一定能够出现。

2002 年写于天津

附记:杨生茂教授已于 2010 年 5 月 4 日去世,《探径集》就成了他生前的最后一本书。我的这篇文章中难免有出于师生情谊的"溢美之词",但本意是想借评论《探径集》来回顾前辈学者(除杨先生外,还有刘绪贻、黄绍湘、丁则民、刘祚昌、邓蜀生等先生)对中国美国史学科的建立和发展所做的努力。杨先生那一代人的作用,确实是在没有路的地方开路,在路不通的地方架桥,在爬不上去的地方甘作人梯。如果没有他们留下的路、桥和梯子,我们今天不可能走得这样远。对于他们当年的著述,我们不宜以当前的学术标准和政治取向来评判。中国学术讲究传统和传承,理解和尊重前辈学者所做的工作,更有助于我们寻找未来的路径。最近十余年,国内美国史研究的条件大为改善,同国外学术界交流的机会不断增多,对国际史学进展的了解也更及时和更清楚,于是,越来越多的人萌发了参与国际学术对话的愿望,期待中国学者的论著能引起美国史学界的重视。但是,愿望终究不能代替实际。我们的美国史研究仍处在逐渐积累和缓慢提升的过程中,要进入国际学术前沿,还须假以时日,需要若干代学者继续做"铺路架桥"的工作。

2013 年记于常德

后　记

　　我向来对美国史学抱有兴趣,希望从中为自己的研究和写作找到一些参照和启发,偶有所感,便不揣谫陋,写成文章。有时接受朋友的委托,也写一点评论国内美国史研究的文字。过了若干年,这两方面的工作都有些积累,可以勉强编成一本小书。承北京大学出版社和岳秀坤博士的美意,肯将这些文章结集付梓。我不敢断定它们究竟有多大的学术价值,只是想借助这一工作,梳理一下自己对美国史研究趋向的粗浅看法。

　　重读旧作并不是一件轻松愉快的事。记得作家沈从文曾在《边城》上做过一条批注,大意是说,再读自己的文字,甚感"无聊",原本应当写得更好一些。我想,很多人在翻阅自己从前的文章时,可能都会生出这种纠结的心情。这次为了编这本集子,我不得不把每篇文章一读再读,我的感受何止是"无聊",简直可以说备受煎熬。从这些文章中,我看出了自己的孤陋寡闻,也进一步证实了自己的肤浅平庸,有时甚至不敢相信,这样"无聊"的东西竟然是出于自己的笔下。当然,从乐观的方面来看,能以"今日之我"来非"昨日之我",说明自己在学业上还没有止步不前。可是,对此究竟是应该感到安慰还是沮丧,我一时也说不清楚。

书中的各篇文章都是发表过的,这次我没有在结构和观点上做大的调整,主要是修改和润饰了文字,统一了注释体例,增补了一些材料,并改动了几篇的标题。其中《种族问题与美国史学》一篇,曾收入《隔岸观景》,这次用的是保留了注释的版本;《伯纳德·贝林的史学及其启示》在《史学理论研究》1999年第1期刊出时,标题作"伯纳德·贝林的史学初论",第三节也被删掉,这次收入的是完整的原稿;我还给它加了一个"附记",以评介贝林近期的研究及其反响。

每篇文章在最初写作和发表的时候,都曾得到过师友的帮助,这里尤其要感谢以下人士:蔡萌、曹鸿、伯纳德·贝林、陈恒、陈新、丁见民、董瑜、埃里克·方纳、高春常、韩铁、何顺果、侯俊杰、胡国成、黄安年、黄篑、刘北成、刘德斌、刘青、彭刚、盛嘉、宋鸥、滕延海、王立新、王希、王晓德、王禹、魏红霞、戈登·伍德、杨玉圣、原祖杰、张聪、赵虹、赵梅、赵学功、周祥森、迈克尔·朱克曼。

书稿的整理和修订是在湖南常德做完的。其时湘中高温干旱,一连四十余天骄阳似火,滴雨未降,传为数十年来所仅见。天气固然酷热难当,但我躲在亲戚家的空调房内,埋头编书和改稿,倒也不觉得日子难熬。而且,每日饮食有内人照料,不时还与早年同窗小聚,傍晚时分偶到沅水岸边的诗墙下散步,观赏辽阔江天之间明丽绚烂的晚霞。于是,这本小书就具备了另一层纪念意义,让我记住这个在老家度过的愉快而充实的暑期。

2013年8月

记于常德市武陵大道利民花园